轨道车辆研发前沿技术丛书

轨道车辆新能源供电技术

李　明　戴朝华　韩国鹏　石俊杰　等著

机 械 工 业 出 版 社

新能源与节能技术是目前交通行业大力支持的新兴技术。现代车辆采用新能源技术以达到节能减排的目的，已成为当今世界城市公共交通车辆技术的发展趋势，纯电动汽车在国内外市场上已得到较为成熟的应用。目前混合动力汽车、纯电动汽车、燃料电池汽车、混合动力有轨电车、混合动力市域列车在欧洲、日本、中国已迅速发展为新兴产业。在国内，轨道车辆正逐渐采用动力电池、超级电容、燃料电池作为牵引动力、应急供电或是备用电源，在牵引动力、应急供电方面更是取得了不少应用业绩。

本书针对现代交通行业新能源技术，分别讲解了轨道交通行业新能源技术发展现状，混合动力列车和燃料电池有轨电车的研发情况和技术水平，面向轨道交通需求的锂电池、超级电容和燃料电池基础知识及应用技术，以及对新能源技术在轨道交通各方面应用的展望。本书从动力电池、超级电容、燃料电池产品基础知识和它们在轨道交通行业的应用状况出发，结合节能减排等国家政策规划，由浅入深地讲解新能源技术研究及应用现状，可为轨道交通及汽车、电动自行车、电动摩托车、电池、电容等行业的技术人员和维护人员提供参考。本书也可以作为相关科研院所研究人员、高校师生等学习新能源技术的入门教程或参考书。

图书在版编目（CIP）数据

轨道车辆新能源供电技术/李明等著. —北京：机械工业出版社，2019.10

（轨道车辆研发前沿技术丛书）

ISBN 978-7-111-63504-8

Ⅰ.①轨… Ⅱ.①李… Ⅲ.①轻轨车辆－新能源－供电 Ⅳ.①U270.9

中国版本图书馆CIP数据核字（2019）第177517号

机械工业出版社（北京市百万庄大街22号 邮政编码100037）

策划编辑：杜凡如 责任编辑：徐 霆 丁 锋

责任校对：张晓蓉 封面设计：马精明

责任印制：郜 敏

盛通（廊坊）出版物印刷有限公司印刷

2020年1月第1版第1次印刷

184mm×260mm·19.25印张·471千字

0 001—1 500册

标准书号：ISBN 978-7-111-63504-8

定价：89.00元

电话服务	网络服务
客服电话：010－88361066	机 工 官 网：www.cmpbook.com
010－88379833	机 工 官 博：weibo.com/cmp1952
010－68326294	金 书 网：www.golden－book.com
封底无防伪标均为盗版	机工教育服务网：www.cmpedu.com

前　言

现代交通运输工具，如汽车、城市轨道车辆为现代社会的发展和人类生活流动性需求做出了重大贡献。而汽车的大量使用对环境造成了巨大的影响，大气污染、全球变暖以及地球石油资源的迅速枯竭，成为当前人们关注的重点问题；城市轨道车辆多采用电力驱动，对环境影响不大，但由于在城市供电中占比较大，仍具有很大的节能空间。

新能源与节能技术是目前国内外交通行业大力支持的新兴技术。随着动力电池、超级电容、燃料电池等新能源供电部件功率密度、能量密度及充放电效率等技术水平的提升，现代车辆已开始逐渐采用动力电池、超级电容、燃料电池等新能源材料作为替代能源。混合动力汽车、纯电动汽车、燃料电池汽车，尤其是混合动力有轨电车、混合动力市域车在欧洲、日本、中国已迅速发展为重点扶持的新兴产业。在国内，轨道车辆正逐渐采用动力电池、超级电容、燃料电池作为牵引动力、应急供电或备用电源，在牵引动力、应急供电方面更是取得了不少应用业绩。

本书内容主要依托于“燃料电池/超级电容混合动力100%低地板有轨电车（十二五科技支撑项目)”“非接触式供电轨道车辆车载储能系统工程化样机研制与运行示范（十三五先进轨道交通专项)”以及中国中车公司的“混合动力技术研究”和“轨道车辆用新一代燃料电池开发”等科技研究项目。主要针对轨道车辆行业新能源供电技术，分别讲解了轨道交通行业新能源技术发展现状，面向轨道交通需求的锂电池、超级电容和燃料电池基础知识及应用技术，混合动力列车和燃料电池有轨电车的研发情况和技术水平，以及对新能源技术在轨道交通各方面应用的展望。本书从动力电池、超级电容、燃料电池产品基础知识和它们在轨道交通行业的应用状况出发，结合节能减排等国家政策规划，由浅入深地讲解新能源技术研究及应用现状，可为轨道交通及汽车、电动自行车、电动摩托车、电池、电容等行业的技术人员和维护人员提供参考。

本书主要由李明、戴朝华、韩国鹏、石俊杰编写。此外，参与编写的还有张秋敏、邵蓉、邵其方、解雪林、唐晨、刘楠、李腊、何玉平、杨素君、余婷、何智慧、王艳、张勇义、何志勇、辛利平、魏红苹、万兴、蒲志琴、文生玲、周丹等。在本书编写过程中，我们还得到了陈维荣、张继业、李奇、吴健、刘志祥等教授和专家的大力支持，在此一并表示感谢！由于编者水平有限，书中难免有不妥、疏漏之处，欢迎广大读者对本书提出批评和建议，以便做进一步修改和补充。

编　者

目　录

第1章 现代交通新能源技术发展现状

现代交通运输工具，如城市轨道车辆、汽车为现代社会的发展和人类生活流动性需求做出了重大贡献。全世界范围内大量汽车的应用，已经产生并正在继续引发严重的环境与人类生存问题。城市环境可持续发展、大气污染、全球变暖以及地球石油资源的迅速枯竭，成为当前人们关注的重点问题。

1.1 现代交通运输对环境的影响

与化石燃料相关的环境污染、全球变暖以及资源枯竭等众多问题，虽然与之相关的代价难以估量，但其损失是庞大而且是非直接的，且可以是经济上的、健康的代价或两者共有的代价。由污染引发的代价并非仅限于健康上的危害，还包括重新栽培因酸雨而毁坏的森林，以及清洗和整修受到酸雨侵蚀的历史遗迹等代价。同样，与全球变暖相关的代价，还可能包括因龙卷风造成的破坏、由于干旱毁损的庄稼、因洪水招致的资产毁坏以及为救济受害居民而实施国际援助等各方面的代价。

《柳叶刀》污染与健康委员会发布了一份由40多名国际卫生和环境专家撰写的报告，详细阐述了污染对全球健康的不利影响，报告指出：由污染引起的疾病在2015年造成约900万人的死亡，占全世界所有死亡人数的16%，诸如心脏病、中风、肺癌和慢性阻塞性肺病（COPD）等污染引起的非传染性疾病是造成死亡的主要原因。据估计，由于污染造成的经济损失每年超过4.6万亿美元，相当于全球经济产出的6.2%。

近十年来，在与交通运输相关的研究开发领域中，人们致力于发展高效、清洁和安全的运输工具。混合动力车辆、燃料电池车辆、纯电动车辆等已逐渐成为日后用以替代传统车辆的运输工具。

1.1.1 环境污染

目前，大部分燃油类地面交通车辆依靠碳氢化合物类燃料的燃烧，以获得其驱动所必需的能量。在很多情况下，在热力发动机内碳氢化合物类燃料的燃烧是非理想化的，即除生成二氧化碳（CO_2）和水（H_2O）之外，燃烧生成物还含有一定量的一氧化碳（CO）、碳氢化合物（HC）、氮氧化物（NO_x）、铅（Pb）、细微颗粒物及硫化物等，所有这些生成物不但

污染环境，对人的健康也是有毒性的。这些一次污染物还会通过大气化学反应生成光化学烟雾、酸沉降等二次污染物。全球大气污染的42%源于交通车辆产生的污染。随着城市机动车辆数量的快速增长，机动车辆排气污染已成为城市大气污染的主要贡献者。一些城市机动车辆排放的污染物对多项大气污染指标的贡献率已达到70%。机动车辆排放污染已对城市大气环境构成了严重威胁。因此，必须研究改善城市机动车辆排放污染的对策和措施。

主要污染物对环境的影响情况见表1-1。

表1-1 主要污染物对环境的影响情况

污染物	对环境的影响情况
氮氧化物	虽然氮是惰性气体，但发动机内的高温和高压环境易造成氮氧化物（NO_x）的产生。其中最易生成的氮氧化物是一氧化氮（NO），一旦NO排放在空气中，它与氧反应生成NO_2。由于日光的紫外线辐射作用，随后NO_2被分解回归到NO，并生成攻击活细胞薄膜、有高度活性的氧原子。二氧化氮在一定程度上形成了刺激性的褐色烟雾，其对人体最突出的危害是刺激眼睛和上呼吸道黏膜。同样，二氧化氮与空气中的水反应，生成硝酸（HNO_3），硝酸在雨中稀释，即形成“酸雨”，对人类生活造成巨大的影响。在工业化国家中，酸雨导致森林的破坏，并且酸雨也对由大理石建造的历史遗迹产生剥蚀作用
一氧化碳	一氧化碳是因缺氧而形成的碳氢化合物不完全燃烧生成的气体。一氧化碳与血液中的血红蛋白结合的速度比氧气快250倍。一氧化碳一旦到达人和动物的血细胞，就会替代氧附着于血红蛋白，很快就减少了到达器官的氧供给量，并降低了生命体的体力和智力，危害中枢神经系统，造成人的感觉、反应、理解、记忆力等机能障碍，重者危害血液循环系统，导致生命危险，因此吸入一氧化碳即意味着中毒。眩晕是一氧化碳中毒的最初症状
未完全燃烧的碳氢化合物	未完全燃烧的碳氢化合物（HC）是碳氢化合物不完全燃烧的结果，它对生命体是有害的，其中有些是直接的毒物或致癌的化学制品，如颗粒状物、苯或其余的物质。同样，未完全燃烧的碳氢化合物是烟雾的成因：日光的紫外线辐射与未完全燃烧的碳氢化合物和大气中的NO互相作用，产生臭氧和其他生成物。臭氧是无色的，但非常危险，当其侵入活细胞薄膜时，引发生命体加速老化或产生致死的毒物。学步的小孩、老人和哮喘病患者均会因高浓度臭氧的辐照受到极大的损害
其他的污染物质	燃料的杂质也会造成排放污染，主要杂质是硫，它基本上存在于内燃机和喷气发动机燃料之中，而且也在汽油和天然气中存在。硫（或硫的化合物，如硫化氢）同氧一起燃烧将生成氧化硫化合物（SO_x）。二氧化硫（SO_2）是燃烧中的主要生成物，当其与空气接触时，将产生三氧化硫（SO_3），如果三氧化硫和水反应，则会生成硫酸，成为酸雨的主要成分 为改善发动机的性能或寿命，石油公司会在其燃料产品中添加某种化合物。四乙基铅（常简称为“铅”）被用于改善汽油的抗爆性，可以获得更好的发动机性能。然而这一化合物的燃烧析出铅金属，而铅是导致“铅中毒”等神经疾病的缘由。目前，在大多数发达国家，已禁用四乙基铅，其已被其他化学添加剂所替代 颗粒物排放是近年来备受关注的一种污染物，主要是炭烟核心吸附硫酸盐和多种可溶性有机物组成的粒子。颗粒物排放是造成雾霾的主要原因之一，且粒子的直径越小，悬浮在空中的时间越长，越容易吸入人体内部造成伤害

1.1.2 全球变暖

大量数据和现象表明，未来50~100年人类将进入一个变暖的世界。全球变暖是“温室

效应”的结果，而“温室效应”是由二氧化碳和其他气体（如大气中的甲烷，其温室效应比 CO_2 高很多）所引发的。这些气体截获了由地面反射的日光的红外辐射效应，因而在大气中截留了能量，并使之升温。地球温度的升高导致其生态系统受到破坏，并引发影响人类的许多自然灾害，气候变化风险加剧。有科学家预测，未来 100 年全球平均地表温度将上升 1.4 ~5.8℃，到 2050 年我国平均气温将上升 2.2℃。

近几十年期间的观测表明，人类活动是造成气候变暖的原因。2013 年，联合国政府间气候变化专门委员会（IPCC）发布的《第五次评估报告》指出，气候变化要比原来认识到的更加严重，而且有 95% 以上的把握认为气候变化是人类的行为造成的。近年来人类社会对能源的大量消耗带来了温室气体排放问题，而气候变暖又是由于大气中聚集了二氧化碳等大量温室气体。二氧化碳是碳氢化合物和煤燃烧的生成物，是最主要的温室气体，是造成气候变化的主要原因，而它主要来自化石燃料的燃烧。虽然二氧化碳可被植物吸收，并由海洋以化合成碳酸盐的方式所收集。但这些自然的同化过程是缓慢的，它不可能同化所有排放的二氧化碳，其结果是在大气中形成二氧化碳的累积。

运输工具在二氧化碳的排放总量中占有很大的比例，交通领域的二氧化碳排放问题成为关注重点。据国际能源署（International Energy Agency，简称 IEA）估计，城市机动车辆二氧化碳总排放量将从 1990 年的 29 亿 t 增加到 2020 年的 60 亿 t。汽车对地球环境造成了巨大影响。

随着城市车辆的激增，全球二氧化碳排放总量逐年增加，世界碳排放问题日益突出，2016 年世界二氧化碳排放总量达到 364 亿 t，中国占到了近 30%。不过相对于 2015 年基本没有增加。其中，据国际能源署 2007 年统计，全球约 1/4 的二氧化碳来自于交通运输，可见车辆对碳排放量的影响之大。虽然近期全球碳排放的增势得到抑制，但是距离控制温升 2℃还相差很远。为了实现巴黎协议的目标，全球碳排放需要持续大幅下降。推广使用新能源轨道车辆，减少二氧化碳排放量，是国家节能减排的必然选择。

控制消费和节约能源是减少二氧化碳排放量的重要途径。仅在工业发达国家，人均能源的消费指数为 1 ~3 不等，这就表明，节约能源的余地是极大的。当然，还可以考虑保持适当的消费水平，同时利用那些不会产生温室效应的替代品来取代那些会造成污染的能源。

1.1.3　能源现状

石油是从地下采掘的矿物燃料，是活性物质分解的生成物，这些物质在几百万年前（奥陶纪系）被埋藏在稳定的地质层中。其过程大致如下：活性物质（主要是植物）死亡，并慢慢地被沉积物所覆盖；这些沉积物日积月累形成半固体层，且变态为岩石；活性物质就封存在一个密闭的空间内，在该处高压和高温作用下，缓慢地变换为碳氢化合物或煤等物质。该过程历经上百万年完成，这也是以地下采掘的燃料为地球资源之所以有限的原因。

世界能源主要包括石油、天然气、煤炭等，而目前全球交通运输业的燃料绝大部分来自于石油及其衍生品——汽油和柴油等。根据 2017 年《BP 世界能源统计年鉴》发布的数据，2016 年，全球探明石油储量增加了 150 亿桶（0.9%）至 1.707 万亿桶，按照 2016 年产量水平，满足世界 50.6 年的产量。全球石油用量增长强劲，增幅 1.6%，日用量增加 160 万桶，连续第二年高于其十年平均增速。印度（增长 30 万桶/天）和欧洲（增长 30 万桶/天）的需求增长强劲，而中国的需求虽继续增长（增长 40 万桶/天），但增幅与近年的水平相比有所下滑。

全球探明煤炭储量足够满足153年的全球产量，大约是石油和天然气储量的三倍。分地区而言，亚太拥有最多的探明储量（全球的48.5%），其中中国的储量占全球总量的21.4%。美国仍拥有最大储量（全球的22.1%）。

截至2016年底，全球天然气探明储量为186.6万亿m^3，微增了1.2万亿m^3（0.6%）。和原油储量一样，该储备足以保证多于50年（52.5年）的生产需要。缅甸（+0.7万亿m^3）和中国（+0.6万亿m^3）是储量增长的主要贡献者。

根据2017年《BP世界能源统计年鉴》发布的数据，中国占全球能源消费量的23%，占全球能源消费增长的27%，仍然是世界上最大的能源消费国。尽管煤炭仍是中国能源消费中的主要燃料（占比为62%），但是其产量下降7.9%，创下自1981年开始追踪该数据以来最大年度降幅。预计2020年，我国能源消费总量约为45.9亿t标准煤，其中煤炭占一次能源比重降至58.2%，天然气比重升至8.9%，非化石能源比重升至15%。

石油的消耗量（对应的生产量）与发达国家和发展中国家的经济增长同步逐年增加。其中，随着某些人口大量聚居国家的迅速发展，石油消耗量很可能呈现巨大的增长，特别是在亚太地区。国际能源署（IEA）的统计数据表明，预计到2020年交通领域用油占全球石油总消耗的62%以上。我国是一个能源短缺的国家，已探明石油储量约160亿桶，约占世界储量的1.1%，但却是一个能源消费大国。我国的石油消耗量仅次于美国，位居世界第2位，原油消费年均增长率为6%以上。

汽车是石油的主要消耗者，目前世界汽车保有量约9亿辆，预计到2030车保有量将突破20亿辆，主要增量来自发展中国家。我国汽车产量逐年增加，2009年我国共生产汽车1379万辆，居世界第1位，而且远远领先于排名第2位的日本（793.45万辆）。2010年达到1826万辆，我国已连续多年成为世界第一汽车生产大国和第一新车销售市场。

我国汽车保有量也迅速增加，截止到2018年，全国汽车保有量已突破2亿辆。在石油进口依存度持续上升情况下，国际石油价格直接影响到我国的能源安全、经济安全乃至国家安全。在交通领域，汽车消费的快速增长导致石油消耗加速增长，这也使得我国石油对外依存度每年都在不断攀升。有关资料显示，2000年该比例为33.8%，2006年为46%，目前我国石油消耗的60%以上依赖进口，而汽车的石油消耗占国内石油总需求的43%。据预测，到2020年上述比例将分别增至76%和57%。目前，全国汽油的消耗主要是汽车消耗，约占87%，而汽车柴油的消耗占38%左右。从我国单车耗油量来看，平均单车所耗油的实际值约2.5t，比美国高10%~25%，比日本高1倍以上。

1.2 现代交通运输发展策略

现代车辆采用新能源技术以达到节能减排的目的，已成为当今世界的发展趋势。目前新能源汽车在国内市场上已成熟应用，而新能源轨道车辆在欧洲、日本和中国均已迅速发展为新兴产业。

1.2.1 新能源对交通运输的重要性

全球石油资源可维持石油供应的年数完全取决于新储油地的发现以及石油储备量。历史

数据表明，新储油地的发现进程缓慢，而另一方面，石油消耗量则呈现高增长率，2016年全球石油用量增加1.6%，日用量增加160万桶，连续第二年高于其十年平均增速。假如新储油地的发现及石油消耗量遵循现在的趋势，则全世界石油资源约可用至2065年（根据2017年《BP世界能源统计年鉴》评估得到）。目前新储油地的发现已日益困难，开采新油地的成本也越来越高。如果石油消耗率不能显著降低，那么石油供应的困境将不会发生大的变化。

世界上大部分工业化国家和发展中国家的石油消费结构虽然各不相同，但其交通运输部基本上都是政府各部门中首要的石油使用者，如图1-1所示。可以看出，世界范围内石油应用方面的增量大多数出现在交通运输部门，且比重愈发增大。

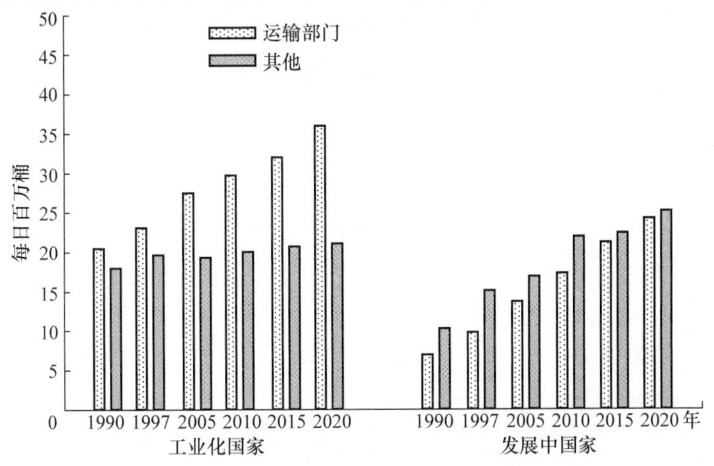

图1-1　运输和其他部门的全球石油消耗量

就发展中国家而论，交通运输部门石油消耗量涨幅较大，预计至2020年其增长量接近非交通运输部门能量的消耗总和。但是，发展中国家不像工业化国家，其石油消耗总增量的42%规划用于除交通运输部门之外的应用领域。发展中国家的非交通运输部门所对应的石油消耗量的增长，部分起因于以石油产品替代非商品化燃料（如燃烧木材用于家庭制热和烹饪）所造成的结果。

对于城市轨道交通车辆来说，传统城轨车辆采用的电力驱动供电技术，效率远高于采用燃油作为驱动能源的小汽车等。而如果采用新能源供电技术（如超级电容、动力电池、燃料电池等），不仅减少了架网成本，而且实现了城市环境保持和节能减排。

1.2.2　新能源技术加快发展的国际背景

过去100多年，世界各国工业社会均建立在化石能源基础之上。目前世界能源消费的40%、交通能源的90%仍然依赖石油，几乎所有的发达国家都是石油进口国。因此，能源安全长期作为发达国家的重要战略目标，目前的国际政治和军事冲突，大多与石油有关。

当前，全球新能源产业格局正在发生重大变革，世界城市交通车辆研发和制造格局也在发生重大调整。世界金融危机爆发后，发达国家均将发展新能源车辆作为实施新能源战略、巩固和提升产业竞争力的重要途径。中国应深刻把握和认识全球新能源产业格局调整的方向，积极参与新一轮新能源技术革命，以快速提升车辆产业的国际竞争力。

1. 新能源日益成为发达经济体重要的战略领域

在资源、环境和应对金融危机三大压力下，目前世界能源领域正面临着重大变革，主要体现在以化石能源为主，向化石及其他能源并重，进而向替代能源和可再生能源为主的能源体系转变。相对于轨道交通车辆，新能源材料及供电技术在汽车行业应用得更早且较早形成规模。

（1）日本的新能源战略　日本也是一个资源匮乏的国家，石油对外依存度最高时曾接近80%。在经历了1973年和1978年两次石油危机冲击后，日本政府和企业均认识到开发替代石油等新能源的重要性，开始推动新能源的开发和推广利用。日本能源政策的重要目标定位为实现能源安全、经济增长和环境保护的共同发展。日本的能源政策主要包括以下内容：

1）石油安全。由于日本进口石油大部分来自政治格局极不稳定的中东地区，日本提出旨在分散风险的综合资源战略：强化石油与天然气的自主开发，降低石油依存度；同时大力推行能源外交，除中东地区外，也重视发展与亚洲、非洲和拉丁美洲资源国的合作，促进石油供应来源的多元化。近年来，日本将油气进口多元化的战略重点，更多转向能源丰富的俄罗斯。

2）石油储备政策。20世纪70年代初，日本先后制定了《石油储备法》和《天然气储备法》，将石油的战略储备确定为一项基本国策。日本建立了战略石油和天然气储备制度，通过立法强制国家和企业进行石油储备。国家石油储备由政府直接控制，储备方式为国家储备基地及从民间租用储库；民间储备没有将生产性库存和义务储备截然分开，只对数量有要求，并不要求储备种类及储备方式。

3）节约能源政策。为了鼓励企业和全社会节能，日本实施了税制改革、补助金制度、特别会计制度等多项财税政策。日本的目标是：计划到2015年，乘用车CO_2平均排放值达到125g/km；2030年运输领域能源效率比现在提高30%，对石油的依赖度由100%降低至80%。

4）石油替代政策。目前，石油、煤炭、核能和天然气仍是日本主要的一次性能源。日本能源发展的基本方向是鼓励新能源，争取提高新能源在一次能源中的比重，努力实现能源的最佳综合利用。“新能源开发计划”（即“阳光计划”）致力于太阳能开发利用，同时也包括地热能开发、煤炭液化和气化技术、风力发电机研制、海洋能源开发和海外清洁能源输出技术。

日本节能技术的推广应用在近年得到了回报：能源利用效率大幅提高，尤其是新能源开发利用使日本经济抗风险能力大大增强，对传统能源的依赖大幅弱化。从2000年开始，日本在燃料电池、太阳能光伏发电等方面位居世界前列，对石油的依存度从20世纪70年代的71.9%下降到目前的50%以下。

（2）美国的新能源战略　在发展新能源的过程中，政府牵动、市场拉动和科技推动三者缺一不可，而其中的核心环节还是政府的相关政策。21世纪以来美国政府对新能源产业的发展愈发重视，并利用法律手段为其提供强有力的政策保障。

2005年8月，美国政府颁布了《2005国家能源政策法》。该文件规定，美国从2005年起开始实施光伏投资税减免政策，具体内容包括：居民或企业法人在住宅和商用建筑屋顶安装光伏系统发电所获收益享受投资税减免，额度相当于系统安装成本的30%。

《2005国家能源政策法》到期后，美国国会又调整规定，将对商用光伏项目的投资税减

免延长 8 年，将住宅光伏项目的投资税减免政策延长 2 年，并取消了每户居民光伏项目 2000 美元的减税上限。

2007 年美国国会又通过《美国能源独立及安全法》，规定到 2025 年清洁能源技术和能源效率技术的投资规模将达到 1900 亿美元，其中 900 亿美元投入到能源效率和可再生能源领域，600 亿美元用于碳捕捉和封存技术，200 亿美元用于车辆和其他先进技术的机动车，再划拨 200 亿美元用于基础性的科学研发。

2009 年，奥巴马政府通过《2009 年恢复与再投资法》，规定将划拨约 500 亿美元用来开发绿色能源和提高能效，其中 140 亿美元用于可再生能源项目，45 亿美元用于改造智能电网，64 亿美元用于清洁能源项目，63 亿美元用于提高州一级能效的拨款，50 亿美元用于改造家庭住房的越冬防寒性能，45 亿美元用于帮助提高联邦政府的建筑能效，1890 万美元用于打造“绿色交通”。奥巴马政府的新能源战略（即“清洁能源国家战略”）的主要目标包括：

1）保障能源安全。美国的能源尤其是石油的对外依存度高，目前已经接近 60%，这严重威胁美国的能源安全，同时也影响到美国在全球政治格局中的地位。因此，美国新能源战略的核心目标就是降低石油的对外依存度，保障美国的能源安全。奥巴马政府所提倡的发展替代能源和可再生能源、开发节能车辆等措施，都是围绕这一目标而制定的。

2）扶持新能源产业，培育新的经济增长点。美国通过扶持新能源产业，培育新的经济增长点，构建新的国家竞争能力，巩固了它在全球经济中的地位。美国政府在国际金融危机的冲击下，急于培育新的增长点以拉动经济复苏。新能源产业正好为其提供了新的发展领域和空间。近年来，美国在新能源领域已经逐步被欧洲和日本所超越，奥巴马政府希望借助新能源技术重构国家核心竞争优势，以再次成为全球技术革命的领跑者。

3）减少碳排放，应对全球环境挑战。奥巴马政府在气候变化问题上采取更为积极的态度。由于气候变化问题与能源消耗具有直接联系，美国政府希望将能源政策与环境政策相结合，实现多种政策目标。奥巴马政府新能源战略的主要内容包括：

① 创建汽车产业化平台。

② 提效节油。

③ 大力发展氢能源汽车。

④ 2020 年温室气体排放量比 2005 年减少 17%，2050 年减少 80%。

（3）欧盟的新能源战略　经过多年努力，欧洲在能源领域的研发与创新水平已居世界前列。2006 年 3 月，欧盟委员会发布了《欧洲安全、竞争、可持续发展能源战略》。虽然欧盟各成员国在开放本国能源市场的速度和建立欧洲统一能源监督机制方面仍存在分歧，但成员国领导人就加强能源合作与协调，实现能源供给多元化，进一步改善能源内外市场，加强能源研发，发展可持续能源，确保能源供给安全等重大政策达成了共识，一致同意建立欧洲共同能源政策。

欧盟的能源战略目标是确保能源供给安全，提高能源的国际竞争力以及发展可持续能源。2010 年 11 月，欧盟委员会进一步提出了新时期的新能源战略文件《能源 2020》。根据这份新战略文件的规划，欧盟未来 10 年将从 5 个重点领域投资 1 万亿欧元，着手确保欧盟能源供应，即提高能效，完善统一能源市场和基础设施建设，推动技术研发和创新，对外用一个声音说话和为消费者提供安全、可靠、用得起的能源。这一新战略旨在为欧盟未来 10

年的能源政策提供一个框架，也是欧盟未来10年经济发展规划“欧洲2020战略”的组成部分。根据《能源2020》，欧盟及其各成员国将在节能方面采取强有力措施，整合欧洲能源市场，制定欧盟统一的能源政策。计划到2020年，乘用车CO_2平均排放值减少到95g/km，生物燃料使用率比现在提高10%，2030年达到25%。

2. 资源和环境压力加大促进世界汽车产业格局的变革

快速增长的能源需求与石油资源日益枯竭的矛盾，将导致廉价石油时代的终结，使发展中国家工业化、城市化、现代化的成本大幅增加。特别是在全球石油资源分配格局已相对稳固的条件下，新兴经济体获取石油资源的形势将更加严峻。

与此同时，全球环境问题也日益突出，使世界交通运输行业面临着日益严峻的挑战。这里以用量最大的汽车为例，汽车尾气成为城市环境污染和大气污染的主要来源。在此背景下，如果不改变全球汽车消费模式和推动汽车能源的技术革命，汽车消费的持续扩张将难以为继。目前中国汽车千人保有量仅为140辆左右，日本、韩国的千人汽车保有量约200辆，如果达到千人汽车保有量600~800辆的水平，即使全世界的石油也不能满足需求。有关数据显示，如果不改变汽车消费结构和模式，到2020年，中国仅汽车就要消耗2.56亿t石油，占中国用油的86%。

因此，只有在节能和新能源轨道车辆等领域取得技术和产业化的突破，在资源约束下实现汽车消费结构现状的变革和优化，这样才能从根本上解决全球汽车消费增长与石油资源供给之间的矛盾。

3. 加快发展氢能产业基础设施的意义

氢能是一种清洁高效的二次能源。近年来，随着氢能利用技术发展成熟，美国、德国、日本等发达国家相继将氢能上升到国家能源战略高度。2016年4月，我国国家发改委和国家能源局联合发布的《能源技术革命创新行动计划（2016—2030年）》（发改能源［2016］513号），规划了能源技术革命重点创新行动路线图，部署了15项具体任务，“氢能与燃料电池技术创新”位列其中，氢能已经纳入我国能源战略。氢能能够广泛应用于燃料电池车辆、发电、储能，以及掺入天然气用于工业和民用燃气等领域，可部分替代石油和天然气，成为我国能源消费结构的重要组成部分。氢能产业内涵丰富，按产业链顺序划分为氢能产业基础设施、燃料电池和燃料电池车辆、燃料电池发电（含热电联产）以及其他应用领域等。其中，氢能产业基础设施包括氢的制备、储存、充装、加注、输送和氢安全等氢能利用必备的配套设施等，以及相关产业的政策、技术标准及法规、质量控制检验检测能力建设等内容。当前，我国坚持以绿色发展为引领推动生态文明建设，在此背景下，加快发展绿色氢能产业基础设施具有重要意义。

（1）氢能产业基础设施是发展氢能的前置条件　近年来，我国能源对外依存度逐年递增。至2015年，原油对外依存度已突破60%的红线；2013年，天然气对外依存度突破30%；预计到2020年，我国原油和天然气对外依存度将分别高达70%和37.2%。国家能源供应安全面临严峻挑战。如前所述，氢能可部分替代石油和天然气，有望成为我国能源消费结构的重要组成部分。因此，发展氢能可作为保障国家能源供应安全的战略选择。另一方面，当前我国一次能源消费结构以化石燃料为主，其中煤炭占比约为64%，优化能源消费结构是我国能源消费革命的重要内容。氢能是一种清洁高效的二次能源，发展氢能也是应对气候变化和优化能源消费结构的技术选择。氢能产业基础设施是我国发展氢能的前置条件，

可为氢能发展提供氢源、质量控制与安全保障。

（2）可再生能源制氢是化解电力行业结构性过剩的技术选择 2015年，我国发电装机容量突破15亿kW，其中非化石能源发电装机容量占比约1/3，年发电量占比近30%，预计2020年非化石能源发电装机容量占比将达到40%。目前，我国电力供应能力总体富余，部分地区产能结构性过剩开始显现，由此导致的能源资源浪费情况趋于严重。火电方面，近年来火电机组利用小时数大幅递减，2015年我国火电利用小时数在3500h以下的省份有6个，全国火电平均利用小时数为4329h，同比降低410h，是1978年来的最低水平。非化石能源发电方面，装机容量快速增长的同时，弃风、弃光及弃水等能源浪费现象非常严重。2015年全国弃风电量339亿kW·h，同比增加213亿kW·h，平均弃风率达到15%；“十二五”期间，我国弃风造成的电量损失累计达1015亿kW·h，相当于三峡、葛洲坝两座水电站2015年全年的发电量；云南、四川等地水电浪费也很严重，2014年四川调峰弃水电量达96.8亿kW·h，占丰水期水电发电量的15%左右；2015年弃水电量更是突破百亿kW·h。目前，我国水电解制氢技术及装备水平位居世界前列，产业化应用条件成熟，利用谷底电制氢，就地消纳富余水电以及风电、光伏等波动电电解水制氢，将电能转化为氢能储存与利用，能大幅降低甚至消除电力资源浪费。因此，促进发展氢能产业基础设施是我国有效利用波动电化解电力行业结构性过剩的技术选择。

（3）煤制氢是清洁高效利用煤炭资源的发展方向 随着我国能源形势日益严峻及环保压力持续加大，对降低二氧化碳排放、清洁高效利用煤炭资源的要求越来越迫切，煤炭清洁高效利用技术创新是《能源技术革命创新行动计划（2016—2030年）》（发改能源［2016］513号）的重要内容。煤炭加工利用的方式主要有燃烧与气化。煤炭燃烧主要应用在清洁发电和供热领域，约占我国煤炭消费总量的80%，投资成本低，但利用效率低、污染严重。目前重点推广的煤超低排放发电技术可以有效控制硫、氮和粉尘等污染物的排放，但二氧化碳因其浓度小（13%～15%）、压力低，直接捕捉封存的难度大、成本高。煤制氢是一种以低成本实现煤炭清洁高效利用的方式，既能直接去除硫、氮等污染物，又能采用低温甲醇洗等方法捕捉封存生产过程产生的高纯度、较高压力的二氧化碳，能实现二氧化碳超低排放。在煤炭仍将为主要能源构成的背景下，以大型清洁煤制氢为核心的多联产技术将成为煤炭清洁高效利用的重要发展方向，能为未来氢能大规模发展提供大量、稳定的清洁氢气。

（4）发展氢能产业基础设施有利于加快产业结构转型 氢能产业基础设施包括氢的制备、储存、充装、加注、输送等。加快发展氢能产业基础设施，能带动分布式储能及智能微电网等技术和产业快速发展。氢能储存和运输环节，涉及高压力等级的罐装车、气瓶、压力容器等特种装备，随着氢能利用技术发展成熟，氢能需求量增大，将加快X100及X120等高强度钢/管材设备和管道储运装备的发展，这是《中国制造2025——能源装备实施方案》（发改能源［2016］1274号）的重要组成部分。加快发展氢能基础设施将推动氢能产业中下游产业链快速发展，促进构建“制氢技术及装备—储输氢技术及装备—燃料电池系统—燃料电池车辆及其他氢能利用技术及装备”完整的氢能产业链。其中，燃料电池发电系统、燃料电池运输车辆等将有力带动新能源产业、新能源汽车、新能源有轨电车及高端装备制造业等快速发展，加快经济结构转型。广东省佛山市和云浮市、江苏省如皋市已将发展氢能产业列入地区产业发展规划并稳步推进。佛山市和云浮市已完成氢能产业链构建，产业布局初具雏形，氢能燃料电池交通车辆已进入试运行阶段，预计未来两地氢能产业产值规模将超过

3000亿元，成为当地新的经济增长点。

1.2.3　中国发展新能源车辆的国内背景

在资源和环境约束下，如何缓解城市交通快速扩张与资源、能源及城市发展之间日益突出的矛盾，将成为我国公共交通车辆产业发展的重要课题。

（1）汽车消费成为居民消费结构升级的重要领域　改革开放以来，汽车保有量快速增加。我国很多城市由于交通拥堵导致的社会成本依然居高不下，其中北京、广州和上海位列前三。目前北京、上海、广州等大城市机动车排放的一氧化碳、碳氢化合物在大气污染中所占的比例达到75%以上，机动车排放已经成为我国城市大气污染的主要来源。中国已向世界庄严承诺，到2020年单位国内生产总值二氧化碳排放要比2005年下降40%～45%。这将对我国汽车技术和汽车消费提出更高的要求。

（2）中国成为全球最大汽车制造国及消费市场　中国已经成为世界最大的汽车生产国和消费市场。自改革开放，特别是2000年以来，随着居民收入持续稳定增长，我国汽车需求出现加速增长态势。即使在仍然处于汽车需求增长的普及期初期阶段，我国就已经跃居全球最大的汽车生产国和最大的汽车消费市场。从相对水平看，我国民用汽车千人拥有量仅位居第50位左右，仅为世界平均水平的一半左右，随着居民消费结构加快升级、城乡道路建设日益完善和中西部地区经济发展加快，市场快速增长全面启动和区域轮动的增长格局一旦形成，汽车需求将呈现巨大增长空间。

（3）中国发展新能源车辆的重大战略意义　中国应充分认识发展新能源车辆对于突破能源和环境硬约束的重大战略意义，客观评估新能源车辆的潜在优势，加快新能源车辆技术创新步伐，以此为契机，实现我国从汽车大国向汽车强国的跨越。中国发展新能源车辆的重大战略意义主要有以下几点：

1）发展新能源车辆是可持续发展的必然要求。尽管中国目前千人汽车保有量仅为世界平均水平的一半，但已经跃居世界第一大生产国和消费国，给能源供应、环境保护和城市发展带来巨大压力。如何促进汽车消费增长和城市可持续发展相协调，正在成为中国汽车产业和社会发展共同面临的巨大挑战。

“十三五”期间我国节能减排任务巨大，我国不仅要完成到2020年单位GDP碳排放比2005年下降40%～45%的国际承诺低碳目标，轿车平均油耗法规规定要达到5L/100km，同时还要在大气污染防治等环境指标方面取得明显成效。当前我国的汽车保有量进入快速增长期，预计2020年将达到3亿辆左右，汽柴油消耗将达到4亿t以上，石油需要量达到8亿t以上。

既要保障城乡居民消费结构升级、生活质量不断提升的需要，同时又能缓解车辆快速增长带来的资源和环境压力，在目前的条件下，加快发展和普及使用新能源车辆是可选途径。新能源车辆的发展不但能逐步减少汽车的尾气污染，改善城市空气质量，同时还可以加快实现中国控制碳排放的目标，树立负责任大国的良好国际形象。

2）发展新能源车辆是保障国家能源安全的重要途径。1993年以前，中国还是石油净出口国，而目前中国已成为世界第二大石油消费国、第一大石油进口国，2016年中国石油对外依存度进一步攀升至60%左右。在未来较长一段时间，在汽车保有量保持加快增长的条件下，我国仍将处于能源特别是石油需求的快速增长期。过去几年我国新增的1亿t炼油能

力，几乎全部被新增的 3000 万辆汽车所消耗。

国内石油资源的短缺和能源供给对外依赖性的加强，不但增加了我国经济社会的发展成本，而且使我国能源安全和经济安全面临前所未有的严峻挑战。就减少对国外石油依赖的紧迫性而言，我国绝不亚于美国等发达国家。我们只有从发展新能源车辆的方向来寻求解决问题的出路。如果 2030 年中国电动车辆等新能源车辆销量占新车总销量的 20% ~30%，中国的石油进口量至少可以减少 20%。

3）发展新能源车辆是培育战略性新兴产业的重要突破口。经过 30 多年的改革开放，中国在许多领域都已具备了参与高层次国际竞争、培育具有国际竞争力的优势产业的条件。甚至在信息通信技术（ICT）等领域，中国的技术创新能力已经接近甚至达到了世界前沿水平。因此，加快培育和发展战略性新兴产业，是中国加快转变经济发展方式的重大战略。

中国确定的战略性新兴产业的七大领域中，新能源车辆也赫然在列。新能源车辆技术具有集成度高、产业交叉融合等明显特征，而且产业关联度高、产业链长、市场潜力大、上游技术依赖性强，完全可以成为战略性新兴产业的先导产业。借助新能源车辆的发展，可以催化新材料、半导体、光电子、新能源、高端装备、智能电网等技术和产业实现突破，进而带动其他新兴产业实现快速发展。

（4）轨道交通行业的发展前景　在汽车行业新能源推广应用的带头作用下，近年来轨道交通行业在国内市场、政策方面得到了较多支持，订单和扶持政策上也已经得到了较大突破。目前国内各主机厂均推出了自主设计的不同系列城轨车辆，包括 A 型地铁、B 型地铁、100% 低地板有轨电车等，在国内外斩获了不少订单。我国的城轨车辆出口国家包括美国、加拿大、巴西、阿根廷、土耳其、孟加拉、埃及、尼日利亚等多个国家。

作为能源消耗主要行业和污染物排放的主要来源之一，交通运输业面临着巨大挑战。加速调整能源结构、转变能源开发利用模式，加快将绿色、多元、高效、低碳的可持续能源应用是其必然要求，交通能源动力系统呈现出电动化、高效化、清洁化趋势。在轨道车辆方面，动力系统的绿色节能、低寿命周期成本（LLCC）、环境友好设计等可持续发展技术，将是重要的发展方向。

1.3　轨道交通行业新能源技术发展现状与趋势

1.3.1　轨道交通行业发展现状

1. 国内外轨道交通行业现状与趋势

（1）城市轨道交通发展现状与趋势

1）中国地铁：截至 2016 年，国内已批复规划 58 个城市线路总投资 37018.4 亿元，其中 14 个城市投资计划超 1000 亿元，48 个城市（部分地方批复未纳入）在建线路总规模 5636.5km，未来将有 86 个城市，超过 3 万 km 的城市轨道交通建设规划，而目前已运营里程才 4152.8km。磁悬浮、有轨电车、云轨（跨坐式单轨）等多种制式轨道交通协同高速发展。中国未来将有 87 个城市（含香港、澳门和台湾地区）规划线路达 817 条，总计里程超过 30556km。按照现阶段城市轨道交通的造价和运营成本计算，将会产生百万亿体量的投资空间。

2）全球地铁：截至2016年已有55个国家200多个城市有地铁运行，地铁线路长度达12865.6km。

（2）铁路发展现状与趋势　截至2016年，高铁已连接28个省份、2.2万km；至2020年，运营里程达到3万km；至2025年，完成“十纵八横八连一环”。按照十三五规划，截止到2020年全国铁路网规模将达到17.4万km，高速铁路网将达到3.8万km，到2030年我国铁路规模将达到20万km左右，其中高速铁路4.5万km左右。

全国铁路网全面连接20万人口以上城市，高速铁路网基本连接省会城市和其他50万人口以上大中城市，实现相邻大中城市间1～4h交通圈，城市群内0.5～2h交通圈。截止到2030年铁路总体投资额将超过8万亿元。计划到2020年，城际铁路运营里程达到3.6万km（其中新建城际铁路约8000km），覆盖98%的节点城市和近60%的县（市）。

截至2030年，预计海外高铁里程达到8万km，2016—2030年投资将达到16.8万亿元。

2. 我国城市轨道交通发展现状分析

截至2016年末，我国共30多个城市开通城市轨道交通运营，共计133条线路，运营线路总长度达4152.8km。其中，地铁3168.7km，占76.3%；其他制式轨道交通运营线路长度984.1km，占23.7%。

年度新增运营线路长度创历史新高，首次超过500km（534.8km），同比增长20.2%。全年累计完成客运量160.9亿人次，同比增长16.6%，拥有两条及以上城轨交通运营线路的城市达到21个。运营线路增多、客流持续增长、系统制式多元化、运营线路网络化的发展趋势更加明显。

2016年，我国城轨交通完成投资3847亿元，在建线路总长5636.5km，均创历史新高。可研批复投资累计34995.4亿元。截至2016年末，共有58个城市的城轨线网规划获批（含地方政府批复的14个），规划线路总长达7305.3km。在建、规划线路规模进一步扩大、投资额持续增长，建设速度稳健提升。

（1）运营情况

1）运营规模进一步增大，制式多元化、运营网络化趋势明显。

线路：截至2016年末，共30个城市（新增福州、东莞、南宁、合肥4市）开通城轨交通运营，共计开通城轨交通运营线路133条，运营线路总长度4152.8km。其中，地下线路2564km，占61.7%；地面线389.7km，占9.4%；高架线1199.1km，占28.9%。

场站：运营车站总数为2671座，其中换乘站457座，占比17.1%；车辆场段168座，拥有2条及以上城轨交通线路的城市21个，占30个运营城市的70%，城轨交通的网络化已成为主要趋势。

制式结构：在4152.8km的城轨交通运营线路中，地铁3168.7km，占76.3%；其他六种制式（包括轻轨、单轨、市域快轨、现代有轨电车、磁浮交通、APM等）共计984.1km，占23.7%（图1-2）。

2016年新增的534.8km运营线路中，主要以地铁为主，新增地铁线路510.7km，占比95.5%。其他制式新增为单轨线路和有轨电车线路，共占4.5%。

2）发车间隔缩短，运输效率逐步提高，服务水平稳步提升。据不完全统计，截至2016年末，全国城轨交通累计配属车辆3850列，当年完成运营里程23.2亿车km。北京、上海、广州、深圳、南京、成都、杭州、长沙、宁波8个城市的兑现率均超100%，主要是由于客

流需求超预期，增加了实际开行列次。

（2）建设情况

1）建设规模快速增长，多市进入快速建设期。截至 2016 年末，我国有 48 个城市（部分地方政府批复项目未纳入统计）在建线路总规模 4636.5km，同比增长 26.7%。在建线路 228 条，共有 23 个城市的在建线路超过 100km，其中建设规模超过 300km 的有成都、武汉、广州、青岛、北京 5 个城市；建设规模在 150～300km 之间的有深圳、上海、天津、重庆、南京、厦门、杭州、西安、苏州、长沙 10 个城市；建设规模在 100～150km 的有昆明、宁波、南昌、佛山、温州、南宁、沈阳、福州 8 个城市。

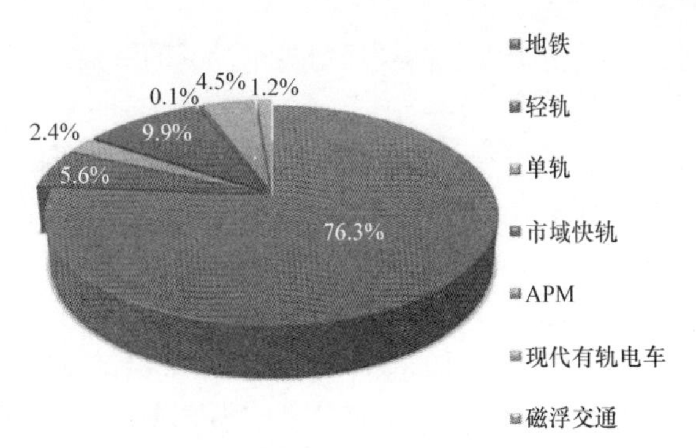

图 1-2 我国城轨交通运营线路制式结构（2016 年）

在建线路中，地铁 4925km，轻轨 13.4km，单轨 33.4km，市域快轨 300.7km，现代有轨电车 328.6km，磁悬浮交通 28.8km，APM 6.6km，7 种制式同时在建。

2）换乘站大幅增加，城轨交通网络化格局正在形成。据不完全统计，在线线路共计车站 3463 座，其中换乘站 1037 座，占车站总数的 29.9%，与目前运营线路换乘站占比 17.1% 相比，换乘站占比大幅提高，各城市交通线网逐渐形成，网络化进程加快。

3）建设投资持续增长，“十三五”开局良好。据不完全统计，截至 2016 年末，我国在建线路可研批复投资累计 34995.4 亿元。初设批复投资累计 28458.6 亿元。2016 年度共完成投资 3847 亿元，同比增长 4.5%，占可研批复的 11%。

15 个城市完成投资过百亿元，其中，武汉、上海、成都、广州全年完成投资均超过 200 亿元，4 个城市共计完成投资 1105.2 亿元，占全国总投资的 28.7%。

（3）规划情况

1）规划规模持续增长，网络化趋势明显，制式多元化发展。截至 2016 年末，据不完全统计，我国已获得城轨交通建设批复的城市有 58 个［包括地方批复的淮安、南平、珠海、红河州、文山州、渭南（韩城）、安顺（黄果树）、三亚、黄石、泉州、台州、海西州（德令哈）、天水、毕节 14 个城市］，规划线路总长 7305.3km。

50 个城市批复规划线路均超过 2 条，线网规模超 100km 的有 28 个城市。据不完全统计，规划车站总计 4562 座，其中换乘站 1213 座，换乘站占比为 26.6%，换乘站占比保持较高水平，表明线路的网络化结构已逐渐形成。

规划线路包含地铁、轻轨、单轨、市域快轨、现代有轨电车、磁浮交通、APM 7 种制式，城轨交通制式呈现多元化发展格局。

2）城轨交通总投资额计划达 3.7 万亿元，多市投资计划过千亿。据不完全统计，58 个城市已批复规划线路总投资 37018.4 亿元。14 个城市投资计划超过 1000 亿元，除北京、上海、广州、深圳、武汉、重庆、成都等城轨交通起步比较早的城市外，青岛、厦门、西安、贵阳、杭州、合肥、苏州、长沙等城轨交通新兴城市的投资计划明显加快，将成为“十三五”期间城轨交通发展的生力军。

北京、上海、武汉、成都 4 个城市投资超过 2000 亿元，规划线路投资总计达 10388.6

亿元，约占全国已批复规划线路投资的三成。大城市和特大城市城轨交通发展仍保持快速增长的态势。

（4）远景规划　继2013年国务院下放项目核准权之后，2015年又再次下放城市轨道交通审批权限。地方轨交项目再一次提速建设。据权威人士透露，我国对申报发展城市轨道交通的城市人口要求，将从城区人口达300万人以上，下调至城区人口达150万人以上，而西方建设城市轨道交通的人口门槛为100万人以上。据2016年第六次人口普查结果显示，我国人口超过150万的城市达到272个，对比现阶段批复的58个城市，未来将有巨量的城市轨道交通建设空间。来自网络的不完全统计数据显示，全国远景将有87个城市（含香港、澳门和台湾地区），规划线路达817条，总计里程超过30556km。按照现阶段城市轨道交通的造价和运营成本计算，将会产生百万亿体量的投资空间。

“十三五”规划中对城轨发展提出了全局性的明确要求：完善优化超大、特大城市轨道交通网络，加快300万以上人口城市轨道交通成网，新增城市轨道交通运营里程约3000km。据此推算，预计2016～2020年城轨运营里程复合增速达12.70%。

3. 我国高铁、城际、铁路发展现状及趋势

（1）十三五规划推动中国铁路大力发展　2016年国家发改委印发《中远期铁路网规划》，规划内容包含三个部分：高速铁路网、普通铁路网、综合交通枢纽。

1）高速铁路网：在原来“四纵四横”的基础上，增加客流支撑、标准适宜、发展需要的高速铁路，同时充分利用既有铁路，形成以“八纵八横”主通道为骨架，区域连接线衔接、城际铁路补充的高速铁路网。

2）普速铁路网：重点围绕扩大中西部路网覆盖，完善东部网络布局，提升既有路网质量，推进周边互联互通。

3）综合交通枢纽：实现客运换乘“零距离”、物流衔接“无缝化”、运输服务“一体化”。

按照十三五规划，截止到2020年全国铁路网规模将达到17.4万km，高速铁路网将达到3.8万km，到2030年我国铁路规模将达到20万km左右，其中高速铁路4.5万km左右。全国铁路网全面连接20万人口以上城市，高速铁路网基本连接省会城市和其他50万人口以上大中城市，实现相邻大中城市间1～4h交通圈，城市群内0.5～2h交通圈。截止到2030年铁路总体投资额将超过8万亿元。

（2）2016年中国铁路运行情况　2017年铁路新开工项目达35个，计划投产新线2100km、复线2500km、电气化铁路4000km，石济客专、武九客专、西成客专、宝兰客专等项目于2017年开工建设。

1）基础设施。2016年末全国铁路营业里程达到12.4万km，比上年增长2.5%，其中高铁营业里程超过2.2万km。全国铁路路网密度129.2km/万km^2，增加3.2km/万km^2。铁路营业里程中，复线里程6.8万km，比上年增长5.2%；电气化里程8.0万km，增长7.4%。

2）运输装备。2016年末全国拥有铁路机车2.1万台，其中内燃机车占41.8%，电力机车占58.1%。拥有铁路客车7.1万辆，比上年增加0.3万辆，其中动车组2586标准组、20688辆，增加380标准组、3040辆。拥有铁路货车76.4万辆。

3）固定资产投资。2016年全国完成铁路公路水路固定资产投资27902.63亿元，比上

年增长4.7%。其中，铁路方面全年完成固定资产投资8015亿元，投产新线3281km；其中高速铁路1903km。

（3）城际铁路发展迅猛　由于长期以来定位不明，各类规划文件中鲜有针对城际铁路提出过具体目标。目前最具参考价值的是2015年11月发布的《城镇化地区综合交通网规划》：计划到2020年，城际铁路运营里程达到3.6万km（其中新建城际铁路约8000km），覆盖98%的节点城市和近60%的县（市）。

根据该规划，这里除新建之外的部分主要是指利用路网铁路，即现有普铁，而新建城际铁路则与设计规范保持一致。因此，结合我们的统计结果，预计到2020年全国城际铁路运营里程将达1.1万km以上，"十三五"期间复合增长率为28.61%。

1.3.2　轨道车辆新能源供电技术的优势

目前包含地铁在内，全国城市轨道交通年耗电量约103亿kW·h，占全国总耗电量的1.7‰左右。到2020年我国轨道交通总里程将达13385km，涉及79个城市，年耗电量将达468亿kW·h，占目前全年总电耗的7.7‰左右，节能需求也日渐紧迫。

发展城市轨道交通车辆的背景及意义包括以下几个方面。

（1）国家政策的需要　《国家中长期科学和技术发展规划纲要（2006—2020年）》和《产业结构调整指导目录》等政策文件，均将轨道交通行车列为鼓励类产业并且扶持企业自主创新。现阶段，我国经济正处于快速发展时期，城市发展向城市群（带、圈）扩张，城市交通拥堵整体处于上升趋势，急需加快发展轨道交通。2012年10月10日，国务院常务会议研究部署在城市优先发展公共交通的举措，提出未来将公共交通放在城市交通发展的首要位置。

（2）城市发展的需要　随着经济的发展和物质水平的提高，人们对城市交通的要求提高，不仅仅满足于能够准时到达目的地，还要求安全、舒适、美观、快捷以及更多的人文关怀等。因此发展绿色、智能、人文一体化的城市交通势在必行。高效、便捷、环保、节能的轨道交通运输方式已经成为世界各国的共识。

（3）技术发展的需要　传统城市轨道交通需要复杂且占地空间巨大的接触网或带有高压电的第三轨，接触网支撑杆和供电电源站不仅成本高，且存在安全隐患。而采用第三轨供电的有轨道路无法与其他城市交通共享路权，功能单一。同时车辆上需要安装受电弓或者集电靴，需要通过摩擦方式进行受流，增加了摩擦损耗的费用。近年来飞速发展的新能源轨道车辆，如超级电容/动力电池+内燃机混合动力车、超级电容混合动力车、动力电池混合动力车、超级电容+动力电池混合动力车（部分区段架设电网，或是全线无网、站点设置充电装置），甚至是全线无需架网的燃料电池有轨电车等，可以很好地解决与汽车共享路权、优化城市交通、维护城市景观的问题，是世界各国大力提倡的新型交通运输方式。它具有以下优点：

1）美观。无架空接触网造成的视觉震撼，混合动力技术省去了架空接触网、支撑杆等基础设施，避免破坏城市景观和形象，避免破坏沿街树木和建筑，提高了城市的可观赏性，如图1-3所示。

2）应用范围广。随着经济环境和城市环境的发展，城市的空间越来越狭窄，而城市人口越来越多，人均占地面积越来越小。混合动力技术适用于城市中心广场或街道等既要通行

图1-3 有无架空接触网景观对比

城市有轨电车又不允许设立接触网的区域，如图1-4所示。

图1-4 城市中心无法架设接触网区域

3）避免了杂散电流问题。很多城市存在大量的名胜古迹，而传统的有轨电车需要通过钢轨进行回流，会对周围的基础设施内部的金属产生慢性腐蚀，破坏建筑物的内部构造。而混合动力技术能够很好地避免此缺陷。

4）损耗更低。混合动力车辆的供电系统和负载之间无直接的电气连接，不会产生火花，不必担心触电和短路，没有机械磨损和摩擦，电气的可靠性和安全性得到了极大的提高，设备易维护、易管理。而传统的车辆需要安装受电弓或集电靴，需要通过摩擦受流。

5）环境适应性强。传统的架空接触网等基础设施容易受大风、暴雪、暴雨、台风等恶劣天气的影响，而无受电弓电能传输技术因其独特的优点不受此类天气的影响。

6）舒适性好。传统的方式需要安装主断路器等高压设备，其频繁动作产生很大的噪声，而混合动力车辆避免了此类部件的使用，因此其噪声水平更低，舒适度更高。

7）安全性好。混合动力车辆尽量避免使用架空接触网、高压设备，无外界的高压接口，电气两端可完全封闭系统，各部分之间可真正实现完全电气绝缘，可以确保系统的水密性和气密性，系统更加安全。

8）智能化高。混合动力车辆无需机械插拔动作，可以实现真正的无人化管理，适用于无人区域、环境恶劣区域以及一些需要全自动智能工作的场合。

第2章 轨道车辆用新能源种类及特点

目前适用于轨道车辆的新能源产品如图2-1所示，这些新能源装置有各自的特点和适用条件，本章将分别展开介绍。

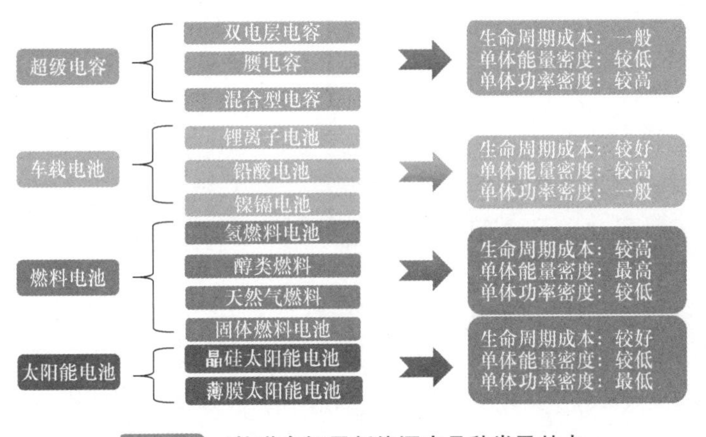

图2-1 轨道车辆用新能源产品种类及特点

2.1 超级电容基础知识及应用技术

超级电容是一种满足能量和功率实时快速、大幅变化要求的能量存储装置。其充放电过程高度可逆，可进行高效率（0.85～0.98）的快速（秒级）充放电，具有比功率高、循环寿命长、充放电时间短、免维护等优势，因此成为理想的高功率密度电源之一。

前些年，由于超级电容的比能量过低，放电时间太短，难以应用于交通领域。而随着超级电容技术的迅速发展，目前已成为轨道车辆领域研究和应用的新热点。超级电容可以与锂电池、镍氢电池、燃料电池等结合用作轨道车辆的辅助能源和动力电源，可以满足其对功率的要求，降低对动力电池或燃料电池大电流放电的要求，从而减小动力电池或燃料电池系统的体积并提高电池寿命，弥补动力电池或燃料电池比功率不足的缺点，最大限度地回收制动能量等。总之，其在轨道车辆领域有十分广阔的应用前景。

2.1.1 超级电容结构与工作原理

1. 超级电容的种类

超级电容又称双电层电容器，是一种通过极化电解质来储能的电化学元件，但在储能的过程中并不发生化学反应，其储能过程是可逆的，可以反复充放电数十万次。超级电容可以被视为悬浮在电解质中的两个无反应活性的多孔电极板，在极板上加电，正极板吸引电解质中的负离子，负极板吸引正离子，实际上形成两个容性存储层，被分离开的正离子在负极板附近，负离子在正极板附近。与传统的电容器和二次电池相比，超级电容的比功率是电池的10倍以上，储存电荷的能力比普通电容器高，并具有充放电速度快、循环寿命长、使用温度范围宽、无污染等优点，是一种非常有前途的新型绿色能源。

超级电容比同体积的电解电容容量大2000～6000倍，可以大电流充放电，充放电效率高，充放电循环次数可达1000000次，并且免维护。超级电容的出现填补了传统的静电电容器和化学电源之间的空白，并以其优越的性能及广阔的应用前景受到了各个国家的重视。

超级电容的分类方式有以下几种。

（1）按照电极材料分类　按照电极材料分类，可分为以下几类：

1）以活性炭粉末、活性碳纤维、碳气凝胶、纳米碳管、网络结构活性炭为电极材料的超级电容。

2）以贵金属二氧化钌、氧化镍、氧化锰为电极材料的超级电容。

3）以聚苯胺、聚对苯等聚合有机物为电极的超级电容。

（2）按工作原理不同分类　按工作原理不同，超级电容分为双电层型超级电容和赝电容型超级电容。

双电层型超级电容的电极材料有活性炭电极材料、碳纤维电极材料、碳气凝胶电极材料和碳纳米管电极材料等，采用这些材料可以制成平板型超级电容和绕卷型溶剂电容器。平板型超级电容，多采用平板状和圆片状的电极，另外也有多层叠片串联组合而成的高压超级电容，可以达到300V以上的工作电压。绕卷型溶剂电容器，采用电极材料涂覆在集流体上，经过绕制得到，这类电容器通常具有更大的电容量和更高的功率密度。

赝电容型超级电容包括金属氧化物电极材料与聚合物电极材料，金属氧化物材料包括NiO_x、MnO_2、V_2O_5等，作为正极材料，活性炭作为负极材料制备超级电容。导电聚合物材料包括PPY、PTH、PAni、PAS、PFPT等经P型或N型或P/N型掺杂制取电极，以此制备超级电容。这一类型超级电容具有非常高的能量密度。

（3）按照结构形式分类　按照结构形式分类，可分为对称型与非对称型。

两电极组成相同且电极反应相同，但反应方向相反，称为对称型；两电极组成不同或反应不同，称为非对称型。

（4）按电解质类型不同分类　按电解质类型不同，超级电容可以分为水性电解质和有机电解质类型的超级电容。

水性电解质超级电容又可分为以下三种：

1）酸性电解质，多采用36%的H_2SO_4水溶液作为电解质。

2）碱性电解质，通常采用KOH、NaOH等强碱作为电解质，水作为溶剂。

3）中性电解质，通常采用KCl、NaCl等盐作为电解质，水作为溶剂，多用于氧化锰电

极材料的电解液。

有机电解质电容器通常采用 $LiClO_4$ 为典型代表的锂盐、$TEABF_4$ 作为典型代表的季铵盐等作为电解质，有机溶剂如 PC、ACN、GBL、THL 等作为溶剂，电解质在溶剂中接近饱和溶解度。

2. 超级电容的结构原理

（1）超级电容的结构与容量　超级电容又叫双电层电容器、电化学电容器、黄金电容、法拉电容，在电极与电解液接触面间具有极高的比电容和非常大的接触表面积，通过极化电解质来储能。

超级电容主要利用电极/电解质界面电荷分离所形成的双电层，或借助电极表面快速的氧化还原反应所产生的法拉第准电容来实现电荷和能量的储存。它是一种电化学元件，但在其储能的过程并不发生化学反应，这种储能过程是可逆的，由此超级电容可以反复充放电数十万次以上。超级电容具有功率密度大、充电时间短、使用寿命长、充放电效率高等优异特性，因此被广泛应用于动力系统储存能量。常用作动力电源的超级电容是以活性炭为电极材料、由碳电极和电解液界面上电荷分离产生电动势的双电层电容，其结构如图 2-2 所示。

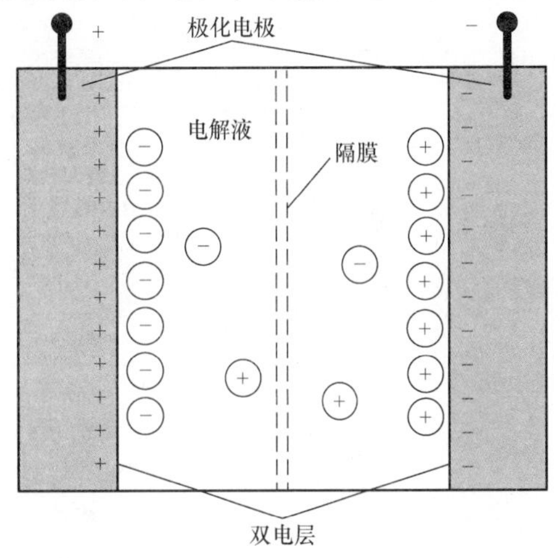

图 2-2　典型的双电层超级电容的基本结构

超级电容单体主要由电极、电解质、集电极、隔离膜连线极柱、密封材料和排气阀等组成。

电极材料一般有碳电极材料、金属氧化物及其水合物电极材料、导电聚合物电极材料，要求电极内阻小、导电率高、表面积大、尽量薄。

电解质需有较高导电性（内阻小）和足够电化学稳定性（提高单体电压）。电解质材料分为有机类和无机类，或分为液态和固态类。

集电极选用导电性能良好的金属和石墨等来充当，如泡沫镍、镍网（箔）、铝箔、钛网（箔）以及碳纤维等。

隔离膜防止超级电容相邻两电极短路，保证接触电阻较小，尽量薄，通常使用多孔隔膜，有机电解质通常使用聚合物或纸作为隔膜，水溶液电解质可采用玻璃纤维或陶瓷隔膜。

电极的材料、制造技术、电解质的组成和隔离膜质量对超级电容的性能有较大影响。

超级电容的电量 q 与电压成正比。电容的计量单位为法拉（F）。当电容器充上 1V 电压，如果极板上存储 1F 电荷量，则该电容器的电容量就是 1F。

电容器的电容量 C 为

$$C=\frac{\varepsilon A}{d} \tag{2-1}$$

式中　ε——电介质的介电常数（F/m）；

A——电极表面积（m^2）；

d——电容器间隙的距离（m）。

电容器的容量取决于电容板的间隙和面积，与电容板间的间隙大小成反比，与面积的大小成正比，而与电容板的厚度无关。

当电容元件充电时，电容元件上的电压增高，电场能量增大，电容器从电源上获得电能，电容器存储的能量 E 为

$$E=\frac{1}{2}CU^2 \tag{2-2}$$

式中 U——外加电压（V）。

当电容器放电时，电压降低，电场能量减小，电容器释放能量，可释放能量的最大值为 E。

（2）双电层超级电容工作原理 双电层超级电容器的工作原理见图 2-3。当外加电压加到超级电容的两个极板上时，与普通电容一样，极板的正电极存储正电荷，负极板存储负电荷，在超级电容的两极板上电荷产生的电场作用下，在电解液与电极之间的界面上形成相反的电荷，以平衡电解液的内电场，这种正电荷与负电荷在两个不同向之间的接触面上，以正负电荷之间极短间隙排列在相反的位置上，这个电荷分布层叫做双电层，因此电容量非常大。当两极板间电势低于电解液的氧化还原电极电位时，电解液界面上电荷不会脱离电解液。随着超级电容放电，正、负极板的电荷被外电路泄放，电解液的界面上的电荷相应减少。由此可以看出，超级电容的充放电过程始终是物理过程，没有化学反应，因此性能更加稳定。

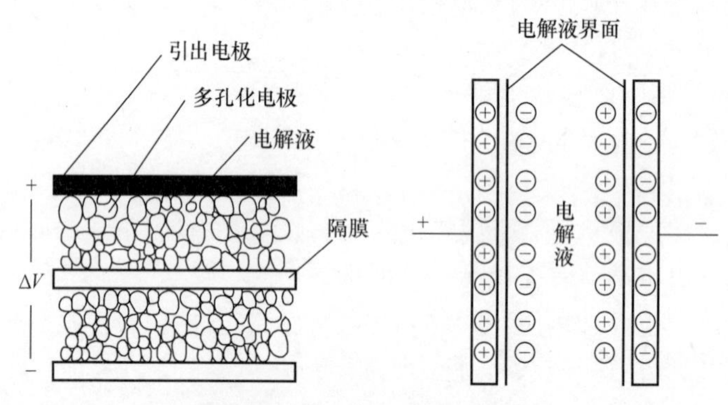

图 2-3 超级电容器工作原理

超级电容是一种与动力电池和传统物理电容器都不同的新型储能器件。它本质上的原理还是电容原理，因此要使超级电容的电容达到法拉级，甚至上万法拉，就必须使得极板的有效表面积尽可能大，极板之间的距离尽可能小。超级电容性能的最核心影响因素是电极材料，常用的电极材料有如下几种。

1）活性炭电极材料。采用了高比表面积的活性炭材料经过成型制备电极。

2）碳纤维电极材料。采用活性碳纤维成形材料，如布、毡等经过增强，喷涂或熔融金属增强其导电性制备电极。

3）碳气凝胶电极材料。采用前驱材料制备凝胶，经过炭化活化得到电极材料。

4）碳纳米管电极材料。具有极好的中孔性能和导电性，采用高比表面积的碳纳米管材料，可以制得非常优良的超级电容电极。

碳电极材料的表面积很大，电容的大小取决于表面积和电极间距离，这种碳电极的大表

面积再加上很小的电极距离，使超级电容的容值可以非常大，大多数超级电容可以做到法拉级。

超级电容是一种电容量可达数千法拉的电容量极大的电容，为了得到如此大的电容量，超级电容尽可能地缩小电极间距离、增加电极表面积。为此采用了双电层原理和活性炭多孔化电极，其原理是依靠固液界面的双电层达到存储电荷的目的。双电层介质在电容器两电极施加电压时，在靠近电极的电介质界面上产生与电极所携带电荷相反的电荷并被束缚在介质界面上，形成事实上的电容器的两个电极，同时活性炭多孔化电极可以获得极大的电极表面积，可以达到 $200m^2/g$。因而这种结构的超级电容具有极大的电容量。

就储能而言，超级电容的这一特性是介于传统的电容器与动力电池之间的。当两极板间电势低于电解液的氧化还原电极电位时，电解液界面上电荷不会脱离电解液，超级电容为正常工作状态（通常为 3V 以下），如电容器两端电压超过电解液的氧化还原电极电位时，电解液将分解，为非正常状态。由于随着超级电容放电，正、负极板上的电荷被外电路泄放，电解液的界面上的电荷相应减少。

由此可以看出：超级电容的充放电过程始终是物理过程，没有化学反应。因此其性能是稳定的，与利用化学反应的蓄电池是不同的。

（3）赝电容超级电容工作原理　赝电容是在电极表面或体相的二维或准二维空间上，电活性物质进行欠电位沉积，发生高度可逆的化学吸附/脱附或氧化/还原反应，产生与电极充电电位有关的电容。赝电容不仅发生在表面，而且可以深入内部，因而可获得比双电层电容更高的电容量和能量密度。相同电极面积下，赝电容可以是双电层电容量的 10000 倍以上。目前赝电容电极材料主要为一些金属氧化物和导电聚合物。

（4）混合型超级电容　超级电容也可以在两极分别采用不同的电极材料，如一极是形成双电层电容的碳材料，另一极是利用赝电容储能的金属氧化物电极。在电压保持不变或略有提升的基础上，利用金属氧化物超级电容的超大比能量与双电荷层超级电容的有效配比，获得了比双电荷层超级电容高很多的比能量。此类电容器在工作时，既有双电层电容的贡献，又包含准电容的作用，因而其比能量较单纯的双电层电容器大大提高，同时可以具备较高的比功率和循环寿命。根据使用条件的不同，充放电次数可达 10 万次，甚至达到 100 万次。

3. 超级电容的技术指标

超级电容是一种比常规电容的电容值大得多的独特电容器，具有优良的脉冲充放电性能以及传统电容器所不具备的大容量储能性能。超级电容的主要技术指标见表 2-1。

表 2-1　超级电容的主要技术指标

技术指标	定　义	单位
额定容量	指按规定的恒定电流（如 1000F 以上的超级电容规定的充电电流为 100A，200F 以下的为 3A）充电到额定电压后保持 23min，在规定的恒定电流放电条件下放电到端电压为零所需的时间与电流的乘积再除以额定电压值	F
额定电压	超级电容的最高安全工作电压。此外还有浪涌电压，通常为额定电压的 105%；击穿电压，其值远高于额定电压的 1. 53 倍	V
电流	指对超级电容充电后，为使电容器在某一电压处于稳定状态而从外部施加的一个电流。额定电流指 5s 内放电到额定电压 1/2 的电流	A

（续）

技术指标	定　义	单位
等效串联电阻	当一个超级电容被模拟为包括电容、电阻的等效模拟电路时，其中的电阻部分即为等效串联电阻	Ω
最大存储能量	超级电容存储能量的理想值，是超级电容从额定电压起进行恒流放电至电压为零时止所累积放出的能量	J
能量密度	也称比能量，指单位质量或单位体积的电容器所给出的能量	W · h/kg 或 W · h/L
功率密度	也称比功率，指单位质量或单位体积的超级电容在匹配负荷下产生电/热效应各半时的放电功率。它表征超级电容所能承受电流的能力	kW/kg 或 kW/L
漏电流	指超级电容保持静态储能状态时，内部等效并联阻抗导致的静态损耗，通常为加额定电压 72h 后测得的电流	A
使用寿命	指超级电容的电容量低于额定容量的 20% 或等效串联电阻增大到额定值的 1.5 倍时的时间长度，此时可判断为其寿命终了	h
循环寿命	超级电容经历 1 次充电和放电，称为 1 次循环或 1 个周期。超级电容的循环寿命长，可达 10 万次以上	次
平均放电功率	平均放电电流和平均放电电压的乘积	kW
放电效率	一个特定的充放电循环中，电容器放出的能量占充入能量的百分比	%
电压保持能力	将超级电容恒流充电至额定电压，再以额定电压恒压充电至 30min，然后在室温条件下开路静置 72h 后，超级电容端电压与额定电压的比值	%
时间常数 RC	如果把一个超级电容模拟为一个电荷和一个电阻的简单串联组合，则电容和电阻的乘积便为时间常数	—

4. 超级电容的应用特性

（1）超级的意义　相对于传统电容器，超级电容的“超级”体现为以下几点：

1）超级电容在分离出的电荷中存储能量，用于存储电荷的面积越大、分离出的电荷越密集，其电容量越大。

2）传统电容器的面积是导体的平板面积，为了获得较大的容量，导体材料卷制得很长，有时用特殊的组织结构来增加它的表面积。传统电容器是用绝缘材料分离它的两极板，一般为塑料薄膜、纸等，这些材料通常要求尽可能薄。

3）超级电容的面积是基于多孔炭材料，通过一些措施可实现更大的表面积。超级电容电荷分离开的距离是由被吸引到带电电极的电解质离子尺寸决定的。该距离比传统电容器薄膜材料所能实现的距离更小。

4）在很小的体积下达到法拉级的电容量。这种庞大的表面积再加上非常小的电荷分离距离使得超级电容较传统电容器而言有非常大的静电容量，这也是其“超级”所在。

（2）超级电容的优点　与动力电池相比，超级电容有以下长处：

1）转化效率高。超级电容在充放电过程中，能量形式没有发生转变；动力电池及其他储能设备一般都是由电能转变成化学能，再由化学能转变成电能，由于存在转化效率问题，这种转变肯定会导致部分能量损失。超级电容充放电效率高，达 95% 以上；化学电池的充放电效率低，约为 70%，超级电容可以充电至其额定值以内的任何电压，并且可以完全放电后再存储电能而不会损坏，而电池组如果过度放电就会永久损坏。

2）输出功率密度高。超级电容的内阻很小，并且在电池液界面和电极材料本体内均能够实现电荷的快速储存和释放，因而它的输出功率密度是一般蓄电池的数十倍。

3）充放电特性好。超级电容具有与电池不同的充放电特性，超级电容的荷电状态（SOC）与电压构成简单的函数，而电池的荷电状态则包括多样复杂的换算。超级电容的放电曲线如图2-4所示。在相同的放电电流情况下，电压随放电时间呈线性下降的趋势。这种特性使超级电容的剩余能量预测以及充放电控制相对于电池的非线性特性曲线简单了许多。放电时，因为同样不受大电流的限制，所以可以大电流输出，瞬间输出功率比较大，可以满足轨道车辆起动瞬间加速需要。

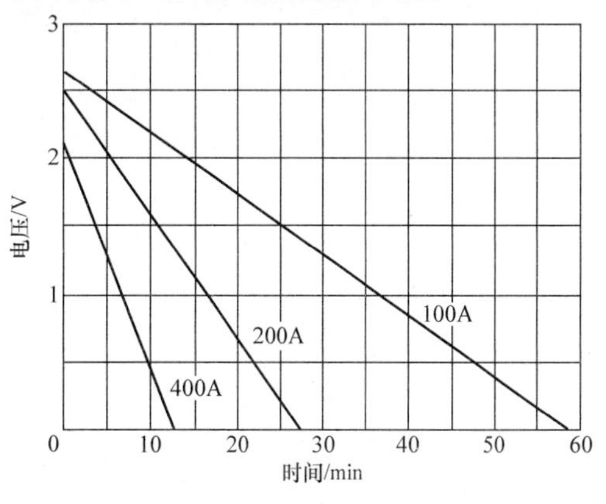

图2-4 超级电容放电曲线

4）在容量定义方面，超级电容也不同于电池。超级电容的额定容量单位为法拉（F）。定义为以规定的恒定电流充电到额定电压后保持2～3min，在规定的恒定电流放电条件下放电到端电压为零所需的时间与电流的乘积再除以额定电压值。

5）超级电容与其体积相当的传统电容器相比可以存储更多的能量，在一些功率决定能量存储器件尺寸的应用中，超级电容是一种更好的途径。

6）极长的充放电循环寿命。超级电容可以反复传输能量脉冲而无任何不利影响，相反如果电池反复传输高功率脉冲其寿命将大打折扣。超级电容在充放电过程中没有发生电化学反应，其循环寿命可达10万次以上，这是只有数百次充放电循环寿命的蓄电池无法比拟的。

7）充电时间非常短。充放电电路简单，不需要特别的充电电路和控制放电电路。超级电容可以快速充电而电池快速充电则会受到损害。由于不受充电电流大小的限制，充放电速度可以变得很快，充电时间约从0.3s到1min，温升小，完全满足混合动力有轨电车再生制动要求。

8）工作温度范围宽（－40～50℃），容量变化小，混合动力有轨电车用铅酸电池、锂电池等低温工作时，续驶里程在恶劣条件下甚至减少90%，而超级电容只减少10%左右。

9）储存寿命极长。超级电容储存过程中，虽然也有微小的漏电电流存在，但这种发生在电容器内部的离子或质子迁移运动是在电场的作用下产生的，并没有出现化学或电化学反应，没有产生新的物质；而且所用的电极材料在相应的电解液中也是稳定的，故理论上超级电容的储存寿命几乎可以认为是无限的。

（3）超级电容的缺点　与其他各类电池相比，超级电容的短处主要在于：

1）比能量低，在一定程度上限制了采用超级电容为主电源的轨道车辆的续驶里程。

2）和铝电解电容器相比，它内阻较大，因而不可以用于交流电路。

在选择超级电容时，一般主要根据功率要求、放电时间及系统电压变化来进行选择。超级电容容量的大小由最高工作电压、工作截止电压、平均放电电流和放电时间等基本参数决定，可根据超级电容的数学模型进行估算。超级电容的输出电压降由两部分组成，一部分是超级电容释放能量；另一部分由超级电容内阻引起。在非常快的脉冲放电中，内阻部分占主

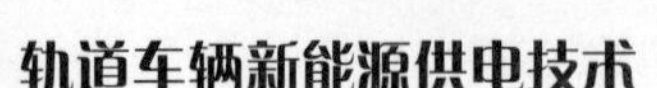

要的部分，相反在长时间放电中，容性部分占主要。

2.1.2 超级电容在轨道车辆上的应用

超级电容不仅可作为储能系统为车辆供电，还可与动力电池、燃料电池等高能量密度的能量单元相结合，形成兼具高功率密度和高能量密度的能量源，支撑新能源车辆长距离无网运行。目前，部分加入电化学效应的超级电容（兼具电池和传统物理电容的优点），其能量密度可高达20kW/kg，已经开始抢占传统电容器和电池之间的这部分市场，成为各国重点的战略研究和开发项目。

1. 超级电容在储能式有轨电车上的应用

目前在国际上已有多条线路运行着纯超级电容储能式有轨电车或超级电容/动力电池混合储能式有轨电车。由于公交线路站点是固定不变的，超级电容在1min之内即可完成充电，可利用有轨电车进站的时间充电，这样既不影响乘客的乘车时间，又不会像常规利用接触网供电的有轨电车那样车顶上必须有两个“辫子”。这样就省去了电车轨道设置的费用，看起来也更美观一些。

这种以超级电容为能源的有轨电车无污染、零排放、低温特性好、能量回收效率高，具有良好的市场前景和社会效益。在冬季低温天气为牵引系统起动时提供瞬时大功率方面，一般的动力电池无法提供瞬间大功率且易损害使用寿命，而如果联合使用超级电容和动力电池，发挥超级电容的独有特性，这个问题就可迎刃而解。

超级电容对整车运行性能的影响在于它的充电速度快，充完就可以接着跑，因而可以用在站间距较短的线路运营。超级电容的容量、能量密度、放电深度、功率密度等性能参数都会影响车辆行驶的能量消耗和续驶里程。

但超级电容目前最大的缺点就是能量密度小，每次充电的行驶里程很短，并不能完全取代电池。超级电容单体的工作电压较低，需要通过多个电容器单体的串联才能得到较高的工作电压，而多个单体串联对单体的统一性要求比较高，且串联起来后体系的容量又会成倍减少。因此相同储电量下的系统体积仍然较大。

目前，高能量密度的混合型超级电容开发是储能领域的重点技术发展方向之一。

2. 超级电容在混合动力有轨电车上的应用

超级电容可与动力电池、燃料电池等高能量密度的物质相结合，形成兼具高功率密度和高能量密度的能量源，这样就可以同时满足快速起停、高效能量回收和长续驶里程等车辆综合运行需求。混合动力有轨电车的突出优势表现在：

1）由于超级电容的高功率输出特性，整车起动功率较大，乘客乘坐体验较好。超级电容的特性正好满足混合动力轨道车辆的特殊要求，利用超级电容瞬时高功率特性，避免了动力电池、燃料电池等提供瞬间大功率的特殊要求，延长了整个系统的生命周期。

2）动力电池、燃料电池等可提供较高密度的持续输出电能，支持车辆的长距离无网运行。

3）车辆制动时可高效回收制动能量，可以节约能源、减少排放污染和提升整车能效，同时可有效降低制动电阻的体积和工作负荷，尤其适合城市行驶工况。在回收制动能量方面，有轨电车在行驶过程中至少有30%的能量因热量散发和制动而消耗掉，特别是在城市行驶，经常遇到红灯，这样不仅造成能源浪费，而且增加环境污染。由于动力电池充电是通

过化学反应完成，所需时间较长，但制动时间较短，回收能量效果不佳。目前各主机厂大多将具有快速吸收电能这一独有特性的超级电容作为制动能量回收的储能装置，超级电容应用前景十分广阔。

3. 超级电容使用的注意事项

超级电容使用的注意事项包括：

1）超级电容具有固定的极性。在使用前，应确认极性。

2）超级电容应在标称电压下使用：当电容器电压超过标称电压时，将会导致电解液分解，同时电容器会发热，容量下降，而且内阻增加，寿命缩短，在某些情况下，可导致电容器性能崩溃。

3）超级电容不可应用于高频率充放电的电路中，高频率的快速充放电会导致电容器内部发热，容量衰减，内阻增加，在某些情况下会导致电容器性能崩溃。

4）外界环境温度对于超级电容的寿命有着重要的影响。电容器应尽量远离热源。

5）当超级电容被用做后备电源时，由于超级电容具有内阻较大的特点，在放电的瞬间存在电压降，$\Delta V = IR$。

6）使用中环境气体：超级电容不可处于相对湿度大于 85% 或含有有毒气体的场所，这些环境会造成引线及电容器壳体腐蚀，导致断路。

7）超级电容的存放：不能置于高温、高湿的环境中，应尽量在温度 $-30 \sim +50$℃、相对湿度小于 60% 的环境下储存，避免温度骤升骤降，因为这样会导致产品损坏。

8）当超级电容用于双面电路板上，需要注意连接处不可经过电容器可触及的地方，否则会导致短路现象。

9）当把电容器焊接在线路板上时，不可将电容器壳体接触到线路板，不然焊接物会渗入至电容器穿线孔内，对电容器性能产生影响。

10）安装超级电容后，不可强行倾斜或扭动电容器，这样会使电容器引线松动，导致性能劣化。

11）在焊接过程中避免使电容器过热：若在焊接中使电容器出现过热现象，会降低电容器的使用寿命，例如：如果使用厚度为 1.6mm 的印刷线路板，焊接过程应为 260℃，时间不超过 5s。

12）焊接后的清洗：在电容器经过焊接后，线路板及电容器需要经过清洗，因为某些杂质可能会导致电容器短路。

13）将电容器串联使用时：当超级电容进行串联使用时，存在单体间的电压均衡问题，单纯的串联会导致某个或几个单体电容器过电压，从而损坏这些电容器，整体性能受到影响，故在电容器进行串联使用时，需得到厂家的技术支持。

2.1.3　国内外超级电容产品

1. 国外产品

（1）Maxwell 超级电容　Maxwell 公司是一家基于创新技术提供高性能低成本能量存储和分配解决方案的供应商。该公司的 BOOSTCAP 超级电容单元和多单元模块以及 POWER-CACHE 电源备份系统可提供安全可靠的电源解决方案，服务于消费类、应用交通运输、电信以及工业应用等领域。该公司的功率型超级电容系列产品为汽车和运输部门的客户提供了

更为广阔的选择空间，能更好地满足该类客户对能量储存和功率传递的需求。功率型模块是专门为混合动力有轨电车、汽车及其他重工业产品的应用而设计开发的，能满足这些领域对最低等效内阻和最高可用效率的需求。

（2）俄罗斯 ECOND 超级电容　俄罗斯 ECOND 公司对超级电容已有 30 年的研究历史，该公司代表着俄罗斯的先进水平，其产品以大功率超级电容产品为主，适用于动力电源，且有价格优势；早在 1996 年俄罗斯 Eltran 公司就已研制出了采用纯电容器电源的车辆样品，采用 300 个电容串联，可载 20 人，充电一次可行驶 12km，速度 25km/h，该车已运行多年，并逐步改进。

（3）韩国 NESS 超级电容　韩国的 NESS 公司已有一定批量的大容量超级电容进入市场，并应用在燃料电池车、混合动力车中，取得了非常明显的燃油经济性和环保效果，在军事领域也得到了非常广泛的应用。NESS 公司产品的有效比能量达到 3 ~4W · h/kg，最大比功率达到了 3000W/kg，产品主要用途是大功率辅助。

2. 国内产品

（1）宁波中车新能源超级电容　宁波中车新能源公司依托中车株机公司在轨道交通领域的优势，产品不断升级，从 2.7V/3000F，到 3V/12000F，再到 3.6V/60000F，技术指标已处于世界领先水平。其研制的 60000F 电池电容型超级电容，能量密度达 40W · h/kg，充电时间仅需 6 ~8min，可使有轨电车一次充电在满载状态下行驶 10 公里以上。依托其超级电容核心技术平台，由中车株机公司研制的超级电容储能式有轨电车已在广州、淮安等城市商业运营。2018 年 9 月宣布与北京集星科技合并。

（2）上海奥威超级电容　上海奥威科技开发有限公司成立于 1998 年，总部位于国家级高科技园区——上海市张江高科技园区，专业从事双电层电容器及超级电容器的开发、生产和销售。其自主研发的专利产品超级电容器包括 UCK42V14000（14000F）、UCK42V9000（9000F）、UCR42V28000（28000F）等，能量密度接近传统蓄电池的水平。产品的主要特点是具有较高的功率密度；充电时间仅需几分钟甚至几秒；使用温度范围宽，可在 -40 ~60℃ 的范围内正常工作；充放电循环次数可达 10 ~50 万次。

2.2　动力电池基础知识及应用技术

电池一般分为储能电池与动力电池两种。其中，储能电池指能量密度高的电池，动力电池指功率密度高的电池，一般而言，储能电池的充、放电倍率较小（如小于 1C），而动力电池的充、放电倍率较大，一般动力电池可实现 2 ~10C 的放电，某些轨道车辆和电动汽车用的动力电池可承受 10C 甚至是 30C 的放电倍率。电池及电池组的相关概念包括：

➢ 电池单体（Cell）指直接将化学能转化为电能的基本装置和基本单元。

➢ 电池（Battery）指由多个电池单体并联或串联而成，具有独立正极和负极输出的装置。

➢ 电池组（Battery Pack）是由多块电池通过串联或并联构成的存储电能的部件。

➢ 电池系统（Battery System）指由多个电池组串联或并联构成、具备完善电池管理系统的电能供给系统。

2.2.1　电池的基本构成及性能指标

电池是车辆的动力源，是能量的存储装置，其分类方式如图2-5所示。

车用动力电池有传统的铅酸电池、镍镉电池、镍氢电池和锂电池。几款主流电池的技术参数对比情况见表2-2。可以看出，由于锂电池具有工作电压高、比能量大、循环寿命长、自放电率低、无记忆效应、无污染等优点，已成为厂家的首选。

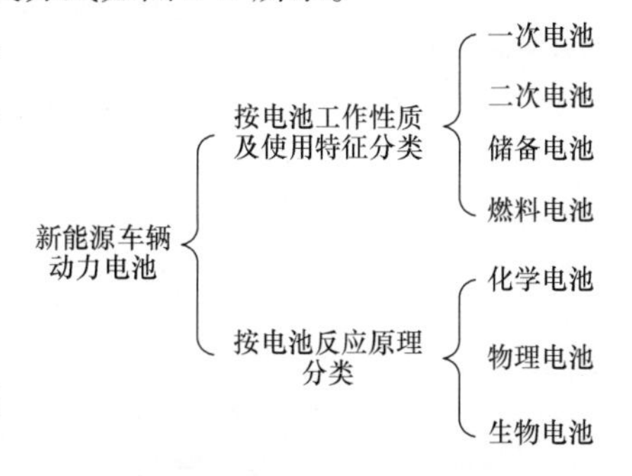

图2-5　动力电池分类

1. 电池的基本构成

电池是一种把化学反应所释放的能量直接转变成直流电能的装置。要实现化学能转变成电能的过程，必须满足如下条件：①必须实现将化学反应中失去电子的氧化过程（在负极进行）以及得到电子的还原过程（在正极进行），分别在两个区域进行，这与一般的氧化还原反应存在区别。②两电极间必须具有离子导电性的物质。③化学变化过程中电子的传递必须经过外线路。

表2-2　几款主流电池的技术参数

技术参数	铅酸电池	镍镉电池	镍氢电池	锂电池	磷酸铁锂电池
单体电压/V	2	1.2	1.2	3.6~3.7	3.6
电压工作范围/V	1.7~2.2	1.0~1.4	1.0~1.4	3.0~4.2	3.0~3.3
比能量/(W·h/kg)	40	30~50	50~80	100~125	105~140
能量密度/(W·h/L)	70	150	200	240~300	300
循环寿命（次）	400	500	500	1000	1500
高温特性	差	好	差	好	好
低温特性	差	好	好	好	差
月自放电率（%）	5	15~30	25~35	5~8	10
记忆效应	有	有	有	无	无
环保	有毒	有毒	略有污染	无毒	无毒
安全性	良好	优秀	好	差	优秀

为了满足构成电池的条件，电池需包含以下基本组成部分。

（1）电解质　电解质拥有很高的、选择性的离子电导率，提供电池内部的离子导电的介质。大多数电解质为无机电解质水溶液，少部分电解质也有固体电解质、熔融盐电解质、非水溶液电解质和有机电解质。有的电解质也参加电极反应而被消耗。电解质对于电子来说必须是非导体，否则将会产生电池单体的自放电现象。

（2）正极活性物质　正极活性物质具有较高的电极电位，电池工作即放电时进行还原反应或阴极过程。为了与电解槽的阳极、阴极区别开，在电池中称作正极。锂离子电池正极材料对比情况见表2-3。

表 2-3 锂离子电池正极材料对比

分类	钴酸锂	镍钴锰酸锂	锰酸锂	磷酸铁锂	镍钴铝酸锂	镍酸锂
分子式	$LiCoO_2$	$LiNi_xCo_yMn_{1-x-y}O_2$	$LiMn_2O_4$	$LiFePO_4$	$Li(Ni_{0.8}Co_{0.15}Al_{0.05})O_2$	$LiNiO_2$
电压平台/V	3.7	3.6	3.8	3.3	3.7	2.5～4.1
比容量/mA	150	160	120	150	170	190
优点	充放电稳定，生产工艺简单	电化学性能稳定，循环性能好	锰资源丰富，价格较低，安全性能好	高安全性，环保长寿	高能量密度，低温性能好	无充放电限制，自放电率低，环境污染少，对电解液要求低
缺点	钴价格昂贵，循环寿命低	用到一部分金属钴，价格昂贵	能量密度低，电解质相容性差	低温性能差，放电电压低	高温差性能差，安全性能差，生产技术门槛高	—

(3) 负极活性物质　负极活性物质具有较低的电极电位，电池工作时进行氧化反应或阳极过程。为了与电解槽的阳极、阴极区别开，在电池中称作负极。锂离子电池负极材料对比情况见表2-4。

表 2-4 锂离子电池负极材料对比

负极材料	比容量/(mA·h/g)	首次效率(%)	循环寿命(次)	安全性	快充特征
天然石墨	340～370	90	1000	一般	一般
人造石墨	310～360	93	1000	一般	一般
中间相炭微球	300～340	94	1000	一般	一般
石墨烯	400～600	30	10	一般	差
钛酸锂	165～170	99	30000	最高	最好
硅	800	60	200	差	差
锡纸	600	60	200	差	差

(4) 隔膜　为了保证正、负极活性物质绝对不直接接触而短路，又要保持正负极之间尽可能小的距离，以使电池具有较小的内阻，在正、负极之间必须设置隔膜。隔膜材料本身都是绝缘良好的材料，如橡胶、玻璃丝、聚丙烯、聚乙烯、聚氯乙烯等，以防止正负极间的电子传递和接触。同时隔膜材料要求能耐电解质的腐蚀和正极活性物质的氧化作用，并且隔膜还要有足够的孔隙率和吸收电解质溶液的能力，以保证离子运动。

(5) 外壳　作为电池的容器，电池的外壳材料必须能经受电解质的腐蚀，而且应该具有一定的机械强度。铅酸电池一般采用硬橡胶。碱性蓄电池一般采用镀镍钢材。近年来由于塑料工业的发展，各种工程塑料诸如尼龙、ABS、聚丙烯、聚苯乙烯等已成为电池壳体常用的材料。

除了上述主要组成部分外，电池还常常需要导电栅、汇流体、端子、安全阀等零件。

2. 电池的性能指标

(1) 电压　电压分为电动势、端电压、额定电压、开路电压、工作电压、充电电压、

充电终止电压、放电终止电压和电压效率等。电池电压各项性能指标的描述见表 2-5。

表 2-5　电池电压各项性能指标的描述

性能指标	概　念	备　注
电动势	又称电池标准电压或理论电压，为组成电池的两个电极的平衡电位之差	电动势是根据热力学函数计算而得到的，是电池在理论上输出能量大小的量度之一。如果其他条件相同，电动势愈高的电池，理论上能输出的能量就愈大，使用价值就愈高。对于各种电池的电动势，充电后的铅酸电池的电动势一般为 2.1V，锂电池的电动势为 4.25V，镍氢电池的电动势为 1.5V
端电压	指电池正极与负极之间的电位差	由于电池内阻的存在，端电压一般低于电动势
额定电压	指电池在规定条件下工作时应达到的标准电压	额定电压是该电化学体系的电池工作时公认的标准电压。如锌锰干电池为 1.5V，镍镉电池和镍氢电池为 1.2V，铅酸电池为 2V，锂电池的额定电压为 3.6V
开路电压	指电池在没有负载情况下的端电压	电池的开路电压是实际测量出来的，开路电压不等于电动势
工作电压	电池在某负载下实际的放电电压	铅酸蓄电池的工作电压为 1.8～2V；镍氢电池的工作电压为 1.1～1.5V；锂电池的工作电压为 2.75～3.6V
充电电压	指外电路直流电压对电池充电的电压	一般的充电电压要高于电池的开路电压，如镍镉电池的充电电压为 1.45～1.5V，锂电池的充电电压为 4.1～4.2V
充电终止电压	指蓄电池充足电时，极板上的活性物质已达到饱和状态的电压	例如，镍镉电池的充电终止电压为 1.75～1.8V，镍氢电池的充电终止电压为 1.5V，锂电池的充电终止电压为 4.25V
放电终止电压	指电池放电时允许的最低电压	如果电压低于放电终止电压后电池继续放电，电池两端电压会迅速下降，形成深度放电，这样，极板上形成的生成物在正常充电时就不易再恢复，从而影响电池的寿命。放电终止电压和放电率有关，放电电流直接影响放电终止电压。在规定的放电终止电压下，放电电流越大，电池的容量越小。例如，镍镉电池、镍氢电池、锂电池的放电终止电压大致分别为 1.0～1.1V、1V、3.0V
电压效率	指电池的工作电压与电池电动势的比值	电池放电，由于存在电化学极化、浓差极化和欧姆压降，使电池的工作电压低于电动势。改进电极结构（包括真实表面积、孔率、孔径分布、活性物质粒子的大小等）和加入添加剂（包括导电物质、膨胀剂、催化剂、疏水剂等）是提高电池电压效率的两个重要途径

（2）容量　电池在一定的放电条件下所能放出的电量称为电池的容量。常用单位为安培·小时（A·h），它等于放电电流与放电时间的乘积。

电池的容量可以分为理论容量、实际容量、标称容量和额定容量等。

理论容量指假设电极活性物质全部参加电池的化学反应所能提供的电量，是按法拉第定律计算而得到的最高理论值。为了比较不同系列的电池，常用比容量的概念，即单位体积或单位质量电池所能给出的理论电量，单位为 A·h/L 或 A·h/kg。

实际容量指电池在一定条件下所能输出的电量，它等于放电电流与放电时间的乘积，单位为 A·h，其值小于理论容量。电池的实际容量主要与电池正、负极活性物质的数量及利用的程度（利用率）有关，而活性物质利用率主要受放电制度、电极的结构和制造工艺的影响。放电制度是指放电速率、放电形式、终止电压和温度。高速率即大电流。低温条件下放电时，将减少电池输出的容量。电极的结构包括电极高宽比例、厚度、孔隙率以及导电栅网的形式。实际容量反映了电池实际存储电量的大小，电池容量越大，车辆的续驶里程就越远。

在使用过程中，电池的实际容量会逐步衰减。国家标准规定新出厂的电池实际容量大于额定容量值为合格电池。

标称容量是用来鉴别电池的近似容量值。在指定放电条件时，一般指 0.2C 放电时的放电容量。

额定容量是按国家或有关部门颁布的标准，保证电流在一定的放电条件下应该放出的最低限度的容量。按照 IEC 标准和国标，镍镉电池和镍氢电池在（20±5）℃条件下，以 0.1C 充电 16h 后以 0.2C 放电至 1.0V 时所放出的电量为电池的额定容量，以 C 表示；锂电池在常温、恒流（1C）、恒压（4.2V）条件下充电 3h 后，再以 0.2C 放电至 2.75V 时所放出的电量为电池的额定容量。

荷电状态（SOC）是电池剩余电量与相同条件下额定容量的比值，它反映电池容量的变化。SOC=1 即表示电池充满状态。随着电池的放电，电池的电荷逐渐减少，此时电池的充电状态，可以用 SOC 的百分数相对量来表示电池中电荷的变化状态。一般电池放电高效率区为 50%~80% SOC。

（3）内阻　一般说到的内阻指充电态内阻，即电池充满电时的内阻（与之对应的是放电态内阻，指电池充分放电后的内阻。放电态内阻一般比充电态内阻大，并且不太稳定）。电池内阻越大，电池自身消耗能量越多，电池的使用效率越低。内阻很大的电池在充电时发热很厉害，使电池的温度急剧上升，对电池和充电器的影响都很大。随着电池使用次数的增多，由于电解液的消耗及电池内部化学物质活性的降低，电池的内阻会有不同程度的升高。电池的内阻不是常数，在放电过程中随时间不断变化，因为活性物质的组成、电解液浓度和温度都在不断改变，需要用专门的仪器才可以测量到比较准确的结果。

电池内阻包括欧姆电阻和极化电阻，二者之和为电池的全内阻。欧姆电阻主要由电极材料、电解液、隔膜的电阻以及各部分零件的接触电阻组成。极化电阻是化学电源的正极、负极在进行电化学反应时由于极化引起的内阻。极化内阻与活性物质的本性、电极的结构、电池的制造工艺有关，尤其与电池的工作条件有关，放电电流和温度对其影响很大。在大电流密度下放电时，电化学极化和浓差极化均增加，甚至可能引起负极的极化，极化内阻增加。低温对电化学极化、离子的扩散均有不利影响，故在低温条件下电池的极化内阻也增加。因此，极化内阻并非是一个常数，而是随放电率、温度等条件的改变而改变。

各种规格和型号的蓄电池内阻各不相同。在低倍率放电时，内阻对电池性能的影响不显著；但在高倍率放电时，电池全内阻明显增大，电压降损失可达数百毫伏。

（4）能量　能量指在一定放电制度下，电池所能输出的电能，单位是 W·h 或 kW·h。它直接影响轨道车辆的行驶距离。能量分为理论能量、实际能量、比能量和能量密度。理论能量是电池的理论容量与额定电压的乘积，指一定标准所规定的放电条件下，即假设电池在放电过程中始终处于平衡状态，其放电电压保持电动势的数值，而且活性物质的利用率为 100% 时，电池所输出的放电容量。实际能量是电池实际容量与平均工作电压的乘积，表示在一定条件下电池所能输出的能量。

比能量也称质量比能量，是指电池单位质量所能输出的电能，单位是 W · h/kg，常用比能量来比较不同的电池系统。

能量密度也称体积比能量，是指电池单位体积所能输出的电能，单位是 W · h/L。

电池的比能量是综合性指标，它反映了电池的质量水平。电池的比能量影响整车质量和续驶里程，是评价动力电池是否满足预定续驶里程的重要指标。

（5）功率　功率是指电池在一定放电制度下，单位时间内所输出能量的大小，单位为 W 或 kW。电池的功率决定了车辆的加速性能和爬坡能力。功率分为比功率和功率密度。比功率是指单位质量电池所能输出的功率，也称质量比功率，单位为 W/kg 或 kW/kg；功率密度是指单位体积电池所能输出的功率，也称体积比功率，单位为 W/L 或 kW/L。

电池的比功率影响车辆的加速性能和坡道运行能力，是评价动力电池是否满足预定起动加速度和坡道运行能力的重要指标。

（6）输出效率　输出效率指电池放电时输出的容量与充电时输入的容量之比。影响电池容量效率的主要因素是副反应。当电池充电时，有一部分电量消耗在水的分解上。此外，自放电、电极活性物质的脱落、结块、孔率收缩等也会降低容量效率。影响效率的原因是电池存在内阻，它使电池充电电压增加，放电电压下降。内阻的能量损耗以电池发热的形式损耗掉。

（7）自放电率　自放电率指电池在存放期间容量的下降率，即电池无负荷时自身放电使容量损失的速度。自放电率用单位时间容量降低的百分数表示。电池无负荷时由于自行放电使容量损失。蓄电池能用充电方法恢复容量。自放电通常主要在负极，因为负极活性物质多为活泼的金属粉末电极，在水溶液中可发生置换氢气的反应。若在电极中存在着氢超电势低的金属杂质，这些负极和负极活性物质能组成腐蚀微电池，结果负极金属自溶解，并伴有氢气析出，从而容量减少。在电解液中杂质起着同样的有害作用。一般正极的自放电不大。正极为强氧化剂，若在电解液中或隔膜上存在易于被氧化的杂质，也会引起正极活性物质的还原，从而减少容量。

自放电率用单位时间容量降低的百分数表示。

$$\text{自放电率} = \frac{C_a - C_b}{C_a T} \tag{2-3}$$

式中　C_a——电池存储前的容量（A · h）；

C_b——电池存储后的容量（A · h）；

T——电池储存的时间，常用天、月计算。

（8）放电倍率　放电时间越短，即放电倍率越高，则放电电流越大。放电倍率等于额定容量与放电电流之比。根据放电倍率的大小，可分为低倍率（<0.5C）、中倍率（0.5～3C）、高倍率（3～10C）、超高倍率（>10C）。例如，某电池的额定容量为 40A · h，若用 8A 电流放电，则放完 40A · h 的额定容量需用 5h，也就是说以 0.2 倍率放电，用符号 C/5 或 0.2C 表示，为低倍率放电。

（9）放电深度　放电深度指放电容量与总放电容量的百分比，简称 DOD（Depth of Discharge）。放电深度表示放电程度的一种量度，其高低跟二次电池的充电寿命有很深的关系。二次电池放电深度越大，其充电寿命就越短，因此在使用时应尽量避免深度放电。

（10）寿命　寿命指在一定的充放电制度下，电池容量降至某一规定值之前，电池能耐

受的充放电次数，与放电深度、温度、充放电制式等条件有关。降低放电深度，即浅放电，可以有效延长二次电池的充放电循环寿命。随着充放电次数的增加，二次电池容量衰减现象较为明显。这是因为在充放电循环过程中，电池内部会发生一些不可逆反应，引起电池放电容量的衰减。这些不可逆的因素主要包括：

1）电极活性表面积在充放电循环过程中不断减小，使工作电流密度上升，极化增大。

2）电极上活性物质脱落或转移。

3）电池工作过程中，某些电极材料发生腐蚀。

4）隔膜的老化和损耗。

5）在循环过程中电极上生成枝晶，造成电池内部微短路。

6）活性物质在充放电过程中发生不可逆晶形改变，使得活性降低。

（11）化成　电池制成后，需要对电池单体进行小电流充电，将其内部正负极物质激活，在负极表面形成一层钝化层——SEI（solid electrolyte interface）膜，使电池性能更加稳定，电池经过化成后才能体现其真实的性能，这一过程称为化成。化成过程中的分选过程能够提高电池组的一致性，使最终电池组的性能提高，化成容量是筛选合格电池的重要指标。

2.2.2　锂电池结构与工作原理

1. 锂电池的种类与特点

根据锂电池所用电解质材料不同，可以分为液态锂电池（Liquified Lithium - Ion Battery，LIB）和聚合物锂电池（Polymer Lithium - Ion Battery，PLB）两大类。

液态锂电池和聚合物锂电池所用的正负极材料与液态锂离子都是相同的，电池的工作原理也基本一致。一般正极使用 $LiCoO_2$，负极使用各种碳材料如石墨，同时使用铝、铜作集流体。两种锂电池结构的对比分析见表 2-6。

表 2-6　锂电池结构比较

类型	电解质	壳体/包装	隔膜	电流体
液态锂电池	液态	不锈钢、铝	25μPE	铜箔和铝箔
聚合物锂电池	胶体聚合物	铝/PP 复合膜	没有隔膜或 μPE	铜箔和铝箔

液态锂电池与聚合物锂电池的主要区别在于电解质的不同，液态锂电池使用的是液体电解质，而聚合物锂电池则以固体聚合物电解质来代替，这种聚合物可以是“干态”的，也可以是“胶态”的，目前大部分采用聚合物胶体电解质。其中，液态锂电池是指 Li^+ 嵌入化合物为正、负极的二次电池。正极采用锂化合物 $LiCoO_2$，$LNiO_2$ 或 $LiMn_2O_4$，负极采用锂 - 碳层间化合物 Li_xC_6。

聚合物锂电池具有能量密度高、更小型化、超薄化、轻量化和高安全性等多种明显优势。在形状上，锂聚合物电池具有超薄化特征，可以配合各种产品的需要，制作成任何形状与容量的电池；在安全性上，外包装为铝塑包装，有别于液态锂电的金属外壳，内部质量隐患可立即通过外包装变形而显示出来，一旦发生安全隐患，不会爆炸，只会鼓胀。因为聚合物锂电池使用了胶体电解质，不会像液体电解液那样泄漏，所以装配很容易，使得整体电池很轻、很薄，也不会产生漏液与燃烧爆炸等安全上的问题，可以用铝塑复合薄膜制造电池外壳，从而提高整个电池的比容量。

聚合物锂电池可分为三类：固体聚合物电解质锂电池、凝胶聚合物电解质锂电池、导电聚合物锂电池。

2. 锂电池的结构与工作原理

锂电池即分别用两个能可逆地嵌入与脱嵌锂离子的化合物作为正负极构成的二次电池。锂电池靠锂离子在正负极之间的转移来完成电池充放电工作，因此又被人们形象地称为“摇椅式电池”。图 2-6 为锂电池原理图，图 2-7 显示出锂离子充放电过程。

锂电池在原理上实际是一种锂离子浓差电池，正、负电极由两种不同的锂离子嵌入化合物组成，通过 Li^+ 在正负极间的往返嵌入和脱嵌形成电池的充电和放电过程。从充放电的可逆性看，锂电池反应是一种理想的可逆反应。锂电池的电极反应表达式分别为：

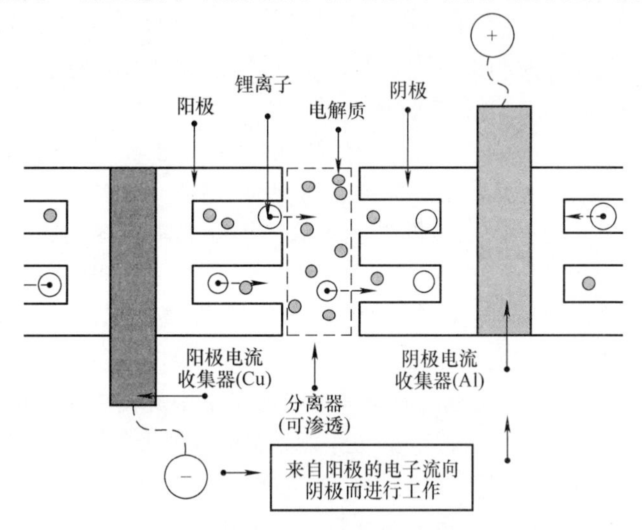

图 2-6　锂电池原理图

正极反应式：

$$LiMO_2 \rightarrow Li_{1-x}MO_2 + xLi^+ + xe \quad (2-4)$$

负极反应式：

$$nC + xLi^+ + xe \rightarrow Li_xC_n \quad (2-5)$$

电池反应式：

$$LiMO_2 + nC \rightarrow Li_{1-x}MO_2 + Li_xC_n \quad (2-6)$$

式中，M 代表 Co、Ni、W、Mn 等金属元素。

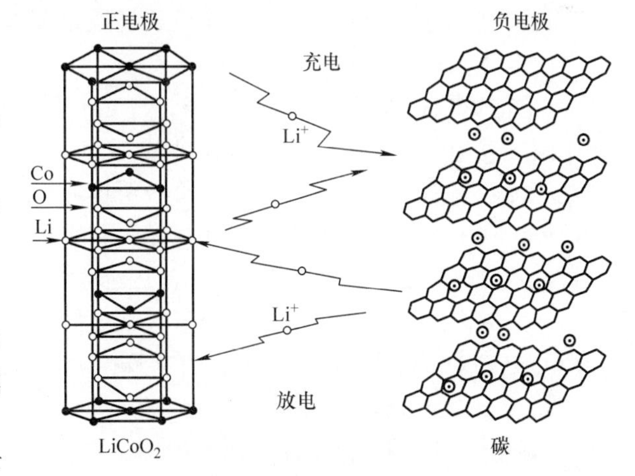

图 2-7　锂电池充放电过程

锂电池的工作原理主要包括以下几点：

1）当电池充电时，锂离子从正极中脱嵌，在负极中嵌入，放电时则反之。这就需要一个电极在组装前处于嵌锂状态，一般选择相对锂而言，电位大于 3V 且在空气中稳定的嵌锂过渡金属氧化物作正极，如 Li_xCoO_2、Li_xNiO_2、$Li_xMn_2O_4$。

2）作为负极的材料则选择电位尽可能接近锂电位的可嵌入锂化合物，如各种锂碳层间化合物 Li_xC_6，包括天然石墨、合成石墨、碳纤维、中间相小球碳素等，以及金属氧化物，包括 S_nO、S_nO_2、锡复合氧化物 $S_nB_xP_yO_z$ 等。

3）电解质采用 $LiPF_6$ 的乙烯碳酸酯（EC）、丙烯碳酸酯（PC）和低黏度二乙基碳酸酯（DEC）等烷基碳酸酯搭配的混合溶剂体系。

4）充电过程中，Li^+ 正极脱嵌经过电解质嵌入负极，负极处于富锂态，正极处于贫锂态，同时电子的补偿电荷从外电路供给到碳负极，保持负极的电平衡。

5）放电过程则相反，Li^+ 从负极脱嵌，经过电解质嵌入到正极，正极处于富锂态，负极处于贫锂态。放电过程中，负极材料的化学结构基本不变。

6）隔膜采用聚烯微多孔膜，如 PE、PP 或它们的复合膜，尤其是 PP/PE/PP 三层隔膜不仅熔点较低，而且具有较高的抗穿刺强度，起到了热保险的作用。

3. 锂电池的失效机理及失效模式

造成锂电池容量衰退的原因主要有正极材料的溶解、正极材料的相变化、电解液的分解、过充电造成的容量损失、自放电、界面膜（SEI）的形成、集流体腐蚀等。动力电池系统失效模式，可以分为三种不同层级的失效模式，即电芯失效模式、电池管理系统失效模式、Pack 系统集成失效模式。

电芯的失效模式又可分为安全性失效模式和非安全性失效模式。

（1）电芯安全性失效　电芯安全性失效主要有以下几种类型：

1）电芯内部正负极短路。电池内短路是由电芯内部引起的，引起电池内短路的原因可能是电芯生产过程中缺陷导致或是长期振动外力导致电芯变形、外部保险不起作用所致。

2）电池单体漏液。原因包括：外力损伤；碰撞、安装不规范造成密封结构被破坏；制造原因（焊接缺陷、封合胶量不足造成密封性能不好等）。电池漏液后整个电池包的绝缘失效，单点绝缘失效问题不大，如果有两点或以上绝缘失效会发生外短路。从实际应用情况来看，软包和塑壳电芯相比金属壳单体更容易发生漏液情况导致绝缘失效。车辆着火的事故很多都是由电池漏液造成的。

3）电池负极析锂。电池使用不当，过充电、低温充电、大电流充电都会导致电池负极析锂。国内大部分厂家生产的磷酸铁锂或三元电池在 0℃ 以下充电都会发生析锂，0℃ 以上根据电芯特性只能小电流充电。发生负极析锂后，锂金属不可还原，导致电池容量不可逆衰减。析锂达到一定严重程度，形成锂枝晶，刺穿隔膜发生内短路。

4）电芯胀气鼓胀。主要是因为电池内部发生副反应产生气体，通过在电芯生产过程严格控制水分可以避免。一旦发生电池胀气就会发生漏液等情况。

（2）电芯非安全性失效　电芯的非安全性失效只是影响使用性能，主要有以下几种类型：

1）容量一致性差。原因包括电池的生产制造工艺、电池的存放时间长短、电池组充放电期间的温度差异、充放电电流大小等。目前解决方法主要是提高电池的生产制造工艺控制水平，从生产关尽可能保证电池的一致性。

2）自放电过大。电池制造时杂质造成的微短路所引起的不可逆反应是造成个别电池自放电偏大的最主要原因。由于电池在长时间的充放电及搁置过程中，随环境条件发生化学反应，引起电池大自放电现象，这使电池电量降低，性能低下，不能满足使用需求。

3）低温放电容量减少。随着温度的降低，电解液低温性能不好，参与反应不够，电解液电导率降低而导致电池电阻增大，电压平台降低，容量也降低。目前各厂家电池 -20℃下的放电容量基本在额定容量的70% ~75%。低温下电池放电容量减少，且放电性能差，影响车辆的使用性能和续驶里程。

4）电池容量衰减。电池容置衰减主要来自于活性锂离子的损失以及电极活性材料的损失。正极活性材料层状结构规整度下降，负极活性材料上沉积钝化膜，石墨化程度降低，隔膜孔隙率下降，导致电池电荷传递阻抗增大。脱嵌锂能力下降，从而导致容量的损失。

（3）电池管理系统失效　电池的单体失效不仅和电池本身有关，也和电池管理系统BMS失效有关。BMS失效模式也会造成严重的事故有以下几类：

1）BMS电压检测失效导致电池过充电或过放电。过充电容易导致锂离子电池中的电解液分解释放出气体，从而导致电池鼓胀，严重的话甚至会冒烟起火；电池过放电会导致电池正极材料分子结构损坏，从而导致充不进去电；同时电池电压过低造成电解液分解，干涸发生析锂，回到电池内短路问题。在系统设计时应该选用可靠的电压采集线，在生产过程中严格管控，杜绝电压采集线的失效。

2）BMS电流检测失效。霍尔传感器失效，BMS采集不到电流，SOC无法计算，偏差大。电流检测失效可能导致充电电流过大。充电电流大，电芯内部发热大，温度超过一定温度，会使隔膜固化容量衰减，严重影响电池寿命。

3）BMS温度检测失效。温度检测失效导致电池工作使用温度过高，电池发生不可逆反应，对电池容量、内阻有很大影响。电池45℃时的循环寿命是25℃时的一半，另外温度过高电池易发生鼓胀、漏液、爆炸等问题，因此在使用过程中要严格控制温度在20~45℃之间，除能有效提高电池的使用寿命和可靠性之外，还能有效避免电池低温充电析锂造成的短路以及高温热失控。

4）绝缘监测失效。在动力电池系统发生变形或漏液的情况下都会发生绝缘失效，如果BMS没有被检测出来，有可能发生人员触电。因此BMS系统对监测的传感器要求应该是最高的，避免监测系统失效可以极大地提高动力电池的安全性。

5）电磁兼容问题通信失效。BMS系统须具备较强的抗电磁干扰能力，避免导致BMS通信失效，引发以上几个问题。

6）SOC估算偏差大　基本上目前的检验标准要求都是5%以内，大部分厂家BMS应该都很难达到，因为实际使用中SOC误差会越来越大，影响精度的条件更多。

（4）系统集成失效　系统集成失效模式主要包括：

1）汇流排的失效。如果是螺栓连接，在后期使用过程中，螺栓氧化脱落或振动导致螺栓松了都会导致导体连接处产生大量的热，极端情况下会导致动力电池着火。因此绝大部分动力电池系统生产厂家在电芯与电芯连接或模块与模块连接处采用激光焊接，或在连接处增加温度传感器，通过检测的手段避免汇流排的失效。

2）动力电池系统主回路连接器失效。动力电池系统高压线通过连接器与外部高压系统相连。连接器性能不可靠，在振动下发生虚接，产生高温烧蚀连接器。一般来说连接器温度超过90℃就会发生连接失效。因此在系统设计时连接器需要增加高压互锁功能，或在连接器附近加温度传感器，时刻监测连接器的温度以防止连接器的失效。

3）高压接触器粘黏。接触器有一定次数的带载断开，大部分接触器在大电流带载闭合

时烧蚀。在系统设计时一般采用双继电器方案，按照先后顺序闭合控制以避免高压接触器粘黏。

4）熔断器过流保护失效。高压系统部件中的熔断器的选型匹配，过电流时先断哪个后断哪个需要综合考虑。振动或外部受到碰撞挤压导致动力电池发生形变，密封失效，IP 等级降低，因此在系统设计时需要考虑电池箱结构的碰撞防护。

科研人员和电池厂商应通过不断改进工艺和技术提高锂电池单体的安全性，BMS 系统厂商要充分了解电池的性能，基于动力电池的安全设计原则，设计出安全可靠的电池系统，同时正确的使用是保障电池安全性的最终屏障。使用者要正确使用动力电池系统，杜绝机械滥用、热滥用和电滥用，切实提高车辆的安全性和可靠性。

4. 锂电池使用安全性和使用寿命的影响因素

锂电池在热冲击、过充、过放和短路等滥用情况下，其内部的活性物质及电解液等组分间将发生化学、电化学反应，产生大量的热量与气体，使得电池内部压力升高，积累到一定程度可能导致电池着火，甚至爆炸。其主要原因包括材料热稳定性（正负电极、有机电解液相互作用的热稳定性）和制造工艺等。

当动力电池单体寿命一定时，动力电池的连接方式、组内单体的块数及其不一致程度成为影响动力电池组寿命的最主要因素。

（1）电池单体寿命影响因素。动力电池单体在充放电循环使用过程中，由于一些不可避免的副反应，电池可用活性物质逐步减少，性能逐步退化。其退化程度随着充放电循环次数的增加而加剧，其退化速度与动力电池单体充放电的工作状态和环境有着直接的联系。

影响动力电池单体寿命的因素主要包括充放电速率、充放电深度、环境温度、存储条件、电池维护过程、电流波纹以及过充电量和过充频度等。

1）充电截止电压。动力电池在充电过程中一般都伴随有副反应，提高充电截止电压，甚至超过电池电化学电位后进行充电一般会加剧副反应的发生，并导致电池使用寿命缩短，并可能导致内部短路、电池损坏，甚至着火爆炸等危险工况的出现。

2）放电深度。深度放电会加速动力电池的衰退。浅充浅放可以有效延长动力电池的使用寿命。

3）充放电倍率。动力电池单体的充放电倍率是其在使用工况下最直接的外界环境特征参数，其大小直接影响着动力电池单体的衰减速度。充放电倍率越高，动力电池单体的容量衰减越快。动力电池单体大倍率的充放电均会加快其容量的退化速度，如果充放电倍率过大，动力电池单体还可能会出现直接损坏，甚至过热、短路起火等极端现象。

4）环境温度。不同的动力电池均有最佳的工作温度范围，过高或过低的温度都将对电池的使用寿命产生影响。试验表明，在高温下运行应用的动力电池容量衰减明显大于常温下工作的电池。

5）存储条件。在存储过程中，由于电池的自放电、正负极材料钝化、电解液分解蒸发、电化学副反应等因素，将导致电池产生不可逆的容量损失。以锂电池为例，在锂电池存储期间，石墨负极的副反应是引起锂离子动力电池容量衰减的主要原因。锂电池电极材料与电解液在固液相界面上发生反应后，其负极表面会形成一层电子绝缘且离子可导的固体电解质界面膜。其主要是由电解液在负极表面的还原分解而形成的。这层膜的性质和质量直接影响着电极的充放电性能和安全性。

（2）电池组寿命的影响因素　电池组寿命的影响因素除了单体电池本身所含因素以外，还包括不一致性、成组方式、温区差异和振动环境等。

在车辆上应用，不一致性对电池组寿命的影响有三个方面：

1）车辆行驶距离相同，因容量不同，电池的放电深度也不同。在大多数电池还属于浅放电的情况下，容量不足的电池已经进入深放电阶段，并且在其他电池深放电时，低容量电池可能已经没有电量可以放出，成为电路中的负载。

2）同一种电池都有相同的最佳放电率，容量不同，最佳放电电流就不同。在串联组中电流相同，所以有的电池在最佳放电电流工作，而有的电池达不到或超过了最佳放电电流。

3）在充电过程中，小容量电池将提前充满，为使电池组中其他电池充满，小容量电池必将过充电，充电后期充电电压偏高，甚至超出电池电压最高限，形成安全隐患，影响整个电池组充电过程，并且过充电将严重影响电池的使用寿命。

在新能源轨道车辆上电池组可能根据需要布置在不同位置，电池所处的热环境存在差异，如部分电池可能靠近电机等热源，而部分电池可能处于通风状况良好的区域；或者在同一位置的电池内由于通风条件的差异导致单体间的温差。应采用较好的冷却措施，以避免电池在同种工况下以不同特性工作。

此外，车辆的振动环境将对电池的机械特性产生影响，如极耳断裂、电解液泄漏、电气连接件松动、活性物质脱落等，对电池及电池组的寿命和使用性能都将产生负面影响。

2.2.3　动力电池管理系统

动力电池管理系统（Battery Management System，BMS）是用于对动力电池组进行安全监控及有效管理，提高动力电池使用效率的装置。其作用包括：实现对电池状态（温度、电压、电流等）的在线监测；SOC 估算；状态分析（SOC 是否过高、电池温度是否过高/低、单体电池电压是否超高/低、电池的温升是否过快、绝缘是否故障、是否过电流、电池的一致性分析、电池组是否存在故障以及是否通信故障等）；动力电池箱的热管理。

通过动力电池管理系统对电池组充放电的有效控制，可以达到增加续驶里程、延长使用寿命、降低运行成本等目的，并保证动力电池组应用的安全可靠性。动力电池管理系统已成为新能源轨道车辆不可缺少的核心部件之一。

1. 动力电池管理系统的基本构成和功能

动力电池管理系统是集监测、控制与管理为一体的复杂的电气测控系统，也是车辆商品化、实用化的关键。新能源轨道车辆在运行时，动力电池的放电和充电均为脉冲工作模式，大的电流脉冲很可能会造成动力电池过充（超过 80% SOC）、深放（小于 20% SOC）甚至过放（小于 0% SOC），因此动力电池管理系统一定要对动力电池的荷电状态敏感，并能够及时做出准确的调整，这样才能根据动力电池容量决定电池的充放电电流，从而实施有效控制，根据各动力电池单体容量的不同，识别动力电池组中各电池间的性能差异，并以此做出均衡充电控制和电池是否损坏的判断，确保电池组的整体性能良好，延长电池组的寿命。

准确和可靠地获得电池 SOC 是动力电池管理系统中最基本和最首要的任务，在此基础上才能进行有效的用电管理，特别是防止动力电池的过充及过放。动力电池的荷电状态是不能直接得到的，只能通过对电压、电流、电池内阻、温度等动力电池特性参数来推断。这些参数与 SOC 的关系为复杂的非线性关系。

动力电池管理系统的主要工作原理可简单归纳为：数据采集电路采集电池状态信息数据后，由电子控制单元（ECU）进行数据处理和分析，然后电池管理系统根据分析结果对系统内的相关功能模块发出控制指令，并向外界传递参数信息。

在功能上，电池能量管理系统主要包括：数据采集、电池状态计算、能量管理、安全管理、热管理、均衡控制、通信功能和人机接口。图 2-8 为电池管理系统功能框图。

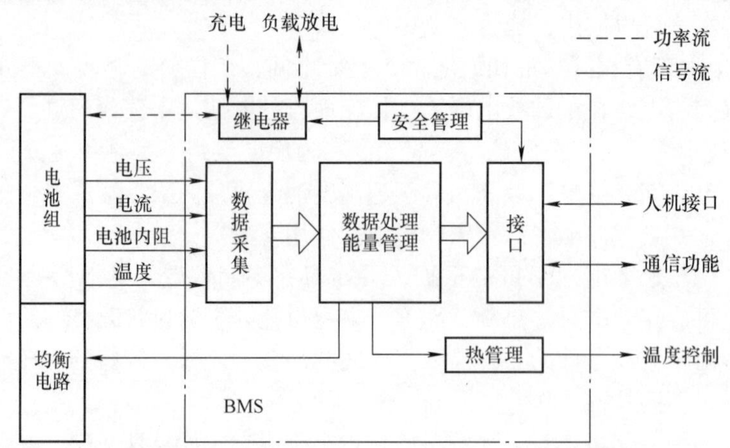

图 2-8　某车型动力电池管理系统的基本功能框图

1）数据采集。采样速率、精度和前置滤波特性是影响电池系统性能的重要指标，采样速率一般要求大于 200Hz（50ms）。

2）电池状态计算。包括电池组荷电状态（SOC）和电池组健康状态（SOH）两方面。SOC 用来提示动力电池组剩余电量，用于估算车辆续驶里程；SOH 用于预估可用寿命等健康状态参数。

3）能量管理。能量管理主要包括以电流、电压、温度、SOC 和 SOH 为输入进行充电过程控制，以 SOC、SOH 和温度等参数为条件进行放电功率控制两个部分。

4）安全管理。监视电池电压、电流、温度是否超过正常范围，防止电池组过充过放。在对电池组进行整组监控的同时，多数电池管理系统已经发展到对极端单体电池进行过充、过放、过温等安全状态管理。

5）热管理。通过风扇等冷却系统和加热装置使电池温度处于正常工作范围内。在电池工作温度超高时进行冷却，低于适宜工作温度下限时进行电池加热，并在电池工作过程中总保持电池单体间温度均衡。热管理在大功率放电和高温条件下使用时尤为重要。

6）故障诊断与报警。当蓄电池电量或能量过低需要充电时，及时报警，以防止电池过放电而损害电池的使用寿命；当电池组的温度过高、非正常工作时，及时报警，以保证蓄电池正常工作。

7）均衡控制。在电池组各个电池之间设置均衡电路，实施均衡控制，以保证各单体电池充放电的工作情况尽量一致，提高整体电池组的工作性能。

8）通信功能。通过总线实现电池参数和信息与车载设备或非车载设备的通信，为充放电控制、整车控制提供数据依据是电池管理系统的重要功能之一，根据应用需要，数据交换可采用不同的通信接口，如模拟信号、PWM 信号、CAN 总线或 I2C 串行接口。

9）人机接口。根据设计的需要设置显示信息以及控制按键、旋钮等。

某车辆动力电池管理系统的基本功能框图如图 2-9 所示。

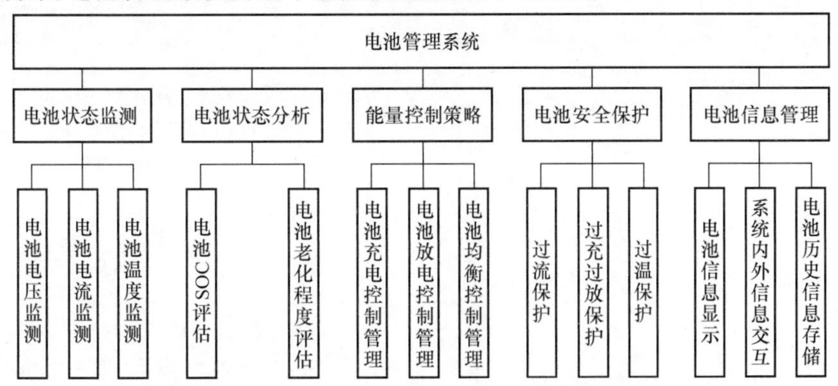

图 2-9　某车辆动力电池管理系统的基本功能框图

动力电池管理系统的基本功能及描述见表 2-7。

表 2-7　动力电池管理系统的基本功能及描述

基本功能		功能描述	备　注
电池状态监测	电池电压监测	监测电池电压	对电池剩余容量的评估、安全保护等方面具有非常重要的意义
	电池电流监测	监测电池电流	
	电池温度监测	监测电池温度及电池箱环境温度	
电池状态分析	电池 SOC 评估	SOC（State of Charge），评估电源箱剩余的电量	可用百分比表示，也可换算为等效时间或等效里程来表示
	电池老化程度 SOH 评估	SOH（State of Health），评估电池的老化状态	可用百分比表示。SOH 受动力电池使用过程中的工作温度、充放电电流的大小等因素的影响，需要在使用过程中不断进行评估和更新
能量控制策略	电池充电控制管理	指电池管理系统在电池充电过程中对充电电压、充电电流等参数进行实时的优化控制	优化的目标包括充电时长、充电效率以及充电的饱满程度等
	电池放电控制管理	指在电池的放电过程中根据电池的状态对放电电流大小进行控制	在动力电池组剩余容量小于 10% 的状态下，适当限制电池组的最大放电电流，有利于延长车辆的续航里程和动力电池组的使用寿命
	电池均衡控制管理	指采取一定的措施尽可能降低电池不一致性的负面影响，以优化电池组整体放电效能，延长电池组整体寿命	电池组中只要有一个电池的电压低于放电的门限值，就要对整个电池组进行保护。因此，对电池进行均衡管理有利于把剩余电荷利用起来，从而提高电池组的放电效能
电池安全保护	过流保护	指在充、放电过程中，如果工作电流超过安全值，则应该采取相应的安全保护措施	能量型的磷酸铁锂电池一般都支持 0.3～0.5C 倍率持续充放电。动力型的磷酸铁锂电池一般都支持 1C 倍率持续充放电
	过充过放保护	过充保护指在电池荷电状态很高的情况下，切断电池充电回路；过放保护指在电池荷电状态很低的情况下，切断电池放电回路	过充过放保护有一种简单的实现方式，即设定充、放电的截止保护电压，即如果检测到的电池电压高于或低于所设定的门限电压值，则及时切断电流回路以保护电池

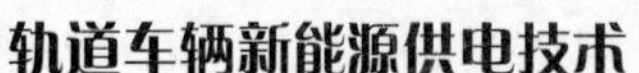

（续）

基本功能		功能描述	备注
电池安全保护	过温保护	指当温度超过一定限制值的时候对动力电池采取保护性的措施	过温保护需考虑环境温度，电池组的温度以及每个单体电池本身的温度。由于温度控制往往具有滞后性，温度保护要考虑一些“提前量”
电池信息管理	电池信息显示	通过仪表显示电池状态信息	电池状态信息一般包括以下三类： 1）实时电压、电流、温度信息：一般为整个电池组的总电压、总电流、最高电池电压、最低电池电压、最高电池温度、最低电池温度等信息 2）电池剩余电量信息：为驾驶员提供直观的驾驶感受和判断依据 3）警告信息：当电池组存在安全问题或即将发生安全问题时，需要及时通过仪表通知驾驶员
	系统内外信息交互	电池管理系统同时具有“内网”和“外网”两级网络。内网用于传递电池管理系统的内部信息；外网用于电池管理系统与整车控制器、电机控制器等其他部件交互信息	外网应该是双工（支持双向通信）的。一方面，电池管理系统需要将电压、电流、温度等信息发送给其他部件；另一方面，整车控制器也需要将“是否有充电机接入”及“是否允许进行充电”等信息发送给电池管理系统
	电池历史信息存储	信息存储从时效上具有两种方式，即“临时存储”与“永久存储”。其中，临时存储是利用 RAM，暂时保存电池信息；永久存储可利用 EEROM、Flash Memory 等器件来实现，可保存时间跨度较大的历史信息	具有以下几个方面的意义： 1）数据缓冲，有助于利用历史数据对错误数据进行滤波，提高分析估算的精度 2）有助于根据电池工作历史数据，对电池的老化状态等进行评估 3）有助于故障分析与排除，可通过对历史数据的分析发现故障原因和排除故障

注：1. 大多数磷酸铁锂动力电池都支持短时间过载放电，能在车辆起步、提速过程中提供较大的电流以满足动力性能的要求。但不同厂家、不同型号的动力电池所支持的过载电流倍率、过载持续时间都是不一致的。例如，某型号的动力电池支持不超过一分钟的5C 过载电流，这正是电池管理系统的过流保护功能所必须考虑的。

2. 制动能量回收也是能量控制管理的重要内容之一。例如，部分车型需要通过充放电控制管理把电池的荷电状态维持在 60% ~80%，以腾出足够的电荷容量空间来接收来自于制动而回收的能量。这样做的另外一个考虑就是使电池工作在等效内阻较小的一个区间，从而使充放电的效率更高。

3. 根据用户需求和车辆设计要求，设计者还可以加入单独的热管理与控制、通信失效识别、故障诊断与处理、漏电检测与防护等功能，提升电源箱的安全可靠性。

2. 动力电池管理系统的设计

电池管理系统的硬件电路通常可被分为两个功能模块，即电池监测回路（Battery Monitoring Circuit，简称 BMC）和电池组控制单元（Battery Control Unit，简称 BCU）。

（1）BMC 与各个单元电池之间的拓扑关系　BMC 与各个单元电池之间的拓扑关系包括 1 个 BMC 对应 1 个单元电池，如图2-10a所示，以及 1 个 BMC 对应多个单元电池，如图

2-10b所示。

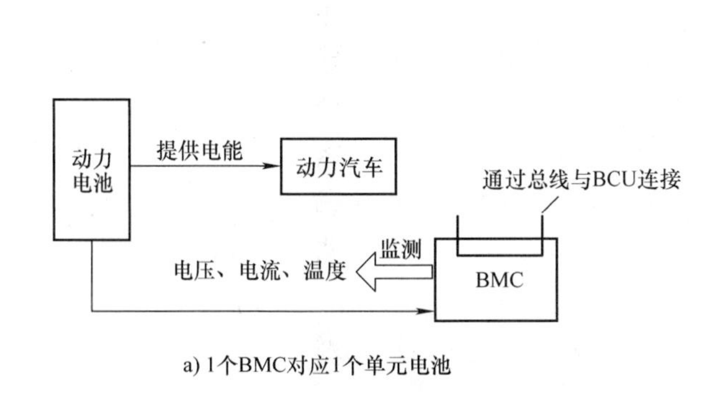

a) 1个BMC对应1个单元电池

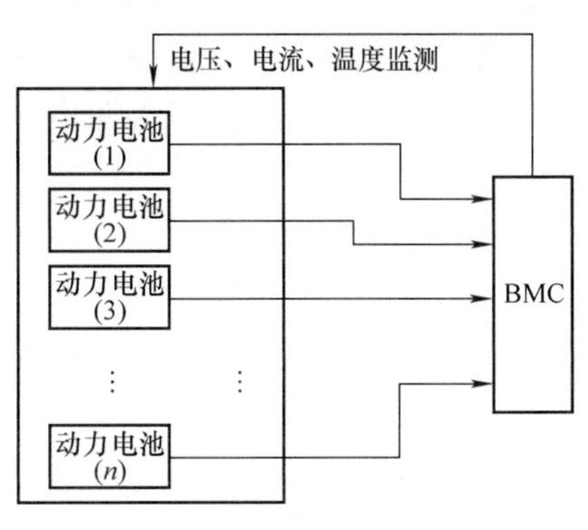

b) 1个BMC对应多个单元电池

图 2-10　BMC 与各个单元电池之间的两种拓扑关系

两种拓扑关系的优劣对比见表 2-8。

表 2-8　两种拓扑关系的优劣对比

BMC 与单元电池间的拓扑关系	优　点	缺　点
1 个 BMC 对应 1 个单元电池	BMC 与单元电池的距离较短，可减少采集线路的长度及复杂度，采集精度高，抗干扰性好	电路板的相对成本较高；由于电池管理系统的工作电源由动力电池所提供，可能使得整个电池管理系统的能耗相对更大
1 个 BMC 对应多个单元电池	由于电路板由多个动力电池所共享，平均成本较低	由于采集线路较长，连线的复杂度较高，抗干扰性相对较差，可能降低电压采集精度

（2）BCU 与 BMC 之间的拓扑关系 BCU 与 BMC 之间的拓扑关系有以下三种：

1）BCU 与 BMC 共板。对于动力电池的个数较少的情况，电池管理系统的规模较小，BCU 与 BMC 可以设计在同一块电路板上，对车上的所有动力电池进行统一管理。在某种特殊的情况下，BCU 和 BMC 的功能甚至可以合并到同一块集成电路芯片中完成。采用这种拓扑结构的电池管理系统成本较低，但不适用于电池数量较多、规模较大的车辆应用场合。

2）星形连接方式（图 2-11）。相对于 BCU 与 BMC 共板的结构，其他的拓扑关系都属于 BMC 与 BCU 分离的方式，需要解决 BMC 与 BCU 之间的相互通信问题。其相互通信一般会采用特定的通信协议来进行。然而，通信总线的物理连接可以采用不同的拓扑结构组合。从外观上来看，BCU 位于中央位置而每一个 BMC 模块均以线束与之相连，通常 BCU 中还带有一个总线集中模块，使得多个 BMC 能共享通信信道。星形连接方式的优点是：

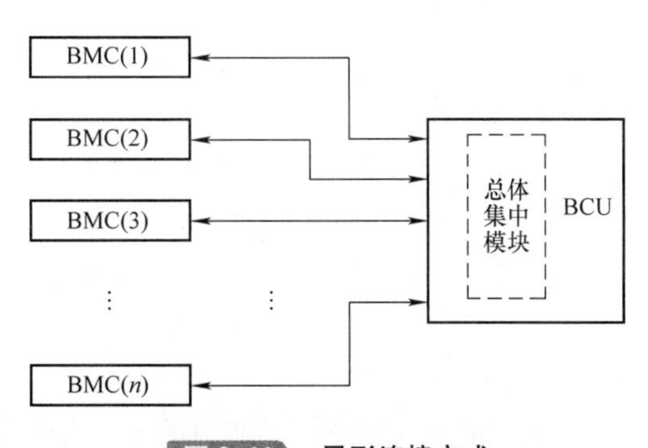

图 2-11　星形连接方式

➢ 便于进行介质访问控制。

➢ 某个 BMC 的退出或者故障不会对其他 BMC 的通信造成影响。

这种接方式的缺点在于：

➢ 通信线路的长度较长，难维护。

➢ 可扩展性差，受总线集中模块端口的限制，不能够随意地增加多个 BMC 单元。

3）总线型连接方式（图2-12）。BCU 与 BMC 以总线型的方式进行连接，每块电路板都是通信总线的一部分，与前面的星形连接相比，用于通信信道的线材开销相对较少，连接方式更为灵活，可扩展性强。若电池组内需要增加电池及相应的 BMC 的数量，只需要增加一小段通信线材即可；反之，若某一个 BMC 需要退出整个系统，则只需要把相邻的通信线路稍作延长即可。总线型连接方式的缺点是通信线路的相互依赖性，即第 n 块电路板要与 BCU 通信，需要利用前面 $n-1$ 块板子，若其中某一块电路板出故障，则后续的 BMC 与 BCU 之间的通信则会立即受到影响。

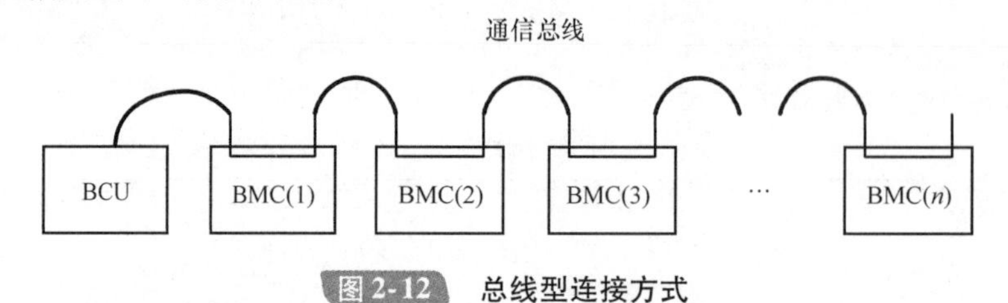

图2-12 总线型连接方式

值得一提的是，无论采用星形或者是总线型的物理连接方式，都指的是其拓扑形式，而从通信网络的角度看，两种方式都存在介质访问竞争，BCU 与 BMC 之间常用总线通信协议进行信息交互，需要进行隔离设计。

3. 动力电池状态监测的相关问题

（1）精度

1）电池电压。电池电压采集的精度需求，往往是与电压数据的服务对象相关的。如果电压数据是用于过压保护的，则磷酸铁锂电池的电压平台区在 3.2～3.3V 附近，而高压保护门限在 3.6V 以上，因此对电压采样的精度要求相对较低。在电池管理系统的各种功能中，对电压采集精度要求较高的，应该是 SOC 估算环节了。

电池的 SOC 与其电动势（近似可以理解为开路电压）之间存在着对应关系，可以根据电池的开路电压求得电池的 SOC 值。那么，在这种情况下，对电压采集精度的要求就可以转化为对 SOC 估算精度的要求了。以某款电池为例，$\triangle SOC=5\%$ 所对应的最小电动势差值为$\triangle EMF=0.0019V$。由此可见，若系统要求 SOC 的评估误差要求小于 5%，则电压监测的误差应小于 0.0019V，即大概相当于 2mV。在确定了电压采集的精度指标以后，就需要选择合适的电压采集方式和模/数转换器来实现了。

2）电池电流。相对于电压、温度等其他物理量，电流监测具有以下特点：

➢ 电流的采样通道少。在动力电池组中，由于电池个数多，电压和温度采样点较多；而多个动力电池往往串联使用，各电池的工作电流相同，基本上只需要对串联后的总电流进行监测，采样通道较少。

➢ 电流的采样频率高。电流的采样频率对于剩余电量的评估精度及系统安全性有着重要的影响。

可以从以下三个方面来确定电流监测的精度指标：

① 从安全性的角度考虑。为了保证车辆的安全，电池管理系统对充、放电电流设置门限，通过启动过流保护措施进行防护。一般设定的保护门限值要高于放电电流正常工作电流的最大值，因此即使电流监测存在一定的误差，也不会对过流保护功能造成过大的影响。

② 从仪表显示的角度考虑。因为车辆的工作电流通常较大，仪表显示的电流数值允许有较大的误差。但在车辆驻车状态下，应控制好仪表显示误差，以免误导驾驶员。

③ 从剩余电量评估的需求考虑。从剩余电量评估的需求所考虑的电流监测精度更需要侧重于考虑其相对误差。在电流采样频率足够高（满足奈奎斯特采样定理）的前提下，利用电流积分法（称电荷累积法或者 CC 法）来评估剩余电量的精度直接取决于电流监测的精度。例如，在过去的 1 小时内，电流监测的平均相对误差为 5%。那么，利用电流积分所估算的在过去 1 小时内所消耗的电量的误差也是 5%。若电流监测存在系统误差，即固定地偏大或偏小，所估算的电量消耗值也会相应地偏大或偏小。

3）温度。温度测量的误差会影响剩余电量评估的准确度，应尽量保证良好的冷却效果。

（2）时延问题　在电池状态监测的问题上，状态信息的采集环节、信息的传递环节、信息的处理环节总会或多或少地存在着时延。造成状态信息时延的因素包括电池监测回路（BMC）的信息采集环节、通信网络的信息传递环节及电池控制单元（BCU）的信息处理环节。

1）BMC 造成的时延。BMC 是与所采集的物理量最接近的芯片及辅助电路，根据不同的应用场合前端芯片可以是单片机、模数转换器及某些专为电池管理系统而设计的芯片，把电池电压等模拟信号转成数字信息，造成时延的主要原因也就是模/数转换所需要的时间。通常对一个信号进行 8bit 的模/数转换大概需要 100μs 的时间，随着转换位数的增大，电压采集的时延随之增大。

2）通信网络造成的时延。如果电池管理系统中采用了总线网络来传递信息，那么，通信的控制方式以及通信波特率的设置等因素将造成通信网络的时延。如果通信总线里面还有其他节点，由于总线竞争而造成的时延将会更大。

3）BCU 造成的时延。BCU 内含有在电池管理系统中执行最高决策的芯片，包括安全管理、能量管理、均衡管理等功能均由主芯片负责实施。但在实际应用中，由于电池数量较多，位置分散，甚至需要分级管理，BCU 与 BMC 之间存在协调问题，造成时延。

在电池状态监测的过程中，解决非实时与非同步问题的思路可以从必要性和可行性两个方面着手。就必要性而言，就是要根据不同应用场合的需求，分析信息延迟的可容忍范围，明确对状态数据监测的实时性、同步性的要求，确定设计指标。从可行性而言，根据设计指标的要求，综合成本、可靠性等因素来选择合适的拓扑结构、核心器件、网络参数等，进而得到一个合理的解决方案。比如，我们可以通过分析状态信号的特征，选择采样频率；也可以根据不同需求，对电流、电压、温度等不同的指标设定不同的采样频率。

（3）隔离问题　对于多电池检测的电路必须考虑通信隔离问题，原因在于两个方面：首先，检测电路由动力电池的局部供电，各个局部之间串接而非共地，但通信总线一般要求共地接法，因此存在矛盾；其次，检测电路与动力电池相连，而动力电池在工作过程中电压非恒定，若直接与通信总线连接，将会对通信线路形成干扰。

目前通信隔离的常用手段是光隔离，也就是两个电路在线路连接上断开，只用光耦合器把信息从一个电路耦合到另外一个电路上。当然，为了实现双工通信，一般需要为每个通信单元配置两个光耦合器。随着技术的发展，解决通信隔离问题的手段也越来越丰富多样。有些单片机芯片有自带的CAN总线控制模块或支持其他总线协议的通信控制模块，甚至自带有光隔离模块。而且，除光隔离以外，还有其他多种方式来实现通信隔离。

4. 动力电池均衡控制管理

为了平衡电池组中单体电池的容量和能量差异，提高电池组的能量利用率，在电池组的充放电过程中需要使用均衡电路。动力电池的能量控制管理包括充电控制管理、放电控制管理以及电池的均衡控制管理，有助于提升电池组的整体容量和控制动力电池的充放电深度。能量控制管理功能的好坏体现出动力电池管理系统的水平。

（1）动力电池均衡控制管理的难点

1）单体电池的荷电状态SOC的评估。过去某些简单的电池均衡算法往往以电池的电压作为均衡依据，即认为电压较高的电池需要失去电荷，电压较低的电池需要补充电荷。而实际上，电池均衡的最佳依据应该是电池的剩余电量或荷电状态。电压的监测和判断较为简单，但电池的剩余电量或荷电状态的评估却相对困难。

2）单体电池容量的获取。要获取单体电池的容量，其困难在于以下两个方面：

① 电池容量受SOH的影响。一般来说，电池一旦装车使用，其性能会不断衰减，有效容量不断减少。然而，每个电池的有效容量均有差异，要获得其SOH的值，必须要对每个电池单独进行一次充满并马上进行放空，对于已经装车使用的电池，这样的评估难以经常对每个电池单独进行。

② 实际的容量受运行工况限制。即使能知道每个单体电池的SOH，由于难以预计车辆的运行工况，电池实际的有效容量难以获取。

（2）动力电池均衡控制管理的方法

1）集中式均衡与分布式均衡。按均衡电路的拓扑结构分类，可以分为集中式均衡方案和分布式均衡方案。集中式均衡方案是指整个电池组共用一个均衡器，通过逆变分压等技术对电池组能量进行分配，以实现单体电池与电池组之间的能量均衡。而分布式均衡方案中，均衡模块是由个别电池所专用。图2-13所示为一个典型的集中式均衡拓扑结构。该结构中，电池组内所有的电池都可以利用同一个均衡器（均衡电容）进行均衡操作。

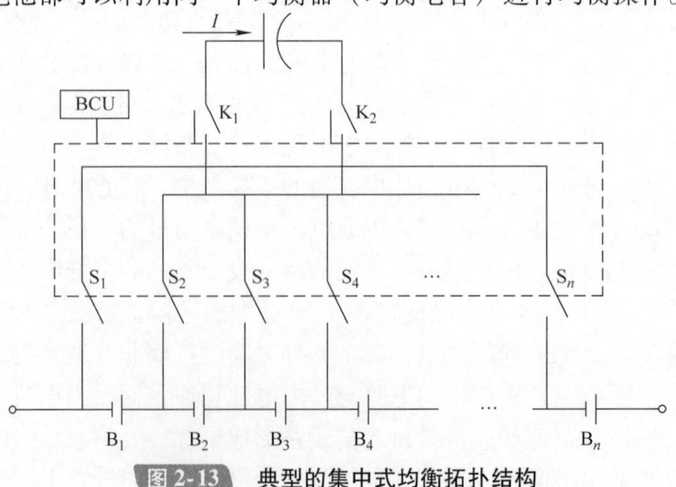

图2-13 典型的集中式均衡拓扑结构

图 2-14 为一种典型的分布式电池均衡拓扑结构。该结构通过在每个电池上并联一个旁路电阻，并利用一个电子开关控制均衡操作。

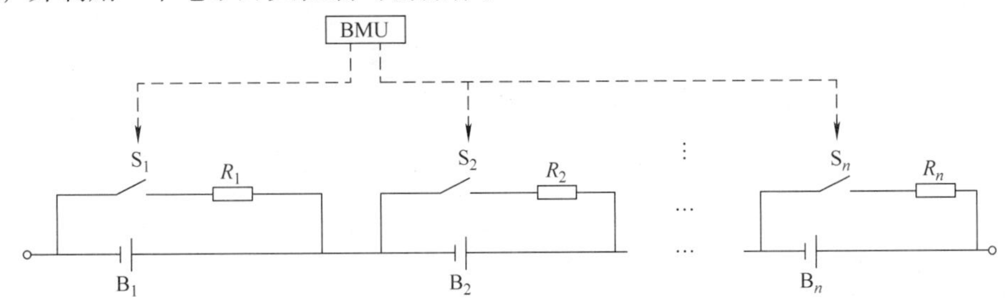

图 2-14　典型的分布式电池均衡拓扑结构

比较以上两种均衡方式，集中式均衡方案能迅速地集整个电池组之力为待均衡的个别电池转移能量，所配置的公用均衡器的性能较好，故均衡速度较快，而且从整体来说，集中式的均衡模块的体积也比分布式的（总和）更小；然而，集中式均衡方案中，各个电池之间形成竞争关系，多个电池的均衡操作不能并行，而且各电池与均衡器之间需要大量的线束连接。可见，集中式均衡方案不太适用于电池数量较多的电池组。

2）放电均衡、充电均衡与双向均衡。按照均衡的作用过程不同，可以将均衡控制管理分为放电均衡、充电均衡和双向均衡。放电均衡方式是指在放电过程中实现各单体电池间的均衡，以保证放电过程中能够将电池组中每个电池的剩余容量放至 0，而不会出现有的电池已放电完全而有的电池尚有电量的情况。放电完全之后，用恒定电流以串联充电的方式对电池组进行充电，直到电池组中有任何一个电池的剩余容量达到 100% 时结束充电。整个过程如图 2-15 所示。

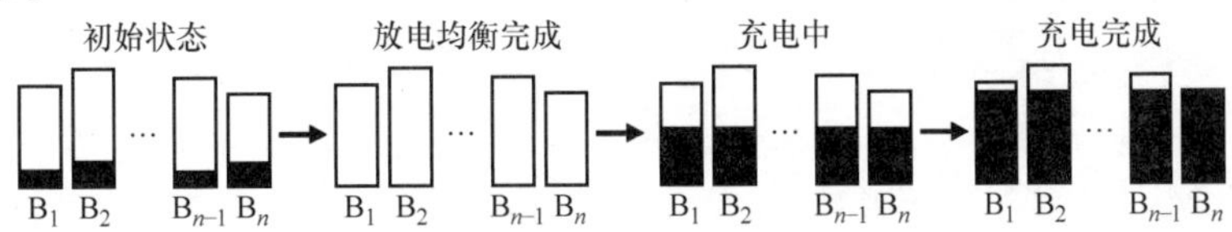

图 2-15　放电均衡方式

可以看出，放电均衡方式可以保证每一次充进电池的电量都可以完全释放出来。但在充电过程中，根据“短板原理”，只能以最小容量的电池为截止上限。在充电过程中就并不能完全利用电池组的容量。

放电均衡的缺点是能量损耗过多，不便于在任何时候都开始进行（例如在电池剩余容量还比较多的情况下，进行放电均衡代价过大）；而且，放电均衡需要把电池剩余容量放空，从而增大了放电深度，有可能影响电池的循环寿命。

充电均衡方式是指在充电过程中采用上对齐均衡充电方式实现各个单体电池间的均衡，以保证充电过程中能够将电池组中每个电池的容量都充至 100%，如图 2-16 所示。

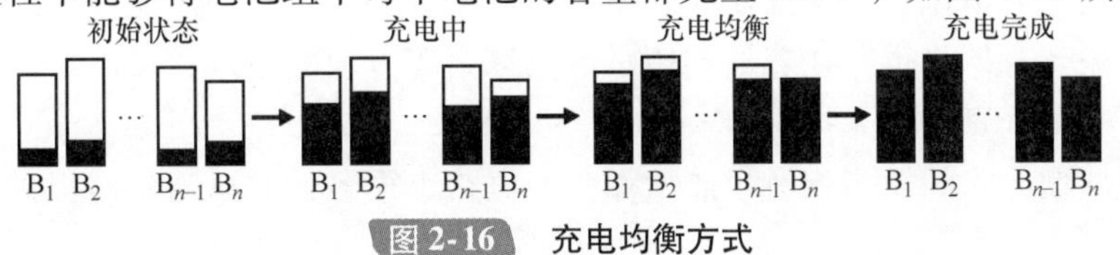

图 2-16　充电均衡方式

充电均衡方式可以保证每一个单体电池的实际容量在充电过程中都发挥出功效。但充电均衡方式对放电过程没有做任何控制，其放电过程遵循木桶原理，整个电池组的放电容量取决于容量最小的电池。与放电均衡相反，充电均衡对于在电池组处于任何荷电状态前提下都适用。

双向均衡方案则是综合了放电均衡方案和充电均衡方案两者的优点，在充电和放电过程中都引入均衡控制，这样既能保证每一个电池都能放电到 SOC 下限，又能保证每一个电池都充电到 SOC 为 100%。由于加入了放电均衡过程，这种方案同样存在能量损耗过多，容易损害电池等问题。但这种方法有利于评估电池最大容量，可用于电池健康状况诊断。

（3）耗散型均衡与非耗散型均衡　按照在均衡过程中是否努力尝试对电池组的能量进行保护，可以将均衡控制方案分为耗散型均衡和非耗散型均衡两种。

1）耗散型均衡。耗散型均衡方案指利用并联电阻等方式将电池组中荷电状态较多的电池的能量消耗掉，直到与组内其他电池达到均衡。该方法的实现过程如下：定时检测各个单体电池的电压，当某些单体电池的电压超过电池组平均电压时，接通这些高能电池的并联电阻，使它们的一部分能量消耗在并联电阻上，直到它们的电压值等于电池组平均电压。

耗散型均衡方案控制逻辑简单，硬件上容易实现，成本较低，是早期均衡控制最常用的方案。但是，这种方法以消耗电池组的部分能量为实施手段，均衡过程一般在充电过程中完成，对容量低的单体电池不能补充电量，存在能量浪费和增加热管理系统负荷的问题，对于车辆而言，存在通风不好导致过热的安全隐患。

能量耗散型均衡充电电路一般又分恒定分流电阻均衡充电电路、开关控制分流电阻均衡充电电路两类，其优缺点见表 2-9。

表 2-9　两种能量耗散型均衡充电电路的优缺点

类型	优　点	缺　点	备　注
恒定分流电阻均衡充电电路	可靠性高，分流电阻的值大，通过固定分流来减小由于自放电导致的单体电池差异	无论电池充电还是放电过程，分流电阻始终消耗功率，能量损失大，一般适用于能够及时补充能量的场合	每个电池单体上都始终并联一个分流电阻
开关控制分流电阻均衡充电电路	可以对充电时单体电池电压偏高者进行分流	由于均衡时间的限制，导致分流时产生的大量热量需要及时通过热管理系统耗散，尤其在容量比较大的电池组中更加明显	分流电阻通过开关控制，在充电过程中，当单体电池电压达到截止电压时，均衡装置能阻止其过充并将多余的能量转化成热能

2）非耗散型均衡。非耗散型均衡（也称作无损均衡）利用中间储能元件和一系列的开关元件，将电池组中荷电状态较高的电池的能量转移到荷电状态较低的电池中去，以达到均衡目的。无损均衡方案用到的中间储能元件一般有电容和电感两种。无损均衡正好可以弥补耗散型均衡的缺点，但它也存在着控制逻辑电路复杂等方面的缺点，且由于器件损耗，非耗散型均衡并不能做到真正的无损。

非能量耗散型电路的耗能相对于能量耗散型电路小很多，但电路结构相对复杂，可分为以下两种方式：

① 能量转换式均衡。能量转换式均衡是通过开关信号，将电池组整体能量对单体电池进行能量补充，或者将单体电池能量向整体电池组进行能量转换。其中单体能量向整体能量转换，一般都是在电池组充电过程中进行。该电路是通过检测各个单体电池的电压值，当单体电池电压达到一定值时，均衡模块开始工作，把单体电池中的充电电流进行分流从而降低充电电压，分出的电流经模块转换把能量反馈回充电总线，达到均衡的目的。还有的能量转换式均衡可以通过续流电感，完成单体到电池组的能量转换。

电池组整体能量向单体转换也称为补充式均衡，即在充电过程首先通过主充电模块对电池组进行充电，电压检测电路对每个单体电池进行监控。当任一单体电池的电压过高，主充电电路就会关闭，然后补充式均衡充电模块开始对电池组充电。通过优化设计，均衡模块中充电电压经过一个独立的 DC/DC 变换器和一个同轴线圈变压器，给每个单体电池上增加相同的次绕组。这样，单体电压高的电池从辅助充电电路上得到的能量少，而单体电压低的电池从辅助充电器上得到的能量多，从而达到均衡的目的。

此方式的问题在于次绕组的一致性难以控制，即使副边绕组匝数完全相同，考虑到变压器漏感以及副边绕组之间的互感，单体电池也不一定获得相同的充电电压。同时，同轴线圈也存在一定的能量耗散，只对充电起均衡作用，对放电均衡不起作用。

② 能量转移式均衡。能量转移式均衡是利用电感或电容等储能元件，把电池组中容量高的单体电池，通过储能元件转移到容量比较低的电池上。该电路是通过切换电容开关传递相邻电池间的能量，将电荷从电压高的电池传送到电压低的电池，从而达到均衡的目的。另外，也可以通过电感储能的方式，对相邻电池间进行双向传递。此电路的能量损耗很小，但是均衡过程中必须有多次传输，均衡时间长，不适于多串的电池组。改进的电容开关均衡方式，可通过选择最高电压单体与最低电压单体电池间进行能量转移，从而使均衡速度加快。能量转移式均衡中能量的判断以及开关电路的实现较困难。

除上述均衡方法外，在充电应用过程中，还可采用涓流充电的方式实现电池的均衡，不需要外加任何辅助电路。由于充电电流很小，过充对满充电池所带来的影响并不严重。由于已经充饱的电池没办法将更多的电能转换成化学能，多余的能量将会转化成热量。而对于没有充饱的电池，却能继续接收电能，直至到达满充点。但这种方法需要很长的均衡充电时间，且消耗相当大的能量来达到均衡。

2.2.4　动力电池相关关键技术

1. 动力电池 SOC 评估

SOC 是防止动力电池过充和过放的主要依据。在新能源轨道车辆中，准确估算蓄电池 SOC 可有效利用和保护动力电池，保证电池组的使用寿命，提高整车性能，提高经济性。动力电池 SOC 评估方法有以下三种。

（1）电荷累积法　电荷累积法（Coulomb counting Method，简称为 CC 法）又称容量积分法，是预先知道上一时刻电池剩余电量状态，并对一段时间内动力电池充入、放出的电荷进行统计，从而得到当前电池荷电状态的一种方法。

假设上一时刻 t_1 电池的剩余电量为 Q_{t_1}，当前时刻 t_2 电池的剩余电量为 Q_{t_2}，从 t_1 到 t_2 期间电池充入、放出的累计电量为

$$Q_{t_1}^{t_2} = \int_{t_1}^{t_2} i(t)\,\mathrm{d}t \tag{2-7}$$

那么

$$Q_{t_2} = Q_{t_1} - Q_{t_1}^{t_2} \tag{2-8}$$

式（2-7）中，$i(t)$可以取正也可以取负，当$i(t)>0$时，表示电池在放电，当$i(t)<0$时，则表示电池在充电。

同理，在式（2-8）中，若$Q_{t_1}^{t_2}>0$，表示在t_1到t_2这段时间内，总体而言电池放出电量多于充入电量，反之，若$Q_{t_1}^{t_2}<0$，则表示在t_1到t_2这段时间内，总体而言电池充入的电量多于放出的电量。

通过式（2-8）求得Q_{t_2}后，可以进一步通过比例运算求得此时的SOC值（%）。

然而，电荷累积法存在以下三个问题：

1）对初始值的依赖性。事实上，电荷累积法只能解决一段时间内电量变化的情况$Q_{t_1}^{t_2}$，而我们最终关心的是电池的剩余电量Q_{t_2}，这依赖于Q_{t_1}的准确性。若初始值Q_{t_1}存在误差，则没有办法对其进行修正。

2）累积误差的问题。由于电流传感器精度不足、采样频率低、信号受干扰等原因，用于积分的电流$i(t)$与真实值相比存在一定的误差，多次循环之后会出现一些误差积累。目前的校正方法大多利用电池组电压来校正因电流积分导致的累积误差。通过电池组放电到放电终止电压时，无论SOC值为多少都置为0，这样可以避免长时间积分的累积误差。有的在电池组静态时采用电压法来校正SOC，而在工作时用电流积分的方法。然而由于电压和容量的对应关系，受到了温度和放电电流大小的影响，且电池组的电压和容量的对应关系，受电池组均衡性的影响较大，仅仅通过电压校正的方法也需要作进一步的改进。另一种较为有效的校正方法就是把电池充至饱满或将电池的剩余电量全部放光。当然，这种方法会减少电池的循环使用寿命，实用性不强。

3）不能应对电池的自放电问题。几乎所有的二次电池都存在自放电问题，即电池中的电荷以极其慢的速度放出来。电荷累积法对于这种现象几乎是无能为力的，其原因在于：自放电的等效电流很小，一般的电流传感器无法准确测量；相当一部分自放电电流并不走工作电流的回路，设置在工作电流回路中的传感器自然检测不到自放电电流；自放电可能发生在电池管理系统不工作的情况下，例如汽车“熄火”以后闲置在车库里，此时BMS并不需要工作，自然也无法监测电池的自放电情况。

（2）开路电压法　开路电压法（Open－Circuit Voltage method）简称OCV法，就是当电池既不处于充电状态，也不处于放电状态，即工作电流为0的情况下，通过测量动力电池的开路电压（OCV）来估算电池的SOC。使用开路电压法一般基于以下三个前提：

1）SOC与电池的电动势（EMF）有一一对应关系，即给出0～100%之间的任意一个SOC值，存在唯一的一个电动势（EMF）值与之对应。

2）在工作电流为0的情况下，开路电压（OCV）与电池电动势（EMF）相等。

3）不考虑温度及电池老化程度等因素，即认为在不同的温度条件下，不同老化程度的电池具有相同的SOC－EMF曲线。

由电池的工作特性可知，电池组的开路电压和电池的剩余容量存在着一定的对应关系。随着放电电池容量的增加，电池的开路电压降低。由此可以根据一定的充放电倍率时电池组

的开路电压和 SOC 的对应曲线，通过测量电池组开路电压的大小，插值估算出电池 SOC 的值。

该方法简单易行，但不同充放电倍率时电池组的电压不一致，因此在电流波动比较大的场合，这种计量方式将失去意义。开路电压法对单体电池的估计要优于电池组，当电池组中出现的单体电池不均衡，会导致电池组的容量低时电压会很高，因此该方法不适合于个体差异大的电池组。然而，开路电压法也存在着许多不足，在电池正常工作时不能使用，而需要等到电池停止工作一段时间后才能使用。

(3) 一种折中的方法　由于电荷累积法和开路电压法的优缺点存在明显的互补性，有学者又提出一种折中方法：当电池处于工作状态（工作电流大于设定的门限值）时，用电荷累积法实时更新 SOC 值，同时，为了消除电荷累积法的累积误差，并解决电荷累积法的初始 SOC 评估问题，在电池系统每次起动时，或电池组存在短暂不工作的时期，利用开路电压法对 SOC 进行校准。

该方法能够在一定程度上弥补电荷累积法存在的不足，如每隔一段时间消除累积误差，并解决了电池应用长期静置不用后 SOC 的初值问题、自放电问题等。同时，该方法也解决了电荷累积法无法在电池组正常工作时估算 SOC 值的问题。

这种折中的方法在实际的 BMS 系统中得到了广泛的应用。但该方法并不能解决开路电压法本身所存在的不足，例如电流为零问题、电压滞回效应以及 EMF 受温度和使用历史影响等问题。因此，对 SOC 评估算法的改进依然是一个值得研究的课题。

动力电池 SOC 评估的难点在于：

1）电池状态监测不准确对评估造成的困难。剩余电量并非一个可以直接测量的值，而需要通过电压、电流等状态量的测量值来进行间接估算，电池状态监测环节的误差是不可避免的，因此，电池剩余电量评估的误差也是不可避免的。电池状态监测的不准确性主要表现在由传感器精度引起的状态监测不准确，以及由电磁干扰引起的状态监测的不准确。

2）电池的不一致性对评估造成的困难。动力电池在制造过程中，由于材料、工艺等各方面的差异，导致不同批次的电池之间，甚至同一批次的不同电池之间存在较大的差异性，这样的差异对电池剩余容量的评估造成了一定困难。

3）运行工况的不确定性对评估造成的困难。在车辆工作过程中，工况可能是千变万化的。驾驶员无法预知下一时刻的工作状况，这对剩余电量或 SOC 的评估造成了一定的困难：受多种因素影响，剩余电量并不能完全释放；在剩余电量一定的前提下，电池组实际可以放出的能量是不一样的。

2. 提高动力电池一致性的措施

电池组的一致性指同一规格型号的单体电池组成电池组后，其电压、荷电量、容量及其衰退率、内阻及其变化率、寿命、温度影响、自放电率等参数存在一定的差别。电池组的一致性是相对的，不一致性是绝对的。为提高电池组的利用效率和性价比，在应用过程中，需要采取一定的措施，减缓电池不一致性扩大的趋势或速度。根据动力电池应用经验和试验研究，为保证电池组寿命逐步趋于单体电池的使用寿命，常采用如下措施：

1）提高电池制造工艺水平，保证电池出厂质量，尤其是初始电压的一致性。同一批次电池出厂前，以电压、内阻及电池化成数据为标准进行参数相关性分析，筛选相关性良好的电池，以此来保证同批电池的性能尽可能一致。

2）在动力电池成组时，务必保证电池组采用同一类型、同一规格、同一型号的电池。

3）在电池组使用过程中检测单体电池参数，尤其是动、静态情况下（车辆停驶或行驶过程中）的电压分布情况，掌握电池组中单体电池不一致性发展规律，对极端参数电池及时进行调整或更换，以保证电池组参数不一致性不随使用时间而增大。

4）对使用中发现的容量偏低的电池，进行单独维护性充电，使其性能恢复。

5）间隔一定时间对电池组进行小电流维护性充电，促进电池组自身的均衡和性能恢复。

6）尽量避免电池过充电，尽量防止电池深度放电。

7）保证电池组良好的使用环境，尽量保证电池组温度场均匀，减小振动，避免水、尘土等污染电池极柱。

8）采用电池组均衡系统，对电池组充放电进行智能管理。

3. 动力电池梯次利用

动力电池梯次利用指当动力电池不能满足现有电动车辆的功率和能量需求时，继续将其转移应用到对动力电池能量密度、功率密度要求低一个等级的其他领域，通过电池在不同性能需求领域的传递使用，实现动力电池性能充分利用和在动态应用中报废，以降低电池使用成本的目标。动力电池经过一定的充放电循环后，电池容量衰退到本梯次应用的最小容忍值，可转移应用为下一梯次车辆作为动力源。以100A·h锂离子动力电池单体为例，可将应用梯次依据容量划分为四个梯次，见表2-10。

表2-10 车辆梯次划分（按电池使用容量）

项目 \ 梯次	1	2	3	4
电池容量/A·h	80～100	60～80	40～60	<40
适用车型	新能源轨道车辆、大型公交客车、高速车辆	城市特殊用途用车、市政用车等	低速电动微型车、旅游观光车	电站UPS储能

电池梯次利用理论研究处于刚刚起步阶段，其关键技术包括：

1）电池梯次分类的判定技术。

2）应用于多级转运的电池组的模块化。

3）标准化设计技术。

4）在管理上梯次利用供应链的形成机制。

2016年底，工信部发布动力电池回收利用管理办法征求意见稿，落实生产者责任延伸制度，汽车生产企业承担动力电池回收利用主体责任。工信部同有关部门研究制定财税优惠、产业基金、积分管理等激励政策，研究探索动力电池残值交易等市场化模式，促进动力电池回收利用。预计到2020年，我国车载动力电池累计报废量将达到12～17万吨，潜在市场空间较大。同时，随着锂电原材料价格的上涨，锂电回收已具备较强经济性，有利于相关公司进行业务布局。我国动力电池的标准体系不断完善，仅2017年就出台了电池规格尺寸、编码制度和拆解规范等相关国家标准，为动力电池的梯次利用包括用于储能提供了有力支撑。

2.2.5　国内外产品

目前全球锂电池的主要生产国为中国、日本及韩国。凭借产业优势和技术积累，松下、LG 化学、三星 SDI 目前仍是锂电池领域三大巨头。据统计，2017 年一季度全球动力电池出货量 5273MW·h，其中三巨头总计占比达 62%。松下采用高镍三元路线，封装以圆柱形为主，其圆柱形电池能量密度世界领先，与特斯拉保持良好的合作关系，是动力电池行业的领导者；LG 化学起步稍晚，电池正极主要是三元 NCM，是海内外公认的软包龙头，拥有众多优质客户，包括现代、通用、雷诺、日产等，是动力电池行业的后起之秀；三星长期立足消费类锂电的研发生产，技术积累深厚，以发展大容量方形硬壳电池为主。近年来国内 CATL、比亚迪、国轩等企业也相继完成了各自技术路线的初步探索，在产能规模上成为日韩动力电池巨头有力的挑战者。

1. 国外产品及厂家

（1）松下锂电池　松下电器产业株式会社创建于 1918 年，于 1994 年开始研发可充电锂电池。1998 年松下开始量产笔记本电脑专用的圆柱形锂电池，并建成了业内领先的锂离子电池生产线。2008 年 11 月，松下宣布与三洋电机合并，一跃成为全球最大的锂电池供应商。随着新能源汽车的兴起，2008 年，松下生产的 18650 钴酸锂电池被特斯拉首款车型 Roadster 采纳，成为特斯拉最主要的动力电池供应商。松下动力电池正极使用的是高镍三元材料，电芯封装以圆柱形为主。圆柱的优点包括生产工艺成熟，产品良率高，有如 18650、21700 等统一规格型号，整体成本有优势。同时，其缺点也比较明显，圆柱形电池一般采用钢壳或铝壳封装，重量较大，比能量相对较低。目前，松下绝大部分动力电池供给特斯拉。Model S 和 Model X 使用的是 18650 圆柱形电池，最新一代 18650 电池正极采用 NCA 材料，负极使用硅碳复合材料，单体能量密度可达 250W·h/kg。Model 3 使用的 21700 圆柱形电池，单体能量密度提高到 340W·h/kg，是目前市面上单体能量密度最高的电池。

（2）东芝钛酸锂电池　东芝钛酸锂电池的负极材料中采用钛酸锂（LTO）。东芝动力锂电池以高安全性为基础，具有充放电寿命高、输出功率高、充放电时间短、低温特性出色等特点。东芝的钛酸锂电池包括了功率型电池 2.9A·h、10A·h 和能量型电池 20A·h、23A·h。其中，2.9A·h 电池在 35℃下，SOC 范围 20%～80% 的条件下，10C 充电/10C 放电的循环寿命高达 40000 次以上，10A·h 电池在 5C 充电/5C 放电条件下，循环 20000 次以后容量保持率还在 90% 以上，20A·h 电池在 3C 的充放电电流下，循环寿命可以保持在 15000 次以上（容量保持率 > 80%）。该公司目前正在积极开发以 150W·h/kg 能量密度为目标的单元。

（3）LG 动力锂电池 LG 化学隶属于韩国三大集团之一 LG 集团，1998 年开始研发锂离子电池，目前已可从 Cell、模块、BMS、Pack 开发到技术支持，提供与动力电池相关的全部产品组合。2016 年动力电池出货量达到 7.3GW·h。在技术上，LG 化学主要采用三元 NCM 正极材料和叠片式软包设计，是海内外公认的软包龙头企业。软包锂电池所用的关键材料，包括正极材料、负极材料及隔膜，与传统的钢壳、铝壳锂电池之间的区别不大，最大的不同之处在于软包装材料（铝塑复合膜），其优势在于：

1）安全性能好。软包电池在结构上采用铝塑膜包装，发生安全问题时，软包电池一般会鼓气裂开，不会爆炸。

2）重量轻。软包电池重量较同等容量的钢壳锂电池轻40%，较铝壳锂电池轻20%。

3）内阻小。软包电池的内阻较锂电池小，可以极大地降低电池的自耗电。

4）循环性能好。软包电池的循环寿命更长，100次循环衰减比铝壳少4%~7%。

5）设计灵活。外形可设计为任意形状，可以更薄，可根据客户的需求定制，开发新的电芯型号。

软包电池的不足之处是一致性较差，成本较高，易发生漏液，技术门槛高。

（4）三星SDI电池 2015年5月，三星SDI100%收购MagnaSteyr从事电池业务的子公司MSBS，从此三星SDI构建起从电池单元、模块到电池组完整的车载电池业务体系。在全球小型消费锂电池市场中，三星SDI独占鳌头。但在动力电池领域，相比松下和LG化学，三星SDI无论营业收入还是动力电池出货量都显得稍逊一筹。与松下、LG化学不同，三星SDI动力电池封装形式以方形为主，同时积极跟进21700电池的生产，正极材料主要采用三元NCM和NCA材料。采用这种技术能够生产大容量单体电池。此外，方形电池壳体多为铝合金、不锈钢等材料，内部采用卷绕式或叠片式工艺，对电芯的保护作用优于铝塑膜电池（即软包电池），电芯安全性相对圆柱形电池也有了较大改善。方形电池的不足之处在于型号太多，工艺难以统一。

（5）SAFT电池 SAFT公司是世界领先的电池供应商，在可再生能源储存、运输和电信网络市场占有一定份额。2013年第二季度交付铁路混合动力电池和叉车电池，2015年开始给欧洲主要商用车厂商供应电池组。

2. 国内产品及厂家

（1）CATL动力锂电池 CATL成立于2011年，总部位于福建宁德，2015年宁德时代新能源完成股权变更，成为全中资公司。公司研发生产锂离子电池、电池模组、电池系统、动力总成、大型电网储能系统、智能电网储能系统、分布式家庭储能系统及电池管理系统（BMS）。

（2）比亚迪动力锂电池 比亚迪锂电池的研发和生产主要集中在比亚迪锂电池有限公司，该公司是比亚迪全资子公司。比亚迪在2003年就开始了车用动力锂电池的研究和开发工作。比亚迪新能源产业涉及矿产、电池材料（六氟磷酸锂、隔膜、电解液、正极材料）、锂电池、车辆等领域，打通了上游矿产资源到下游整车全产业链，实现产业链闭环，生产基地包括广东惠州、广东深圳、青海西宁。

（3）合肥国轩动力锂电池 合肥国轩高科动力能源股份公司是一家专业从事新型锂电池及其材料的研发、生产和经营，拥有自主知识产权核心技术的大型高新技术企业。公司成立于2006年5月，2012年11月改制为股份公司，截至2017年2月13日，总市值272亿元。公司位于安徽省合肥市新站区瑶海工业园，占地120余亩，总建筑面积10万余平方米，注册资金1.8亿元。公司生产的磷酸铁锂正极材料、BMS管理系统以及储能型和功率型铁锂电池等十多个系列产品已在新能源汽车、电动自行车、风光互补路灯、大型储能基站等战略性新兴产业领域得到广泛应用。生产基地包括安徽合肥、山东青岛、江苏昆山、江苏南京、河北唐山、四川成都等。

（4）天津力神动力锂电池 天津力神电池股份有限公司成立于1997年，是一家拥有自主知识产权核心技术的，专业从事锂电池技术研发、生产和经营的股份制高新技术企业。产品包括软包电池、圆柱电池、方形铝壳电池。软包电池主要针对数码市场，圆柱电池则应用于数码、动力市场，方形电池应用于动力市场。生产基地包括天津、山东青岛、江苏苏州、

四川绵阳等地，规划到 2020 年产能达到 20GW · h。

（5）天津普兰纳米钛酸锂电池 公司成立于 2009 年，是全国首家专业致力于石墨烯基超级电容、钛酸锂电池的研发、生产和应用的高科技企业，目前在石墨烯和纳米电极材料的应用领域，如锂电池和超级电容等，处于国际领先水平。公司积 20 余年在碳纳米和绿色能源领域的研究经验和成果，系统地解决了传统锂电安全性低、循环性差、充放电慢等问题，为客户提供完整的绿色储能和新能源动力系统解决方案。

2.3 燃料电池基础知识及应用技术

2.3.1 燃料电池概述

1. 燃料电池的种类

燃料电池（Fuel Cell）是一种将存在于燃料与氧化剂中的化学能通过电化学反应直接转化为电能的发电装置。从原理上看，燃料电池有正负极和电解质，燃料在阳极被氧化，氧化剂在阴极被还原，与蓄电池非常相似，所以名为“电池”；蓄电池的反应物都储存在电池内部，其本质是储电设备，而燃料电池的反应物和氧化物是利用外部系统源源不断地输送到电极上反应来发电，本质上是一个发电机。

燃料电池有很多种类型，其燃料类型、反应原理、工作温度、应用场景等也都不同。按照电解质的不同，可以将燃料电池分为碱性燃料电池（AFC）、磷酸燃料电池（PAFC）、熔融碳酸盐燃料电池（MCFC）、固体氧化物燃料电池（SOFC）、质子交换膜燃料电池（PEM-FC）。在此分类下，不同类型燃料电池的主要区别见表 2-11。

表 2-11 不同类型燃料电池的主要区别

燃料电池	碱性（AFC）	磷酸（PAFC）	熔融碳酸盐（MCFC）	固体氧化物（SOFC）	质子交换膜（PEMFC）
电解质	KOH	H_3PO_4	$Li_2CO_3-K_2CO_3$	$Y_2O_3-ZrO_2$	质子交换膜
工作温度	65～220℃	180～220℃	约 650℃	500～1000℃	室温～150℃
质量功率（W/kg）	35～105	100～200	30～40	15～20	300～1000
输出功率密度（W/cm^2）	0.5	0.1	0.2	0.3	1～2
燃料种类	H_2	天然气、甲醇、液化石油气	天然气、液化石油气	H_2、CO、天然气	H_2
氧电极的氧化物种类	O_2	空气	空气	空气	空气
特性	1）需使用高纯度氢气作为燃料 2）低腐蚀性及低温，较易选择材料	1）进气中含 CO 会导致触媒中毒 2）废热可予利用	1）不受进气 CO 影响 2）反应时需循环使用 CO_2 3）废热可利用	1）不受进气 CO 影响 2）高温反应，不需依赖触媒的特殊作用 3）废热可利用	1）需使用高纯度氢气作为燃料 2）功率密度高，体积小，质量轻 3）低腐蚀性及低温，较易选择材料 4）废热可利用

（续）

燃料电池	碱性（AFC）	磷酸（PAFC）	熔融碳酸盐（MCFC）	固体氧化物（SOFC）	质子交换膜（PEMFC）
优点	1）起动快 2）室温常压下工作	1）对 CO_2 不敏感 2）成本相对较低	1）可利用空气作氧化剂 2）可用天然气或甲烷作燃料	1）可用空气作氧化剂 2）可用天然气或甲烷作燃料	1）可用空气作氧化剂 2）固体电解质 3）室温工作 4）起动迅速
缺点	1）需以纯氧作氧化剂 2）成本高	1）对 CO 敏感 2）起动慢 3）成本高	1）工作温度较高 2）起动缓慢	1）工作温度高 2）起动缓慢 3）冷起动循环性能差	1）对 CO 非常敏感 2）需用贵金属催化剂
发电效率	45% ~60%	35% ~60%	45% ~60%	50% ~60%	40% ~50%
应用情况	主要用于宇航器、潜艇	应用于分布式发电厂	应用于兆瓦级发电厂	应用于兆瓦级发电厂	应用于移动电源、备用电源、车用发动机等

从技术的发展来看，燃料电池技术的发展大致经历了四代，见表 2-12。

表 2-12 燃料电池技术的代际特征

代际	典型产品	特征描述
第一代	碱性燃料电池	其电解质为碱性。由于氧的还原电极反应在碱性溶液中更为容易，以氢氧化钠、氢氧化钾等碱作为电解质更容易获得实用化的燃料电池装置。但是，碱溶液容易与空气中的二氧化碳反应生成碳酸盐，从电解液中析出，从而使电池失效。因此这种燃料电池不适合用空气及重整氢气作为燃料和氧化剂
第二代	磷酸燃料电池	将碱性电解液更换成酸性电解液，可解决碱性燃料电池中电解液与二氧化碳反应的问题。常用硫酸会造成严重的材料腐蚀作用，磷酸是一种中强酸，在 200℃左右的较高温度下具有足够的反应活性。但磷酸燃料电池也属于液态电解质，电解液具有流动性，阴极与阳极之间需要保持适当的压差范围，否则易导致阴极与阳极串气，引起爆炸
第三代	熔融碳酸盐燃料电池	采用碳酸盐作为电解质，在 600℃左右的高温下，碳酸盐变成熔融态，具有良好的离子导电特性，具有半流动性，对于阴极阳极之间的压力耐受范围更宽，同时也可以使用含碳燃料和空气进行反应。但这种燃料电池反应温度高，起动停机时间长，循环特性不好，同时，与磷酸燃料电池一样，能量密度较低，难以实现小型化
第四代	固态电解质燃料电池	包括质子交换膜燃料电池和固体氧化物燃料电池两类。这两类燃料电池的电解质都为固体，但呈现明显的两极分化。质子交换膜燃料电池采用具有质子传导特性的高分子膜作为电解质，需要在较低温度下工作，否则容易失水造成质子传导特性失效，适用于车载燃料电池系统。固体氧化物燃料电池采用具有氧离子传导特性的固体氧化物材料作为电解质，需要在高温下工作，否则没有氧离子传导活性

2. 燃料电池的优缺点

燃料电池的优缺点见表 2-13。

表 2-13　燃料电池的优缺点

优点	洁净	使用内燃机发电，燃料在缸内燃烧会释放 COx、NOx、SOx 气体和粉尘等污染物。而燃料电池用氢气和氧气作为燃料，唯一生成物质为水，彻底不会产生有害物质，完全做到零排放
	节能、转换效率高	燃料电池通过电化学反应直接将燃料的化学能转化为电能，中间不经过燃烧过程，电效率可以达到40% ~50%，比内燃机的效率高出 10 个百分点
	温度低，噪声低	燃料电池系统中，配备有空压机、水泵、散热器等有限的转动部件，与内燃机相似，但电堆本身无运动部件，比内燃机的振动和噪声低。同时，电堆反应温度低，系统红外特性小
缺点	寿命较短	由于燃料电池内部的材料性能衰减，导致电堆输出性能逐渐变差，寿命尚不足以满足应用需求。目前电站应用的燃料电池使用寿命可达 4 万小时，车用燃料电池使用寿命可达到 15000 小时（以巴拉德为例）。按有轨电车运行服役期 30 年考虑，还需进一步完善电堆和系统以延长服役寿命。此外，燃料电池辅机系统包含的空压机、水泵、过滤器等关键部件，其寿命比电堆还要低一些，属于定期更换产品
	成本较高	目前燃料电池系统的电堆及其辅助部件的生产费用仍然较高，导致燃料电池系统的单位功率成本是内燃机的数十倍。一般情况下，燃料电池电堆使用到 15000 小时左右后，可以对电堆进行一次翻新，成本约为新电堆的一半，然后电堆即可视为报废。此外，在氢能供应方面，氢的生产、储存、运输、加注等氢能网络设施建设还远未形成像柴汽油一样的从油井到加油站的便捷网络，氢能使用成本高。相信随着燃料电池在汽车领域应用的推广，类似于内燃机的发展历程，燃料电池系统成本将会得以大幅度降低
	安全性要求很高	不论是液态氢或气态氢，其生产、储存、保管、运输、灌装或重整，都比较复杂，对安全性要求很高。

3. 燃料电池急需解决的关键问题

燃料电池是全世界公认的未来最佳车载能源。虽然燃料电池可以采用多种燃料，甚至是内燃机用的所有燃料，但是真正起电化学反应的，仅仅是其中的氢和氧化剂中的氧。因此，氢燃料电池在氢燃料制取、储存及携带等方面，以及非氢燃料电池重整系统的效率、体积、质量大小及反应速度等方面的技术还需进一步提高。

有轨电车用燃料电池急需解决以下关键问题：

1）开发和应用燃料电池系统配件和生产工艺，大幅削减燃料电池系统生产成本。在燃料电池系统中，核心部件是燃料电池电堆，需要通过改进双极板生产工艺、降低铂载量或使用非铂催化剂、使用新型质子交换膜等方法降低电堆的成本。系统中，还包括氢气循环泵、空气压缩机、加湿器等若干辅助部件，这些部件在系统成本中也占据了很大的部分，由于目前这些配件还未大规模生产，成本很高，可靠性也有待提高，需要开发燃料电池系统专用配件，降低辅助系统成本。

2）研究燃料电池性能衰减机理，研究低成本、长寿命燃料电池材料及燃料电池系统优化控制方法，大幅提升燃料电池系统寿命。燃料电池的寿命取决于每个单片电池的电化学活性，这种电化学活性会在多种因素下发生性能降低：燃料电池在工作中，催化剂的形貌和微观状态会发生变化，活性降低；空气中的杂质气体也会污染催化剂表面，造成催化剂失去活性；质子交换膜会在某些基团的作用下发生腐蚀，直至膜出现穿孔而造成电堆失效；气体扩散电极的特性会随着工作时间的延长而发生变化，使电池性能发生衰减；加湿水中的杂质离子会占据质子膜中的活性位使质子传导特性降低。因此，需要更加深入地研究燃料电池性能衰减和失效的机理以及解决这些衰减和失效的材料、方法等，以大幅提高寿命。

3）采用系统模块化设计，优化系统结构，大幅提高燃料电池系统质量和体积功率密度。对于车用燃料电池发动机系统而言，需要在满足功能的情况下，将系统部件进行集成设计，提高集成度，降低体积和重量，类似汽车用汽油发动机系统，优化模块设计，完善模块功能。

4）必须开发质量轻、成本低、安全性高的车载储氢罐，提高续驶里程和车载用氢安全性。

2.3.2 质子交换膜燃料电池系统结构与工作原理

1. 燃料电池的工作原理

本部分重点介绍适用于轨道车辆应用条件的质子交换膜燃料电池，其关键材料与部件包括电催化剂、电极（阴极与阳极）、质子交换膜和双极板。目前最常见的是氢－氧型燃料电池，基本原理是氢氧反应产生的吉布斯自由能直接转化为电能。借助于电化学过程，氢气和氧气持续且独立地供给电池的两个电极，并在电极处进行反应。其工作过程包括：

1）氢气通过管道或导气板到达阳极。

2）在阳极催化剂的作用下，1 个氢分子解离为 2 个质子，并释放出 2 个电子。阳极反应为

$$2H_2 \longrightarrow 4H^+ + 4e^-$$

3）在电池的另一端，氧气（或空气）通过管道或导气板到达阴极。在阴极催化剂的作用下，氧分子和氢离子与通过外电路到达阴极的电子发生反应生成水。阴极反应为

$$O_2 + 4H^+ + 4e^- \longrightarrow 2H_2O$$

总的化学反应为

$$2H_2 + O_2 \longrightarrow 2H_2O$$

电子在外电路形成直流电。因此，只要源源不断地向燃料电池阳极和阴极供给氢气和氧气，就可以向外电路的负载连续地输出电能。

理想的燃料电池系统是可逆热力学系统，在不同的工作温度、工作压力条件下，可通过热力学计算得出在理想可逆情况下燃料电池发电效率及单电池电压的变化规律。实际上，开始反应产生电流时，燃料电池的工作电压降低很多。其原因主要有以下三点：

① 在电极上，活化氢气和氧气的能量要消耗一部分电动势。

② 电极发生反应后，电池内部的物质移动扩散，所需能量消耗部分电动势。

③ 电极与电解质之间有接触阻抗，电极和电解质本身也有电阻，也要消耗与电流大小成正比的电动势。

由于活化阻抗、扩散阻抗和电阻的综合作用，燃料电池单体的实际工作电压一般为 0.6～0.8V。

质子交换膜燃料电池的工作温度约为 80℃。在这样的低温下，电化学反应能正常地缓

慢进行，通常用每个电极上的高度分散的铂金颗粒进行催化。

质子交换膜燃料电池采用固态聚合物膜为电解质。该聚合物膜为全氟磺酸膜（例如美国杜邦公司的 Nafion 膜），这种膜包含大量强酸性的磺酸基团，质子可以在其内部进行迁移。质子交换膜燃料电池所用的燃料是高纯氢气，氧化剂可使用氧气或空气。

电解液的作用是辅助离子从一个电极传导至另一电极。燃料供给阳极或正极，在该电极处，依靠催化剂，电子从燃料中释放。在两电极间电位差作用下，电子经外电路流向阴极或负极，在阴极处，正离子和氧结合，形成水。

质子交换膜燃料电池中的催化剂是决定电堆成本及寿命的关键点。在早期实践中，为了燃料电池的特定运行，需要很可观的铂载量。目前，在催化剂技术方面现已取得了巨大进展，使铂载量从 $28mg/cm^2$ 减少到 $0.2mg/cm^2$。由于燃料电池的低运行温度，以及电解质酸性的本质，应用的催化剂层需要贵金属。因氧的催化还原作用比氢的催化氧化作用更为困难，所以阴极是最关键的电极。

在质子交换膜燃料电池中，另一关键性问题是水的管理。为了燃料电池的特定运行，聚合物膜必须保持湿润。事实上，聚合物膜中离子的导电性需要湿度。若聚合物膜过于干燥，就没有足够的酸离子去承载质子；若聚合物膜过于湿润，则扩散层的细孔将被阻断，从而反应气体不能扩展触及催化剂。

质子交换膜燃料电池的一个比较大的问题是催化剂的毒化问题。铂催化剂极富活性，其对一氧化碳和硫的生成物与氧相比有较高的亲合力。毒化效应强烈地约束了催化剂，并阻碍了扩展到其中的氢或氧，从而电极反应不能在毒化部位发生，而使燃料电池性能递减。假若氢由重整气提供，则气流中将含有一些一氧化碳；同样，若吸入的空气来自于被污染城市中的大气，则一氧化碳也可从空气的气流中进入燃料电池。空气中的硫氧化物会对电池造成更为严重的毒化效应。由一氧化碳引起的毒化是可逆的，但它增加了成本，且各个燃料电池需要单独处理。

燃料电池的基本原理相当于电解反应的可逆反应。图 2-17 为燃料电池结构与电化学反应原理。氢气和氧气在电池的阴极和阳极上借助催化剂的作用，电离成离子，由于离子能通过在两电极中间的电解质在电极间迁移，在阴电极、阳电极间形成电压，在电极同外部负载构成回路时就可向外供电（发电）。燃料电池的电极通常做成平板，再附上一层薄电解质，如图 2-18 所示。电极结构通常是多孔的，这种多孔结构保证了两侧的电解质和气体可以顺利通过，这样的结构使得电极、电解质和气体之间有了最大程度的接触。

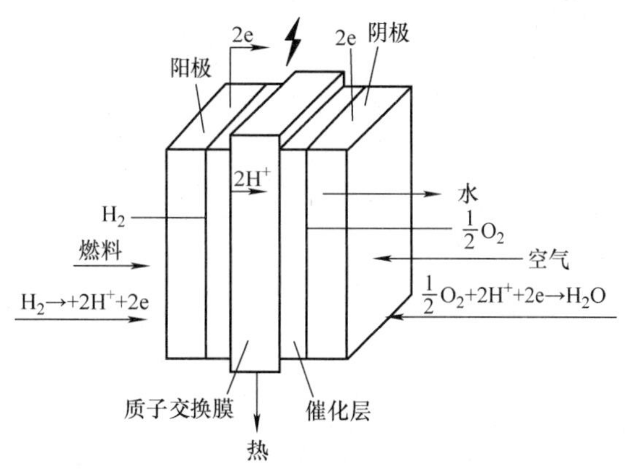

图 2-17　燃料电池结构与电化学反应原理

理想情况下，燃料电池化学反应所释放出来的最大电能量为反应过程中的吉布斯自由能变化量，燃料电池输出电压和吉布斯自由能存在一一对应关系。但在实际应用时，燃料电池的输出电压要低于上述对应值，并且随着工作状态的变化而变化，尤其是随着电流的增大而

降低。造成燃料电池输出电压和理想状态存在较大差异的原因，是燃料电池在电化学反应过程中存在以下几方面的能量损失，造成系统的不可逆性（又称为极化现象），分别为：活性极化、燃料的穿透和内部短路电流、欧姆极化、浓差极化。这些现象的产生原因各不相同，并且在不同的工作条件下，各种极化现象对系统的影响程度也不同。几种极化现象的影响机理见表2-14。

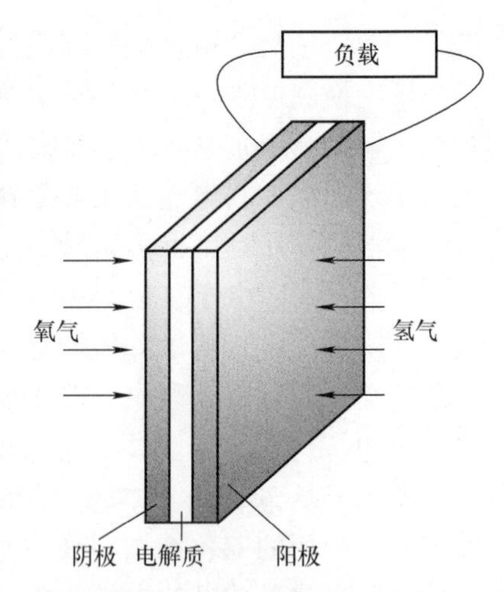

图2-18 燃料电池阴极－电解质－阳极的基本结构

2. 质子交换膜燃料电池系统的组成

单独的燃料电池电堆是不能发电并用于有轨电车的，它必须和氢气供给与循环系统、氧气（空气）供给系统、热管理系统及一个能使上述各系统协调工作的控制系统组成燃料电池发电系统，简称燃料电池系统。燃料电池系统主要由燃料电池电堆和辅机系统组成，辅机系统包括：氢气供给与循环系统、氧气（空气）供给系统、供给管道系统和调节系统（包括空压机、冷却水泵和管路等）以及水/热管理系统。

表2-14 几种极化现象的影响机理

极化现象	影响机理
活性极化	指由于电化学反应过程中电极表面的反应速度过慢而导致的能量损失。在开路情况下已经存在，主要由燃料电池本身的特性决定。活性极化现象在小电流工况下比较明显
燃料的穿透和内部短路电流	尽管理论上电解质只允许质子通过，但事实上总会存在一定数量的燃料扩散和电子流通过电解质而造成的能量损失，直接反映为开路电压的降低。也有观点认为该现象也属于活性极化
欧姆极化	指克服电子通过电极材料、各种连接部件及离子通过电解质的阻力引起的能量损失。欧姆极化在燃料电池正常工作情况下作用最为明显，输出电压的下降基本和电流密度呈线性关系变化，故又称阻抗损失。欧姆极化现象在比较宽的范围内作用都比较明显
浓差极化	指由于电化学反应中，电极表面反应物被消耗，浓度下降，导致无法向电极表面提供足够的反应物而引起的电压损失。应避免明显的浓差极化现象的出现。浓差极化现象一般出现在电流密度较大的工况，会造成输出电压急剧下降。

燃料电池实际上是一个大的发电系统。对于质子交换膜燃料电池，需要有燃料供应系统、氧化剂系统、发电系统、水管理系统、热管理系统、电力系统以及控制系统等。本文以质子交换膜燃料电池系统为例进行讲解。

质子交换膜燃料电池是在有轨电车上最有应用前景的电力能源之一。组成质子交换膜燃料电池的基本单元是单体燃料电池。如前所述，单体电池的电化学电动势大约1V左右，其电流密度约为100mA/cm^2。因此，一个实用化的质子交换膜燃料电池系统，必须通过单体电池的串联和并联形成具有一定功率的电池组，才能满足绝大多数用电负载的需求。此外，还要为系统配置氢燃料储存单元、空气（氧化剂）供给单元、电池组温度/湿度调节单元、功率变换单元及系统控制单元等，将燃料电池组成为一个连续、稳定的供电电源。

（1）燃料电池组（堆） 质子交换膜燃料电池的单体电池，其化学电动势为1.0～1.2V，带负载时的输出端电压为0.6～0.8V。为满足负载的额定工作电压，必须将单体电池

串联起来构成具有较高电压的电池组。由于受到材料（如质子交换膜等）及工艺水平的限制，目前单体电池的输出电流密度约在 300～600mA/cm^2。因此，为提高燃料电池的输出电流能力，只有将若干串联的电池组并联，组成具有较大输出能力的燃料电池堆。由于燃料电池堆是由大量的单体电池串并联而成，因而，存在着向每个单体电池供给燃料与氧化剂的均匀性和电堆热管理问题。

（2）燃料及氧化剂的储存与供给单元　为使质子交换膜燃料电池实现连续稳定的运行发电，必须配置燃料（H_2）及氧化剂（O_2 或空气）的储存与供给单元，以便不间断地向燃料电池提供电化学反应所需的氢和氧。燃料供给部分由储氢系统及减压阀组成；氧化剂供给部分由储氧系统、减压阀或空气泵组成。

（3）燃料电池湿度与温度调节单元　在质子交换膜燃料电池运行过程中，随着负载功率的变化，电池组内部的工况也要相应改变，以保持电池内部电化学反应的正常进行。对质子交换膜燃料电池运行影响最大的两个因素是电池内部的湿度与温度。因此，在电池系统中需要配置燃料电池湿度与温度调节单元，以便使质子交换膜燃料电池在负荷变化时仍工作在最佳工况下。

（4）功率变换单元　质子交换膜燃料电池所产生的电能为直流电，其输出电压因受内阻的影响还随负荷的变化而改变。基于上述原因，为满足大多数负载对交流供电和电压稳定度的要求，在燃料电池系统的输出端需要配置功率变换单元。当负载需要交流供电时，应采用 DC/AC 变换器；当负载要求直流供电时，也用需要用 DC/DC 变换器实现燃料电池组输出电能的升压与稳压。

（5）系统控制单元　由上述四个功能单元的配置和工作要求可知，质子交换膜燃料电池系统是一个涉及电化学、流体力学、热力学、电工学及自动控制等多学科的复杂系统。质子交换膜燃料电池系统在运转过程中，需要调节与控制的物理量和参数非常多，难以手动完成。为使质子交换膜燃料电池系统长时间安全、稳定地发电，必须配置系统控制单元，以实现燃料电池组与各个功能单元的协调工作。

由于燃料电池发电过程中需要不断地输入燃料和氧化剂，排出反应产物，一套燃料电池要正常工作，必须配备燃料储存装置、燃料/氧化剂输送装置，同时需要控制进入燃料电池电堆的反应物和氧化剂的量以及产生的产物，还要将其内部产生的热量导出并散发掉，且因为输出电压较低，且伏安特性软，功率变化范围大，需要一套能量变换系统来为负载稳定供电，所以燃料电池发电系统与内燃机发电系统非常相似，需要包括燃料储存与调节系统、氧化剂输送与调节系统、燃料电池电堆、散热系统、电力变换系统、控制系统等。例如一套质子交换膜燃料电池系统，就需要包括氢气供应系统、空气供应系统、散热循环系统、电堆、控制系统等。其系统结构如图 2-19 所示。

3. 燃料电池系统失效分析方式

燃料电池系统失效包括本质失效和误用失效。本质失效是指燃料电池系统自身故障引起的失效；后者则是由于外部原因（外部能量使用或其他因素）引起的失效。

（1）本质失效　燃料电池系统的本质失效包括电堆功能失效和辅助系统（含控制系统）失效。

1）电堆功能失效主要是燃料电池电堆本身组成部件的失效，包括：

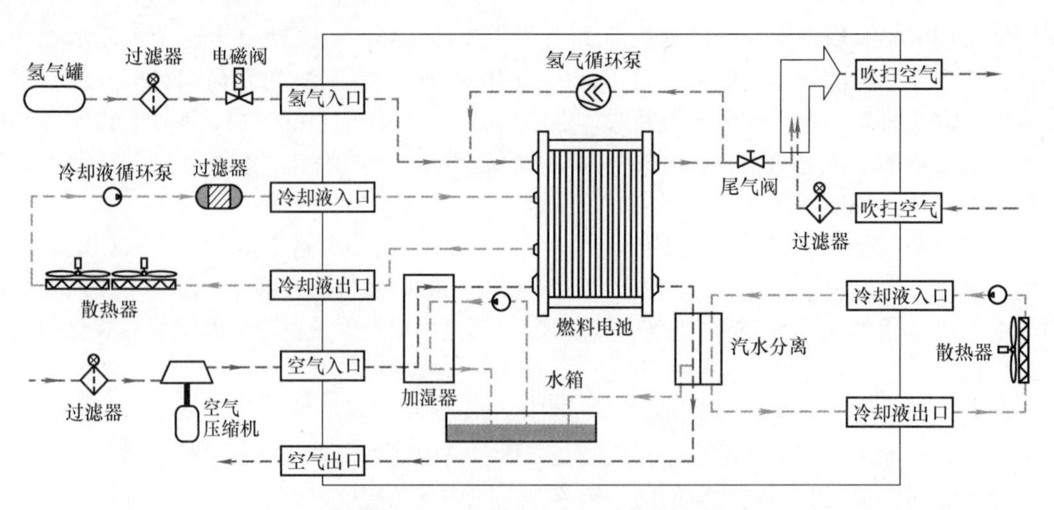

图 2-19 典型的燃料电池发电机系统

① 质子交换膜失效。主要是由于膜被腐蚀、老化、脱水等情况造成的导电能力下降，以及温度或压力差过高造成的膜穿孔、氢气和空气直接混合等原因造成的失效状况。

② 电极失效。主要是由于催化剂活性下降以及由于水淹、脱落、杂质阻塞等原因导致电极的导电性、扩散层的疏水性和气体扩散性下降等原因造成的电堆性能下降等失效状况。

③ 双极板失效。主要是由于气体流场被液态水或杂质阻塞，引起燃料或空气供应不足，造成电堆性能下降等失效状况。

2）辅助系统失效主要是执行机构失效和控制器的失效，包括：

① 老化失效。阀门、电机、管道以及系统安装固定等机构由于老化原因造成设备工作异常或性能下降，从而引起的系统失效。

② 辅助系统匹配失效。主要是由于辅助设备的选择或使用不能满足燃料电池电堆工作的相关需求引起的系统失效。

③ 控制品质失效。主要是控制算法本身或者硬件电路设计的不完善导致系统参数控制精度和响应速度不足，从而引起的系统失效。

④ 控制系统误动作。主要是控制系统受到干扰引起的控制软件失效，以及通信错误等导致控制系统发出错误的指令，从而引起系统失效。

电堆失效和辅助系统失效是息息相关的两个因素，一方面辅助系统失效会导致电堆失效，另一方面电堆失效也会引起辅助系统的失效。例如，在输出相同的功率条件下，当电堆性能下降时，就会要求发电机输出更大的电流，引起风机负荷过大，甚至长期超负荷运行，导致风机加速老化甚至故障；相同的输出功率条件下，如果风机出现故障引起氧气供应不足，必然使燃料电池极化程度加深，发热量急剧上升，极有可能造成双极板烧坏、变性，从而导致气体泄漏等电堆失效故障。为了避免本质失效以及减小失效情况给系统带来的负面影响，就要求控制系统必须具备完善的功能以及抗干扰的能力。

（2）误用失效　误用失效是指由于控制系统和外部设备之间的能量管理协调不当引起的燃料电池系统失效。误用失效主要存在以下几种情况：

1）在燃料电池电堆工作状态未达到相应输出功率条件下，外部设备强行增加输出功率，

造成输出电流急剧上升，导致系统失效。

2）在未通知燃料电池电堆工作条件下，外部设备急剧降低输出功率，造成系统压力波动过大，导致系统失效。

3）在外部能量需求较小的情况下，要求燃料电池电堆长期运行在满负荷的状态引起的燃料电池电堆效率降低甚至失效的情况。

尽管本质失效和误用失效按照造成系统失效的不同原因进行了划分，但是失效的最终表现还是本质失效，即由外部原因导致的系统本质失效。减少外部原因导致的系统本质失效的主要办法，就是提高包含燃料电池系统的能量管理策略、故障监测能力和容错控制策略。

4. 国内关于质子交换膜燃料电池系统研发的一些问题

国内关于质子交换膜燃料电池系统研发还存在以下问题：

1）燃料电池系统的耐久性寿命短，一般仅 4000～5000 小时，使用周期较短。

2）燃料电池系统的制造成本居高不下，一般估计 2～3 万元/kW（国外成本约 2000～3000 美元/kW），与传统内燃机仅 200～350 元/kW 相比，差距巨大。因为其中的质子交换膜、炭纸、铂金属催化剂、高纯度石墨粉、氢气循环泵、增压空气泵等关键部件均依靠进口，所以与国外相比，并没有成本优势。

3）燃料电池系统对工作环境的适应性很差，国产的仅可在 0～40℃气温下工作，低于 0℃有结冰问题，高于 40℃过热不能正常工作；此外对空气中的粉尘、一氧化碳、硫化物等都十分敏感，铂催化剂极易污染中毒失效。

4）燃料电池有轨电车的使用成本过于高昂。例如高纯度（99.999%）高压氢（>200Bar）售价约 60～80 元/kg。按 1kg 氢可发 16kW · h 电能计算，仅燃料费即为 4～5 元/kW · h，高于各种动力电池。

尽管存在如此多的问题，但是燃料电池仍然是人类迄今为止发明的最清洁、安静又可无限再生的能源装置，值得我们为实现燃料电池有轨电车的产业化付出更大的努力。

2.3.3　燃料电池控制系统

燃料电池控制系统的作用是控制燃料电池系统工作在良好状态，尽量避免本质失效情况的出现，保证系统的可靠性、安全性、动力性和效率处于良好的状态。其具体功能为：根据传感器提供的信息（空气、氢气和循环水各节点的温度和压力以及单体电池电压值）控制当前燃料电池工作状态，达到快速准确地响应外界功率需求的目标；并且实时进行系统保护和故障诊断工作，确保燃料电池系统的正常高效工作。按照燃料电池控制系统的功能，具体可分为控制、通信、故障诊断及保护三个方面。

（1）控制功能　控制系统不仅要确保燃料电池的辅助系统按照适合的工作流程进行工作，还要根据功率输出目标调整电堆的工作温度和供应气体的温度、湿度、压力和流量。控制功能的设计目标是快速性、稳定性和鲁棒性。控制对象分别为：空气供应系统、氢气供应系统、水热平衡系统以及能量输出管理控制。

（2）通信功能　燃料电池系统通过通信功能和上级管理系统进行信息交流，一方面汇报当前的工作状态和相关的工作参数，另一方面接受操作指令并获取当前功率需求的信息。通信装置是燃料电池系统和上级管理系统联系的纽带，其可靠性是避免误用失效的关键。通信功能的设计目标是实时性和可靠性，不仅需要具备足够的通信速率和数据处理的能力，而且

必须具备高度的抗干扰性。

（3）故障诊断及保护功能　控制系统对燃料电池系统的相关工作参数、执行机构和环境参数进行检测，确定燃料电池系统的工作状态，并对潜在和既有的故障进行相应的处理。工作参数的检测包括对供应气体的温度、湿度、流量和压力，以及冷却液的温度、电导率等参数的采样。执行机构的检测包括离心风机、电磁阀、水泵等执行机构状态的检测。环境参数的检测包括环境空气温度、压力和湿度的测量。故障诊断功能是降低系统失效概率的重要手段，并且为调整燃料电池系统控制提供必要的参数。

2.3.4　燃料电池在轨道车辆上的应用

目前，国际上燃料电池汽车技术已经达到商业化水平，国内汽车企业也在大力开发燃料电池汽车。丰田汽车公司于2014年底发布了全新燃料电池轿车FCV——未来（MIRAI）。新车价格为723.6万日元（约合6.2万美元/37.8万人民币）。FCV只需3分钟就可以完成燃料的补给，续驶里程可以达到700km（在JC08模式下行驶时测量的数据）。上汽集团推出的荣威950燃料电池汽车，搭载有两个700Bar氢气瓶，通过优化车辆起动系统，即便是在-20℃的环境中，依旧可以正常起动与行驶。宇通开发了新一代燃料电池客车，作为城市公交，满足公交工况续驶里程要求，客车满载氢耗8.3kg/100km，技术领先。以上举措将有力助推中国燃料电池汽车产业化发展，对加快中国燃料电池汽车产业化进程有着重要意义。

在科技部“十三五”规划中，氢能与燃料电池被列为能源领域的技术预测重点之一，科技部在“十三五”期间将加大对氢能与燃料电池的研发投入。目前氢燃料电池汽车推广的难点之一在于加氢站的建设成本较高，加氢站个数太少。当加氢站不能够达到像加油站那么普及时，选择固定线路的公交车、物流车或轨道交通车发展是比较实际的做法。2020年我国的规划是全国建成100座加氢站。另一个难点是工业化大规模生产下，燃料电池的成本要继续降低，而铂催化剂涂覆材料是制约因素，由于铂产能的制约，单车用铂量要进一步降低。

在轨道交通领域，各主机厂近年来也对燃料电池技术加以重视。2011年，西南交通大学开发了国内第一列燃料电池机车。2013年开始，中车唐山机车车辆有限公司与西南交通大学合作开发了首列燃料电池混合动力有轨电车，并联合申请了国家科技支撑项目的资金支持。此外，中车四方也开始跟进研究。市场方面，佛山、唐山、台州、天津、恩施等地政府和地铁公司也在重点研究燃料电池有轨电车应用的可行性。2017年10月26日，中车唐山机车车辆有限公司与西南交通大学合作开发的燃料电池混合动力有轨电车开始了世界范围内的首次示范运营。

2.3.5　中国氢能产业基础设施发展分析

近年来，随着氢能利用技术发展成熟，以及应对气候变化压力持续增大，氢能作为一种清洁高效的二次能源，在世界范围内备受关注。氢能已经纳入我国能源战略，成为我国优化能源消费结构和保障国家能源供应安全的战略选择。氢能产业基础设施是发展氢能产业的前置条件，也是消纳我国可再生能源结构性过剩的技术选择，并能带动高端装备制造业快速发展、促进产业结构调整。

2016年底推出的《中国氢能产业基础设施发展蓝皮书（2016）》深入剖析了我国氢能产业基础设施的发展现状、存在的问题及发展前景，明确了我国氢能产业基础设施在近期

（2016—2020 年）、中期（2020—2030 年）和远期（2030—2050 年）三个阶段的发展目标和主要任务，首次提出了发展路线图（图 2-20），并就加快发展氢能产业基础设施提出了政策建议。

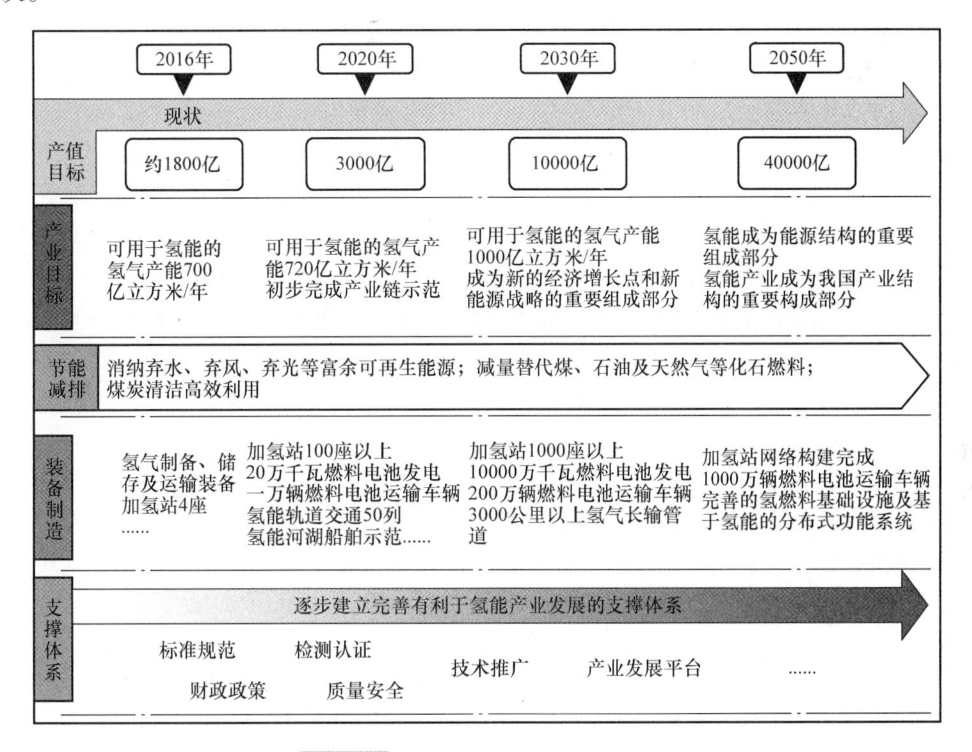

图 2-20　我国氢能产业发展路线图

据规划，到 2020 年，我国氢能产业基础设施发展将取得重大突破。其中，以能源形式利用的氢气产能规模将达到 720 亿 m^3；加氢站数量达到 100 座；燃料电池车辆达到 10000 辆；氢能轨道交通车辆达到 50 列；行业总产值达到 3000 亿元。到 2030 年，氢能产业将成为我国新的经济增长点和新能源战略的重要组成部分，产业产值将突破 10000 亿元；加氢站数量达到 1000 座，燃料电池车辆保有量达到 200 万辆，高压氢气长输管道建设里程达到 3000km，氢能产业基础设施技术标准体系完善程度迫近发达国家水平，氢能与燃料电池检验检测技术发展及服务平台建设形成对氢能产业发展的有效支撑。

1. 氢气来源

按照制氢消耗的一次能源划分，氢气来源包括化石燃料制氢、可再生能源制氢及其他清洁能源制氢等。化石燃料制氢包括煤制氢、轻烃（天然气等）蒸气转化制氢、石脑油或渣油转化制氢、甲醇转化制氢等；可再生能源制氢包括风电制氢、水电制氢、太阳能制氢等；其他清洁能源制氢包括核能制氢、生物质制氢等。我国煤炭资源相对丰富，水电、风电及光伏等可再生能源装机容量位居世界前列，生物质资源丰富，氢气制备可选择多种技术路线。当前，我国氢气来源是以煤、天然气及石油等化石燃料制氢为主，约占 97%；水电解制氢约占 3%。

（1）化石燃料制氢产能分布及潜力分析　化石燃料制氢包括煤制氢、各种油类制氢和天然气重整制氢等。煤制氢成本较低，按煤价 160 ~ 560 元/t 测算，煤制氢的成本仅为

0.55～0.83元/m³，远低于天然气制氢0.80～1.75元/m³的成本和甲醇制氢1.50～2.50元/m³的成本。

结合我国煤炭资源分布情况，按照每吨煤制取约900m³氢气计算，煤制氢的潜力巨大，全国累计约1900万亿m³，西北煤炭资源丰富，煤制氢潜力最大，占比超过60%。

目前，我国煤制氢主要用于合成氨、甲醇、二甲醚、烯烃、煤制油及加氢裂化和加氢精制等。近年来，我国煤制氢产业发展较快，仅神华集团煤制氢能力已经达到450亿m³/年，若全部用于为燃料电池车辆提供氢源，按每辆燃料电池车年平均耗氢2300m³测算，可供约2000万辆燃料电池车使用；全国的煤炭资源制氢能力可供2亿辆燃料电池车用氢超过千年。因此，随着氢能应用市场大规模扩大，氢能需求量增大，煤清洁制氢可为氢能发展提供氢源保障。

（2）可再生能源制氢潜力分析　可再生能源制氢包括利用当前大量存在的弃水、弃风和弃光等电能制氢和生物质制氢。目前，我国电解水制氢技术已发展成熟，同时水电、风电、光伏及生物质等可再生能源资源丰富，具备采用可再生能源制氢的基本条件。利用风电、光伏等波动电及富余水电制氢能将不能储存的电能转化成氢能储存起来并应用，是可再生能源储能的技术选择之一，既有利于电站稳态生产、提高经济效益、延长发电设备寿命、减少能源浪费，又能为正在兴起的氢能应用提供“零碳”氢源。

1）水电电解水制氢资源分布及潜力。水电比火电具有环保优势，比光伏、风电等清洁能源具有价格及电力稳定性的优势。利用弃水电解水制氢，在弃水电价为0.3元/kW·h时，不计入“过网费”的情况下，水电制氢成本约为1.8元/m³。随着水电装机规模增长，水电电力供应能力将会稳步提升，同时国家电力体制改革、能源供给侧改革及智慧能源等利好政策频出，未来水电的市场前景相对较好。目前，我国纯粹的水电制氢项目较少，通过建立合理的用电机制，充分利用调峰弃水电量，控制电力成本是水电解制氢成本接近或低于化石燃料制氢成本的关键。

2）风电电解水制氢资源分布及潜力。2015年，我国风电累计并网装机容量达到1.29亿kW，占全部发电装机容量的8.6%，居全球首位；风电发电量1863亿kW·h，占全部发电量的3.3%。近几年来，我国风电的弃风限电量很大，2012—2015年，我国累计弃风电量超过850亿kW·h，与2015年三峡电站870亿kW·h的发电量基本持平；2015年，全国弃风电量339亿kW·h，同比增加213亿kW·h，弃风率15%，占三峡电站同年发电总量的34.3%。2015年，我国弃风资源制氢能力为67.8亿m³/年，制氢成本约为3.4～4.3元/m³（2016年风电上网指导价：Ⅰ类资源区为0.47元/kW·h，Ⅳ类资源区为0.60元/kW·h）。我国风力资源主要集中在沿海和三北地区。

3）光伏发电电解水制氢。从全国范围看，2015年全国大多数地区光伏发电运行情况良好，全国太阳能光伏发电设备平均利用小时数为1133h，同比下降102h。其中，青海、宁夏、内蒙古太阳能发电利用小时数超过1500h。2015年，我国全年累计弃光电量为46.5亿kW·h，“弃光率”12.6%，其中，甘肃、青海、新疆、宁夏等西北地区“弃光率”高达17.1%。按照全国弃光数量计算，通过弃光电解水制氢的潜力为9.3亿m³，光电制氢成本约为5.7～7元/m³（2016年光伏发电上网指导价：Ⅰ类资源区为0.80元/kW·h，Ⅳ类资源区为0.98元/kW·h）。

（3）工业副产氢气和工业排放含氢气体资源分布及潜力分析　工业副产氢气和工业排放含氢气体主要分布在石油化工、焦化、氯碱、合成氨及甲醇等行业。上述各行业生产过程

中都会排放含氢气体，回收利用含氢排放气中的氢气，既能够提高资源综合利用效率和经济效益，又可降低大气污染改善环境。

据统计，2015 年中国焦炭产量累计 4.48 亿 t，副产了巨量的焦炉煤气。焦炉煤气中的氢气含量为 40% ~50%，2015 年焦炉煤气中含氢量达 770 万亿 m^3。利用提纯氢技术制取高纯氢气或工业用氢，可消除大量的煤气放散现象，极大改善和保护环境，同时获取清洁氢气燃料，减少化石能源消耗，降低二氧化碳排放。我国 PSA 提纯技术发展成熟，焦炉煤气制氢成本较低，以 25000m^3/h 焦炉煤气为原料，纯度 99.99% 的氢气成本仅为 1.03 元/m^3。

甲醇、合成氨等行业生产过程中，会产生大量的驰放气，其中含氢量约为 40%；氯碱行业生产过程中，生产每吨烧碱副产氢气约 200 ~300m^3。我国合成氨、甲醇及氯碱产量分布情况较为均匀，其中华东、华北、中南地区较多。

2. 氢气制备、储存及输送技术与装备

（1）氢气制备装备

1）电解水制氢装备。电解水制氢是削峰填谷及消纳水电、风电及光伏等可再生电力资源的重要技术选择。碱性电解水制氢技术发展成熟，质子交换膜（PEM）电解水制氢已进入应用阶段，固态氧化物电解质（SOE）电解水技术尚处于研发阶段。目前，我国电解水装置的安装总量约为 1500 ~2000 套，电解水制氢产量约 9 亿 m^3/年，碱性电解水技术占绝对主导地位。国内碱性电解水设备的单台产能最大可达 1000m^3/h，电解水设备制造厂家主要有中船重工集团公司第 718 研究所、天津市大陆制氢设备有限公司及苏州竞立制氢设备有限公司等。在 PEM 电解水技术方面，国内尚处于实验室研发阶段，国外已进入市场导入阶段。

2）变压吸附提纯氢装备。变压吸附（PSA）提纯氢技术应用广泛，自动化程度高、提纯效果好，是我国氢气制备、提纯氢的主流工艺。PSA 适用于多种氢源的净化提纯，既适用于煤制氢、天然气制氢、甲醇制氢、石油裂解制氢等化石燃料制氢的净化提纯，也适用于从合成氨厂的变换气、驰放气以及甲醇生产驰放气、石油精炼气、焦炉煤气、三氯氢硅合成尾气、多晶硅还原尾气和多种富氢混合气等工业生产过程含氢排放气中提纯氢。目前，我国通过 PSA 法提纯制取的纯度大于 99% 的氢气产量占比约 97%。近年来，我国 PSA 技术发展迅速，目前已经推广了数千套设备，单套规模从每小时几十立方米扩大到 28 万 m^3。

（2）氢气储存及输送装备

1）氢气储存。氢气储存方式多样，包括高压气态储氢、液态储氢及其他方式储氢等。

① 高压气态储氢是将高压氢气充装在储氢容器中的储氢方式，具有容器结构简单、压缩氢气制备能耗少、充放氢速度快等优点，是目前氢气储存的主要方式。根据储存目的、安装地点的不同，高压气态储氢设备可分为车载高压储氢瓶、固定式和移动式高压储氢容器。

车载高压储氢瓶的特点是氢瓶安装在车辆上随车运动，基本要求是耐高压、重量轻、储氢密度大和使用安全。美国能源部提出到 2020 年，车载高压储氢瓶单位质量储氢密度达到 1.8kW·h/kg，单位体积储氢密度达到 1.3kW·h/L（压缩氢气质量密度 40g/kg），且每千瓦时储氢价格不超过 10 美元。

车载高压储氢瓶主要有铝内胆纤维全缠绕高压氢气瓶（Ⅲ型瓶）和塑料内胆纤维全缠绕高压氢气瓶（Ⅵ型瓶）两类。Ⅲ型瓶的主要生产商有意大利 Faber Industries 公司等，最高标称工作压力为 70MPa。沈阳斯林达安科新技术有限公司已实现 35MPa Ⅲ型瓶小批量生产，70MPa Ⅲ型瓶也已通过试验。Ⅵ型瓶的主要生产商有美国 Hexagon Lincoln 公司等，最高标称工作压力为 70MPa，高压氢气的质量百分比可达 5.7%。

固定式高压储氢容器是可用于制氢站、加氢站内储存所需容量的高压氢气容器。随着70MPa车载高压储氢瓶的应用，固定式高压储氢容器的压力等级也相应提高，有的高达110MPa。美国能源部提出到2020年，当储存压力为低压（<16MPa）、中压（16~43MPa）和高压（86MPa）时，这种储氢设备储存每千克氢气的成本要分别小于700美元、750美元和1000美元。目前，固定式高压储氢容器主要有高压无缝氢气钢瓶、全多层高压储氢容器、塑料内胆纤维全缠绕高压储氢容器、固态/高压混合储氢容器等四类，其中高压无缝氢气钢瓶是由铬钼钢无缝钢管经两端热旋压收口而成。石家庄安瑞科气体机械有限公司研制成功了45MPa高压无缝氢气钢瓶，目前正在研制87.5MPa钢内胆碳纤维全缠绕氢气钢瓶。浙江大学和巨化集团公司自主研制成功的全多层高压储氢容器由钢带错绕筒体、双层半球形封头和加强箍等组成，并设有氢气泄漏报警装置，实现了氢气泄漏的远程在线监控，具有制造简便、使用安全可靠等优点，制造成本低于美国能源部的要求，解决了高压氢气经济、安全、大规模储存的难题，最高设计压力为98MPa。我国以自主技术为核心，制定了国际上首部高压储氢容器国家标准——GB/T 26466《固定式高压储氢用钢带错绕式容器》。

塑料内胆纤维全缠绕高压储氢容器是由塑料内胆和缠绕的碳纤维复合层组成，具有重量轻但成本高的特点。固态/高压混合储氢容器是由高坪台压储氢材料与高压气瓶高效耦合而成。日本SAMTECH公司等已研制出储氢合金/碳纤维轻质高压（35MPa）混合储氢罐。北京有色金属研究总院成功研制出45MPa的固态/高压混合储氢系统，储氢容量达288.5m^3，氢气输出流量高于10m^3/min。

② 液态储氢是将温度降至20.43K以下，使氢气转变为液态氢的储存方式。与高压气态储氢相比，液态储氢的优点是体积储氢密度高（液氢的密度达70kg/m^3），缺点是氢气液化能耗高（每千克氢气约需耗电20kW·h）、无损存储时间短、长时间存放会出现氢气排尽现象。美国、俄罗斯分别制造了容积达3200m^3、1400m^3的液氢球罐。我国张家港中集圣达因低温装备有限公司已制造出容积300m^3的液氢圆柱形储罐。

③ 除了高压气态和液态储氢方式外，还有固态储氢和尚处于研发阶段的有机液体储氢等储氢方式。

固态储氢是通过氢与材料发生化学反应或物理吸附将氢储存于固体材料中，具有储氢体积密度较高、储氢压力低、结构紧凑、安全性高、氢气纯度高等优点，缺点是储氢质量密度低、放氢温度高和充氢速度慢。欧盟已研制出储氢量达1t的固态储氢容器。浙江大学、北京有色金属研究总院等单位已设计开发出多种容积规格的固态储氢容器。2015年，由北京有色金属研究总院承担的863项目中，成功研制出的金属氢化物储氢罐储氢量达580m^3，储氢体积密度56kg/m^3。此外，中国地质大学（武汉）等科研院所正在研究有机液体储氢技术。

2）加氢站。根据不同的建设要求，目前有四种常用的供氢解决方案，见表2-15。

表2-15 常用的供氢解决方案

供氢解决方案	描述
简易临时加氢系统	包括高压储氢瓶组、增压机、加注单元等，可以为燃料电池试验车辆进行简易的加注。中车唐山公司研制的燃料电池有轨电车样车即按照此方案进行试验，采用租赁派瑞华公司设备加氢的方式
小型外供氢简易加氢站	包括储存及压缩瓶组，压缩机等设备。储氢（以氢气瓶组的形式）、压缩做成集装箱式的，35MPa加注机单独布置。项目定位为非正式加氢站，满足氢能试验示范基本要求，不进行工程项目申报审批。中车唐山公司燃料电池有轨电车的示范运营即按照此方案进行加氢

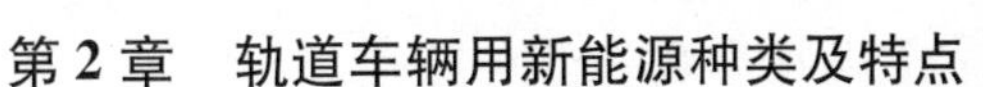

（续）

供氢解决方案	描　述
小型简易制氢加氢站	包括 5 ~ 10m^3/h 的集装箱电解水制氢装置和储存及压缩瓶组、加注机等设备。制氢和储氢（以氢气瓶组的形式）、压缩做成集装箱式的（2 个集装箱），35MPa 加注机单独布置。制氢量每天最大 250m^3，储氢量不到 400m^3，估计可供 2 辆大客车每天试验运行（轿车用氢忽略不计），该项目定位为非正式加氢站，满足氢能试验示范基本要求，不进行工程项目申报审批
正式加氢站	包括 10 ~ 20m^3/h 的集装箱电解水制氢装置和储存及压缩、加注机等设备。制氢做成集装箱式的，压缩机、6 根高压储氢管束、35MPa 加注机单独布置。制氢量每天 250 ~ 500m^3，储氢量约 1500 ~ 3000m^3，可供 3 ~ 5 辆有轨电车每天运行。该加氢站具有扩容接口，后续可以通过氢气长管拖车引入外供氢模式，这样可供更多数量的有轨电车加氢运行。需进行工程项目正式规范的设计、申报审批、建设等

① 国际加氢站发展现状。加氢站是为燃料电池车辆及其他氢能利用装置提供氢源的重要基础设施。近年来，全球范围内加氢站建设取得快速发展，截至 2017 年底，全球处于运营状态的加氢站数量累计已达 328 座。随着氢能利用技术快速发展，许多国家都已开始规划建设加氢站，未来几年全球范围内加氢站数量有望持续快速增加。

② 国内加氢站发展现状。截至 2017 年底，我国建成并有运行记录的加氢站共有 8 座，分别是北京氢能示范园加氢站、北京飞驰竞立制氢加氢站、上海安亭加氢站、上海世博固定加氢站、上海世博移动加氢站、广州亚运会加氢站、深圳大运会加氢站及郑州宇通加氢站等。2018 年以来，随着国内燃料电池产业升温，不少地方都开始规划建设加氢站，广东省佛山和云浮、江苏省如皋和盐城、湖北省武汉和荆州等已经成为新的氢能热点地区。据不完全统计，全国各地在建的和规划建设的加氢站有 40 座以上。

2.4　太阳能供电技术基础知识及应用

2.4.1　太阳能供电技术的分类方式

1. 光伏发电特点分析

（1）优点　太阳能光伏发电过程简单，没有机械转动部件，不消耗燃料，不排放包括温室气体在内的任何物质，无噪声、无污染；太阳能资源分布广泛且取之不尽、用之不竭。因此，与风力发电、生物质能发电和核电等新型发电技术相比，光伏发电是一种最具可持续发展理想特征（最丰富的资源和最洁净的发电过程）的可再生能源发电技术。光伏发电具有以下主要优点。

1）太阳能资源取之不尽，用之不竭，照射到地球上的太阳能要比人类目前消耗的能量大 6000 倍。而且太阳能在地球上分布广泛，只要有光照的地方就可以使用光伏发电系统，不受地域、海拔等因素的限制。

2）太阳能资源随处可得，可就近供电，不必长距离输送，避免了长距离输电线路所造成的电能损失。

3）光伏发电的能量转换过程简单，是直接从光能到电能的转换，没有中间过程（如热能转换为机械能、机械能转换为电磁能等）和机械运动，不存在机械磨损。根据热力学分

析，光伏发电具有很高的理论发电效率，可达80%以上，技术开发潜力巨大。

4）光伏发电本身不使用燃料，不排放包括温室气体和其它废气在内的任何物质，不污染空气，不产生噪声，对环境友好，不会遭受能源危机或燃料市场不稳定而造成的冲击，是真正绿色环保的新型可再生能源。

5）光伏发电过程不需要冷却水，可以安装在没有水的荒漠戈壁上。光伏发电还可以很方便地与建筑物结合，构成光伏建筑一体化发电系统，不需要单独占地，可节省宝贵的土地资源。

6）光伏发电无机械传动部件，操作、维护简单，运行稳定可靠。一套光伏发电系统只要有太阳能电池组件就能发电，加之自动控制技术的广泛采用，基本上可实现无人值守，维护成本低。

7）光伏发电系统工作性能稳定可靠，使用寿命长（30年以上）。晶体硅太阳能电池寿命可长达20~35年。在光伏发电系统中，只要设计合理、选型适当，蓄电池的寿命也可长达10~15年。

8）太阳能电池组件结构简单，体积小、重量轻，便于运输和安装。光伏发电系统建设周期短，而且根据用电负荷容量可大可小，方便灵活，极易组合、扩容。

（2）缺点　当然，太阳能光伏发电也有它的不足和缺点，归纳起来有以下几点。

1）能量密度低。尽管太阳投向地球的能量总和极其巨大，但由于地球表面积也很大，真正能够到达陆地表面的太阳能只有到达地球范围太阳辐射能量的10%左右，致使在陆地单位面积上能够直接获得的太阳能量较少。通常以太阳辐照度来表示，地球表面辐照度最高值约为1.2kW/m^2，且绝大多数地区和大多数日照时间内都低于1W/m^2。太阳能的利用实际上是低密度能量的收集、利用。

2）占地面积大。由于太阳能能量密度低，按发电功率为100W/m^2考虑，这每10kW光伏发电功率占地约需100m^2。随着光伏建筑一体化发电技术的成熟和发展，越来越多的光伏发电系统可以利用建筑物、构筑物的屋顶和立面，将逐渐克服光伏发电占地面积大的不足。

3）转换效率低。光伏发电的最基本单元是太阳能电池组件。光伏发电的转换效率指光能转换为电能的比率。目前晶体硅光伏电池转换效率为13%~17%，非晶硅光伏电池只有5%~8%。由于光电转换效率太低，从而使光伏发电功率密度低，难以形成高功率发电系统。因此，太阳能电池的转换效率低是阻碍光伏发电大面积推广的瓶颈。

4）间歇性工作。在地球表面，光伏发电系统只能在白天发电，晚上不能发电，除非在太空中没有昼夜之分的情况下，太阳能电池才可以连续发电。这与人们的用电需求不符。

5）受气候环境因素影响大。太阳能光伏发电的能源直接来源于太阳光的照射，而地球表面上的太阳照射受气候的影响很大，长期的雨雪天、阴天、雾天甚至云层的变化都会严重影响系统的发电状态。另外，环境因素的影响也很大，比较突出的一点是，空气中的颗粒物（如灰尘）等沉落在太阳能电池组件的表面，阻挡了部分光线的照射，这样会使电池组件转换效率降低，从而造成发电量减少甚至电池板的损坏。

6）地域依赖性强。地理位置不同，气候不同，使各地区日照资源相差很大。光伏发电系统只有应用在太阳能资源丰富的地区，其效果才会好。

7）系统成本高。由于太阳能光伏发电的效率较低，到目前为止，光伏发电的成本仍然是其他常规发电方式（如火力和水力发电）的几倍，这是制约其广泛应用的最主要因素。

目前，随着太阳能电池产能的不断扩大及电池片光电转换效率的不断提高，光伏发电系统的成本也下降得非常快。太阳能电池组件的价格几十年来已经从最初的每瓦70多美元下降至目前的每瓦2美元左右。

8）晶体硅电池的制造过程高污染、高能耗。从硅砂一步步变成纯度为99.9999%以上的晶体硅，要经过多道化学和物理工序的处理，不仅要消耗大量能源，还会造成一定的环境污染。

2. 国内太阳能资源分布特点分析

国内太阳能资源十分丰富，据统计，全国各地太阳年辐射总量为3340~8400MJ/m^2，中值为5852MJ/m^2。从中国太阳年辐射总量的分布来看，西藏、青海、新疆、宁夏南部、甘肃、内蒙古南部、山西北部、陕西北部、辽宁、河北东南部、山东东南部、河南东南部、吉林西部、云南中部和西南部、广东东南部、福建东南部、海南岛东部和西部以及台湾省的西南部等广大地区的太阳辐射总量很大。青藏高原的太阳能资源居全国首位，这里平均海拔在4000m以上，大气层薄而清洁，透明度好，纬度低，日照时间长。例如有“日光城”之称的拉萨市，1961—1970年的年平均日照时间为3005.7h，相对日照为68%，年平均晴天为108.5天、阴天为98.8天，年平均云量为4.8，年太阳总辐射量为8160MJ/m^2，比全国其他省区和同纬度的地区都高。中国太阳能资源分布有以下主要特点：

① 太阳能的高值中心和低值中心都处在北纬22°~35°这一带，青藏高原是高值中心，四川盆地是低值中心。

② 西部地区的太阳年辐射总量高于东部地区，而且除西藏和新疆两个自治区外，基本上是南部低于北部。

③ 由于南方多数地区云多雨多，在北纬30°~40°地区，太阳能的分布情况与一般的太阳能随纬度变化的规律相反，太阳能不是随着纬度的升高而减少，而是随着纬度的升高而增长。

为了按照各地不同条件更好地利用太阳能，20世纪80年代中国的科研人员根据各地接受太阳总辐射量的多少，将全国划分为如下5类地区。

（1）一类地区　标准为全年日照时数为3200~3300h，在每平方米面积上一年内接受的太阳辐射总量为6680~8400MJ，相当于225~285kg标准煤燃烧所发出的热量。该类地区主要包括宁夏北部、甘肃北部、新疆东南部、青海西部和西藏西部等地，是中国太阳能资源最丰富的地区，与印度和巴基斯坦北部的太阳能资源相当。尤以西藏西部的太阳能资源最为丰富，全年日照时数达2900~3400h，年辐射总量高达7000~8000MJ/m^2，仅次于撒哈拉大沙漠，居世界第二位。

（2）二类地区　标准为全年日照时数为3000~3200h，在每平方米面积上一年内接受的太阳能辐射总量为5852~6680MJ，相当于200~225kg标准煤燃烧所发出的热量。该类地区主要包括河北西北部、山西北部、内蒙古南部、宁夏南部、甘肃中部、青海东部、西藏东南部和新疆南部等地，为中国太阳能资源较丰富区，相当于印度尼西亚的雅加达附近。

（3）三类地区　标准为全年日照时数为2200~3000h，在每平方米面积上一年接受的太阳辐射总量为5016~5852MJ，相当于170~200kg标准煤燃烧所发出的热量。该类地区主要包括山东东南部、河南东南部、河北东南部、山西南部、新疆北部、吉林、辽宁、云南、陕西北部、甘肃东南部、广东南部、福建南部、江苏北部、安徽北部、天津、北京和台湾西南部等地，为中国太阳能资源的中等类型区，相当于美国的华盛顿附近。

（4）四类地区　标准为全年日照时数为1400～2200h，在每平方米面积上一年内接受的太阳辐射总量为4190～5016MJ，相当于140～170kg标准煤燃烧所发出的热量。该类地区主要包括湖南、湖北、广西、江西、浙江、福建北部、广东北部、陕西南部、江苏南部、安徽南部以及黑龙江、台湾东北部等地，是中国太阳能资源较差地区，相当于意大利的米兰附近。

（5）五类地区　标准为全年日照时数为1000～1400h，在每平方米面积上一年内接受的太阳辐射总量为3344～4190MJ，相当于115～140kg标准煤燃烧所发出的热量。该类地区主要包括四川、贵州、重庆等地，此区是中国太阳能资源最少的地区，相当于欧洲的大部分地区。

一、二、三类地区，年日照时数大于2200h，太阳年辐射总量高于5016MJ/m^2，是中国太阳能资源丰富或较丰富的地区，面积较大，约占全国总面积的2/3以上，具有利用太阳能的良好条件。四、五类地区，虽然太阳能资源条件较差，但是也有一定的利用价值。与同纬度的其他国家相比，除四川盆地和与其毗邻的地区外，绝大多数地区的太阳能资源相当丰富，和美国类似，比日本、欧洲条件优越。

近些年的研究发现，随着大气污染的加重，各地的太阳辐射量呈下降趋势。上述中国太阳能资源分布，主要是依据20世纪80年代以前的数据计算得出的，因此其代表性已有所降低。为此，中国气象科学研究院根据20世纪末期最新研究数据又重新计算了中国太阳能资源分布，进行了微调。

3. 不同类型太阳能电池发电特性及适应性分析

一般来说，太阳能有三种利用方式：即光热转化（光能转化成热能）、光化学能转化（光合作用或模拟光合作用）、光电转化（光能转化成电能，利用光生伏特效应），太阳能电池即是利用光生伏特原理将太阳能转化成电能的载体。

目前已经发现的能产生光伏效应的材料有许多种，包括单晶硅、多晶硅、非晶硅、砷化镓、铜铟硒等。从结构来看，太阳能光伏电池可分为以玻璃硬性材料为衬底的晶硅电池和以柔性材料（如金属及其合金、聚合物等）为衬底的柔性薄膜太阳能电池，常见的太阳能光伏电池分类如图2-21所示。

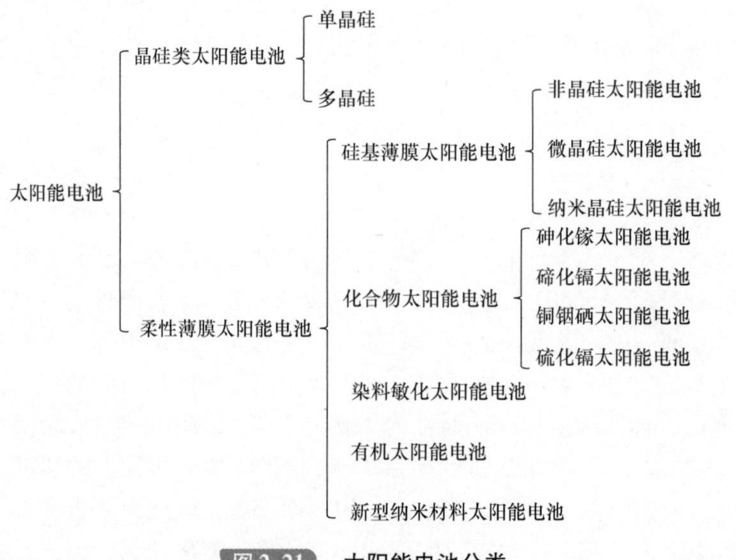

图2-21　太阳能电池分类

从总体上看，太阳能电池可分为晶硅和柔性薄膜两类。晶硅类太阳能电池因其光电转化效率高、生产技术成熟而占据大部分市场。但是由于其本身制造过程的高能耗与高真空条件使这类电池的发电成本较高，而且其容易破碎、不可弯曲等特点限制了它的应用场合。近年来发展的柔性薄膜太阳能电池则在柔性衬底上沉积电池薄膜材料，具有很强的可弯曲程度，可以黏附在弯曲的表面上。两类太阳能电池的对比见表2-16。

表2-16 晶硅太阳能电池和柔性薄膜太阳能电池对比

电池类型	柔性电池相对优势	柔性电池相对不足
柔性薄膜太阳能电池	1）具有很强的可弯曲程度，可以黏附在弯曲面上 2）电池本身很薄，重量轻，质量功率比其他电池高几个数量级 3）电池核心层材料厚度在微米级，衬底价格低，电池生产成本低	1）生产技术水平要求较高，年产量较少 2）产品实际光电转化效率相对较低（10%左右），稳定性差，耐用年限短
传统晶硅太阳能电池	1）因受晶体硅及封装材料（一般为钢化玻璃）限制，电池不能弯折 2）电池本身有一定厚度，重量较重 3）晶体硅市场价格高，电池生产成本相对较高	1）生产技术完善，全球产量稳定，基本满足市场需求 2）光电转化效率高（可达到15%以上），稳定性好，耐用年长

在各类柔性薄膜太阳能电池中，目前有望大规模生产的薄膜电池主要有三种：非晶硅（a-Si）、碲化镉（CdTe）和铜铟（镓）硒［CI（G）S］，光电转化效率分别为5%~10%、8%~11%、7%~11%。非晶硅电池与其他两种电池相比，效率最低，但是技术较成熟，占据了主要的薄膜电池市场。CdTe电池由于生产成本低，在工业生产上也得到了很大发展，但Cd元素有毒、对环境有害是其推广的一个主要阻力。铜铟（镓）硒太阳能电池由于转化效率是薄膜太阳能电池中最高的，而且具有带隙可调、抗辐射性能好、生产过程环保、对元素含量偏离化学计量比容忍度高等优点，在未来的发展潜力最大。染料敏化太阳能电池、有机太阳能电池和新型纳米材料太阳能电池则有待进一步的研究。

几种典型太阳能发电材料的发电效率见表2-17。

表2-17 发电效率对比表

材质	砷化镓	铜铟镓硒	碲化镉
效率	31.6%	18%	16%
成本	100美元/W	1美元/W	<1美元/W

2.4.2 太阳能技术在轨道车辆上的应用

在2010年，法国的TER-SCNF国有铁路公司测试了光伏-柴油混合动力系统。其中，安装在车顶的990W光伏发电系统提供了DMU系统中电气照明需要的功率。在2011年，印度铁路公司在车顶安装了一个1kW的光伏发电系统。这个系统为电气负载提供了420W的功率。印度的KalkaSimla Mountain铁路公司也进行了车载光伏发电系统为6个6W LED灯提供功率的尝试。以上这些实验在最大速度为40km/h的窄轨铁路上进行，尽管实验取得了成

功，但是并没有得到实际使用中的光伏车厢长远研究和发展的科学数据。

2013 年，伊朗进行的一个相似研究，显示车载光伏发电系统可以在光照条件较好的季节提供 74% 的车厢耗能，在光照较差的季节提供 25% 的耗能。车载光伏系统最大可以输出 63.7kW·h 的能量，相当于每年减少 37 吨二氧化碳排放。2017 年 7 月 14 日，印度太阳能火车正式投入使用。据印度铁道部官员表示，这列太阳能火车共有 6 节车厢，铺设 16 块太阳能电池板，每块电池板的发电能力可达到 300W，此外还安装了电池组，多余电能将被储存在电池组，共同为列车照明、广播、开关门操作等供电。在接下来的 6 个月时间里，还将投入生产 24 列安装有太阳能光伏电池板的火车。此前，印度火车都是用柴油动力驱动，一年之中仅铁路系统所消耗的柴油就占到了全国的 70%，预计太阳能火车投入使用后，每年每列车将节约 2 万升柴油，价值 120 万卢比（约 12 万人民币），同时还将减少 9 吨碳排放。

国内关于太阳能光伏电池在轨道车辆上应用的研究还处于探索阶段，中车青岛四方车辆有限公司对光伏发电技术在轨道客车中的应用进行了初步探讨，提出了一套包含光伏电池组件、发电控制器、蓄电池组、保护二极管等组成的光伏发电系统方案，阐释了各组件的功能和工作原理，并对其预期经济性进行了初步估算：按照 1 辆车铺设 6000W 光伏电池进行估算，多晶硅光伏电池价格约为 5 元/W，则 1 辆客车光伏电池的成本投入为 47520 元（含安装费用）；按每年有效晴天数为 250 天计算，则 1 辆客车每年节约电能 10500kW·h；光伏电池寿命为 25～30 年，则每辆客车在 30 年的设计周期内可节约用电 315000kW·h；考虑光伏电池寿命终结时还可再回收利用，由此算出每辆客车因增设光伏发电系统而增加的成本约 8 万元，而其使用期可节约的电费将近 20 万元。

中车唐山公司将在研制的某型有轨电车上采用太阳能发电系统，安装位置包括车体侧墙和车窗。

（1）车体侧墙安装位置　为了满足车辆限界的要求，太阳能电池安装位置选择在车辆侧墙上部的 78°斜坡区域（包括上部裙板），尺寸计算见表 2-18。

表 2-18　侧墙尺寸计算表

设备	头车上部裙板	头车侧墙斜坡区域	中间车上部裙板	中间车侧墙斜坡区域
尺寸（mm）	284×8150	557×8150	284×9000	557×9000
面积（m^2）	2.3146	4.53955	2.556	5.013
有效面积（m^2）	1.85168	3.63164	2.0448	4.0104

（2）车窗安装位置　车窗采用带有发电玻璃的形式进行发电，燃料电池有轨电车具备车窗 18 个、车门 6 个，尺寸计算见表 2-19。

表 2-19　车窗车门尺寸计算表

设备	车窗 1（12 个）	车窗 2（6 个）	车门（6 个）
尺寸（mm）	1400×1375	1400×1600	1600×1920
面积（m^2）	1.925	2.24	3.072
有效面积（m^2）	1.54	1.792	2.4576

两个位置共计有效安装面积约为 18m^2，按发电功率 110W/m^2 计算，该太阳能发电系统可产生 2kW 左右的发电功率，为整车辅助供电系统持续提供电能。

第3章

储能式混合动力有轨电车技术

3.1 概述

本章所讲的混合动力轨道车辆包括采用内燃机 + 超级电容或动力电池供电技术、电网供电 + 超级电容或动力电池供电技术以及完全采用超级电容或动力电池供电技术的有轨电车。

3.1.1 国内外储能式混合动力轨道车辆

1. 国外情况

在非传统供电技术应用方面，目前国外轨道交通车辆采用的地面供电技术有 APS（地面受流，Alstom 公司）、TRAMWAVE（地面受流，Ansaldo 公司）、PRIMOVE（感应受电技术，Bombardier 公司）等，这些技术受天气影响较大，且线路成本较高。而近年发展最快的技术是由供电电网和动力电池、超级电容供电，具有较大的优势。

早在 20 世纪初，德国已经采用以蓄电池为动力源的电力机车（电力火车）用于长途工作的人员和货物运输。到 1979 年，大约 20% 的德国长途轨道车辆为电力机车拖动，这些车辆工作由沿途的 100 个充电站提供能源。车上使用的是 VARTA 公司制造的铅酸蓄电池。每列机车的电池系统由 220 块电池单体组成，重 21t，存储能量 650kW · h，单日运行 250 ~ 400km。动力电池的平均寿命为 4 年。根据德国的实践经验，电力机车的优点包括可靠性高、噪声低、无污染、使用成本低、便于操作和维修。

以蓄电池为动力源的电力机车多年来也广泛应用于采矿业中的矿石运输。由于采矿环境的潜在危险比较大，可能存在各种易燃、易爆的气体，同时在封闭矿井或作业空间内应用，内燃机机车容易造成严重的空气污染，不利于作业。为了保证矿用机车的安全性，各国都制定了严格的法律法规，以保证电力机车蓄电池及电气辅助设备（如充电器）能够达到防爆、防火要求。

近年来，随着超级电容和蓄电池技术的飞速发展，世界各国都加紧对混合动力有轨电车的开发工作。2002 年，美国 Vehicle Projects LLC 公司和 Fuel cell Propulsion 协会联合开发了世界第一辆燃料电池动力拖运机车，清洁、节能、低噪声、高安全性是这辆燃料电池动力拖运机车的最大特点。该车是在原型机（铅酸蓄电池作为动力源）的基础上改造完成的，采

用两个质子交换膜燃料电池堆串联组成动力源，同时装备有增湿器和热交换器等设备，并附加其他电能存储设备作为牵引电源。储氢系统的容量可以维持该车在14kW的功率下连续运行8h。

为降低环境负担及提高列车性能，从2000年起东日本铁路公司的研发中心一直致力于进行新能源（New Energy，NE）列车的开发，以减少铁路动车对环境的负面影响。自2003年起进行柴油机混合式列车的开发，确立了实用化目标；2006年开始实施NE列车的第2步计划，即世界首创的燃料电池混合动力铁道列车的开发。

2007年7月31日，东日本铁路公司正式将混合动力有轨电车Kiha E200投入运营，运行路线为日本本州中部长野县山地度假区的一条山地短途路线。这也是世界上首列用于商业运营的混合动力火车。这一混合动力火车能把能源效率提高20%，同时将二氧化碳排放率降低近60%。列车配有一台柴油发动机，每节车厢下分别装置两台电动机，车厢顶层有多个锂电池。上坡或电动机的电力不足时，起动柴油发动机；当火车减速时，柴油发动机会渐渐停止工作，其因惯性作用产生的动能正好可以用来为电池充电，从而达到降低能量消耗的目的。混合动力有轨电车还为司机配备了触碰式控制面板。司机可以在驾驶过程中，通过面板上指针所显示的能量流动方向，及时在柴油发动机、发电机、电动机和电池间组合切换使能量达到平衡。

目前，国外轨道交通车辆在采用供电电网和动力电池、超级电容联合供电的混合动力有轨电车技术研究和产品、市场开发方面，做得最好的是欧洲各国。其中，德国、法国等已成熟掌握电网+动力电池、电网+超级电容、电网+动力电池+超级电容等多种混合动力技术及产品开发技术，已占据低地板车市场的大部分份额。目前国际各大公司都有相关的产品研发，如庞巴迪的采用内燃机+超级电容供电模式的MITRAC系统；而西门子的Sitras-HES系统、CAF公司的ACR系统、Alstom公司的STEEM系统，则采用超级电容和动力电池的供电模式。

（1）庞巴迪的MITRAC项目　庞巴迪的MITRAC车辆如图3-1所示。MITRAC每个单元重450kg，长1900mm、宽950mm、高455mm。充足电时容量为300kW，可以利用的能量为60%，装置总重为477kg。该车能以26km/h的速度离开架空线行驶500m，不仅能省去架空接触线带来的6%的能源损耗，还可降低能耗20%。总长度为40m的有轨电车共配备3套装置。

图3-1　MITRAC车辆

（2）西门子Sitras-HES系统　Sitras-HES系统由两个储能装置组成，如图3-2所示。由DC 750V充电的超级电容和一组牵引蓄电池组合，形成类似混合动力的方式。

西门子Sitras-HES参数见表3-1。西门子Sitras-HES采用空气冷却Maxwell 0.85kW·h超级电容，工作电压为DC 190~480 V，组成2套144kW的装置，总重820kg。蓄电池为水冷式SAFT NiMH，容量为18kW·h，输出功率为105kW，重量为826kg。所有设备重量约2.2t，且具备功能可扩展性。试验结果表明，在正常制动的情况下，再生的电能有1/3反馈到架空线，1/3 被超级电容吸收，1/3 用于车上的辅助设备，或消耗在制动电阻器。如果将超级电容的容量增加一倍，则可消除制动电阻器的损耗。储能装置充满电后，正常线路条件下车辆可独立行驶 2.5km。正常充电时间仅需 20s。

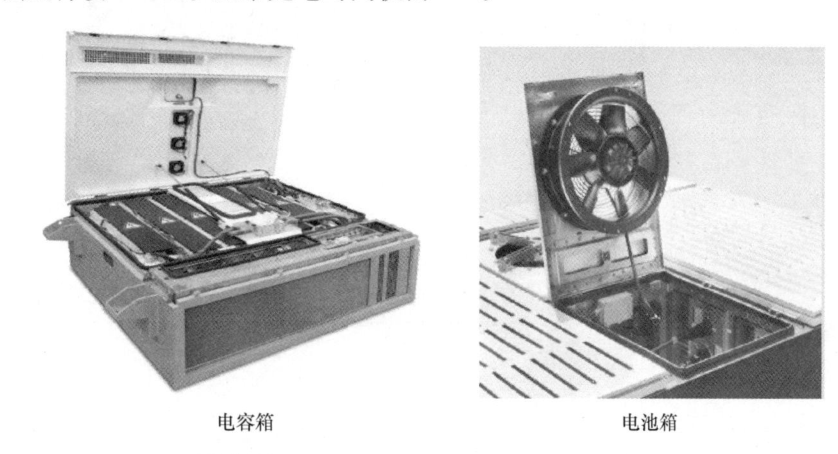

电容箱　　电池箱

图 3-2　西门子 Sitras－HES 电容箱、电池箱

表 3-1　西门子 Sitras－HES 参数

项目	电池参数	电容参数
所选产品	Maxwell	NiMH（SAFT）
容量	0.85kW・h	18kW・h
最大功率	2×144kW	105kW
电压范围	190～480V	400～528V
冷却方式	强迫风冷	水冷
尺寸	2000mm×1520mm×630mm	1670mm×1025mm×517mm
重量	820kg	826kg

图 3-3 是 Sitras－HES 系统的示意图。西门子公司在其最新的 Avenio 有轨电车上安装了这种系统，并在葡萄牙里斯本南部 Almada 与 Seixal 之间的线路运营。

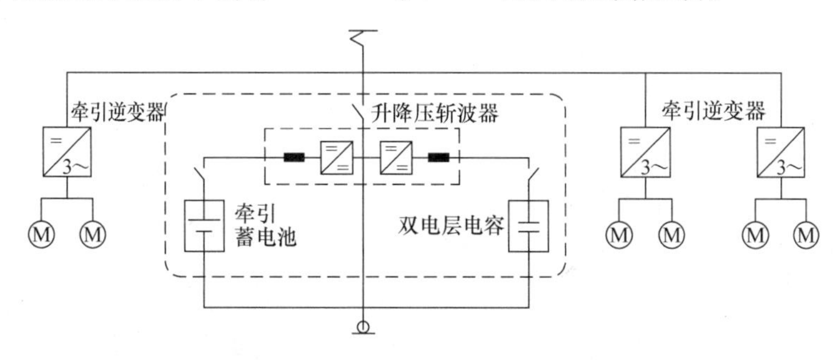

图 3-3　Sitras－HES 系统的示意图

(3) CAF 公司 ACR 有轨电车　CAF 公司的 ACR（Rapid Charge Accumulator）有轨电车配备了两个混合动力模块，可实现全程无接触网供电运行，如图 3-4 所示。该车型于 2011

年 11 月在 Zaragasa（萨拉戈萨）正式运营（整条线路设两段无网区），迄今为止运转良好。

ACR 有轨电车混合动力系统的技术参数见表 3-2。ACR 系统能够实现 3km 无供电区运行；超级电容只需在车辆停靠站充电 30s 即可全部充满；超级电容失效时配备的镍氢蓄电池可充当备用电源；系统可实现再生制动能量的回收。

图 3-4 CAF 公司的 ACR 车辆

表 3-2 ACR 有轨电车混合动力系统的技术参数

额定功率	226kW
最大功率	400kW
能量	18.1kW（最多 5 个独立电池或电容的支路串并联）
电容每个支路	0.775kW·h（正常）/1kW·h（总）
电池每个支路	15kW·h
电压（额定/运行）	750V/500～900V
ACR 箱子尺寸	不大于 2455mm×1600mm×750mm
ACR 箱子重量	
1 个支路	800kg
2 个支路	1150kg
3 个支路	1500kg
4 个支路	1850kg
5 个支路	2200kg
工作温度	-25～50℃
冷却	强迫风冷
通信接口	
车辆网络	TCN-MVB
维修网络	Ethernet

（4）Alstom 公司的 STEEM 系统　Alstom 公司开发的 STEEM（Maximal Energy Efficiency Tramway System）应用在法国巴黎 T3 线的 Citadis 有轨电车上。车顶安装的 1.4t 超级电容由 48 个模块组成。通过接触网、地面充电站充电 20s，在 300 个乘客的情况下可行驶 300m，速度可达 23km/h。该超级电容模块可实现再生制动能量的吸收，充电容量达到设计容量的 30%，车辆就能行驶到下一站。法国尼斯为开通的有轨电车装载了 DC540V、200kW 的 SAFT NiMH 蓄电池组。该蓄电池能以 80A·h 供电 27kW·h，蓄电池供给的电能不仅提供给车辆运行，还能给车上的空调设备等使用。

国外开展混合动力轨道车辆研究工作的各大公司技术研究现状见表 3-3。

表 3-3　各大公司的技术研究现状

	西班牙 CAF	法国阿尔斯通	日本川崎重工		德国西门子	加拿大庞巴迪	德国福斯罗
代表产品	ACR	STEEM	SWIMO有轨电车	新能源列车	Avenio	Primove 系统	Vossloh
混动储能装置	高速充电超级电容，以及ACR 系统	高速充电超级电容	镍氢电池	燃料电池	双层电容器和牵引电池	无接触网应用技术，超级电容储能	油电混合动力
开始运行时间	2010 年	2010 年	2007 年	2007 年	2015 年	2010 年	2014 年

2. 国内情况

国内开展轨道交通行业混合动力技术研究工作的单位主要有中车长客公司、中车四方公司、中车浦镇公司、中车株洲公司、中车大连公司、中车唐山公司。株洲于 2012 年推出超级电容车，长客的超级电容车也在 2013 年沈阳浑南线投入使用。唐山公司研制的动力电池＋超级电容混合动力车在此基础上引入能量密度更高的动力电池，这样车辆可以在长于 5km 的平直道上持续运行，仅需在站点处架设电网或充电站。国内市场方面，广州、沈阳、淮安、南京、深圳等多个地区分别采用了超级电容有轨电车和动力电池有轨电车，而泉州、台州等多个城市也在考虑采用混合动力有轨电车。

新能源轨道车辆已成为城市轨道交通的发展热点，近年开通的线路见表 3-4。业主对新能源有轨电车线路的站间距和续驶里程等方面的要求不断提高，且要求具备越站充电能力，以减少充电站等基建成本。

表 3-4　近年开通的线路

线路名称	新能源供电方案	开通年份	平均站间距/m
沈阳浑南	接触网＋超级电容	2013	500
广州海珠线	超级电容＋站站充电	2014	784
南京河西	三元锂电池	2014	647
江苏淮安	超级电容＋站站充电	2015	909
武汉大汉阳	超级电容＋站站充电	2017	730
深圳龙华	超级电容＋站站充电	2017	590
成都新津线	接触网＋超级电容	2018	901

在混合动力机车方面，中车资阳机车有限公司于 2008 年研制了 CKD6E5000 型混合动力交流传动内燃调车机车。该车由柴油机驱动主发电机发电，将产生的能量驱动牵引电机，同时给蓄电池组充电。由蓄电池组在发电机停止工作时提供能量。此外，株洲电力机车厂进行了地铁电动工程车的研究，第三轨有电时，由第三轨受流对工程车进行牵引，同时给车辆上的蓄电池充电；当第三轨无电时，由蓄电池驱动工程车辆。

3.1.2　混合动力技术分析

1. 混合动力轨道车辆上超级电容和蓄电池的优缺点

综合近年国内外混合动力轨道车辆采用的超级电容和蓄电池的应用情况，总结得出超级

电容和蓄电池的优缺点，见表3-5。

表3-5 超级电容和蓄电池应用于混合动力轨道车辆的优缺点

类型	优　点	缺　点
蓄电池	1）维修性好，电池进行了模块化封装，利于维修人员进行更换 2）采用电池驱动的车辆密封性好，无须连接外界高压结构，因此整车的密封和防水性能更高 3）噪声低，舒适度高，避免了高压设备高频率地开关，电池充放电无噪声，因此系统舒适度更高 4）省去了接触网、支撑杆等基础设施建设等，节省大量的费用，同时美化城市环境	1）功率密度低，同样容量的电池需要空间大 2）在低温和高温情况下无法正常工作，受温度影响大 3）采用电池驱动的车辆只能运行在低速情况下 4）寿命短，大概2~3年更换一次 5）快速充电性能差，不允许深度放电，深度充放电对其性能和寿命有很大的影响 6）部分电池含有重金属，对环境造成极大的污染 7）充电时间长，一般要0.5~10h
超级电容	1）循环使用寿命长（约100万次） 2）充电速度快（0.3s~15min） 3）充放电效率高（98%） 4）功率密度高（1000~10000W/kg） 5）工作温度范围宽（-40~70℃），容量变化小 6）制动时再生能量回收效率高，常规制动时回收高达70%，相对成本低 7）综合运营成本大大低于化学电池	1）超级电容能量密度低，续驶里程较短 2）车辆体积和重量增加较大 3）需要不间断充电

2. 典型混合动力系统分析

根据目前的发展，存在两种主流的混合动力方式，如图3-5所示。

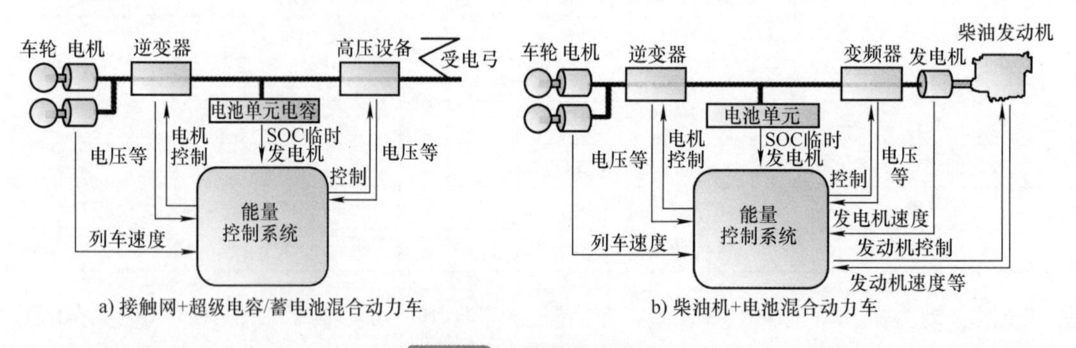

图3-5 混合动力方式

图3-5a所示为车上同时装有受电弓和储能装置，如蓄电池、超级电容或二者兼有，此类车辆一般能够运行在两种区域：可以架设接触网的区域，如城市郊区；无法架设接触网的区域，如城市的闹市区。在郊区运行时，通过接触网受流驱动列车前进，同时给车载蓄电池充电；在闹市区无接触网区域，蓄电池放电驱动列车前进。

接触网+超级电容/蓄电池混合动力车辆由牵引逆变器、DC/DC变换器、超级电容箱/动力电池箱、辅助电源箱和控制系统组成。该系统能够完成接触网和车载储能装置共同供电

驱动牵引电机的功能。在接触网有电时，由接触网为牵引变流器供电；在脱离接触网或接触网无电时，由超级电容或动力电池通过 DC/DC 变换器分别向牵引变流器提供电源，用以驱动牵引电机。其主电路电气原理如图 3-6 所示。

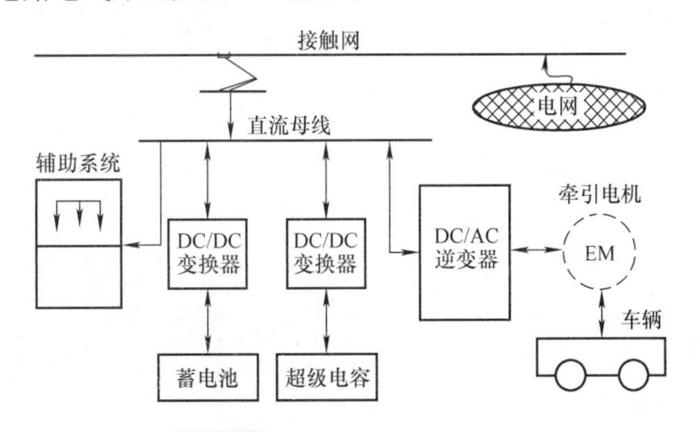

图 3-6　混合动力主电路框图

其中，DC 750V 为直流电网供电电源，蓄电池及充电电路和超级电容及充电电路将供电电网电压转换成电池组能接收的电压，且其充电电流可控，牵引逆变器将直流电压转换成电压和频率变化的交流电压，用于驱动牵引电机。

DC/DC 变换器在有电网且电网有电的情况下向超级电容组和动力电池组充电；在无电网或电网无电的情况下，由超级电容组和动力电池组通过 DC/DC 变换器为牵引变流器供电。

在充电工况时，DC/DC 变换器将电网电压转化成超级电容或蓄电池所能接收的电压，同时其充电电流可控，电池组有专用的充电电流传感器，当充电电流超过其限值，DC/DC 变换器电压将自动降低，将充电电流控制在限值以内。由于牵引变流器不需要电气隔离，电路结构简单，控制方便，工作效率能达到 90% 以上。

在放电工况时，由蓄电池供电，将电压升至 750V 左右，能量实现反向流动，如图 3-6 所示。

图 3-5b 所示为车上同时装有内燃机和储能装置，如蓄电池、超级电容或二者兼有。在城市郊区，内燃机驱动车辆前进，同时给车载超级电容/蓄电池充电；在城市的闹市区，由超级电容/蓄电池放电驱动列车前进。

3.1.3　混合动力轨道车辆应用前景分析

研制混合动力有轨电车的目的是减少车辆的能耗，其特点是站间距短、车辆起停频繁。其运行轨迹基本上是加速—惰行—制动减速，且制动减速时间与加速时间相差不大。常规有轨电车制动时基本采用能耗制动方式，能量损失严重。

与仅由电网供电的有轨电车相比，混合动力有轨电车具有以下优势：

1）其线路条件与既有线路兼容，可在既有铁路线上运行。

2）能用于不便建设牵引供变电系统和接触网系统的城郊及隧道等场所。

3）减少了牵引供电系统及弓网系统的投资，并可减小隧道截面，大大降低了工程造价。

4）避免了牵引供电系统和弓网故障引起的事故，提高了列车运行的可靠性。

5）能回收大部分制动能量，基本杜绝能耗制动，提高了能量利用效率。

6）受气候条件影响小，尤其是在军事、灾难等紧急情况时，具有快速、高效的应急作用。

7）在不影响市容的情况下可以极大地减轻城市交通压力，绿色环保，适合现在城市发展的需要。

综合估计，采用混合动力模式，运行能耗至少能减少20%。

混合动力轨道车辆可提供较强的无电网续驶能力，这对于城市内某些拥挤地域可以不用架设电网，既美化了环境，又减少了成本投入。因此，混合动力车辆技术的研究有良好的经济和社会利益。作为城轨交通的重要组成部分，研究有轨电车的低碳化应用非常有意义，尤其是带电网供电的轻轨列车的低碳化研究，在城市轨道交通可能更受欢迎。

目前，世界各国都在加紧研发新一代更加安全可靠、节能环保的轨道交通系统。混合动力有轨电车是未来列车发展的趋势，混合动力能源供给和能量回收系统则是列车的核心。作为一种高效、环保、节能的新型列车，混合动力有轨电车是一种潜力巨大的新型交通工具，将极大促进轨道交通系统的重大改革和发展。本章以唐山公司研制的100%低地板混合动力有轨电车（图3-7）的动力电池+超级电容混合动力系统为例，讲解城市有轨电车用混合动力技术。

图3-7 100%低地板混合动力有轨电车

3.2 混合动力系统组成及技术参数

唐山公司研发的100%低地板混合动力有轨电车设置有超级电容和动力电池。当列车通过无电区时，车辆使用超级电容和动力电池作为车辆驱动电源；车辆制动时，优先将制动能量存储在超级电容中，以备车辆牵引或者辅助设备用电使用；待超级电容和牵引动力电池充电完成后，再将能量反馈到电网当中，以减少制动能量损耗。

该混合动力系统主要包括牵引逆变器、牵引电机、DC/DC变换器、超级电容和动力电池，可实现接触网和车载储能装置共同供电的功能。其主电路原理框图如图3-8所示。

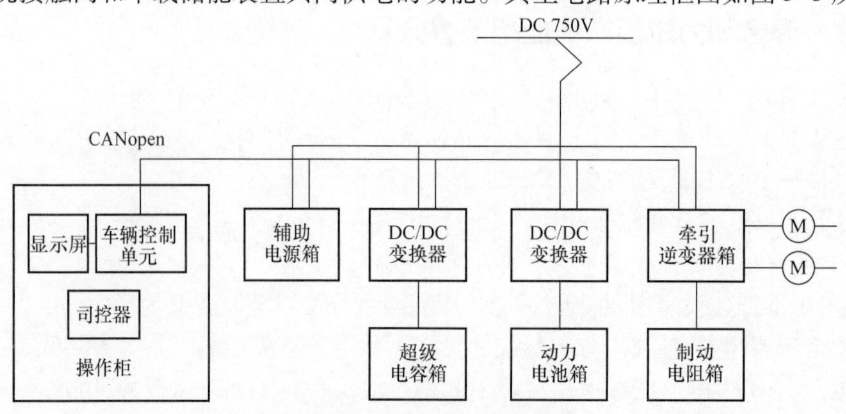

图3-8 主电路原理框图

混合动力电源箱采用模块化设计，包括1个DC/DC电源箱（含2个双向DC/DC变换器）、1个超级电容箱（含2组超级电容及能量管理系统）和1个动力电池箱（含1组动力电池及能量管理系统）。当电网有电时，混合动力电源箱将DC750V网压分别给超级电容、动力电池充电。当电网断电时，混合动力电源箱可通过DC/DC变换器，将超级电容、动力电池的电压转换成DC750V的电压分别向牵引逆变器提供电源，用以驱动牵引电机，保证车辆的正常运行。控制系统包含主处理单元VCU、显示屏单元IDU和司控器。

3.2.1 DC/DC变换器主要技术参数

1）当DC/DC变换器作为充电机对动力电池充电时，DC/DC变换器主要技术参数见表3-6。

表3-6 DC/DC变换器主要技术参数

项　目	参　数
主电压	DC750V（范围DC500～950V，来自电网）
控制电压	DC24V（范围DC17～30V，来自电池）
输出电压	DC480V（范围DC340～518V）
输出电流	80A
输出电压纹波系数	≤1%（接动力电池负载）

充电机有充电特性管理功能（含温度补偿），能根据动力电池的状态来控制充电电流和充电电压，增加动力电池的使用寿命。

2）当动力电池侧DC/DC变换器作为供电电源对外放电时，DC/DC变换器主要技术参数见表3-7。

表3-7 DC/DC变换器主要技术参数

项　目	参　数
主电压	DC480V（范围DC340～518V）
输入最大电流	120A
控制电压	DC24V（范围DC17～30V，来自电池）
输出特性	DC750（1±5%）V

3）当DC/DC变换器作为充电机对超级电容充电时，DC/DC变换器主要技术参数见表3-8。

表3-8 DC/DC变换器主要技术参数

项　目	参　数
主电压	DC750V（范围DC500～950V，来自电网）
控制电压	DC24V（范围DC17～30V，来自电池）
输出电压	DC480V（范围DC340～518V）
输出最大电流	400A

4）当超级电容侧DC/DC变换器作为供电电源对外放电时，DC/DC变换器主要技术参数见表3-9。

表 3-9 DC/DC 变换器主要技术参数

项　目	参　数
主电压	DC480V（范围 DC288～518V）
输入最大电流	700A
控制电压	DC24V（范围 DC17～30V，来自电池）
输出特性	DC750（1±5%）V

3.2.2 混合动力电源箱主要技术参数

混合动力电源箱主要技术参数见表 3-10。

表 3-10 混合动力电源箱主要技术参数

项　目	参　数
安装方式	车顶安装
环境温度	-25～50℃
海拔	<2500m
冷却方式	强迫风冷（外部供 DC24V，自带风扇）
外形尺寸	≤2000mm×2000mm ×600mm（长×宽×高）
重量要求	≤1500kg
保护功能	输入过、欠电压保护，输出过电流保护、输出路保护、内部散热器过温保护
通信方式	采用标准 CANopen
防护等级	IP65

3.2.3 牵引逆变器

牵引逆变器主要包括线路接触器组、IGBT 逆变器及斩波器功率单元、逻辑控制单元及滤波电容器等部件，其作用是通过将直流电压变换成可变电压、可变频率的三相交流电，驱动牵引电机带动车辆运行（牵引工况），将牵引电机发出的三相交流电变换成直流电回馈到电网或其他储能设备（再生制动工况），或通过斩波器将发出的直流电能消耗在制动电阻上（电阻制动工况）。

牵引逆变器的功能包括：

1）列车运行状态、运行模式的判别和控制，至少包括运行方向、牵引、制动、惰行、快速制动、紧急制动、紧急牵引。

2）牵引力、制动力的计算和控制。

3）对牵引逆变器实际值的检测、计算和对牵引逆变器的控制。

4）负载补偿，判别负载信号的大小，调节牵引力、制动力的大小。

5）防空转/防滑。

6）冲动限制控制，对牵引加速度和制动减速度的变化率进行限制。

7）牵引逆变器、制动电阻、牵引电机各种参数的监控和保护。

8）与控制系统时钟同步。

9）实际黏着系数的检测，以利用最大的黏着力，从而可以充分利用电制动。

10）列车超速保护。

11）控制系统自诊断（包括硬件与软件）。

12）故障评估、储存、处理。

3.2.4　制动电阻

制动电阻在牵引逆变器的电阻制动工况下使用，用于消耗制动工况下牵引电机产生的能量，制动电阻的设计与牵引逆变器的电气参数匹配。

一个牵引逆变器配一套制动电阻，每套制动电阻内部包含了两组制动电阻模块。

制动电阻采用强迫风冷进行冷却，进风口设网罩，以防止落叶或纸片等杂物吸入。网罩便于快速拆卸与清洗。制动电阻冷却系统采取降噪控制，并根据制动电阻的工作状态对冷却系统进行分级控制，以降低噪声。

集中控制单元对制动电阻的温度、电流和冷却系统的风量进行监控，配备独立的温度传感器监测温度。

制动电阻箱内的电阻元件及安装架、绝缘子等安装牢固、稳定，有良好的耐热性，又有足够的电气间隙和爬电距离。

3.2.5　牵引电机

牵引电机采用三相鼠笼式异步牵引电机。牵引电机用于车辆牵引和制动，牵引工况由牵引逆变器供电，牵引电机通过齿轮传动装置为车轴提供动力，制动工况由牵引电机发电，对电网进行反馈（再生制动），或将能量消耗在制动电阻上（电阻制动）。电机过电流、过电压、过热、超速等情况由牵引控制单元监测并保护。

3.3　混合动力系统性能参数匹配设计

混合动力系统参数匹配计算是一个多目标、多变量的优化问题，需要通过合理确定混合动力系统中各动力部件的参数和整车控制策略，来实现整车动力性、经济性的优化。

3.3.1　设计指标与设计要求

1. 列车能耗经济性评价参数

能耗经济性是车辆的主要使用性能之一，可以定义为车辆在一定的使用工况下，以最小能量消耗完成单位运输工作的能力。在内燃机汽车上称为燃料经济性，在电动车辆上以电能消耗为指标。车辆能耗经济性常用的评价参数都是以一定的车速或循环行驶工况为基础，以车辆行驶一定里程的能量消耗量或一定能量可使车辆行驶的里程来衡量。为了使车辆能耗经济性评价指标具有普遍性，可以适用于不同类型的车辆，其评价指标应该满足以下条件：

1）可比性：可以对不同类型的车辆经济性进行比较。

2）独立性：指标参数数值与整车储存能量总量无关。

3）直观性：可以直接从参数指标进行能耗经济性判断。

续驶里程是列车充满电后可连续行驶的里程，可分为等速续驶里程和循环工况续驶里

程。此项指标对于综合评价车辆动力电池组、电机、传动系统效率具有积极意义。但此项指标与电池组装车容量及电压水平有关，因此在不同车型和装配不同容量电池组的同种车型间不具有可比性。即使装配相同容量同种电池的同一车型，续驶里程也受到电池组状态、天气、环境因素等使用条件影响而有一定幅度的波动。

续驶里程还可以分为理论续驶里程、有效续驶里程和经济续驶里程，见表3-11。

表3-11 续驶里程的三种表达方式

表达方式	定　义	放电深度
理论续驶里程	根据电池组能量存储理论值和车辆单位里程能量消耗理论值计算所得的续驶里程	指充放电深度均为100%情况下车辆可行驶的里程
有效续驶里程	是电池组在保证经济性和实用性，使电池组能够可靠稳定工作前提下的续驶里程	指放电深度70%～80%时车辆可行驶里程
经济续驶里程	最大限度保证电池组使用经济性和使用寿命，有利于电池组最佳状态下工作的续驶里程	指充电至SOC为90%左右，放电深度不超过90%时的车辆可行驶里程

在经济续驶里程的充放电机制下，可以最大限度地保证动力电池组稳定可靠工作，减少电池组不一致性带来的对整个电池组系统工作的影响，提高电池组寿命，并且动力电池的充放电效率最高，车辆运行的总体能耗经济性最好。

2. 储能系统的功能要求

储能系统的结构与整车的布置和安装方式息息相关，应具备满足车辆应用需要的电气性能要求以及防水、防尘、防火、防振、对车体绝缘等防护功能。下面以动力电池组为例进行说明。

（1）电气性能

1）电压。电池组由各单体电池通过串、并联形式构成，要求各支路单体电池电压的总和应为电动车辆驱动系统要求的电压。

2）能量。电池组的比能量有别于电池单体，在计算电池组的比能量时需要包含电池箱、电池管理系统、电池间的连接件等辅助部件。因此，电池组的比能量（质量比能量和体积比能量）应低于单体电池的比能量，并且比能量与单体电池比能量越接近，说明电池组的总体设计越合理，轻量化越好。

3）温控能力。电池组内应具有冷却、加热、保温等部件构成的电池热管理系统，具备控制电池组内温度在电池适宜工作温度范围的能力。

（2）机械强度　动力电池组必须满足车辆部件的耐振动、耐冲击、耐跌落、耐盐雾等强度要求，保证可靠工作。

（3）安全要求

1）IP防护等级。为满足防水、防尘要求，动力电池组应满足一定的IP防护等级，根据车辆的总体要求，对于动力电池组，一般的IP防护等级要求不低于IP55。

2）电气绝缘性能。现阶段电池组外壳多采用金属材料制成，电池组正极和负极与金属外壳之间的绝缘电阻应大于10MΩ。

3）电气保护功能。在极端工况下，通过动力电池管理系统实现动力电池组的高压断电保护、过电流断开保护、过放电保护、过充电保护等功能。

（4）接口与通信协议　动力电池组具有对外的电能输出能力，需要与车辆控制单元进行连接和通信。相应的电气接口和机械接口在满足安全、可靠的前提下，需要满足国家和行业相关标准要求。

3.3.2　混合动力系统相关参数

（1）列车配置　图 3-9 所示为列车布局图。列车有四个模块编组，其中三个模块装有动车转向架，一个模块装有拖车转向架，两个中间车车顶布置混合动力电源箱。

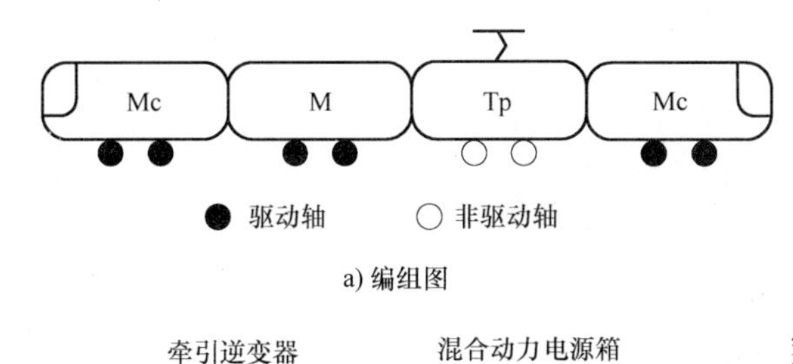

a) 编组图

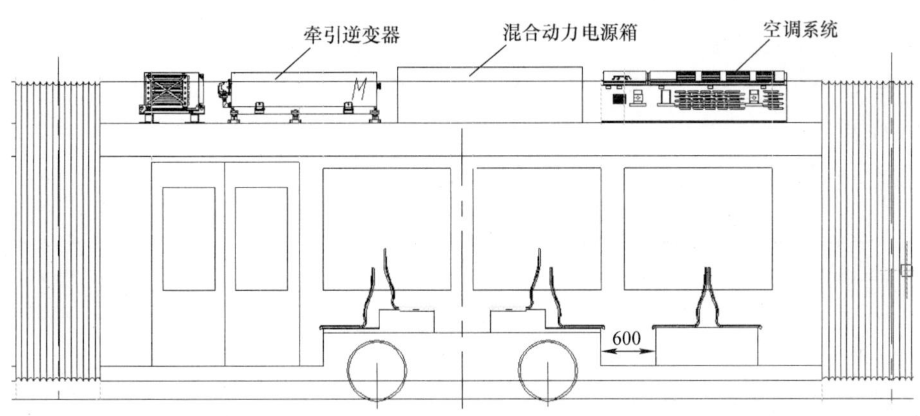

b) M车车顶设备布置图1

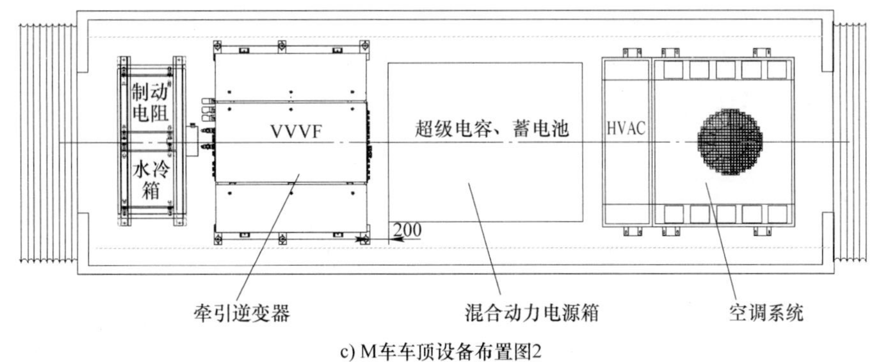

c) M车车顶设备布置图2

图 3-9　列车布局图

编组方式：－Mc＋M＊Tp＋Mc－。其中：

Mc：安装动力转向架和司机室的动车模块；

M：安装动力转向架的动车模块；

Tp：安装受电弓和拖车转向架的拖车模块；

＋：风挡铰接结构；

*：风挡双铰结构；

-：前端车钩。

（2）车体主要尺寸　车体主要尺寸见表3-12。

表3-12　车体主要尺寸

项　　目	参　　数
Mc车长度	9200mm
M车长度	7800mm
Tp车长度	7200mm
列车长度	37340mm
车辆高度	3500mm
车体宽度	2650mm
客室地板面距走行轨顶面高度	350mm
客室内净高（中间站立区/最低处）	2160mm

（3）列车重量配置

1）列车自重：52t。

2）轴重：车辆动力转向架每根动轴实际测得的轴重与该车各动轴平均轴重之差，不超过实际平均轴重的2%。

3）车辆载荷能力：载客能力见表3-13，乘客人均重量按60kg/人计算。

表3-13　载客能力表

工　　况	列车载员
AW0	0
AW1	80
AW2	316
AW3	394

（4）混合动力系统设计参数　列车基本参数、电气设备参数以及动力性能指标分别见表3-14、表3-15和表3-16。列车编组采用“3动1拖”结构，每节动车由4个牵引电机提供动力，整车共12个牵引电机。

表3-14　列车基本参数

参　　数		符号	取值	单位
整车质量	AW0（载员0人）	m_{aw0}	52	t
	AW1（载员0人）	m_{aw1}	65	t
	AW2（载员336人）	m_{aw2}	79	t
	AW3（载员474人）	m_{aw3}	84	t
车轮滚动半径（半磨耗）		r	0.315	m
迎风面积		A	9	m^2
风阻系数		C_w	0.5	—
机械传动系统效率		η	0.97	—
传动系统的传动比		i_0	6.0	—
惯性质量系数		γ	0.09	—

表 3-15　电气设备参数

参数	含　义	取值	单位
P_n	牵引电机的额定功率	60	kW
P_m	牵引电机的最大功率	150	kW
n_n	牵引电机的额定转速	1800	r/min
n_m	牵引电机的最高转速	4377	r/min
N_m	整车电机数量	12	—
λ	电机过载系数	1.23	—
η_0	电机效率	0.85	—
η_1	牵引逆变器的效率	0.90	—
η_2	DC/DC 变换器的效率	0.92	—
P_a	整车辅助功率	40	kW

表 3-16　动力性能指标（无电区）

参　数	符号	取值	单位
持续运行车速	v_c	25	km/h
持续运行里程	t_c	10	km
最大驱动加速度	a_{dmax}	1.2	m/s^2
最大制动减速度	a_{bmax}	2.5	m/s^2
最大爬坡度	i_{max}	70	‰
持续运行车速匀速行驶的续驶里程	s_{max}	10	km

3.3.3　车辆纵向动力学分析模型

1. 列车纵向动力学模型

以一节车辆为例，车辆前后轮轴在同一个平面上并且与地面平行。假设列车行驶在一个倾角为 β 的坡道上，图 3-10 所示为车辆动力学模型。

图 3-10 中，$g=9.81\text{m/s}^2$ 为重力加速度，m 为列车质量，v_x 为列车纵向速度，F_{xf} 与 F_{xr} 分别为前后轮的轮周与地面接触点处的纵向牵引力。

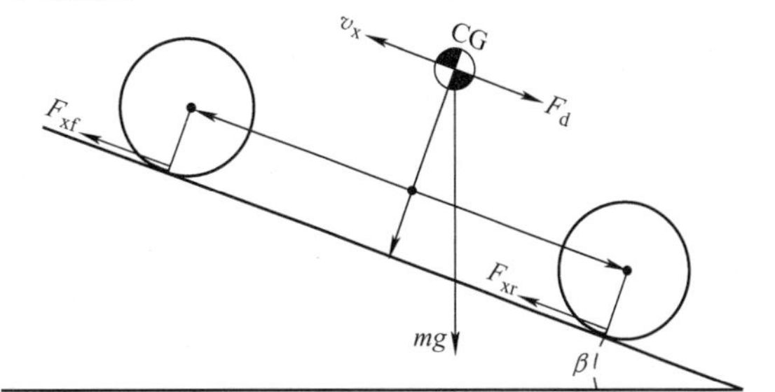

图 3-10　车辆纵向动力学模型

列车的运动是列车上受到的力与转矩作用的结果。轮周纵向力使其前进或后退。

列车的重力始终作用在车身重心（CG）上。车辆动力学方程为

$$m\dot{v}_x = F_x - F_d - mg\sin\beta \tag{3-1}$$

纵向牵引力为前、后轮轴力之和

$$F_x = F_{xf} + F_{xr} \tag{3-2}$$

阻力 F_d 分为基本阻力和附加阻力，在后文中将详细介绍。

列车的位移为

$$x = \int v_x \mathrm{d}t \tag{3-3}$$

2. 列车阻力的计算

阻力分为基本阻力和附加阻力，二者之和为列车受到的总阻力。

（1）基本阻力　基本阻力 ω_0 的计算公式为

$$\omega_0 = A + Bv_x(t) + Cv_x^2(t) \tag{3-4}$$

式中　A——基本阻力系数；

B——机械阻力系数；

C——气动阻力系数；

$v_x(t)$——车速（km/h）。

式（3-4）中的常数项 A 与速度无关，可认为与最大静摩擦力有关。当列车的速度为 0 时，列车受到的最大静摩擦力为

$$f_{sz} = Amg \tag{3-5}$$

式中质量 m 的单位为 t。

列车的基本阻力是经验公式，它包含了各种因素造成的阻力。

（2）附加阻力

1）风阻。正面迎风时列车受到的阻力可以用下式表示：

$$f_{wd} = -\frac{1}{2}C\rho v_a^2 A\mathrm{sgn}(v_x)(\mathrm{N}) \tag{3-6}$$

式中　C——风阻系数；

ρ——空气密度，在 20℃ 以及一个标准大气压下的值大约为 $1.205\mathrm{kg/m^3}$；

A——列车正面投影面积（$\mathrm{m^2}$）；

v_a——风速在垂直指向列车正面方向的分量（m/s）。

2）坡道阻力。列车在坡道上时，重力沿坡道下坡方向的分力形成坡道阻力。根据上、下坡情况的不同，坡道阻力有正负之分。理论上负坡道阻力实际上起牵引力的作用。

当列车位于坡度角为 β 的斜坡上时，重力 G 可以分为两个分量：垂直分量 $G\cos\beta$ 与平行分量 $G\sin\beta$。垂直分量垂直于轨道，并被轨道的反作用力所抵消；平行分量与列车运行方向平行，成为由坡道产生的附加阻力。

坡道阻力 $mg\sin\beta$ 已经在列车运动方程（3-1）中描述，因此附加阻力的计算中去除了坡道阻力项。

工程上一般用“坡度”来定义坡道的倾斜程度。通常把坡面的铅直高度和水平宽度的比值叫做坡度，用百分数表示。比如，坡度 30% 是指水平距离上前进了 100m 的情况下，垂直高度上升了 30m。

坡度角与坡度的关系是：

$$\beta = \arctan(\theta) \tag{3-7}$$

式中　β——坡度角（°）；

θ——坡度（%）。

3. 传动系统

列车采用变频控制策略，牵引电机与轮轴的齿轮齿数比（变速器传动比）为一固定常数。牵引力与牵引电机转矩的关系为

$$F_t = \frac{i_0}{r} T_{motor} \tag{3-8}$$

式中 F_t——列车轮周牵引力（N）；

T_{motor}——牵引电机转矩（N·m）；

i_0——变速器传动比；

r——列车轮周半径（m）。

4. 速度控制器

速度控制器的作用是控制牵引电机的转速。它的输入是期望转速和实测转速，通过PI调节器调节，输出牵引电机的期望转矩指令值。电机控制系统作为执行机构根据期望转矩指令值输出相应的牵引转矩，牵引转矩作用于列车，列车开始运行。

速度控制器的输出期望转矩指令值由PI控制器获得

$$T_e^* = K_P(\omega_r^* - \omega_r) + K_I \int (\omega_r^* - \omega_r) dt \tag{3-9}$$

式中 K_P、K_I——PI参数；

ω_r^*、ω_r——分别为期望转速和实测转速（r/min）。

期望转速按照列车自动控制系统计算得到的运行曲线查表得到。由运行曲线得到的速度为列车速度（km/h），而速度控制器中的输入速度为电机转速。它们之间的关系为

$$\omega_r^* = \frac{3.6 v_x^* i_0}{0.377 r} \tag{3-10}$$

式中 v_x^*——列车期望速度（km/h）。

列车电力牵引系统的电气装置有一定的功率限制，当功率达到最高限制 $\overline{P}$ 时，列车功率将不能再升高。由于功率等于牵引电机转速与转矩的乘积，此时列车如果仍需加速，则需要降低转矩。于是输出转矩等于

$$T_e = \text{sat}_T(T_e^*) \tag{3-11}$$

其中，

$$\text{sat}_T(T_e^*) = \begin{cases} |\overline{P}/\omega_r|, T_e^* > |\overline{P}/\omega_r| \\ T_e^*, -|\overline{P}/\omega_r| \leqslant T_e^* \leqslant |\overline{P}/\omega_r| \\ -|\overline{P}/\omega_r|, T_e^* < -|\overline{P}/\omega_r| \end{cases} \tag{3-12}$$

图3-11所示为牵引电机转矩随时间的变化情况，图3-12所示为转矩与列车速度的对应关系。由图中可以看出，列车在36km/h左右进入恒功区，随着列车行驶速度的增加，牵引转矩开始减小。

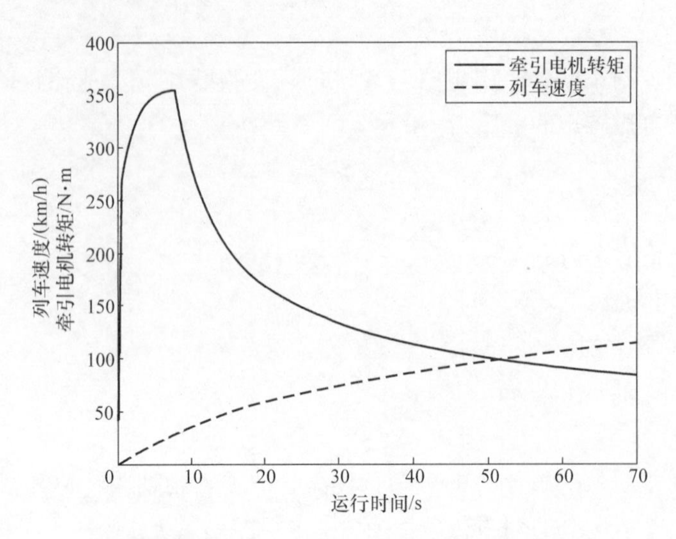

图 3-11　牵引电机转矩、列车速度的响应曲线

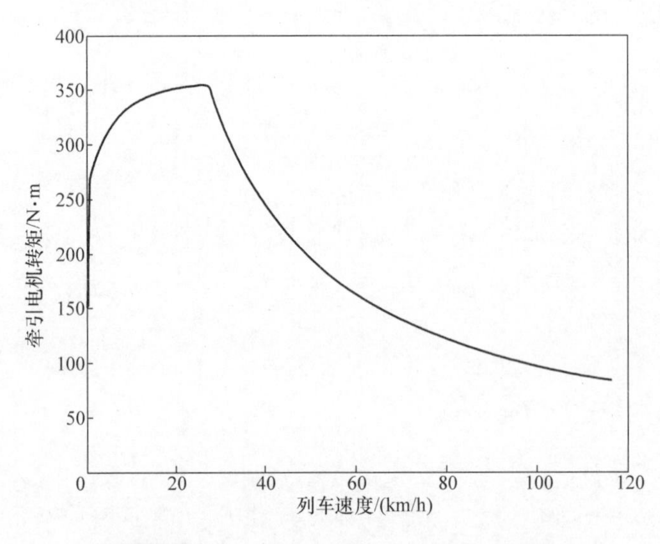

图 3-12　牵引电机转矩－列车速度关系曲线

3.3.4　系统参数匹配计算方法

为了下文描述方便，给出一些符号的定义说明，见表 3-17。

表 3-17　相关符号定义

参数	含　义	单位
w_0	单位基本阻力	N/kN
m	列车整车质量	t
G_d	包含回转质量在内的列车总质量	t
v	列车车速	km/h
a	列车加速度	m/s^2

（续）

参数	含　义	单位
α	坡度角	rad
F_t	列车驱动轮的驱动力	kN
F_b	列车基本阻力	kN
F_g	列车爬坡阻力	kN
F_f	由大风引起的附加阻力	kN
P_t	整车轮周功率	kW
P	全部牵引电机总输出功率	kW

1. 牵引系统特性计算

根据列车牵引理论，整车驱动轮的驱动力 F_t（kN）可由式（3-13）计算，

$$F_t = F_b + F_g + F_f + \frac{G_d}{3.6}\frac{dv}{dt} \tag{3-13}$$

式中　$F_b = \frac{mgw_0}{1000}$，$F_g = mg\sin\alpha$。

整车轮周功率 P_t 为

$$P_t = F_t \frac{v}{3.6} \tag{3-14}$$

牵引电机总输出功率 P（含整车全部电机的总功率）为

$$P = P_t/\eta \tag{3-15}$$

式中　η——传动系统的效率。

牵引电机总输出转矩 T_t（kN · m）为

$$T_t = \frac{F_t r}{i_0 \eta} \tag{3-16}$$

牵引电机转速 n（r/min）为

$$n = \frac{vi_0}{0.377r} \tag{3-17}$$

电机的牵引特性曲线如图 3-13 所示。当牵引电机进入恒功率区后，列车为了进一步提速，必须降低牵引电机转矩，列车的加速度会持续降低。列车会以逐渐减小的加速度提速，在牵引力曲线与基本阻力曲线相交处，列车达到最高速度。若两条曲线在牵引电机达到最大转速前无交点，则列车的最高速度由电机的最高转速决定。

牵引电机总输入功率 P_0 可由式（3-18）计算：

$$P_0 = P/\eta_0 \tag{3-18}$$

式中　η_0——电机效率。

牵引电机可以提供的额定转矩 T_n 为

$$T_n = 9.550 \times \frac{P_n}{n} \tag{3-19}$$

牵引逆变器所需输入功率 P_1 为

$$P_1 = P_0/\eta_1 \tag{3-20}$$

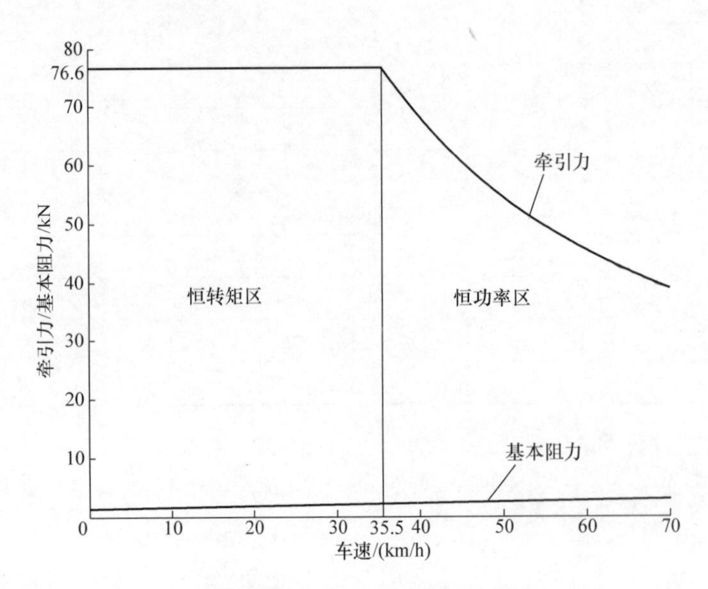

图3-13 牵引特性曲线示意图

式中 η_1——牵引逆变器的效率。

DC/DC 变换器所需输入功率 P_2（即储能设备所需输出功率）为

$$P_2=(P_1+P_a)/\eta_2 \tag{3-21}$$

式中 P_1——DC/DC 变换器所需输出功率，即为牵引逆变器所需输入功率（W）；

P_a——列车照明、空调等除牵引电机之外的电气设备所需的辅助功率（W）；

η_2——DC/DC 变换器的效率。

2. 混合动力系统性能指标

通过动力性能指标可以确定列车的各种动力参数。常用的指标有最高车速、最大爬坡度、加速性能。确定了这些指标的具体值，就可以确定牵引电机的动力需求，为牵引电机选型提供依据，进而得到电源的功率和能量需求。

为简化计算，一般可以将 $\sin\alpha$ 近似为坡度 i，即 $i\approx\sin\alpha$，此时牵引力为

$$F_t=mgi+\frac{mgw_0}{1000} \tag{3-22}$$

将最大坡度值 i_{max} 代入上式，即可求出满足最大爬坡度要求所需的牵引力。将求得的牵引力代入式（3-17）和式（3-18）中就可进一步求得电机所需峰值功率的一个最小值。

车辆在平直轨道匀加速行驶时，车辆的加速度 a 可表示为

$$a=\frac{dv}{3.6dt}=\frac{1}{G_d}\left(F_t-\frac{mgw_0}{1000}\right)=\frac{1}{G_d}\left(\frac{3.6P_x\eta}{v_a}-\frac{mgw_0}{1000}\right) \tag{3-23}$$

式中 P_x——加速时电机对应车速 v_a 的实际输出功率（W）。

根据驱动电机工作的外特性，得到恒转矩区每一车速对应的电机输出功率 P_x 以及恒功率区的电机输出功率 P_3，进而得到电机所需峰值功率的最小值。

综合以上三个方面就可初步选择电机，确定电机的额定功率、峰值功率、额定转矩、额定转速等相关参数。

3.3.5　储能设备能力计算

1. 电池电容数量计算

电池电容数量的确定需遵循表3-18中的原则。

表3-18　电池电容数量确定原则

约束条件	动力电池	超级电容
功率约束（最大功率需求）	由最高速度决定电池最大输出功率，确定满足此功率的最小电池数量	由车辆以指定加速度匀加速到指定速度过程中的峰值功率，确定满足该功率需求的电容数量
能量约束（最大能量需求）	由最大续驶里程决定动力电池总输出能量及满足此总能量需求的最小电池数量	由车辆以指定加速度加速到指定速度所需总能量及满足该能量需求的电容数量
串联电压约束（总输出电压需求）	由动力电池相连器件（DC/DC）的工作电压决定动力电池组串联总电压及串联数	由超级电容相连器件（DC/DC）的工作电压决定超级电容组串联总电压及串联数

2. 超级电容的参数

选用Maxwell超级电容能量储存模块BMOD0165，其基本参数见表3-19。

表3-19　Maxwell超级电容模块BMOD0165详细参数

指　　标	描　　述
额定电容量/F	165
电容量容差（%）	-0.2 ~ +0.2
额定电压/V	48
最低工作电压/V	28.8
浪涌电压/V	50.4
可用比功率密度/(W/kg)	3300
最大电流/A	98（持续）；1900（1s）
最大储存能量/W·h	52.8
比能量密度/(W·h/kg)	3.9
最大漏电流/mA	5.2
重量/kg	13.9
体积/L	14.515
外形尺寸/mm×mm×mm	418×194×179
运行温度/℃	-40 ~ +70
寿命/年	10
内阻/mΩ	6.3

3. 电池的参数

假定采用苏州星恒电源有限公司型号为IFP32/101/192-40HAl的锂电池电芯，详细参数见表3-20，其放电特性曲线如图3-14所示。

表 3-20 IFP32/101/192－40HAl 的锂电池电芯参数

<table>
<tr><th>指　标</th><th colspan="2">描　述</th></tr>
<tr><td>型号</td><td colspan="2">IFP32/101/192－40HAl</td></tr>
<tr><td>厚×宽×高</td><td colspan="2">33mm×100mm×192mm</td></tr>
<tr><td>额定电压</td><td colspan="2">3.2V</td></tr>
<tr><td>额定容量</td><td colspan="2">40A·h</td></tr>
<tr><td>内阻</td><td colspan="2">≤2mΩ</td></tr>
<tr><td>放电截止电压</td><td colspan="2">2.5V</td></tr>
<tr><td>最大充电电压</td><td colspan="2">3.8V</td></tr>
<tr><td>持续放电电流</td><td colspan="2">120A</td></tr>
<tr><td>最大放电电流</td><td colspan="2">200A</td></tr>
<tr><td>充电方法</td><td colspan="2">CC/CV（恒流恒压）</td></tr>
<tr><td>重量</td><td colspan="2"><1200g</td></tr>
<tr><td rowspan="2">工作温度</td><td>充电</td><td>0～45℃</td></tr>
<tr><td>放电</td><td>－20～45℃</td></tr>
<tr><td>常温容量 C_1</td><td colspan="2">≥40A·h</td></tr>
<tr><td>倍率放电</td><td>3C</td><td>>85% C_1</td></tr>
<tr><td>循环寿命</td><td colspan="2">2000 次（常温 1C 循环至 70%，100% DOD）</td></tr>
</table>

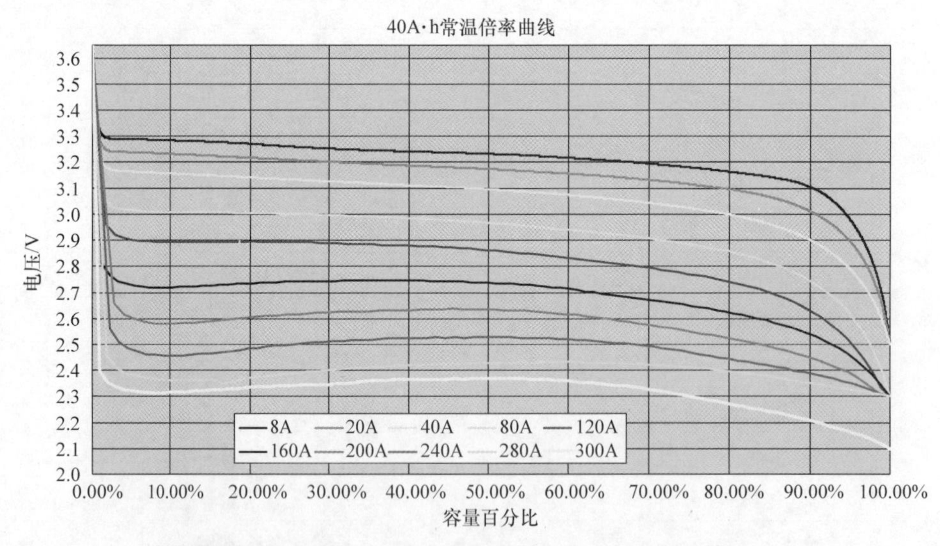

图 3-14 IFP32/101/192－40HAl 的锂电池电芯放电特性曲线

单体动力电池能够提供的最大输出能量（J）为

$$E_{bmax}=U_{b\_imax}C_bD_bK_b \tag{3-24}$$

式中 U_{b_imax}——电池以最大持续放电电流工作时的电压（V）；

C_b——单体电池容量（A·h）；

D_b——电池放电深度；

K_b——电池容量冗余系数。

根据星恒公司提供的数据，$D_b=0.8$，$K_b=0.7695$。

由图 3-14 中的放电特性曲线可知，当电池以最大持续电流 120A 放电时，其工作电压约为 2.8V，取 $U_{b\_imax}=2.8V$。由式（3-24）即可计算出单体电池能提供的能量约为 245950J，约合 0.0683kW·h。

单体动力电池能够提供的最大输出功率（W）为

$$P_{bmax}=I_{max}U_{b\_imax} \tag{3-25}$$

式中　I_{max}——电池最大持续放电电流（A）；

U_{b_imax}——电池以电流 I_{max} 放电时对应的工作电压（V）。

由式（3-25）可计算得出：$P_{bmax}=336W=0.336kW$。

单体超级电容模块可利用的有效能量（J）为

$$E_{cmax}=\frac{1}{2}C_c(U_{cmax}^2-U_{cmin}^2) \tag{3-26}$$

式中　C_c——超级电容模块的额定容量（F）；

U_{cmax}——超级电容的最高工作电压（V）；

U_{cmin}——超级电容的最低工作电压（V）。

一般取超级电容额定电压 60% 以上的电压范围为有效工作范围，故取 $U_{cmax}=48V$，$U_{cmin}=48V\times0.6=28.8V$，$C_c=165F$，由式（3-26）可计算得出：$E_{cmax}=109490J=0.0304kW\cdot h$。

单体超级电容模块的最大输出功率（W）为

$$P_{cmax}=P_{c\_spe}m_c \tag{3-27}$$

式中　P_{c_spe}——超级电容模块的可用比功率密度；

m_c——超级电容模块的质量。

由式（3-27）计算，可得：$P_{cmax}=3300W/kg\times13.9kg=45.87kW$。

3.3.6　动力电池及超级电容数量的确定

动力电池及超级电容数量的计算思路如图 3-15 所示。根据持续运行车速、加速度、爬坡度等性能指标，可计算出不同工况下的电机输出功率，由电机效率、牵引逆变器的效率、DC/DC 变换器的效率等计算出电源输出功率，然后得出相应所需的电池或电容的数量。

1. 持续运行车速对动力电池数量的要求

列车在平直轨道上匀速运行时，对电源的输出功率相对较低，而对电源的输出能量要求较高。动力电池比能量高、比功率低，而超级电容比能量低、比功率高。因此只考虑用动力电池作为持续运行动力电源，用超级电容作为加速、坡道运行等工况下的高功率电源。

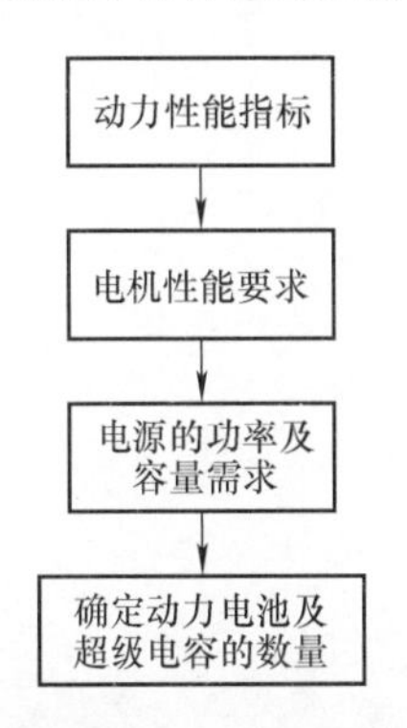

图 3-15　动力电池及超级电容数量的计算思路

功率约束：对平直轨道上匀速行驶的列车，车速越高，电源需要输出的功率越大，相应需要的电池数量也越大，如图 3-16a所示。其中曲线节点处的数字代表不同车速下电源输出功率对最小动力电池数量的要求。

能量约束：图 3-16b 所示曲线分别为不同速度级别下行驶

5km、10km、15km 所需要的总能量。其中曲线节点处的数字代表不同车速下行驶相应里程所需能量对最小动力电池数量的最低要求。

串联电压约束：若 DC/DC 变换器输出的最高端电压为 480V，为保证电池能充满，选择 136 节串联，每节平均电压 3.53V，最低保护电压 2.5V。136 节串联电池的工作电压范围为 340 ~480V，其额定工作电压是 435V。按此串联方案，136 个蓄电池能够提供的最大输出功率理论值为：0.336kW × 136 = 45.7kW，最大输出能量理论值为：0.0683kW · h × 136 = 9.29kW · h。

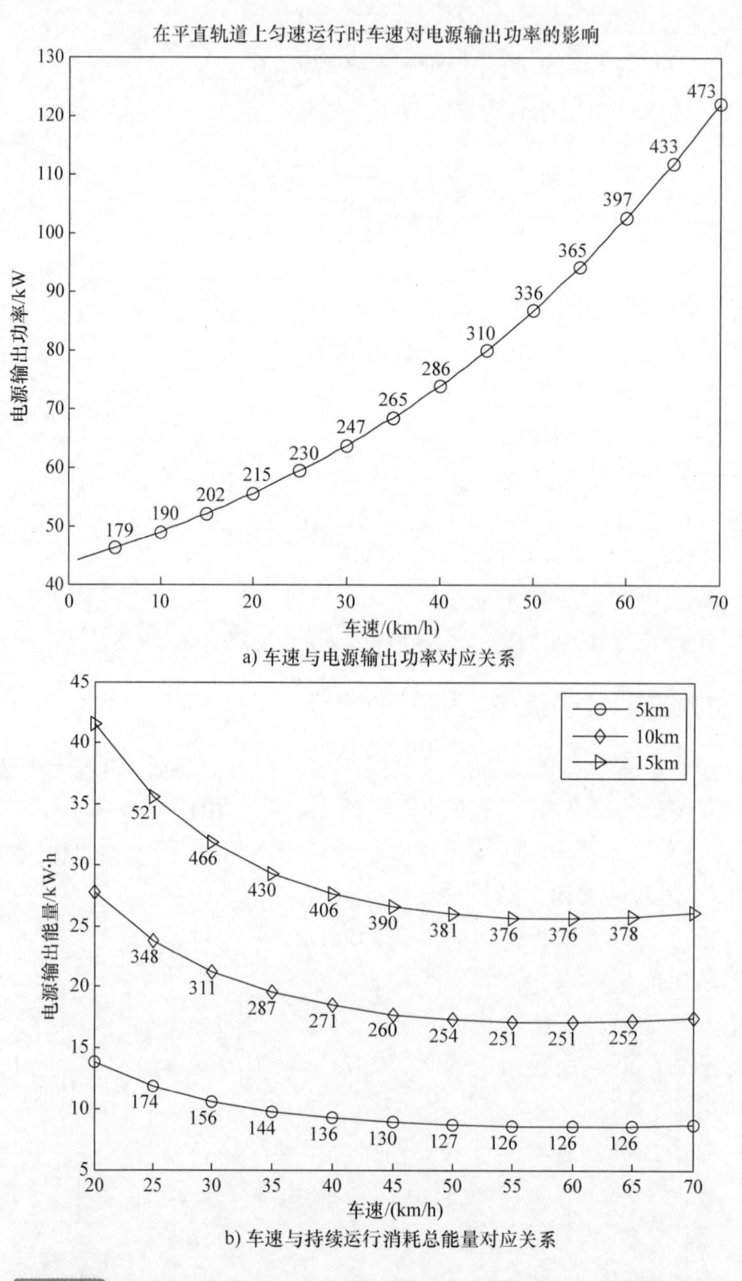

a) 车速与电源输出功率对应关系

b) 车速与持续运行消耗总能量对应关系

图 3-16 车速对电源功率和能耗的影响及对应的最小电池数量需求

在平直轨道上以25km/h匀速行驶时，有以下考虑：

1）从功率约束考虑：牵引力为1.556kN，电机转矩为0.0842kN·m，电源输出功率59.3kW（其中，牵引功率15.8kW，辅助功率43.5kW），对应需要的电池数量为177个（每个电池提供0.336kW），考虑30%的设计冗余为230个。

2）从能量约束考虑：每个电池提供的能量为0.068kW·h，持续运行24min（10km）电源输出能量为23.72kW·h，需要的电池数量为348个。

2. 起动加速度对超级电容参数的影响

当列车加速到一定车速时，电机的输出功率达到额定功率后将进入一个恒功率区。图3-17a所示为不同加速度下车速与牵引电机输出功率的关系曲线；图3-17b所示为不同加速度下由静止加速到指定车速过程中总能量的需求对应关系。图中曲线节点处的数字代表从静止加速到相应车速所需的超级电容的最小数量。

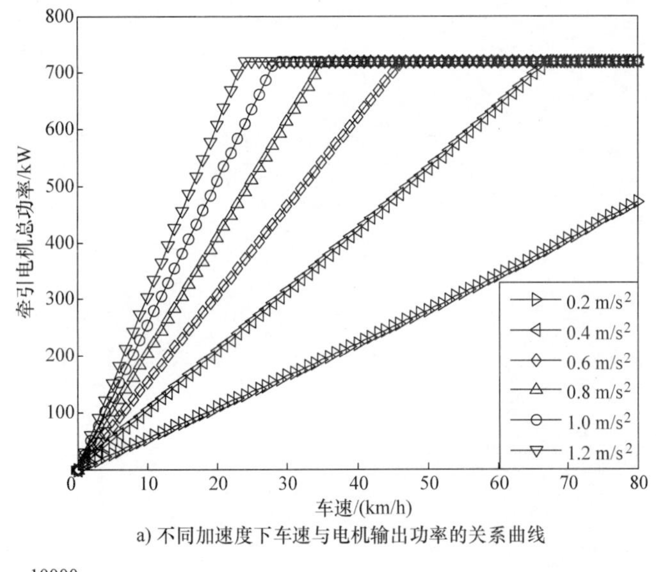

a) 不同加速度下车速与电机输出功率的关系曲线

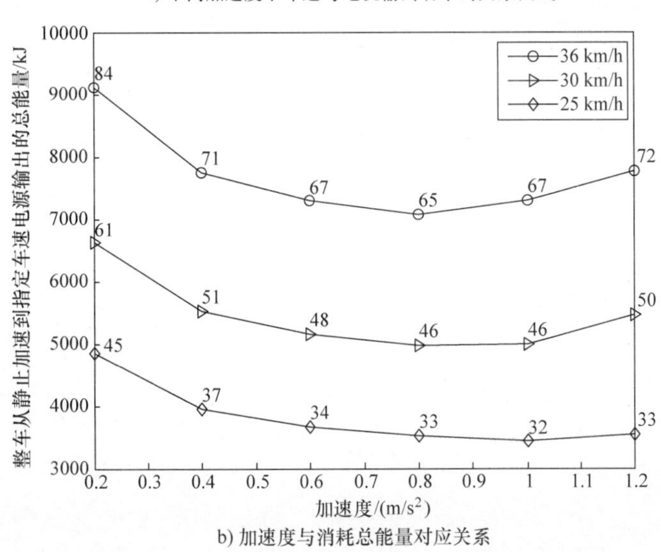

b) 加速度与消耗总能量对应关系

图3-17 加速度对电源功率和能耗的影响及对应的超级电容最小数量需求

可以看出，加速需要的超级电容数量随着功率需求的增大而增大；每节动车配置 2 并 10 串的 Maxwell BMOD0615 超级电容模块，能够满足列车以 0.2 ~ 1.2m/s^2不同加速度从静止加速到 25km/h 的要求（最大可达到 32km/h）。

3. 最大爬坡度对超级电容参数的影响

本文假定坡道运行时完全由超级电容提供牵引电能。

功率约束：假定在爬坡工况下，完全由超级电容组提供驱动能源。在不同坡度的坡道上以不同车速爬坡时对应所需的牵引功率和超级电容数量如图 3-18a 所示。由图可见，坡度的大小对牵引功率的大小影响也很大，但超级电容可以满足功率需求。若动车均配置 10 串 2 并超级电容模块，则可满足 7% 坡度的爬坡功率需求。

能量约束：若爬坡完全由超级电容供电，以整车 10 串 6 并共 60 个超级电容为例，计算了一组在满足功率前提下对应的续驶里程（m），标注在图 3-18b 上。可见，超级电容仅能

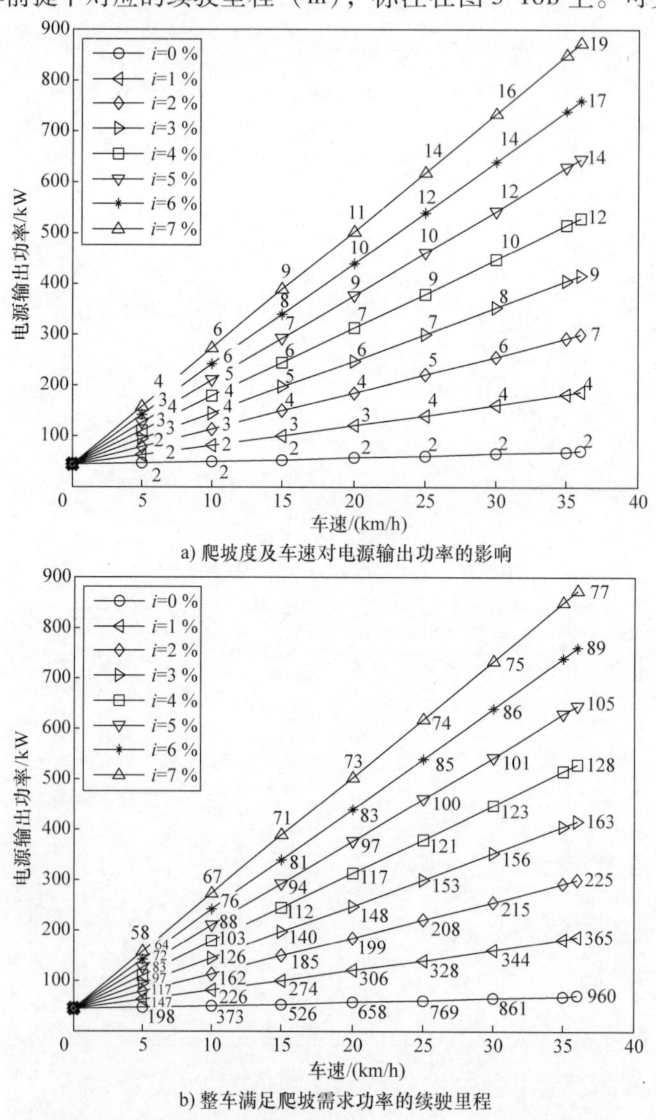

a) 爬坡度及车速对电源输出功率的影响

b) 整车满足爬坡需求功率的续驶里程

图 3-18 在不同坡度的坡道上以不同车速爬坡时对应所需的电源输出功率和超级电容数量

满足较短距离的爬坡需求。若坡道长度过大，则完全由超级电容供电难以满足整个爬坡过程的能量需求。

由不同坡度对应的功率、能量需求来看，不论是只用动力电池还是只用超级电容驱动列车在坡道上行驶，均需要较大的数量。其原因在于，在坡度较大时，列车爬坡时对功率和能量的要求都非常大。动力电池组能够提供较大能量，而不能提供足够大的功率需求；相反，超级电容组能够提供较大功率，却不能提供足够大的能量需求。因此，动力电池组和超级电容组功率、能量的合理分配可以发挥两者能力上的优势，互相弥补各自的功能瓶颈。

3.3.7　制动能量回收

有轨电车的制动能量回收系统通过将列车的动能转化为其他形式的能量，使得列车或者其他对象减速，而转化的能量可以进行再利用或储存。储存的回收能量又可在无网时驱动列车，减少了充电站等建设投入，维持了城市美观。其凭借可靠、高效、环保、节能的优点，将是未来城市轨道交通发展的方向。

在混合动力有轨电车系统中，能量供给和制动能量回收是通过能量管理系统实现的，该系统负责采集储能设备、能量传递电路、机电系统等信息，通过某种机制的决策进行车辆加减速、储能设备充放电控制等各种控制。

东日本铁路公司针对开发的燃料电池混合动力有轨电车，开发了符合燃料电池特性的能量管理系统：停车时，燃料电池向蓄电池充电；高速运行时，所需能量由燃料电池和蓄电池同时提供；慢行时，燃料电池在提供驱动能量的同时向蓄电池充电；制动时，将再生制动电力回收到蓄电池。

西门子、卡福等公司的车辆则优先采用超级电容吸收制动能量，试验证明，利用超级电容吸收制动能量，效率更高，节能效果更好。

目前，国内外新能源列车也在研究采用超级电容为主、蓄电池为辅的制动能量回收策略。

3.4　双向 DC/DC 变换器工作原理

双向 DC/DC 变换器在混合动力有轨电车的电源系统与驱动系统之间起着双向能量转换的重要作用，可以根据系统的运行需求完成相应的功能。本书根据混合动力有轨电车大功率应用场合，以超级电容和蓄电池作为储能元器件，研究对比各种适用的非隔离型拓扑结构，主要从电路中功率器件数量和电气原理等多方面的比较着手，选择适合混合动力有轨电车的双向 DC/DC 变换器，并给出主电路的参数设计。

3.4.1　双向 DC/DC 变换器的工作要求

在混合动力系统中通过加入超级电容和双向 DC/DC 变换器可以增加瞬时功率，从而优化有轨电车的加速和减速性能。如何选择高效率的双向变换器拓扑以及合理控制策略是决定混合动力有轨电车性能的关键因素之一。

根据有轨电车的实际应用情况，双向 DC/DC 变换器应满足以下工作要求：

➢ 有轨电车车顶安装空间有限，在输出功率一定的条件下应具有很高的功率体积比。

➢ 超级电容端电压在频繁的充放电过程中变化范围很大，要求双向 DC/DC 变换器具有稳定输出电压的功能。

➢ 储能模块输出功率因受空间限制无法设计得太宽裕，要求双向 DC/DC 变换器具有很高的工作效率，以有效延长车辆行驶里程。

3.4.2 双向 DC/DC 变换器拓扑结构的选择

双向 DC/DC 变换器主要可以分为两类：变压器隔离型双向 DC/DC 变换器和非隔离型双向 DC/DC 变换器。其中隔离型双向 DC/DC 变换器是在非隔离型双向变换器中插入高频变压器，构成隔离型拓扑，变压器的一次侧、二次侧可以由全桥、半桥、推挽等电路拓扑构成。

隔离型双向 DC/DC 变换器拓扑主要有双反激拓扑、双推挽拓扑、双半桥拓扑以及双全桥拓扑。

从超级电容储能体积及成本上考虑，其端电压值一般低于电机驱动逆变器的工作电压。这就要求双向 DC/DC 变换器在正向工作时具有升压斩波能力，在电机处于再生发电状态时，通过降压电路将制动回馈能量转换为电能储存在超级电容中。隔离型与非隔离型变换器都能满足以上要求，但隔离型变换器的控制方式和结构都比较复杂，所用的元器件数量和种类比较多，功率密度和性价比都不太高，体积也无法得到最优化，所以从非隔离型变换器中选择适合的拓扑结构。

考虑到实际应用中功能的需要，以及结构和操作简单，选择了图 3-19 所示的双向 DC/DC 变换器。其中左端是低压端，接动力电池或超级电容等储能装置；右端是高压端，接直流母线。当储能装置放电时，DC/DC 变换器升压，将电压从低压端 V_1 升压至高压端 V_2，此时储能装置向负载传送其功率；当车辆进行能量回馈时，DC/DC 变换器降压，将电压从高压端 V_2 降至低压端 V_1，以便使储能装置吸收回馈的能量。

变换器正向工作时，G_1 作为 PWM 开关管工作，G_2 截止，储能电感 L，开关管 G_1，二极管 D_1、D_2，滤波电容 C_2 组成一个 Boost 电路，其等效电路如图 3-20 所示。

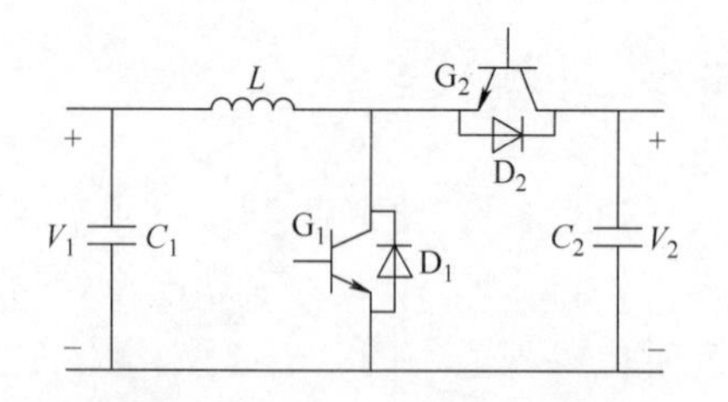

图 3-19 双向 DC/DC 变换器拓扑

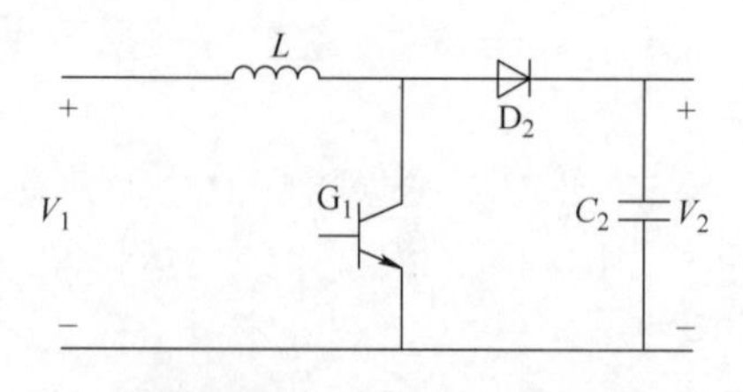

图 3-20 正向 Boost 电路

在实际应用中，开关频率比较高，所以本文只考虑电感电流连续的情况。设一个周期内开关的开通时间为 $t_{on}=DT$，关断时间为 $t_{off}=(1-D)T$，那么输入与输出电压的关系为 $V_2=\frac{V_1}{1-D}$，根据输入电压 V_1，调节占空比 D，就可以得到期望的输出电压 V_2，且 $V_2>V_1$，所以达到了电源放电时升压的目的。

变换器反向工作时，G_2 作为 PWM 开关管工作，G_1 截止，储能电感 L，开关管 G_2，二极管 D_1、D_2，滤波电容 C_1 组成一个 Buck 电路，其等效电路如图 3-21 所示。

设一个周期内开关的开通时间为 $t_{on}=DT$，关断时间为 $t_{off}=(1-D)\ T$，那么输入与输出电压的关系为：$V_1=DV_2$，根据输入电压 V_2，调节占空比 D，就可以得到期望的输出电压 V_1，且 $V_1<V_2$，所以达到了给电源充电时降压的目的。

3.4.3 双向DC/DC变换器模型

混合电源系统由DC/DC变换器、PWM调制器、驱动电路、反馈控制单元构成，如图3-22所示。混合电源系统的静态和动态性能的好坏与反馈控制设计密切相关。要进行反馈控制设计，首先要了解被控对象的动态模型。图3-22中，在进行反馈控制设计前，首先需要获得DC/DC变换器的动态模型，从而得到其传递函数。一旦获得被控对象的传递函数，就可以利用自动控制理论的知识来进行反馈控制设计。

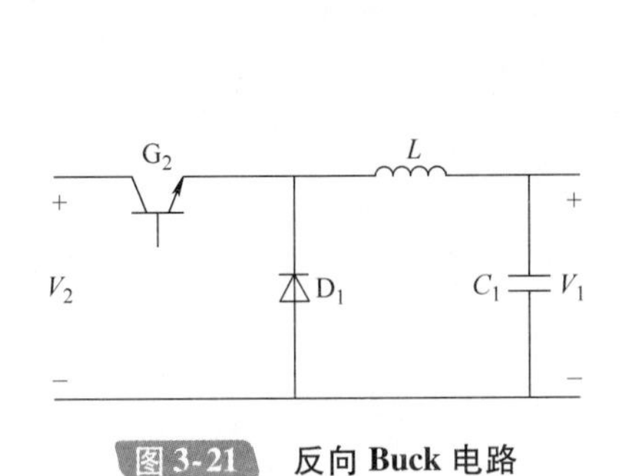

图3-21　反向Buck电路

图3-22　电源系统结构

1. 大信号模型

DC/DC变换器中包含功率开关器件或二极管等非线性元件，因此是一个非线性系统。采用小信号分析法在工作点附近线性化建模，则系统在工作点附近运行可能是稳定的，但受到较大的扰动时，却有可能不稳定。因此，在较大的干扰或较大的参数变化时，建立大信号模型是十分必要的。

在复合电源释能时，双向DC/DC变换器相当于图3-23所示的常规Boost变换器运行。电感电流连续，一个开关周期可以分为两个阶段。在阶段1，开关 G_1 闭合，电感处于充磁阶段；在阶段2，开关 G_1 打开时，电感处于放磁阶段，相应时段的等效电路见图3-23。

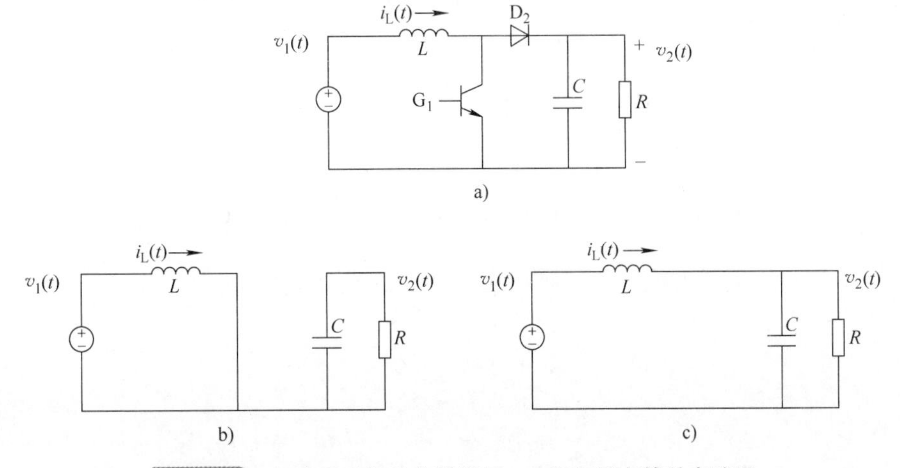

图3-23　双向DC/DC变换器Boost运行模态等效电路图

互补驱动方式下电感电流连续，则相应的分段状态微分方程如下：

开关 G_1 导通状态（$0\leqslant t\leqslant t_{on}$）：

$$\begin{cases} L\dfrac{di_L(t)}{dt}=v_1(t) \\ C\dfrac{dv_2(t)}{dt}=-\dfrac{v_2(t)}{R} \end{cases} \tag{3-28}$$

开关 G_1 关断状态（$t_{on}\leqslant t\leqslant T$）：

$$\begin{cases} L\dfrac{di_L(t)}{dt}=v_1(t)-v_2(t) \\ C\dfrac{dv_2(t)}{dt}=i_L(t)-\dfrac{v_2(t)}{R} \end{cases} \tag{3-29}$$

根据基本的状态空间平均方法，对以上两式进行综合得到大信号平均方程：

$$\begin{cases} L\dfrac{d<i_L(t)>_{T_S}}{dt}=<v_1(t)>_{T_S}-d'(t)<v_2(t)>_{T_S} \\ C\dfrac{d<v_2(t)>_{T_S}}{dt}=d'(t)<i_L(t)>_{T_S}-\dfrac{<v_2(t)>_{T_S}}{R} \end{cases}$$

$d(t)=t_{on}/T$，表示占空比；$d'(t)=1-d(t)$。

在复合电源储能时，双向 DC/DC 变换器相当于图 3-24 所示的常规 Buck 变换器运行。电感电流连续，一个开关周期可以分为两个阶段。

在阶段 1，开关 G_2 闭合，电感处于充磁阶段；在阶段 2，开关 G_2 打开时，电感处于放磁阶段，相应时段的等效电路见图 3-24。

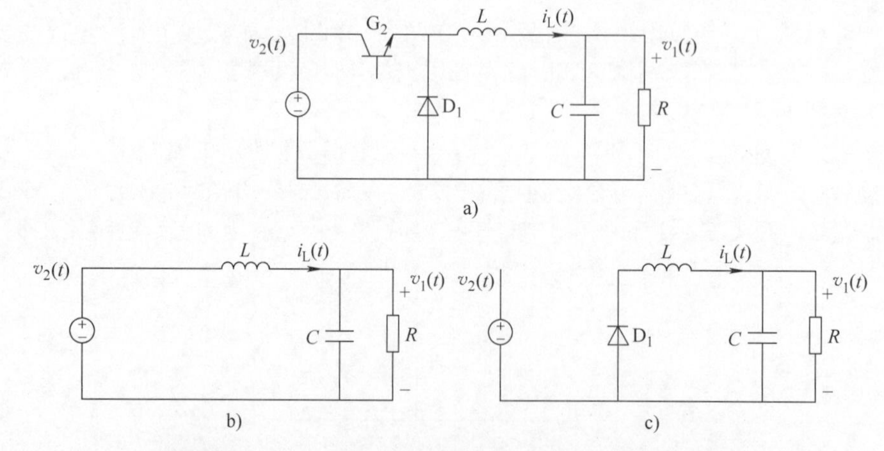

图 3-24 双向 DC/DC 变换器 Buck 运行模态等效电路图

互补驱动方式下电感电流连续，则相应的分段状态微分方程如下：

开关 G_2 导通状态（$0\leqslant t\leqslant t_{on}$）：

$$\begin{cases} L\dfrac{di_L(t)}{dt}=v_2(t)-v_1(t) \\ C\dfrac{dv_1(t)}{dt}=i_L(t)-\dfrac{v_1(t)}{R} \end{cases} \tag{3-30}$$

开关 G_2 关断状态（$t_{on} \leqslant t \leqslant T$）：

$$\begin{cases} L\dfrac{\mathrm{d}i_L(t)}{\mathrm{d}t} = -v_1(t) \\ C\dfrac{\mathrm{d}v_1(t)}{\mathrm{d}t} = i_L(t) - \dfrac{v_1(t)}{R} \end{cases} \tag{3-31}$$

根据基本的状态空间平均方法，对以上两式进行综合得到大信号平均方程：

$$\begin{cases} L\dfrac{\mathrm{d}<i_L(t)>_{T_S}}{\mathrm{d}t} = d(t)<v_2(t)>_{T_S} - <v_1(t)>_{T_S} \\ C\dfrac{\mathrm{d}<v_1(T)>_{T_S}}{\mathrm{d}t} = <i_L(t)>_{T_S} - \dfrac{<v_1(t)>_{T_S}}{R} \end{cases} \tag{3-32}$$

2. 小信号模型

为了使电源系统的输入输出值达到所需的指标，需要引入反馈控制。自动控制理论中关于控制器的设计方法只适用于线性系统。DC/DC 变换器中包含功率开关器件或二极管等非线性元件，因此属于非线性系统。但当其运行在某一稳态工作点附近时，电路状态变量的小信号扰动量之间的关系呈现线性系统的特性。尽管电源系统为非线性电路，但在研究它在某一稳态工作点附近的动态特性时，仍可以把它近似当作线性系统。因此，建立 DC/DC 变换器线性化小信号模型是反馈控制设计的基础。

在大信号模型的基础上，叠加较小的干扰信号，即可获得小信号模型。采用灵活的小信号分析方法，可以转化变换器的非线性，使其成为一个简单的等效线性电路。小信号分析法既保持了变换器运行性能不变，又便于采用自动控制理论对变换器进行分析并设计控制器。

双向 DC/DC 变换器运行于 Boost 模态时的线性化小信号模型如下：

$$\begin{cases} L\dfrac{\mathrm{d}\hat{i}_L(t)}{\mathrm{d}t} = \hat{v}_1(t) - D'\hat{v}_2(t) + V_2\hat{d}(t) \\ C\dfrac{\mathrm{d}\hat{v}_2(t)}{\mathrm{d}t} = D'\hat{i}_L(t) - \dfrac{\hat{v}_2(t)}{R} - I_L\hat{d}(t) \end{cases} \tag{3-33}$$

式中　D——稳态占空比，$D' = 1 - D$；

　　V_2——高压侧稳态电压（V）；

　　I_L——稳态电感电流（A）。

由以上小信号模型可得到，输入至输出的传递函数为

$$\begin{cases} \left.\dfrac{\hat{v}_2(s)}{\hat{v}_1(s)}\right|_{\hat{d}(s)=0} = \dfrac{D'}{LCs^2 + \dfrac{L}{R}s + D'^2} \\ \left.\dfrac{\hat{i}_L(s)}{\hat{v}_1(s)}\right|_{\hat{d}(s)=0} = \dfrac{Cs + \dfrac{1}{R}}{LCs^2 + \dfrac{L}{R}s + D'^2} \end{cases} \tag{3-34}$$

控制至输出的传递函数为

$$
\begin{cases}
\left.\dfrac{\hat{v}_2(s)}{\hat{d}(s)}\right|_{\hat{v}_1(s)=0} = \dfrac{V_2\left(D' - \dfrac{Ls}{RD'}\right)}{LCs^2 + \dfrac{Ls}{R} + D'^2} \\
\left.\dfrac{\hat{i}_{\mathrm{L}}(s)}{\hat{d}(s)}\right|_{\hat{v}_1(s)=0} = \dfrac{V_2\left(Cs + \dfrac{2}{R}\right)}{LCs^2 + \dfrac{L}{R}s + D'^2}
\end{cases}
\tag{3-35}
$$

双向 DC/DC 变换器运行于 Buck 模态时的线性化小信号模型如下：

$$
\begin{cases}
L\dfrac{\mathrm{d}\hat{i}_{\mathrm{L}}(t)}{\mathrm{d}t} = D\hat{v}_2(t) + V_2\hat{d}(t) - \hat{v}_1(t) \\
C\dfrac{\mathrm{d}\hat{v}_1(t)}{\mathrm{d}t} = \hat{i}_{\mathrm{L}}(t) - \dfrac{\hat{v}_1(t)}{R}
\end{cases}
\tag{3-36}
$$

由以上小信号模型可得到，输入至输出的传递函数为

$$
\begin{cases}
\left.\dfrac{\hat{v}_1(s)}{\hat{v}_2(s)}\right|_{\hat{d}(s)=0} = \dfrac{D}{LCs^2 + \dfrac{L}{R}s + 1} \\
\left.\dfrac{\hat{i}_{\mathrm{L}}(s)}{\hat{v}_2(s)}\right|_{\hat{d}(s)=0} = \dfrac{D\left(Cs + \dfrac{1}{R}\right)}{LCs^2 + \dfrac{L}{R}s + 1}
\end{cases}
\tag{3-37}
$$

控制至输出的传递函数为

$$
\begin{cases}
\left.\dfrac{\hat{v}_1(s)}{\hat{d}(s)}\right|_{\hat{v}_2(s)=0} = \dfrac{V_2}{LCs^2 + \dfrac{L}{R}s + 1} \\
\left.\dfrac{\hat{i}_{\mathrm{L}}(s)}{\hat{d}(s)}\right|_{\hat{v}_2(s)=0} = \dfrac{V_2\left(Cs + \dfrac{1}{R}\right)}{LCs^2 + \dfrac{L}{R}s + 1}
\end{cases}
\tag{3-38}
$$

3.5 复合电源系统工作原理及仿真分析

混合动力有轨电车的车载电源由动力电池与超级电容组成，并通过双向 DC/DC 变换器升压后与直流母线相连。图 3-25 所示为复合电源的拓扑结构，这种结构的优势在于，通过对 DC/DC 变换器的控制可以间接控制动力电池组和超级电容组，并且通过控制使得两种电源各自的不足得到弥补，更好地发挥出各自的优势。

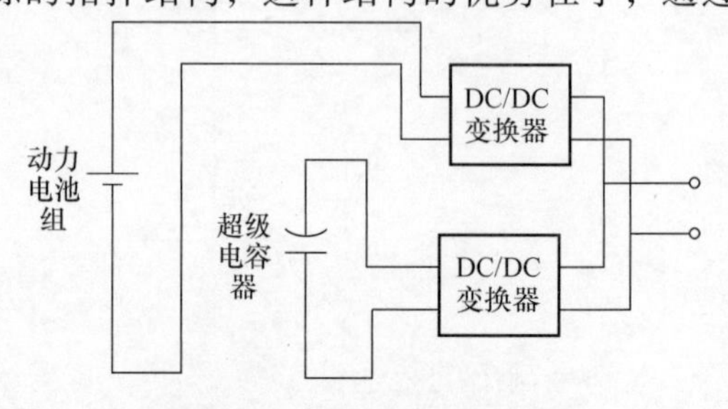

图 3-25 复合电源拓扑结构

例如，动力电池与超级电容的混合组成可克服如同动力电池低比功率、超级电容低比能量的缺点，从而获得高比能量和高比功率。本质上，复合电源系统由两个基本的能量储存组

成：一个具有高比能量，而另一个具有高比功率。该系统运行状态如图 3-26 所示。通过对母线电压、电流的控制，能够控制动力电池和超级电容的输入输出功率。基于此功能，根据复合电源系统功率流分配方法，能量管理系统能够对动力电池和超级电容进行协调控制，使其在工作中发挥出各自的优势。

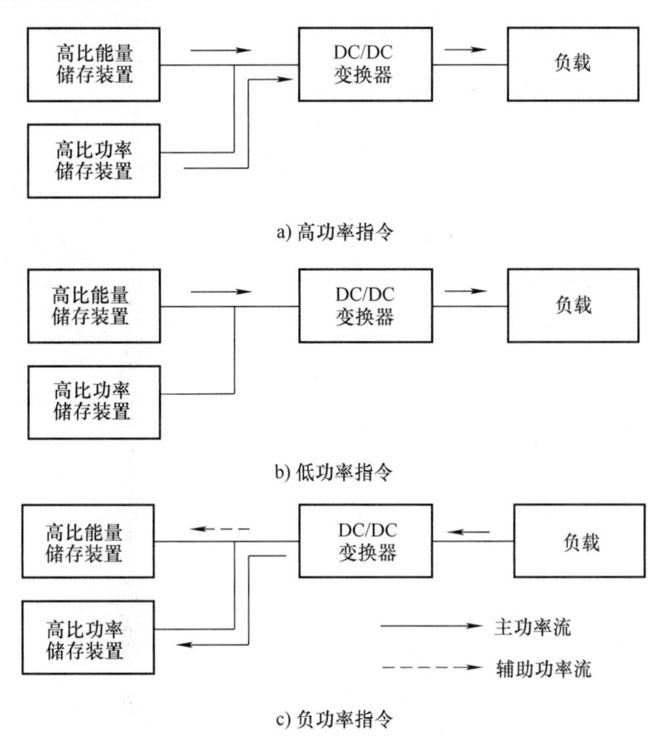

图 3-26　复合电源系统基本运行状态示意图

在高功率指令控制下，例如加速和爬坡，这两个能量储存装置都向负载传送其功率，如图 3-26a 所示。而在低功率指令控制下，例如恒速运行，高比能量的能量储存装置将向负载传送其功率，高比功率的储能装置不工作，如图 3-26b 所示。

在再生制动运行时，峰值功率将由高比功率的能量储存装置吸收，仅有限部分为高比能量的能量储存装置所吸收，如图 3-26c 所示。以这样的方式，整个系统比任何一种单一方式的能量储存装置，在重量和体积方面都要小得多。

3.5.1　超级电容与动力电池模型

功率流分配完毕后，根据能量传递效率的估算，可以得到超级电容与动力电池的输出电流 i_c、i_b。通过电源模型的计算，可以得出储能设备的端电压、SOE、SOC 等值。

1. 超级电容模型

超级电容的简化模型如图 3-27 所示。图中，超级电容等效为一个理想电容器 C 与一个较小阻值的电阻（等效串联阻抗 R_S，一般为几毫欧）串联，同时与一个较大阻值的电阻（等效并联阻抗 R_L）相并联的结构。R_S 模拟热损失和充放电过程中电压的损失，R_L 模拟自放电的渗漏损失。

在超级电容中给出三个参数：电容量（其电位 V_c）、串联电阻 R_s、绝缘材料的漏电阻 R_L。

超级电容的输出电压为

$$V_t = V_c + R_s i \tag{3-39}$$

超级电容的荷电状态（SOE）为

$$\text{SOE} = 100\left(\frac{V_c}{V_{max}}\right)^2 \tag{3-40}$$

式中 V_{max}——超级电容的最高电压（V）。

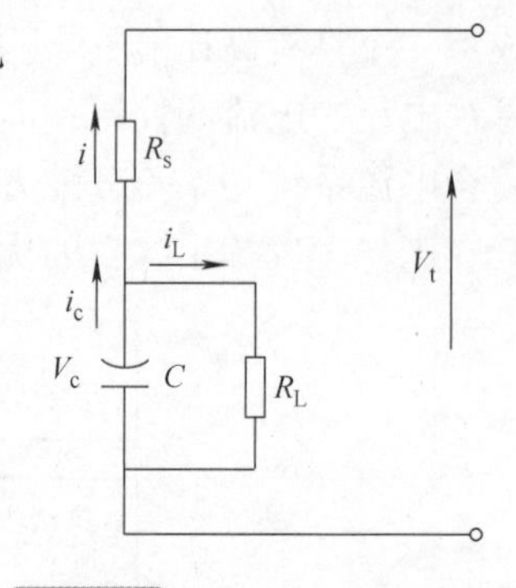

图 3-27 超级电容简化模型

超级电容的电容量 V_c 为

$$V_c = \sqrt{\frac{2Q}{C}} \tag{3-41}$$

式中

$$Q = \begin{cases} 0.5CV_{max}^2 & Q > 0.5CV_{max}^2 \\ 0.5CV_{c0}^2 - \int i_c V_c \mathrm{d}t & 0 \leqslant Q \leqslant 0.5CV_{max}^2 \\ 0 & Q < 0 \end{cases} \tag{3-42}$$

根据图 3-27 可知

$$i_c = i + i_L \tag{3-43}$$

式中

$$i_L = \left|\frac{V_c}{R_L}\right| \text{sgn}(i) \tag{3-44}$$

2. 动力电池模型

动力电池的结构如图 3-28 所示。

动力电池输出电压为

$$V_{batt} = E - iR_s \tag{3-45}$$

式中 E——无负载电压（V）；

R_s——动力电池串联内阻（Ω）；

V_{batt}——动力电池输出电压（V）；

i——动力电池输出电流（A）。

图 3-28 动力电池简化模型

其中

$$E = E_0 - K\frac{Q}{Q - it} + A\exp(-Bit) \tag{3-46}$$

式中 E_0——固定电压（V）；

K——极化电压（V）；

Q——电池容量（A·h）；

A——指数电压（V）；

B——指数容量（A·h）。

$$it = \frac{1}{3600}\left[\left(\frac{1 - \text{SOC}_0}{100}\right)Q \times 3600 + \int i\mathrm{d}t\right] \tag{3-47}$$

it 的上下界限为动力电池容量 Q 和 0。

动力电池的 SOC 为

$$\mathrm{SOC} = 100\,\frac{1 - it}{Q} \tag{3-48}$$

3. 混合电源能够输出的最大功率

列车运行时牵引电机所能输出的最大功率受到两方面的限制，一个是电力牵引系统的最大功率限制（恒功区），另一个是混合电源能够输出的最大功率。其中牵引系统的最大功率限制是在系统设置阶段确定的，而混合电源能够输出的最大功率与其运行状态有着紧密联系。

假设动力电池的输出功率截止状态为

$$\mathrm{SOC} \leqslant \overline{\mathrm{SOC}} \tag{3-49}$$

超级电容的输出截止状态为

$$\mathrm{SOE} \leqslant \overline{\mathrm{SOE}} \tag{3-50}$$

式中，$\overline{\mathrm{SOC}}$、$\overline{\mathrm{SOE}}$分别为动力电池和超级电容工作截止状态的阈值。

假设动力电池能够输出的最大功率为

$$\overline{P}_{\mathrm{b}} = V_{\mathrm{b}} i_{\mathrm{b\_up}} \tag{3-51}$$

超级电容能够输出的最大功率为

$$\overline{P}_{\mathrm{c}} = V_{\mathrm{c}} i_{\mathrm{c\_max}} \tag{3-52}$$

混合动力电源箱能够输出的最大功率见表 3-21。

表 3-21　混合动力电源箱最大输出功率

SOC \ SOE	$\geqslant\overline{\mathrm{SOE}}$	$<\overline{\mathrm{SOE}}$
$\geqslant\overline{\mathrm{SOC}}$	$\overline{P}_{\mathrm{b}}+\overline{P}_{\mathrm{c}}$	$\overline{P}_{\mathrm{b}}$
$<\overline{\mathrm{SOC}}$	$\overline{P}_{\mathrm{c}}$	0

表 3-21 中 SOE、SOC 分别表示超级电容的能量状态和动力电池的荷电状态，第一行与第一列为混合电源的状态信息，对应的内容是混合电源能够输出的最大功率。

设混合电源能够输出的最大功率为

$$\overline{P}' = \overline{P}_{\mathrm{b}} + \overline{P}_{\mathrm{c}} \tag{3-53}$$

电力牵引系统的最大功率限制为 $\overline{P}''$，则在列车运行过程中，牵引电机能够输出的最大功率为

$$\overline{P} = \min(\overline{P}', \overline{P}'') \tag{3-54}$$

功率限制的目的在于限制某一速度级别下的牵引转矩正输出。在制动回馈时，电源能够回收的最大功率对牵引转矩的负输出也有限制。由于电力牵引系统通常都配备有制动电阻，它能够消耗掉无法吸收的回馈能量，从而保证回馈制动中制动力不受电源功率吸收能力的限制。本文仿真时只设置了电源输出功率对牵引力大小的限制。

3.5.2 复合电源系统控制方式

1. 直接并联连接方式

最简单的复合方式就是将超级电容和动力电池直接并联，如图 3-29 所示。在这一结构形式中，超级电容相当于一个电流滤波器，它能显著地使动力电池的峰值电流均匀化，并减小了动力电池的电压降。这一结构形式的主要缺点在于其功率流不能主动控制，而且超级电容的能量不能充分利用。

2. 采用双向 DC/DC 变换器控制方式

图 3-30 展示了另一种复合电源结构，其中一个 DC/DC 变换器配置于动力电池与牵引变换器之间，另一个 DC/DC 变换器配置于超级电容与牵引变换器之间。这一设计使动力电池和超级电容可具有不同的电压，两者之间的功率流能够主动地加以控制和分配，而且超级电容的能量可以充分地予以利用。本书所研究的混合动力系统即采用此复合电源结构。

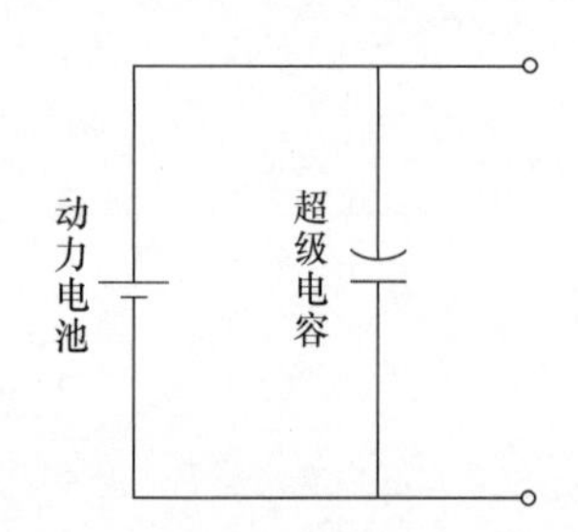

图 3-29 动力电池与超级电容的并联连接

蓄电池组
超级电容器
DC/DC 变换器
DC/DC 变换器

图 3-30 具有主动控制的复合电源系统

3. 动力电池和超级电容的量值设计

假设该复合电源系统的整体能量和功率容量恰好满足车辆的能量和功率需求，那么车辆对能量储存装置的能量和功率需求可由能量/功率比予以描述。能量/功率比 $R_{e/p}$定义为

$$R_{e/p} = \frac{E_r}{P_r} \tag{3-55}$$

式中 E_r——车辆所需的能量（J）；

P_r——车辆所需的功率（W）。

能量和功率需求主要取决于车辆驱动系的设计及其控制策略。当 $R_{e/p}$给定时，可设计复合电源系统中的动力电池和超级电容，使该复合电源系统的能量/功率比等于 $R_{e/p}$，即应有

$$\frac{W_b E_b + W_c E_c}{W_b P_b + W_c P_c} = R_{e/p} \tag{3-56}$$

式中 W_b 和 W_c——动力电池和超级电容的重量（kg）；

E_b 和 E_c——动力电池和超级电容的比能量（W·h/kg）；

P_b 和 P_c——动力电池和超级电容的比功率（W/kg）。

式（3-56）可进而写为

$$W_c = kW_b \tag{3-57}$$

式中

$$k = \frac{E_b - R_{e/p} P_b}{R_{e/p} - E_c} \tag{3-58}$$

因而，复合电源系统的比能量为

$$E_{\mathrm{spe}} = \frac{W_{\mathrm{b}}E_{\mathrm{b}} + W_{\mathrm{c}}E_{\mathrm{c}}}{W_{\mathrm{b}} + W_{\mathrm{c}}} = \frac{E_{\mathrm{b}} + kE_{\mathrm{c}}}{1 + k} \tag{3-59}$$

而复合电源系统的比功率为

$$P_{\mathrm{spe}} = \frac{W_{\mathrm{b}}P_{\mathrm{b}} + W_{\mathrm{c}}P_{\mathrm{c}}}{W_{\mathrm{b}} + W_{\mathrm{c}}} = \frac{P_{\mathrm{b}} + kP_{\mathrm{c}}}{1 + k} \tag{3-60}$$

4. 双向 DC/DC 变换器的控制方法

双向 DC/DC 变换器各桥臂的上下两功率管采用互补方式驱动，通过不同的占空比实现电流的双向流动，因此两个方向电流可统一控制。DC/DC 变换器的控制系统采用的是双闭环结构，由一个电压外环和一个电流内环组成。电压外环用于稳定输出电压，电流内环具有限制输出电流和改善动态性能的作用。

双向控制电路结构如图 3-31 所示，基本的工作原理如下：每个模块的高压侧电压 U_1 反馈并与参考值 U_{ref} 相减，误差经补偿调节器后输出作为电流指令；电流指令经过最大电流 $i_{\max}$ 和最小电流 $i_{\min}$ 限幅，作为电流闭环的输入。

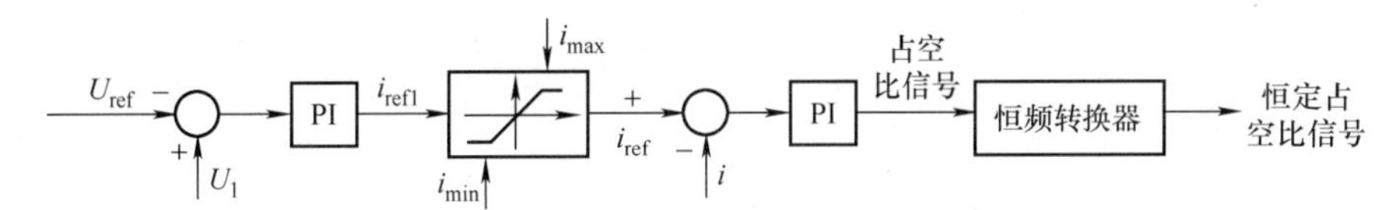

图 3-31　双向控制电路结构

变换器的闭环控制可以分三种情况来讨论：

1）当高压侧电压 U_1 高于参考电压 U_{ref} 时，电流指令值为正，变换器工作在 Buck 模式，复合电源系统充电储能，电流指令经过最大、最小电流限幅后，得到参考电流，再与高压侧电流比较，误差经过 PI 调节器，得到占空比信号输出。

2）当高压侧电压 U_1 低于参考电压 U_{ref} 时，电流指令值为负，变换器工作在 Boost 模式，复合电源系统放电释放能量，电流指令经过最大、最小电流限幅后，得到参考电流，再与高压侧电流比较，误差经过 PI 调节器，得到占空比信号输出。

3）当高压侧电压 U_1 与参考电压 U_{ref} 相等时，电流指令值为零，变换器不工作，复合电源既不释放能量也不吸收能量。

该控制方法为本文混合动力系统设计所采用。

3.5.3　复合电源功率分配控制策略

复合电源功率分配控制策略是一种规则，它预设在列车的控制器中，根据列车当前状态进行决策，并将决策信息作为指令发出。驱动系统再根据指令控制 DC/DC 模块功率开关的开闭合状态，以达到控制动力电源的目的。根据目标的不同，可以有不同的控制策略。这里着重考虑以下两种供电策略：

➤ 动力电池和超级电容混合供电。在该策略下，分别通过两个双向 DC/DC 变换器将动力电池和超级电容连接到直流母线上。动力电池和超级电容可以同时工作，其各自输出或输入的功率大小通过控制两个 DC/DC 变换器即可实现。

➢ 动力电池和超级电容切换供电。在该策略下，动力电池和超级电容不能同时工作，它们共用一个 DC/DC 变换器，只能通过切换 DC/DC 变换器与它们之间的连接来决定某一时刻是由动力电池还是超级电容供电。

1. 电池、电容混合供电功率分配控制策略

这里控制策略的执行是建立在 DC/DC 变换器同时具有变压和变流能力的基础上的，采用规则控制算法，通过将列车的运行模式进行分类，根据不同的工况（平直轨道匀速运行、爬坡、加速、制动），选择不同的功率分配策略。

为描述方便，经调研、比较，考虑一种较合适的策略：低功率指令时，以动力电池作为能量来源；高功率指令时，动力电池和超级电容同时作为能量来源，超级电容作为主要能量来源。根据驾驶指令及列车状态，可以得到不同工况下的电源功率需求。具体的分配策略如下：

1）当列车在匀速运行、爬坡、加速等工况下，电源功率需求为正值。

① 通过动力电池 SOC 估计可以得到一个此时动力电池可提供的最大输出功率，若该功率能满足需求功率，则通过控制 DC/DC 变换器使得动力电池输出需求功率。

② 否则，超级电容作为能量的主要来源，和电池同时提供能量。

③ 若在动力电池与超级电容同时供能的情况下仍无法满足功率需求时，则动力电池和超级电容以最大能力输出功率，列车降低动力性能要求。

2）当列车在制动或下坡等工况下可进行能量回馈时，需求功率为负功率。

① 此时若动力电池能吸收全部回馈功率，则优先分配动力电池进行能量吸收。

② 否则，超级电容与动力电池同时吸收回馈功率。

③ 若在动力电池和超级电容同时吸收功率的情况下仍无法吸收全部回馈功率时，则超级电容以最大能力吸收回馈能量，控制制动电阻吸收多余功率。

动力电池和超级电容功率分配控制策略描述如图 3-32 所示。图中，横坐标为车速，纵坐标为驱动（制动）功率。P_{d-max} 为牵引电机最大驱动功率；P_{c-dmax} 为超级电容能够提供的最大驱动功率；P_{b-dmax} 为动力电池能够提供的最大驱动功率；P_{com} 为指令功率，即期望输出（输入）功率；P_{b-out} 为动力电池实际输出功率；P_{c-out} 为超级电容实际输出功率。P_{b-max} 为牵引电机最大制动功率；P_{c-bmax} 为超级电容的最大制动吸收功率；P_{b-bmax} 为动力电池的最大制动吸收功率；P_{b-in} 为动力电池实际吸收功率，动力电池的吸收功率要小于动力电池的驱动功率；P_{c-in} 为超级电容实际吸收功率；P_{mech} 为机械制动功率。

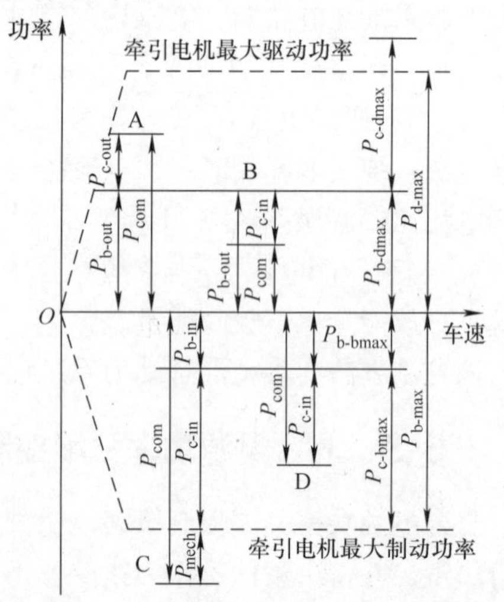

图 3-32 电池、电容功率分配控制策略图解

A、B、C、D 点表述了该策略的四种功率需求情况。

A 点表示指令功率大于动力电池能够输出的最大功率，此时可以利用超级电容对动力电池功率进行补偿，$P_{com}=P_{b-out}+P_{c-out}$。

B 点表示此时功率需求很小，动力电池完全可以满足其功率需求，而满足驱动功率需求后多余的功率可以选择给超级电容充电，$P_{b-out}=P_{com}+P_{c-in}$。

C 点表示此时为联合制动模式（回馈 + 辅助），制动功率需求超过了动力电池和超级电容的最大制动吸收功率总和，此时就需要其他制动方式进行制动功率补充（这里为机械制动），$P_{com}=P_{b-in}+P_{c-in}+P_{mech}$。

D 点表示回馈制动完全可以满足制动功率的要求，控制动力电池和超级电容共同吸收制动能量即可完成回馈制动。

2. 电池、电容切换供电控制策略

图 3-33 所示为另一种供电策略：动力电池和超级电容在同一时刻只能单独工作提供能量。该策略需要 DC/DC 变换器对动力电池和超级电容具有切换控制能力和升压降压功能，而不存在功率分配的问题。其基本的控制策略是：低功率需求时使用动力电池供电（平直轨道直线运行等工况），而高功率需求时使用超级电容供电（加速、驱动等工况）。可以看出，在 A、B、C、D 四种情况下，动力电池和超级电容均单独工作。

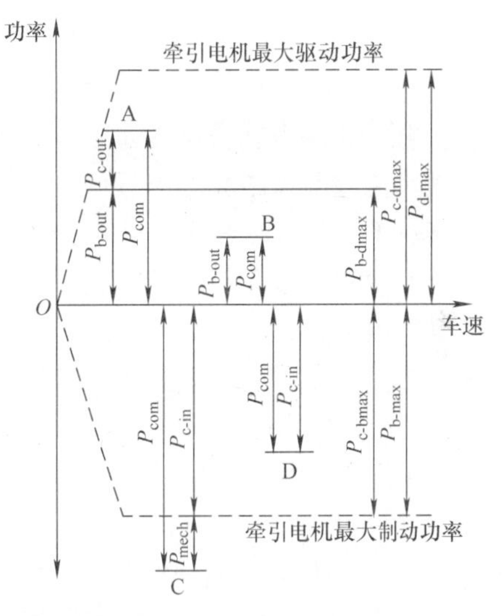

图 3-33　电池、电容切换供电控制策略

混合供电的功率分配控制策略（策略 1），能够完全发挥混合电源的高比能量和高比功率优势，并且可以减少动力电池和超级电容的数量，是真正意义上形成了“混合动力”，但控制相对复杂，对 DC/DC 变换器要求较高。而切换供电控制策略（策略 2），使得动力电池和超级电容的数量更大，不能形成高比能量和高比功率的优势互补，但控制简单，对 DC/DC 的要求相对较低。控制策略的选取需要根据多方面的综合考虑来决定。

根据混合动力有轨电车的实际情况，考虑以下几个方面：

1）由于电源箱空间有限，必须压缩动力电池和超级电容的数量。策略 1 有利于减少动力电池和超级电容数量。经计算，策略 2 需求的动力电池和超级电容数量约为策略 1 需求数量的 1.5 倍，相比之下，策略 2 需求的动力电池和超级电容数量给电源箱的设计提出了很大的挑战。

2）在 DC/DC 变换器的最大电流限制下，采用策略 1 能将电流分担到两个 DC/DC 变换器上，从而有效地降低单个 DC/DC 变换器的输出电流，最大程度地发挥 DC/DC 变换器的能力。

3）采用策略 1 时，在大部分情况下超级电容的 SOE 保持在较高的状态，这样有利于延长突发大功率需求情况下的工作时间。

综合以上分析，首选策略 1 作为功率分配策略。

3.5.4　功率流分配策略算法

高功率指令与低功率指令是根据动力电池组的最大充放电能力来界定的。假设 i_b 为动力电池组的输出电流，v_b 为动力电池组的输出电压，i_{db} 为连接动力电池组的 DC/DC 的输出端电流；i_c 为超级电容的输出电流，v_c 为超级电容输出电压，i_{dc} 为连接超级电容组的 DC/DC 的输出端电流；i_{bus}、v_{bus} 分别为母线电流和母线电压。i_{b_up} 为动力电池最大放电电流，i_{b_low} 为动力电池最大充电电流。根据 DC/DC 的变压比可以得到 i_{db} 的最大输出电流 i_{db_up} 和输入电流 i_{db_low}：

$$\begin{cases} i_{db\_up}=\dfrac{v_b}{v_{bus}}i_{b\_up} \\ i_{db\_low}=\dfrac{v_b}{v_{bus}}i_{b\_low} \end{cases} \tag{3-61}$$

混合电源参数变量定义如图 3-34 所示。

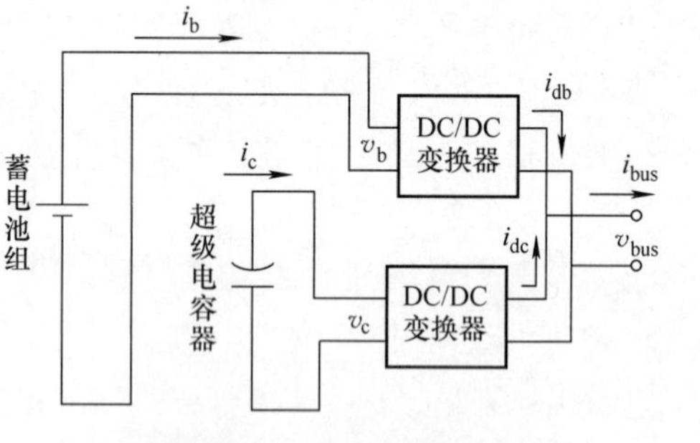

图 3-34 混合电源参数定义

功率流分配策略算法如下：

步骤 1：当输入参数“net” =1 时，电网有电，此时动力电池和超级电容均以其最大能力充电，动力电池的最大充电电流为 i_{b_low}，超级电容为 $i_{c_max}=400$A（理论上超级电容的充电电流可达 2000A，但考虑电网容量非无穷大，限定超级电容的充电电流为 400A）。

于是可得：$i_b=i_{b\_low}$，$i_c=-i_{c\_max}$。当输入参数“net” =0 时，电网没电，需要由车载混合电源为列车供电。进入步骤 2。

步骤 2：界定此时的功率需求为高功率指令或低功率指令。

根据式（3-51）得到 i_{db_up} 和 i_{db_low}。

当功率需求

$$\begin{cases} P_n \geqslant v_{bus} i_{db\_low} \\ P_n \leqslant v_{bus} i_{db\_up} \end{cases} \tag{3-62}$$

成立时，为低功率指令，表示动力电池组能够单独满足功率需求。

于是可得：

$i_{db}=\dfrac{P_n}{v_{bus}}$，$i_b=\dfrac{v_{bus}}{v_b}i_{db}$，$i_c=0$。

当式（3-52）不成立时，进入步骤 3。

步骤 3：进行功率流分配。

判断功率需求的正负。当前功率需求下的母线电流值为

$$i_{bus}=\frac{P_n}{v_{bus}} \tag{3-63}$$

当 $i_{bus}>i_{db\_up}$ 时，则认为当前功率需求为正，否则认为当前功率需求为负。

设置中间变量

$$\text{middle}=\begin{cases} i_{db\_up}, i_{bus}>i_{db\_up} \\ i_{db\_low}, i_{bus}\leqslant i_{db\_up} \end{cases} \tag{3-64}$$

于是可得：

$i_b = \frac{v_{bus}}{v_b}middle$，$i_{dc} = \frac{P_n}{v_{bus}}$（$-middle$），$i_c = \frac{v_{bus}}{v_c}i_{dc}$。

功率流分配算法完毕。

3.6　充放电特性及装备

3.6.1　锂电池的充放电特性

锂电池充电从安全、可靠及兼顾充电效率等方面考虑，通常采用两段式充电方法。第一阶段为恒流限压，第二阶段为恒压限流。锂电池基本充放电电压曲线如图 3-35 所示。图中曲线采用的充放电电流均为 0.3C。对于不同的锂电池，区别主要有两点：

➢ 第一阶段恒流值，根据电池正极材料和制造工艺不同，最佳值存在一定的差别。一般采用电流范围为 0.2C ~ 0.3C。

➢ 不同锂电池在恒流时间上存在很大的差别，恒流可充入容量占总体容量的比例也存在很大差别。从车辆实际应用的角度，恒流时间越长，充电时间越短，更有利于应用。

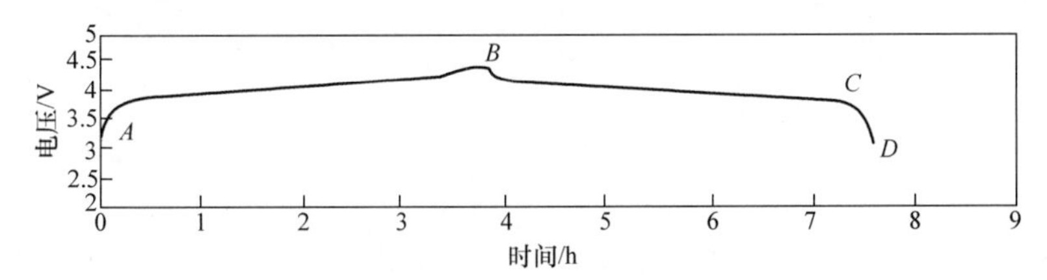

图 3-35　锂电池基本充放电电压曲线

锂电池放电在中前期电压稳定，下降缓慢，但在放电后期电压下降迅速。在此阶段必须进行有效控制，防止电池过放电，避免对电池造成不可逆性损害。

1. 充电特性的影响因素

（1）充电电流对充电特性的影响　在电池允许的充电电流之内，增大充电电流，虽然可恒流充入的容量和能量将减少，但有助于总体充电时间的减少。在实际电池组应用中，可以以锂电池允许的最大充电电流充电，达到限压后，进行恒压充电，这样在减少充电时间的基础上，也保证了充电的安全性。但充电电流的增加，也将带来电池内阻能量损耗的增加。

大量试验证明，在充电过程中锂电池的内阻变化在 0.4mΩ 之内，电池内阻能耗与充电时间基本呈线性关系，而同充电电流成平方关系。在充电初期，充电电流将是内阻能耗的主要影响因素，电流大的能耗大；在此之后，充电时间将是内阻能耗大小的主要影响因素，充电时间长的能耗大。对充电过程进行综合考虑，因为充电电流与内阻能耗成平方关系，是影响内阻能耗的主要因素，所以充电电流大的内阻能耗大。在实际电池应用中，应综合考虑充电时间和效率，选择适中的充电电流。

（2）放电深度对充电特性的影响　大量试验证明：随放电深度增加，充电所需时间增加，但平均每单位容量所需的充电时间减少，即充电时间的增加同放电深度不成正比增加；恒流充电时间所占总充电时间的比例增加，恒流充电容量占所需充入容量的比重增加；等安时充放电效率有所降低，但降低幅度不大。

（3）充电温度对充电特性的影响　随着环境温度降低，锂电池的可充入容量明显降低，而充电时间明显增加。低温（-25℃）和室温（25℃）两种情况下，相同的充电结束电流，可充入容量和能量降低25%～30%。若以5A为充电结束标准，则锂电池仅充入在此温度下可充入容量或能量的75%～85%。但降低充电结束电流，就意味着充电时间的大幅增加。在冬季低温情况下，锂电池可充入容量低，因此，为了防止锂电池过放电，必须降低单次充电锂电池的可用容量。

2. 放电特性影响因素

在室温情况下对锂电池充电，在不同温度下放电，对锂电池可放出能量的影响大于对锂电池放电容量的影响。在放出容量占可放出容量40%～50%时，单位时间放出的能量最多。在低温情况下，锂电池的放电电压较低，尤其在放电初期，同样的放电电流下，锂电池电压将出现一个急剧的下降，所以放电能量偏低；在放电中期，放电消耗在锂电池内阻上的能量使得锂电池自身的温度升高，锂电池活性物质的活性增加，锂电池电压有所升高，因此可放出的能量增加；在放电后期，锂电池电压降低，单位时间放出的能量随之降低。

在同一温度，同样的放电终止电压下，不同的放电结束电流，可放出的容量和能量有一定的差别。电流越小，可放出容量和能量越多。如上述放电试验，0.05C比0.5C可放出容量和能量增加为5%～7%。

3.6.2　锂电池的充放电方法

1. 常规充电方法

1）恒流充电法（图3-36）。恒流充电方法是通过调整充电装置输出电压或改变与锂电池串联电阻的方式使充电电流强度保持不变的充电方法。该方法控制简单，但电池的可接受电流能力随着充电过程的进行而逐渐下降，到充电后期，充电电流多用于电解水，产生气体，此时电能不能有效转化为化学能，多变为热能消耗掉了，因此常选用分段电流充电法。

2）恒压充电法（图3-37），即充电电源电压始终保持一定。

$$I=\frac{U-E}{R} \tag{3-65}$$

式中　U——电池的端电压（V）；

E——电池电动势（V）；

I——充电电流（A）；

R——充电电路中内阻（Ω）。

由式（3-55）可知，充电开始时，锂电池电动势小，充电电流很大，对锂电池的寿命造成很大影响，且容易使锂电池极板弯曲，造成锂电池报废；充电中期和后期，由于锂电池极化作用的影响，正极电位变得更高，负极电位变得更低，电动势增大，充电电流过小，造成长期充电不足，影响锂电池的使用寿命。鉴于这些缺点，恒压充电很少使用，只有在充电电源电压低、工作电流大时才采用。

3）阶段充电法。该方法包含多种充电方法的组合，如先恒流后恒压充电法、多段恒流充电法、先恒流再恒压最后恒流充电法等。常用的为先恒流再恒压的充电方式，如铅酸蓄电池、锂电池常采用该种方式充电。

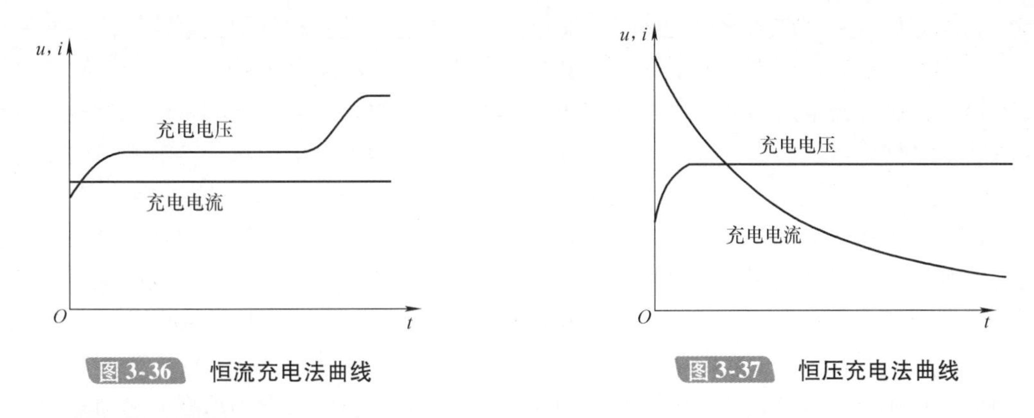

图 3-36　恒流充电法曲线　　图 3-37　恒压充电法曲线

2. 快速充电方法

为能够最大限度地加快动力电池的化学反应及充电速度，同时减少正负极板的极化现象，提高蓄电池使用效率，快速充电技术近年来得到了迅速发展。

1）脉冲式充电法（图 3-38），即充电电流或电压以脉冲的形式加在锂电池两端，通过在充电电流中叠加一定频率、宽度、高度的负脉冲或短时间的中途停充电，允许加大充电电流，以缩短充电时间。该方法首先用脉冲电流对电池充电，然后停充一段时间，再用脉冲电流对锂电池充电，如此循环。充电脉冲使锂电池充满电量，而间歇期使锂电池经化学反应产生的氧气和氢气有时间重新化合而被吸收掉，使浓差极化和欧姆极化自然而然地得到消除，从而减轻了锂电池的内压，使下一轮的恒流充电能够更加顺利地进行，使锂电池可以吸收更多的电量。间歇脉冲使锂电池有较充分的反应时间，减少了析气量，提高了锂电池的充电电流接受率。

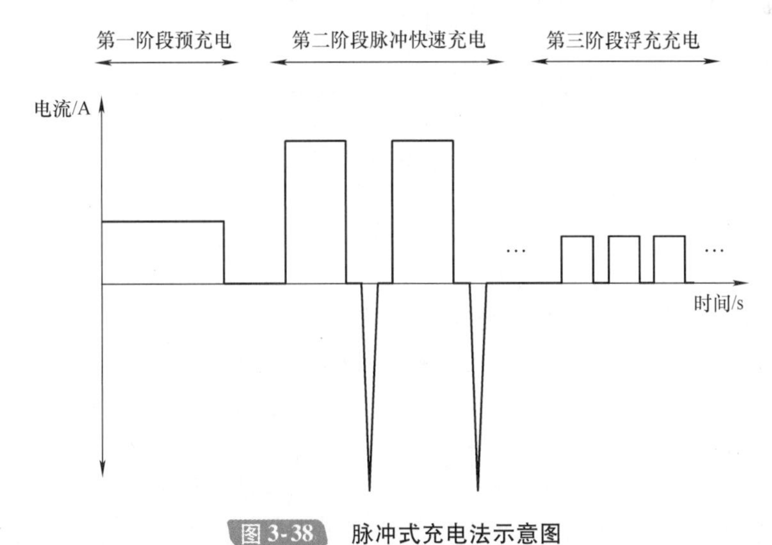

图 3-38　脉冲式充电法示意图

通常在充电初期，由于极化现象不明显，可以采用额定容量的大电流进行定流充电，使锂电池在较短时间内充到额定容量的 50% ~ 60%。当锂电池单体电压上升到一定的程度，水开始分解，有微量出气时停止充电。停充后，欧姆极化消失，浓差极化也会因扩散而部分消失。为了消除电化学极化的电荷积累，消除极板微孔中形成的气体，并帮助浓差极化进一

步消失，停充后应采用放电或反充使锂电池通过一个与充电方向相反的大电流脉冲，然后再停充（约10ms）。脉冲深度为充电电流的0.5～2倍，脉冲宽度为5～30ms。以后的充电过程就一直按正脉冲充电—停充—负脉冲瞬间放电—停充—再正脉冲充电这种循环过程，直至充足为止。这样就可以使极化程度显著减慢，从而解决了快速充电影响锂电池寿命的问题。

2）变电流间歇充电法（图3-39），即在限定充电电压条件下，采用变电流间歇方式加大充电电流，加速充电过程，缩短充电时间，以充进更多电量。该方法建立在恒流充电和脉冲充电的基础上，将恒流充电段改为限压变电流间歇充电段。充电前期采用变电流间歇充电的方法，保证加大充电电流，获得绝大部分充电量。充电后期采用定电压充电段，获得过充电量，将锂电池恢复至完全充电状态。通过间歇停充，使锂电池经化学反应产生的氧气和氢气有时间重新化合而被吸收掉，使浓差极化和欧姆极化自然而然地得到消除，从而减轻了锂电池的内压，使下一轮的恒流充电能够更加顺利地进行，使锂电池可以吸收更多的电量。

该方法有3个要点：

① 限定充电电压，保证加大充电电流不损害锂电池。

② 用间歇分段充电方式加大充电电流值。

③ 为充进尽可能多的电量，应采用逐次减少充电电流值的变电流模式。

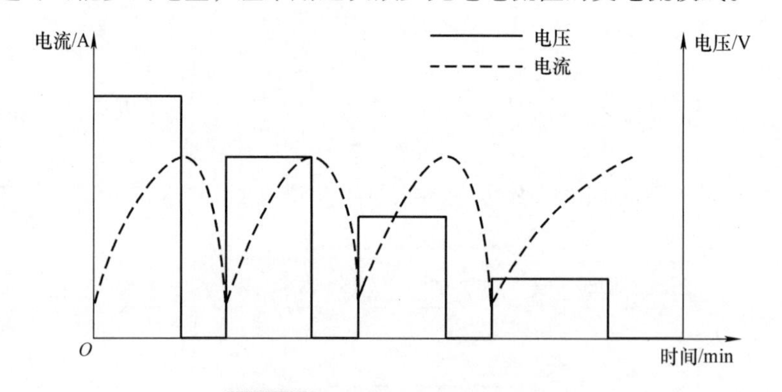

图3-39 变电流间歇充电曲线

3）变电压间歇充电法（图3-40），即以变电流间歇充电为基础，把变电流间歇充电中的变流改为变压，通过间歇停充，使锂电池化学反应产生的氧气有时间被重新化合吸收掉，从而减轻内压、吸收更多电量。其与变电流间歇充电方法的不同之处在于第一阶段不是间歇恒流，而是间歇恒压。比较图3-39和图3-40可以看出，图3-40所示为更加符合最佳充电的充电曲线。在每个恒电压充电阶段，由于是恒压充电，充电电流自然按照指数规律下降，符合锂电池电流可接受率随着充电过程逐渐下降的特点。

在精细化管理和控制的情况下，对于电压上限的调整还可根据锂电池的充电温度变化进行调整。如锂电池温度在较低范围，提高充电电压上限以提高锂电池组的可充电容量，锂电池温度在较高的范围内，降低充电电压上限以保证锂电池的安全。

3.6.3 充电桩

储能式有轨电车的充电方式包括地面充电站和车载充电机两种。按功能进行划分，地面充电站可以分为四个模块：配电系统、电池调度系统、充电系统以及充电站监控系统。充电

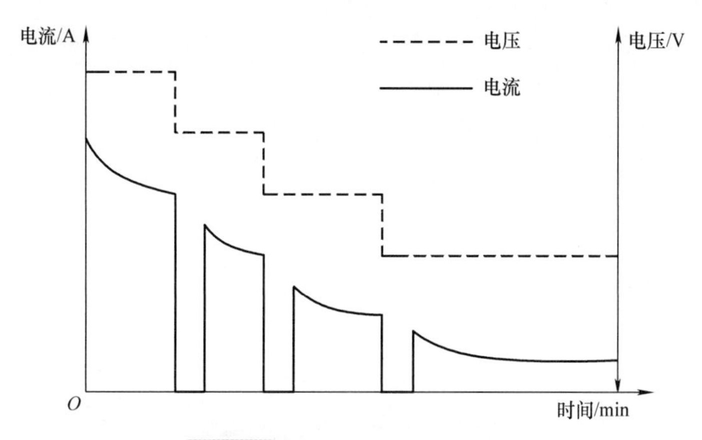

图 3-40　变电压间歇充电曲线

站的功能描述如图 3-41 所示。

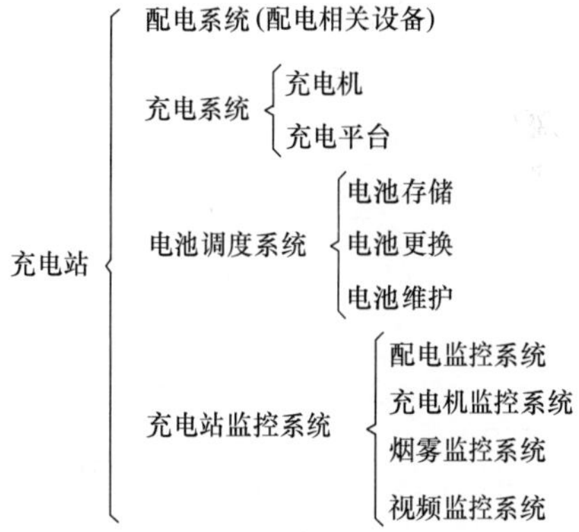

车载充电机置于储能式有轨电车上，需要充电时，只要把电缆和地面直流电源连接起来即可。因此，相比于地面充电机，车载充电机可以省去地面电源调度系统以及充电站监控系统，只需利用地面现有的配电系统来提供充电电源。但是，车载充电机的容量受到一定的限制。

- 充电站
  - 配电系统（配电相关设备）
  - 充电系统
    - 充电机
    - 充电平台
  - 电池调度系统
    - 电池存储
    - 电池更换
    - 电池维护
  - 充电站监控系统
    - 配电监控系统
    - 充电机监控系统
    - 烟雾监控系统
    - 视频监控系统

图 3-41　充电站的功能描述

1. 充电技术

对于动力电池组，目前动力电池组的充电方法主要以马斯曲线为理论依据，以控制蓄电池充电过程的析气为前提。如果一个电池在充电过程中保持相等而又微量的不断气化，那么这个充电电流是一条指数曲线，如图 3-42 所示。

如果充电完全按照图 3-42 所示的指数曲线进行充电，那样虽然不会造成锂电池极板上析气的产生，但是充电设备的利用率非常低，充电时间很长。在实际应用中主要采用三段式充电：在充电初期，根据锂电池的初始状态，一般使用较大的恒定电流对锂电池进行充电；当锂电池的端电压达到额定值时，再进行恒压充电，在本阶段电流将不断减少；当电流减少到一定数值时，则认为锂电池已充满。恒流 - 恒压充电曲线如图 3-43 所示。

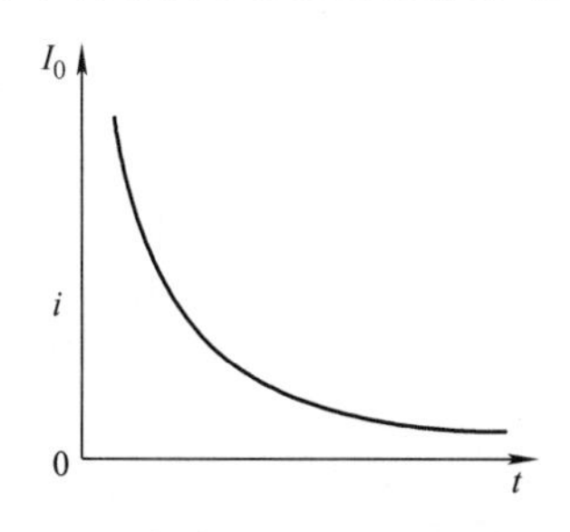

图 3-42　微量气化情况确定的接受充电电流曲线

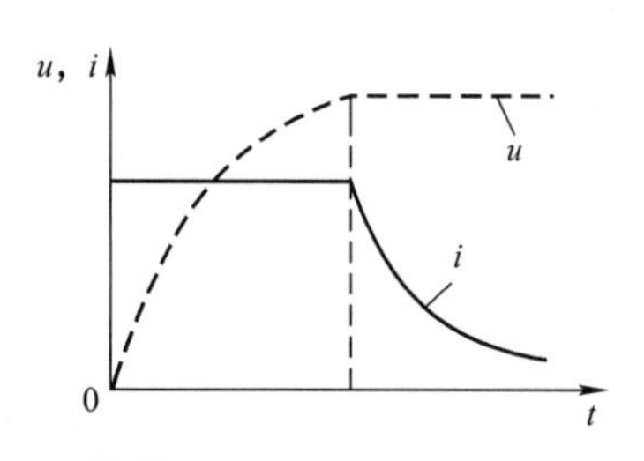

图 3-43　恒流 - 恒压充电曲线

对超级电容也采用恒流 - 恒压充电的方法，当较大电流充电时能节省充电时间（$0-t_1$ 阶段），后期采用恒压充电时（t_1-t_2 阶段），可解决超级电容单体间的均压问题。充电过程

如图 3-44 所示，当电流降至 0 时，充电自然结束，充电时间可以在曲线的任意点结束。

2. 技术参数

有轨电车超级电容成套充电装置主要由整流变压器、充电柜、开关柜、控制系统以及车辆进出站检测系统等组成。广州海珠线充电桩如图 3-45 所示，其技术参数见表 3-22（供参考）。

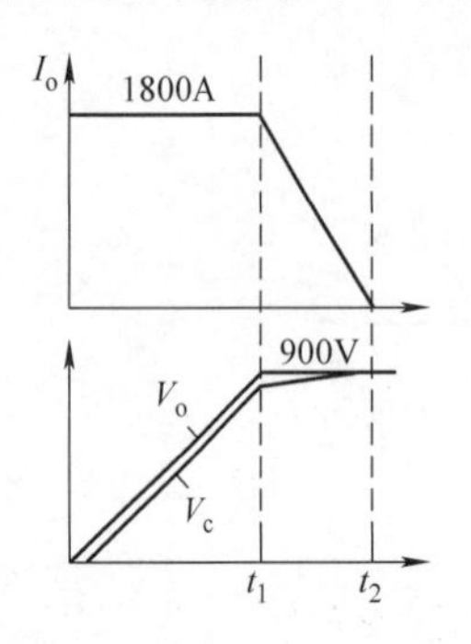

图 3-44 超级电容充电过程

图 3-45 广州海珠线充电桩

表 3-22 技术参数

项　目	参　数
输入电压	三相 AC 10kV
输出电流	0 ~ 18000A 可调
输出电压	400 ~ 900V 可调
输出功率	1620kW
充电时间	<30s，间隙工作
充电方式	恒流、恒压、恒功率、充电方式可以自动调整
稳压精度	≤ ±0.5%
效率	>95%
稳流精度、纹波指标	满足超级电容充电要求

3. 电气原理

超级电容成套充电装置由 10kV 供电，经整流变压器降压变换到 0.95kV，经过变流装置的变换，输出电压电流均可调节，根据充电逻辑分配到车站上下行接触网，实现对车载超级电容的充电。电路拓扑如图 3-46 所示，功率单元如图 3-47 所示，输出开关柜电气原理如图 3-48 所示。

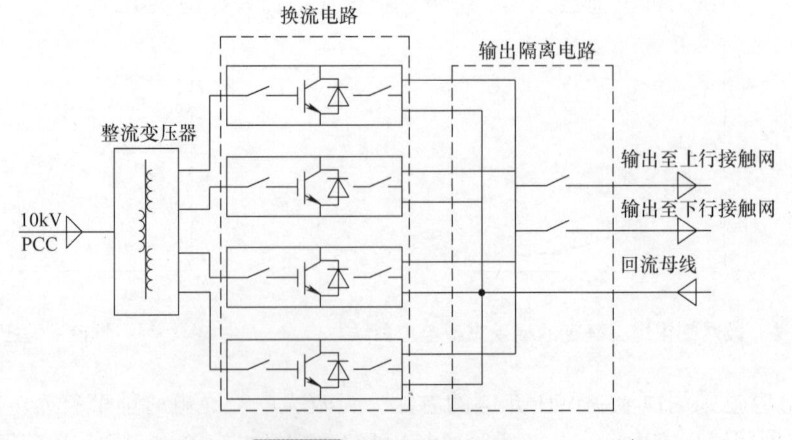

图 3-46 充电柜电路拓扑

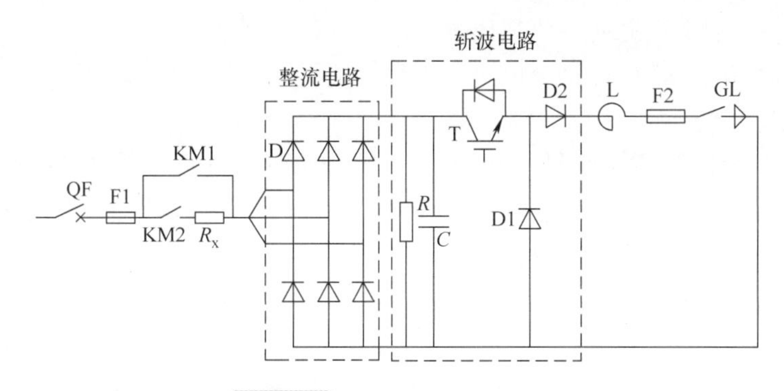

图3-47　功率单元电路拓扑

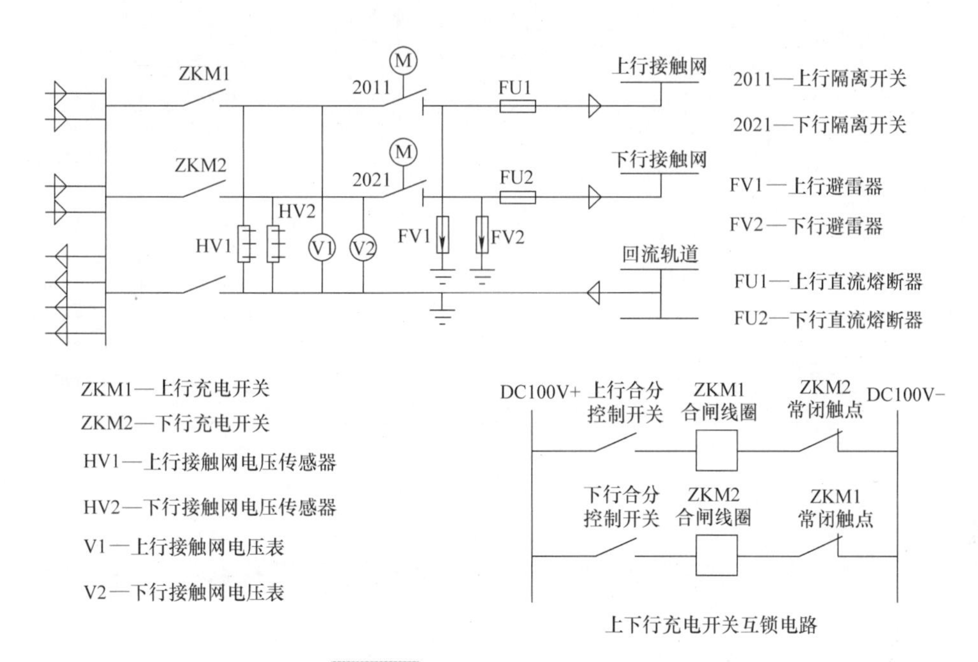

图3-48　输出开关柜电气原理

（1）车辆位置检测原理

1）当车辆位置检测用于准确判定车辆进出站及方向，并据此实现充电起停控制，争取最大充电时间，避免离站拉弧。

2）采用非接触式RFID射频检测技术，避免车辆与站台充电装置的直接电气连接，提高可靠性。

3）采用更高频率的5.8GHz远距离射频技术，对高速运动物体检测更准确。

4）标签设置于车辆顶部，在以受电器为中心的两侧相对位置各放置一组标签，具备双向检测及过站检测功能。

（2）接触网燃弧检测原理

1）充电过程中，车辆受电器和接触网接触不良，可能造成接触网燃弧。

2）如果连续20ms输出电压均为过压，并且设备无其他故障，则设备重新起动输出。

3）如果连续20ms输出电压均过压，设备跳闸退出。

4）如果设备重启2次之后，仍然出现过压，设备跳闸推出。

5）如果接触网电压消失，则充电过程结束，装置进入待机状态。

4. 监控系统

充电机监控系统网络拓扑如图3-49所示，采用可靠性高的光纤以太网通信；充电柜能够实现自动检测、远方手动切换和现场手动切换，各种方式之间有可靠的闭锁，有效防止事故发生。检测、控制可实现完全自动，无需人员值守。

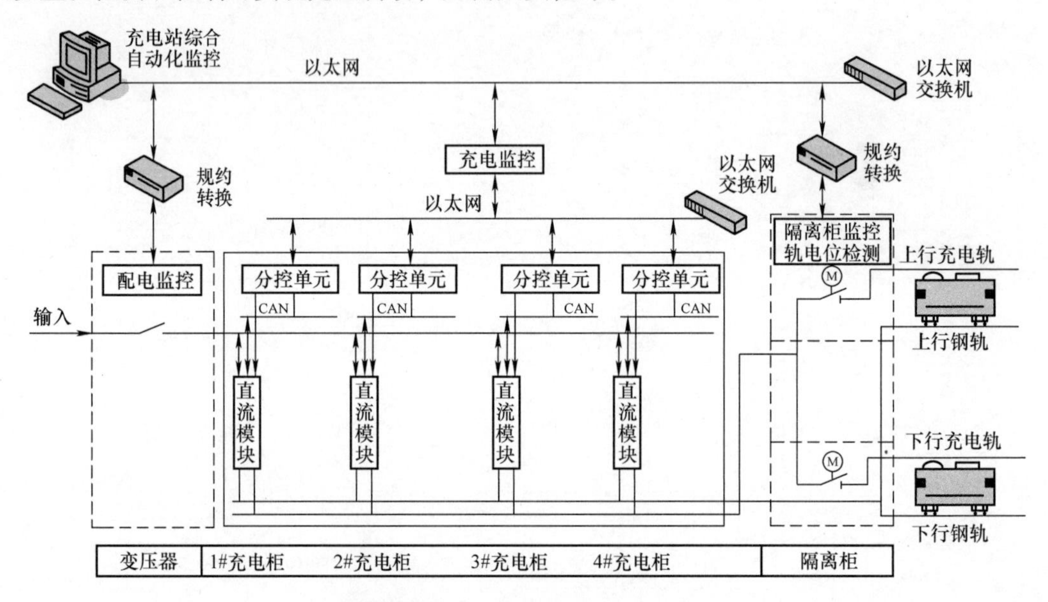

图3-49　充电机监控系统网络拓扑

3.7　混合动力有轨电车运行仿真研究

3.7.1　混合动力仿真软件

根据前文介绍，开发混合动力仿真软件，其功能模块主要分为车辆参数、电源设置、线路数据、ATC生成、运行仿真等五个部分，如图3-50所示。

图3-50　系统主界面

车辆参数模块如图3-51所示。该模块可以设置列车基本参数、电气设备参数、阻力参数和速度控制器参数。列车的基本参数包括整车质量、车轮滚动半径、机械传动系统效率、变速器传动比和惯性质量系数。电气设备参数包括电机额定功率、整车电机数量、电机效率、逆变器效率、DC/DC变换器效率和整车辅助功率。阻力参数是单位基本阻力公式中的三个经验常数。速度控制器参数是PI参数。可以将设置好的参数保存为列车数据文件，以便下次可以直接调用。

电源参数模块如图 3-52 所示。该模块可以设置动力电池参数、超级电容参数、电网参数和电源控制参数。动力电池参数包括单体动力电池的额定电压、额定容量、初始 SOC、满电荷电压、额定放电倍率串联内阻、串联数和并联数等。超级电容参数包括单体超级电容的额定容量、额定电压、初始 SOE、截止工作 SOE、最大放电电流、最大充电电流和串并联数等。电网参数包括母线电压和母线最大电流。电源控制参数是供电方式的选择，包括单 DC/DC 变换器切换供电和双 DC/DC 变换器混合供电。

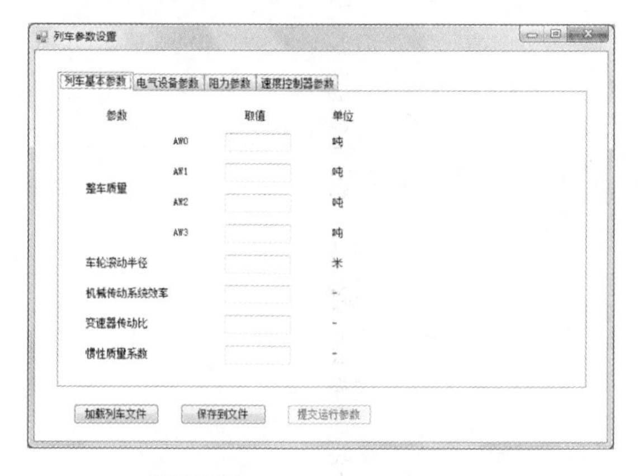

图 3-51　列车参数设置界面

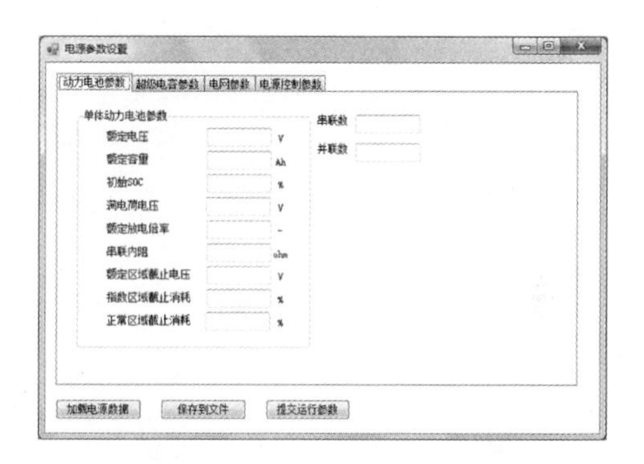

图 3-52　电源参数设置界面

线路数据模块如图 3-53 所示。该模块采用直接加载线路数据文件的方式。线路数据文件为包括线路概览数据、车站数据、坡道数据、曲线数据的文本格式文件，方便使用者编辑。

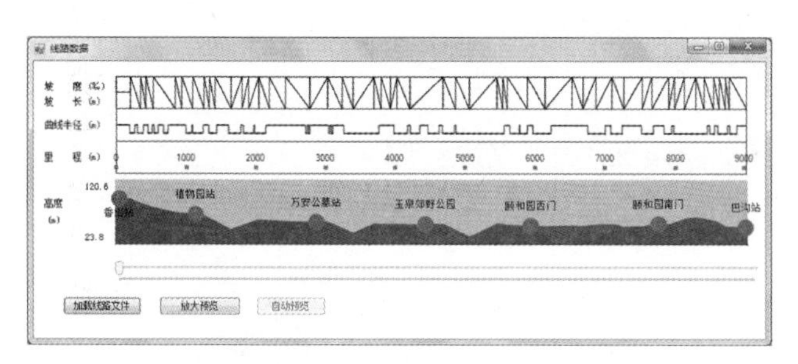

图 3-53　线路数据加载界面

ATC 曲线模块如图 3-54 所示。该模块生成需要设置列车的期望行驶车速、期望驱动加速度和期望制动加速度。设置完成并保存后就可以生成列车运行的 ATC 曲线。

运行仿真模块如图 3-55 所示。设置好仿真步长、仿真时长及 PI 迭代步长后可以进行列车运行仿真。结果包括列车位移时程曲线、列车牵引力时程曲线、列车速度时程曲线、列车加速度时程曲线、需求功率时程曲线、动力电池 SOC 时程曲线和超级电容 SOE 时程曲线共 7 种曲线，曲线都可以局部放大显示。

运行仿真完成后，通过单击菜单“仿真运行”—“回放线路运行”打开线路仿真回放窗口，即可查看运行结果的详细数据动画回放，如图 3-56 所示。

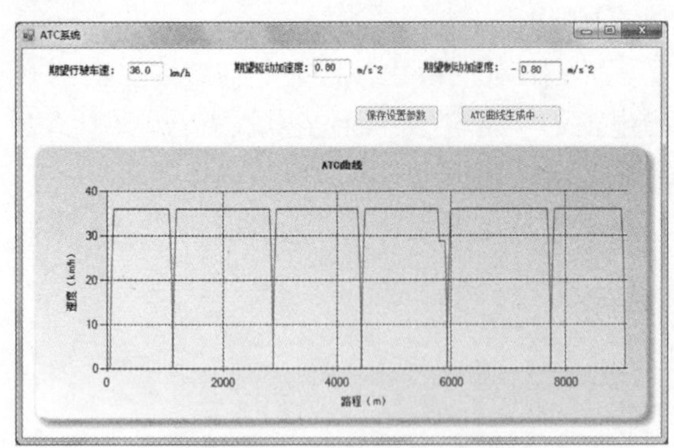

图 3-54　ATC 生成设置界面

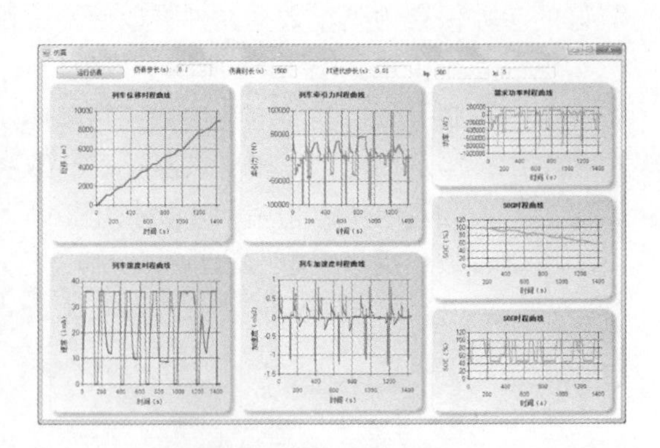

图 3-55　运行仿真界面

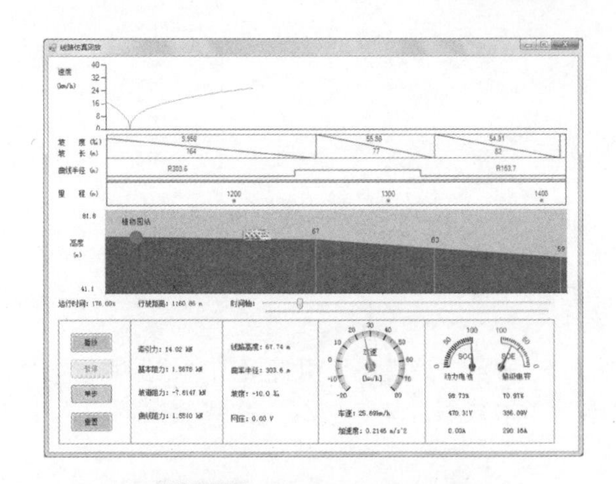

图 3-56　线路仿真回放界面

3.7.2　国内某线路的混合动力方案设计

1. 输入参数

（1）线路信息　北京西郊线全线共 7 个停靠站，分别是香山站、植物园站、万安公墓站、玉泉郊野公园站、颐和园西门站、颐和园南门站和巴沟站。线路平面走向示意图如图 3-57所示。

设左线（上行线）中香山站为始发站，巴沟站为终点站。右线（下行线）中巴沟站为始发站，香山站为终点站。其中植物园站，左线与右线的公里标不同，其余站点公里标均相同。在停靠站内架设电网，为列车的车载电源充电，列车停车时间 30s。列车进入站台后即刻开始充电，在起动至出站台前的一段距离由电网供电，出站后由车载电源供电。

图 3-57　北京西郊线平面走向示意图（供参考）

北京西郊线下行线路中的坡度信息和弯道信息的具体数据见表 3-23 ~ 表 3-25。

上行线路相关信息类似。

表 3-23　北京西郊线（下行）线路停靠站位置信息

出发站	到达站	出发站位置/m	站间距/m
香山站	植物园站	59.5	1080.989
植物园站	万安公墓站	1140	1780.541
万安公墓站	玉泉郊野公园站	2918	1491.663
玉泉郊野公园站	颐和园西门站	4420	1507.686
颐和园西门站	颐和园南门站	5925	1823.062
颐和园南门站	巴沟站	7745	1261.011
巴沟站		9012	

表 3-24　北京西郊线（下行）线路坡度信息

位置/m	坡度（‰）	位置/m	坡度（‰）	位置/m	坡度（‰）
59.5	0	4013	3	7007	-2
193	0	4263	-2.42	7148	-1.99
368	-35	4388	2	7299	-17.89
515	-46	4680	2	7489	3
858	-23	4862	-49	7662	18.72
1253	-10	5061	-50	7900	3
1663	-56	5458	50	8128	35.55
1990	50	5607	-16	8296	12.19
2470	-7	5777	-4	8559	-20
3063	-3	6140	-3.5	8728	-50
3393	-45	6481	3	9012	-4
3693	45	6681	-3		
3878	-4	6845	12		

表 3-25　北京西郊线（下行）线路弯道信息

位置/m	曲线半径/m	位置/m	曲线半径/m	位置/m	曲线半径/m
0	Inf	2138.287	996.4	5773.072	603.6
191.303	Inf	2761.546	inf	5789.43	inf
260.726	800	2811.526	2003.6	5891.829	63.7
298.791	Inf	2834.647	inf	5968.895	inf
385.142	353.6	2884.627	2003.6	6228.475	753.6
449.608	Inf	3034.447	inf	6758.155	inf
505.46	396.4	3084.426	2003.6	7008.373	226.3
533.808	Inf	3107.548	inf	7085.038	inf
590.76	403.6	3157.527	2003.6	7245.927	303.6
668.027	Inf	3258.351	inf	7515.553	inf
732.625	396.4	3763.339	386.4	7683.754	153.7
987.709	inf	3982.321	inf	7832.471	inf
1073.172	296.4	4174.824	303.6	7942.159	500

（续）

位置/m	曲线半径/m	位置/m	曲线半径/m	位置/m	曲线半径/m
1088.386	Inf	4211.639	inf	7973.552	inf
1239.402	303.6	4347.111	296.4	8465.605	300
1320.877	Inf	4462.853	inf	8502.235	inf
1433.772	153.7	4624.103	496.4	8570.663	1004.8
1604.22	Inf	4670.872	inf	8618.503	inf
1780.764	303.6	4846.897	153.7	8761.033	195.2
1816.283	Inf	4866.848	inf	8789.317	inf
1964.285	996.4	5560.004	446.4	8907.208	150
1981.31	Inf	5640.75	inf	9012	inf

注：表中的 inf 表示无穷大，曲线半径为无穷大，即为直线。

本报告考虑了列车运行时的曲线阻力和坡道阻力，坡道阻力这里不再赘述。采用的曲线阻力计算公式如下：

$$\omega_r = \frac{A}{R}(\mathrm{N/kN}) \tag{3-66}$$

式中 A——经验常数，取 $A=600$；

R——曲线半径（m）。

为保证列车安全通过曲线，列车在曲线运行时有速度限制。曲线限速的计算公式为

$$V_{max} = 4.3\sqrt{R} \tag{3-67}$$

式中 V_{max}——列车最大速度值（m/s）；

R——曲线半径（m）。

本节主要是研究混合动力有轨电车在北京西郊线运行时，车载电源配置是否满足要求。

（2）列车相关参数　仿真采用车型为唐山公司设计的 100% 低地板有轨电车，编组采用“3 动 1 拖”结构，整车质量为 84t（AW3，载员 474 人）。每辆动车配有 4 台牵引电机，全车总共 12 台牵引电机，每台牵引电机额定功率 50kW。每辆车辅助功率为 10kW。

单辆动车配有一套电源箱，超级电容与动力电池的配置为“2C1B”，即混合动力电源箱由两组超级电容（Maxwell_ 165F）+一组动力电池（苏州星恒 40A · h）组成。混合电源系统由超级电容、动力电池和 DC/DC 组成。混合电源输出电压为 750V（与电网母线电压相同）。动力电池初始输出电压为 480V，最大放电电流 $\gamma_0$200A，最大充电电流为 40A，设定当 SOC（荷电状态）下降至 30% 时停止工作。超级电容初始输出电压为 480V，最大放电电流设定为 700A，最大充电电流最大为 300A，设定当 SOE（能量状态）下降至 45% 时停止工作。

DC/DC 变换器的低压侧接电源，高压侧接直流母线，直流母线的电压为 750V。轮周功率通过传动系统、牵引电机、牵引变换器、DC/DC 变换器到电源的功率传递效率约为 0.68。功率分配策略为：低功率指令时动力电池为主要能量提供者；高功率指令时超级电容为主要能量提供者。

2. 计算分析

考虑地下线和高架线架设接触网，交叉路口停车 60s 的情况。其他仿真参数见表 3-26。

表3-26　参数表

电机功率	50kW	额定行驶速度	36km/h
动力电池最大放电电流	120A	混合电源配置	2C1B
动力电池充电电流	40A	列车质量	80t
超级电容最大放电电流	700A	列车起动加速度	$0.8m/s^2$
超级电容充电电流	160A	列车制动加速度	$-1.2m/s^2$

混合电源配置是2C1B，1B为135个40A·h的动力电池。站台长度为72m。

（1）列车下行　由巴沟站出发，最终到达香山站，线路运行的仿真结果如图3-58和图3-59所示。可以看出，到终点站时动力电池SOC下降到大约68%左右。列车顺利驶完全程，运行时间约为1318s。

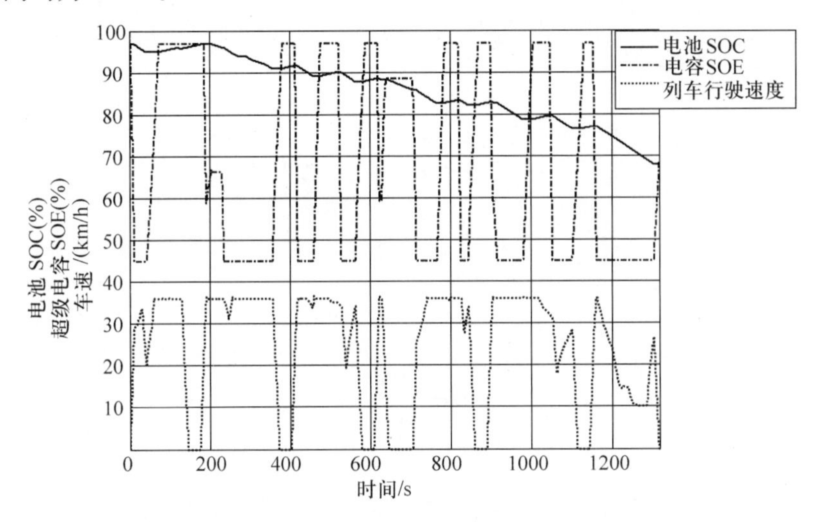

图3-58　电源能量状态、车速与时间关系曲线

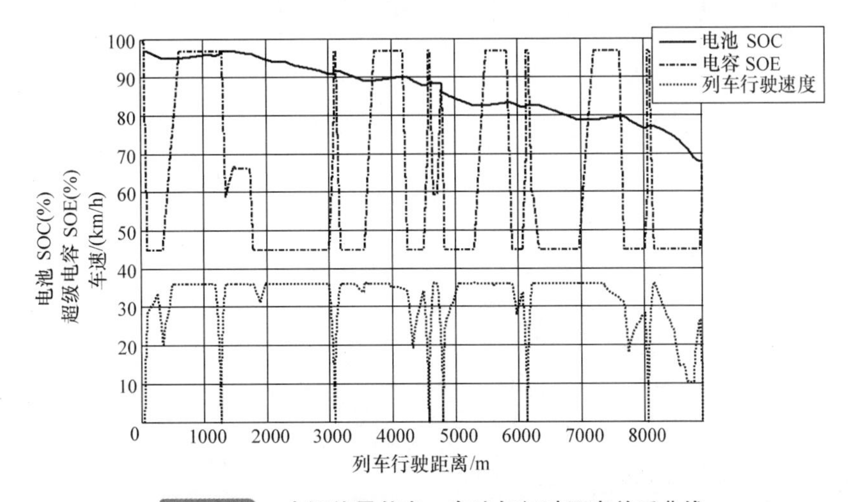

图3-59　电源能量状态、车速与行驶距离关系曲线

从图3-60中可以看出，在一些上坡区段，列车速度下降，不能以期望速度运行。但较之前面没有接触网的工况，列车速度下降得较少。除了在终点站前的那个坡道速度下降到约

10km/h，其他坡道由于有接触网，速度最低也在20km/h左右。

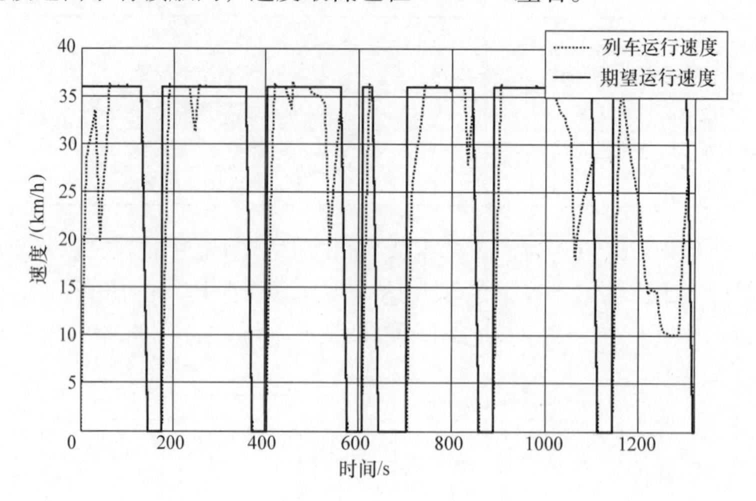

图3-60 列车速度与期望速度关系曲线

由图3-61得，列车的起动加速度在0.8m/s^{2}左右，制动加速度达到−1.2m/s^2，加减速性能良好。超级电容可以满足列车加速时的能量需求。

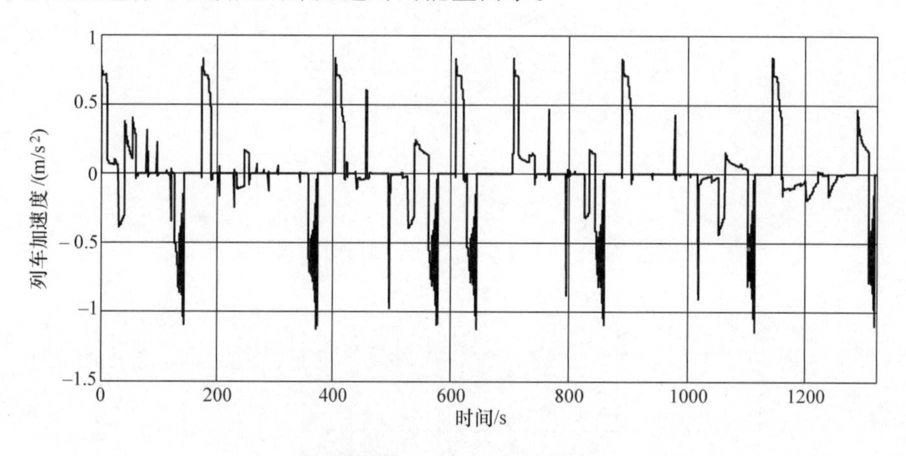

图3-61 列车加速度曲线

图3-62～图3-64所示为列车运行过程中，电源箱及动力电池、超级电容各自的输出电流大小变化情况。从图中可以看出，动力电池的最大输出电流接近120A，超级电容的最大输出电流达到约700A，都在允许范围之内。

图3-65所示为列车运行过程中弯道阻力和坡道阻力对列车速度的影响。这里考虑列车的巡航速度为36km/h，在线路曲线限速范围内，因此弯道对列车速度影响不大。坡道对列车速度影响比较大，在坡度大的地方列车速度降低。因为地下线和高架线架设了接触网，所以列车在有接触网的坡道行驶时性能下降较少，没有接触网的坡道上行驶时性能下降较多。

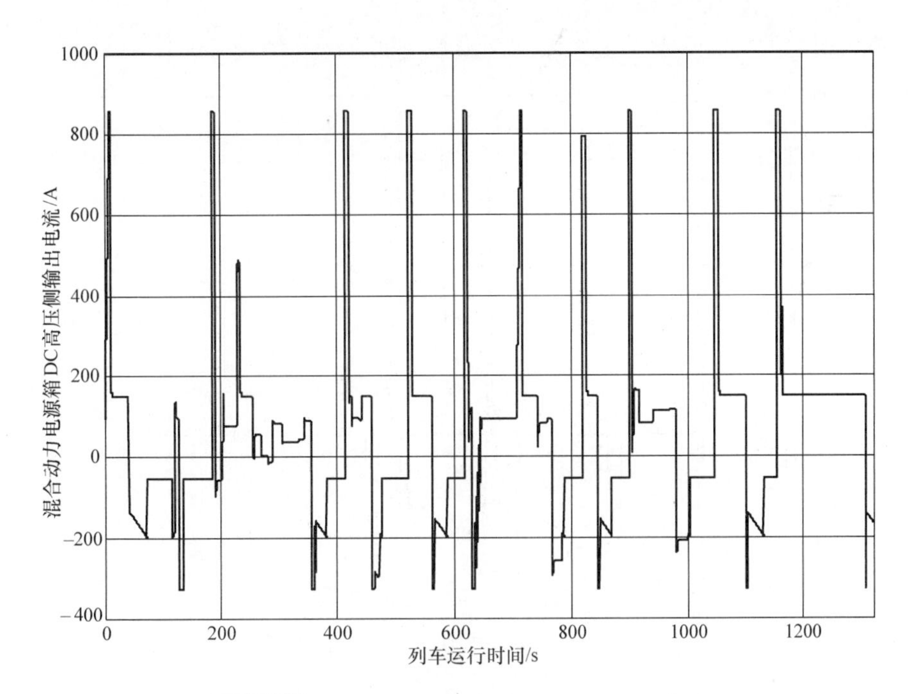

图3-62 混合电源箱DC高压侧输出电流曲线

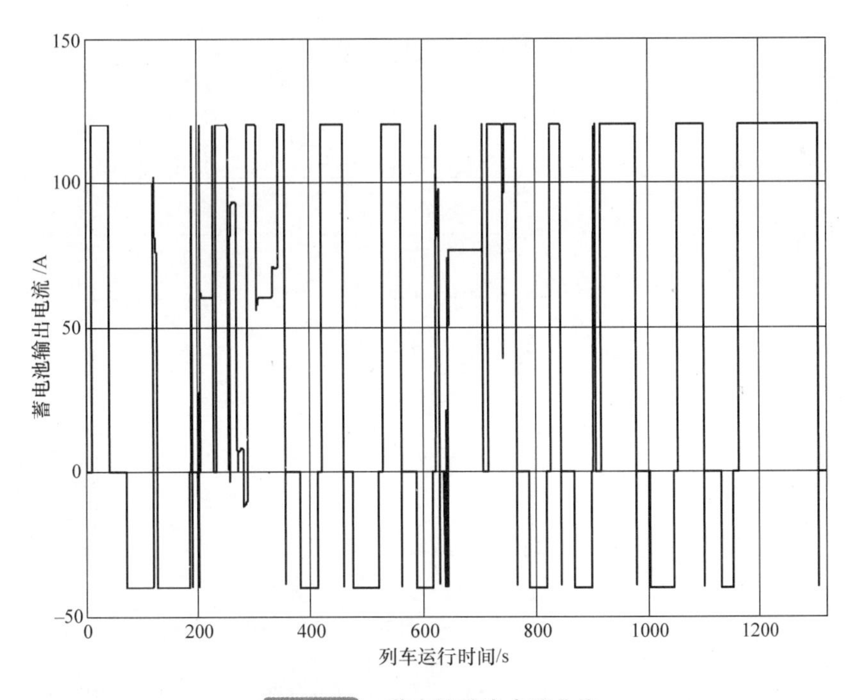

图3-63 蓄电池输出电流曲线

（2）列车上行 由香山站出发，最终到达巴沟站，线路运行仿真结果如图3-66和图3-67所示。可以看出，列车在左线行驶到达终点站时动力电池SOC下降到78%左右，列车运行时间约为1218s。地下线和高架线架设接触网后，减少了动力电池的能量消耗，动力

电池 SOC 在到达终点时保持较高状态，列车运行性能有所提高，运行时间变短。

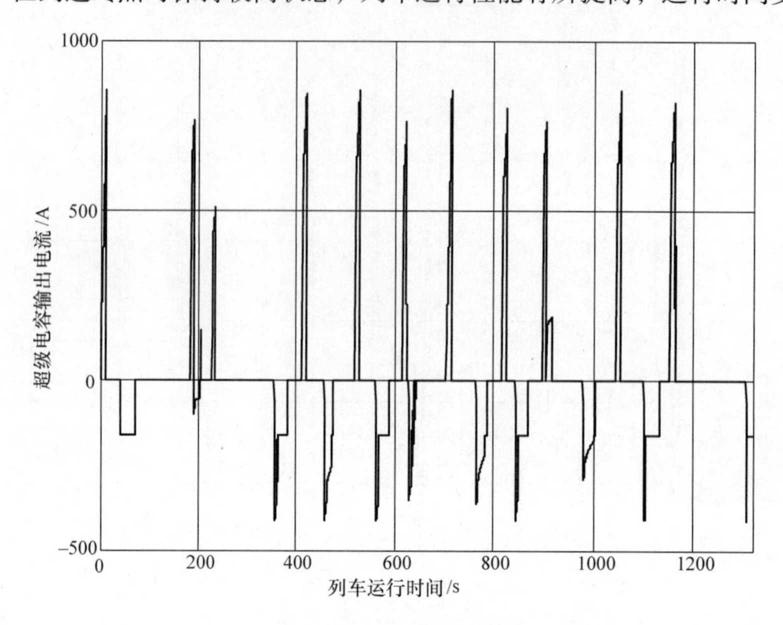

图 3-64 超级电容输出电流曲线

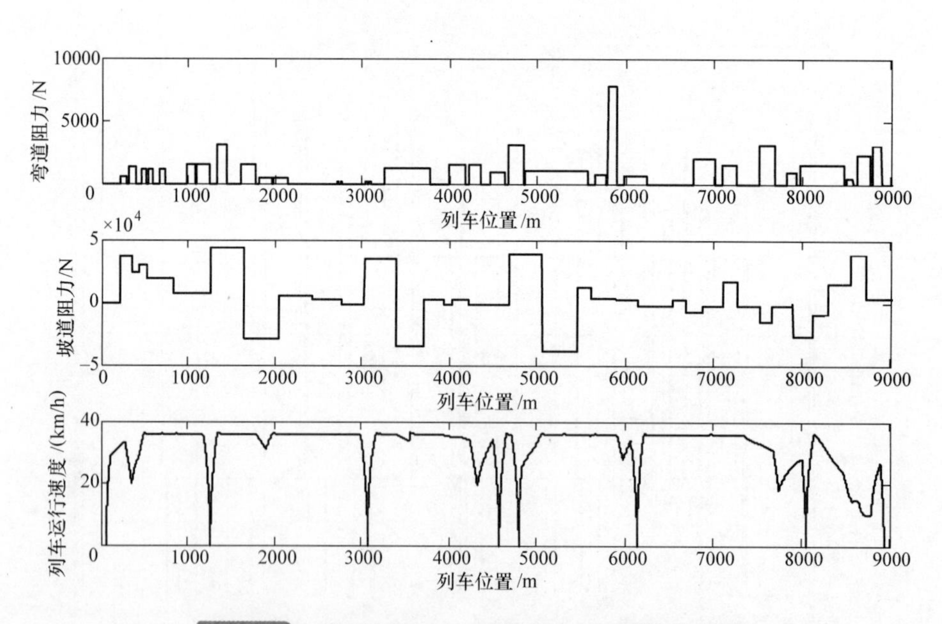

图 3-65 线路弯道阻力、坡道阻力和列车速度曲线

从图 3-68 中可以看出，在一些上坡区段，列车速度下降，不能以期望速度运行。但较之前面没有接触网的工况，列车速度下降得较少，最低时约为 20km/h。

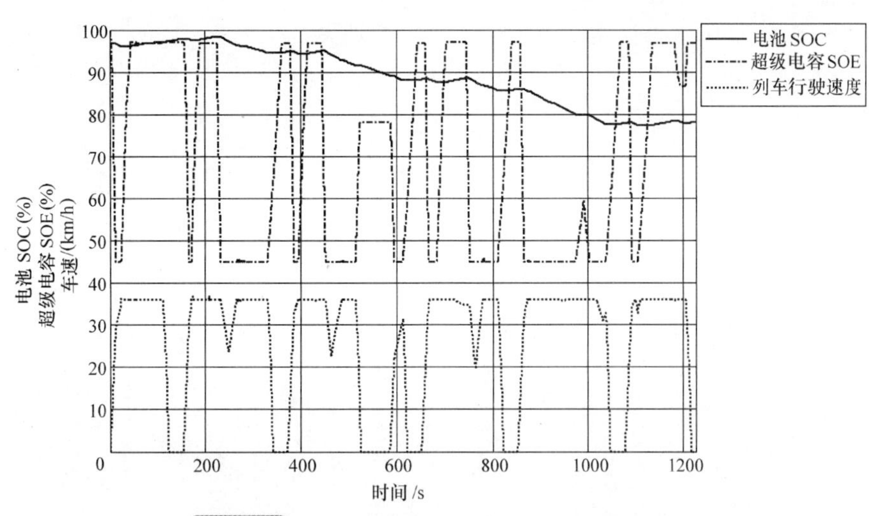

图 3-66　电源能量状态、车速与时间关系曲线

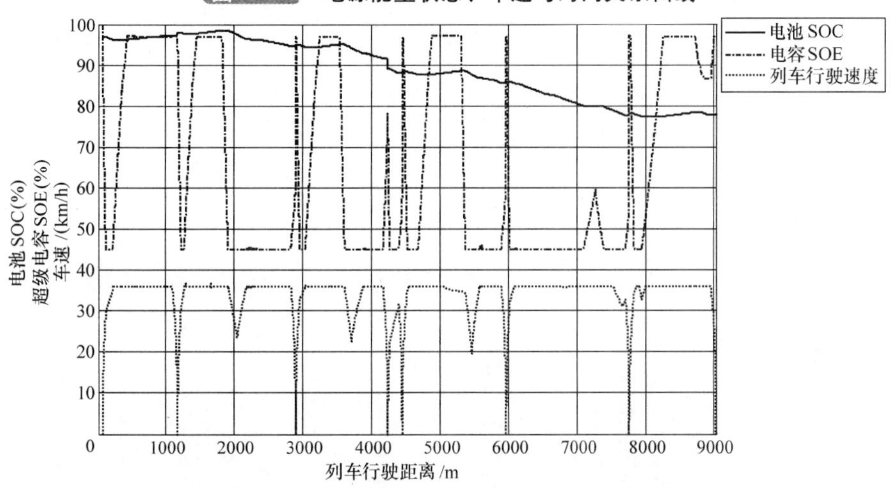

图 3-67　电源能量状态、车速与行驶距离关系曲线

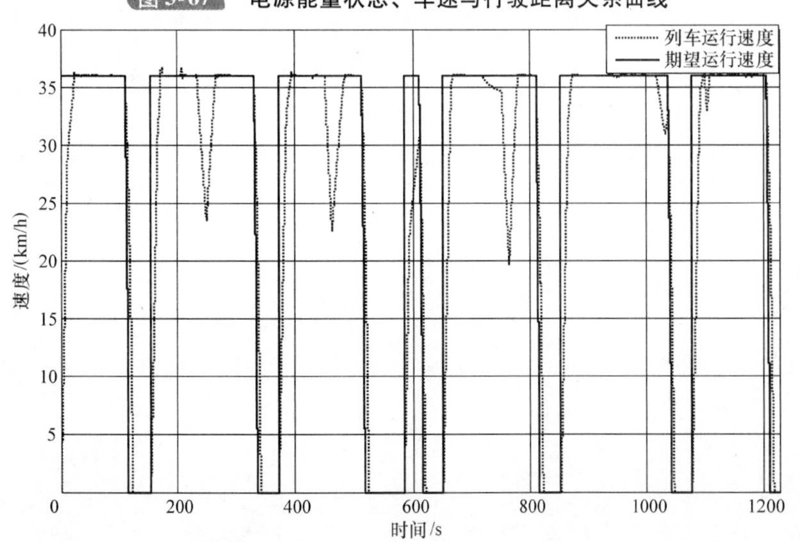

图 3-68　列车速度与期望速度关系曲线

图 3-69 ~ 图 3-71 所示为列车运行过程中，电源箱及动力电池、超级电容各自的输出电流大小变化情况。从图中可以看出，动力电池的最大输出电流接近 120A，超级电容的最大输出电流达到约 700A，都在允许范围之内。

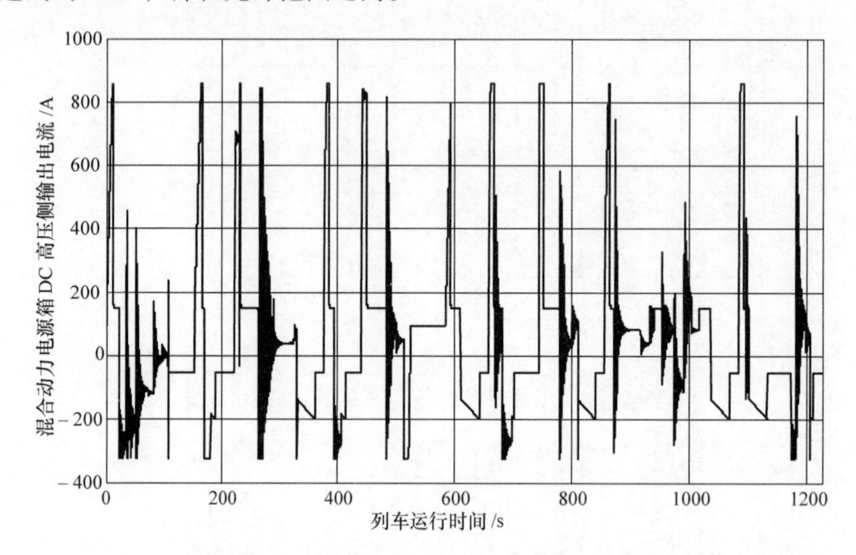

图 3-69 混合电源箱 DC 高压侧输出电流曲线

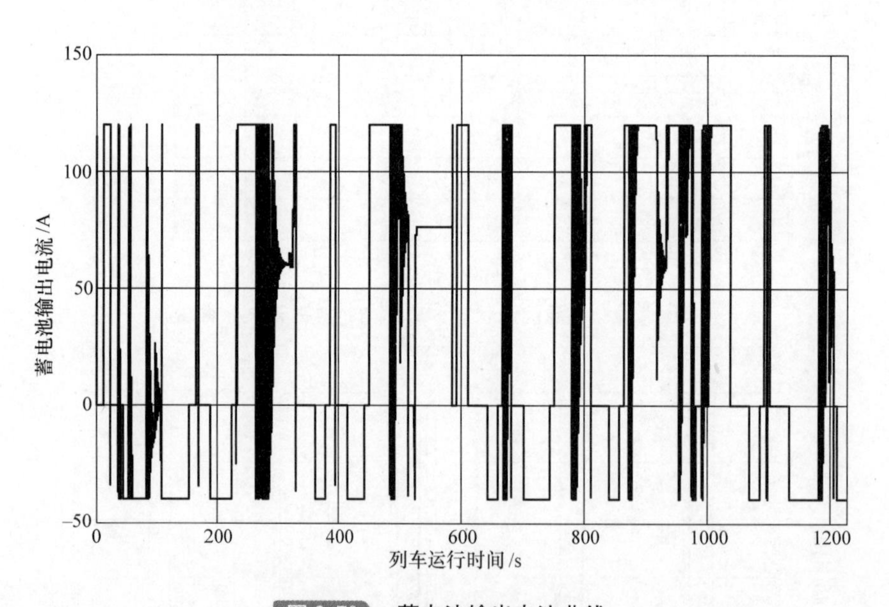

图 3-70 蓄电池输出电流曲线

图 3-72 所示为列车运行过程中弯道阻力和坡道阻力对列车速度的影响。列车的巡航速度为 36km/h，在线路曲线限速范围内，因此弯道对列车速度影响不大。坡道对列车速度影响比较大，在坡度大的地方列车速度降低。因为地下线和高架线架设了接触网，所以列车在上坡时性能下降较少。

由上可知，地下线和高架线架设接触网的情况下，上述混合动力系统配置可以满足列车在北京西郊线上正常行驶，运行状况良好。

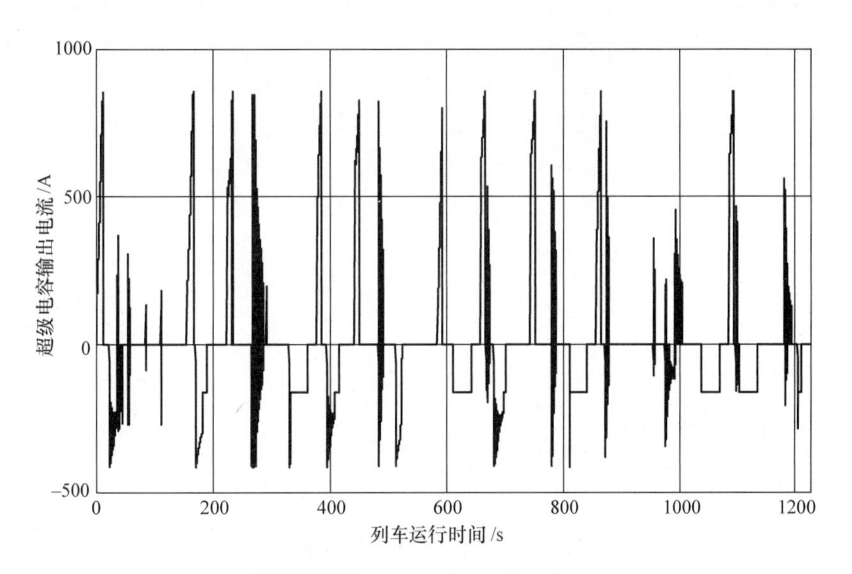

图 3-71　超级电容输出电流曲线

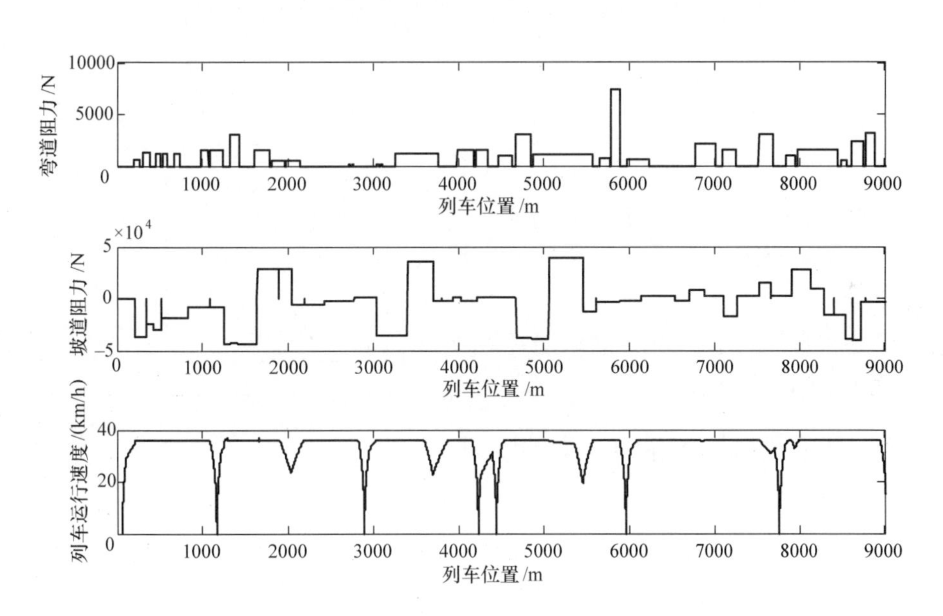

图 3-72　线路弯道阻力、坡道阻力和列车速度曲线

3.8　实车测试数据分析

3.8.1　测试数据及测试工况说明

在中车唐山公司试验线路上进行了 10～35km/h 的起动加速 – 持续运行 – 制动测试。测试条件如下：

➢ 测试线路参数：约 1km 的平直轨道。

➤ 荷载状态为：AW0（52t）。

每一组有轨电车的持续运行速度分别为：10km/h、15km/h、20km/h、25km/h、30km/h、35km/h。一共测试得到24组数据，根据持续运行速度的不同，对有轨电车的动力性能进行分析：匀速行驶性能、加速性能、减速性能、最高车速。

混合动力列车动力系统的能量流动关系如图3-73所示。

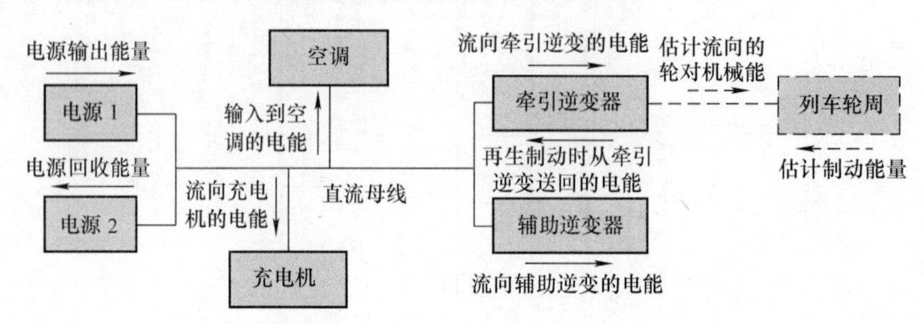

图3-73 有轨电车动力系统能量流向图

其中，电源1（2）包括动力电池1（2）和超级电容1（2）。

数据分析原理如下：

1）测试对象：超级电容/动力电池混合动力有轨电车。

2）数据来源：CAN分析仪所解析的列车网络上的数据。分析所依据的数据即有轨电车在不同工况下测得数据。

3）数据分析流程：对于有轨电车能耗数据分析的基本流程如图3-74所示。

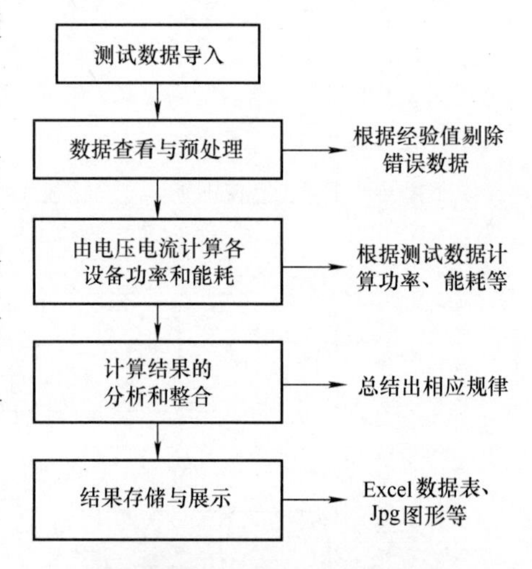

图3-74 数据分析基本流程

3.8.2 基于测试数据的动力性能分析

常用的指标有最高车速、匀速行驶性能、最大爬坡度、加速性能。由于测试是在平直轨道上进行的，未分析有轨电车的最大爬坡度。

1. 动力性能分析（速度等级10km/h）

速度等级为10km/h的测试数据有4组，其速度曲线如图3-75所示。

由图可以看出，有轨电车从起动到维持在10km/h的速度上下波动，再到减速至运行停止。这4条速度曲线相近，表明司机的操纵方式相似。

有轨电车从起动加速运行到10km/h，4组速度数据计算所得的平均速度、平均加速度、平均减速度见表3-27。

2. 动力性能分析（速度等级15km/h）

速度等级为15km/h的测试数据有4组，其速度曲线如图3-76所示。

由图可以看出，有轨电车从起动到维持在15km/h的速度上下波动，在中间运行阶段，速度保持得较好。有轨电车从起动加速运行到15km/h，4组速度数据计算所得的平均速度、平均加速度、平均减速度见表3-28。

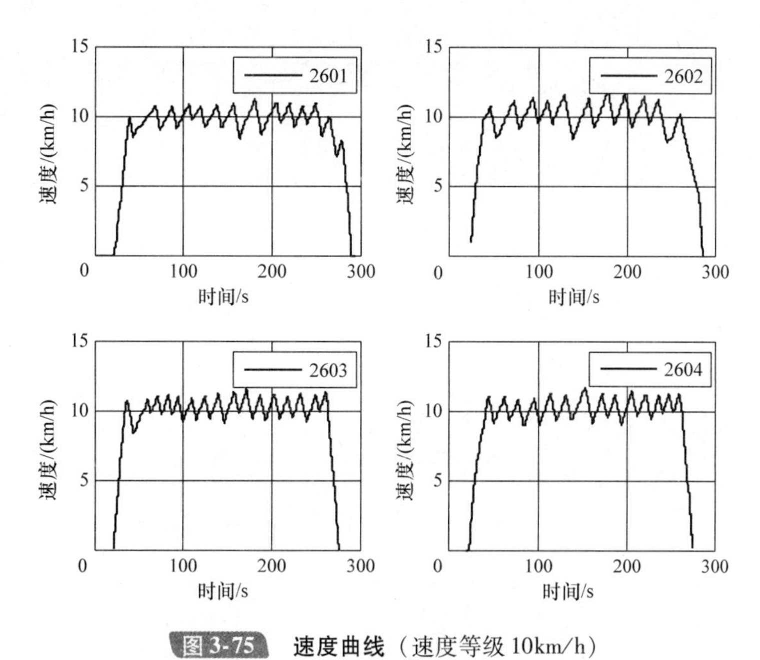

图 3-75　速度曲线（速度等级 10km/h）

表 3-27　动力性能参数计算（速度等级 10km/h）

数据编号	平均速度/(km/h)	平均加速度/(m/s²)	平均减速度/(m/s²)
2601	9.2488	0.1379	-0.1102
2602	9.4870	0.1673	-0.1102
2603	9.6984	0.1924	-0.2137
2604	9.6784	0.1519	-0.2170
均值	9.5282	0.1624	-0.1628

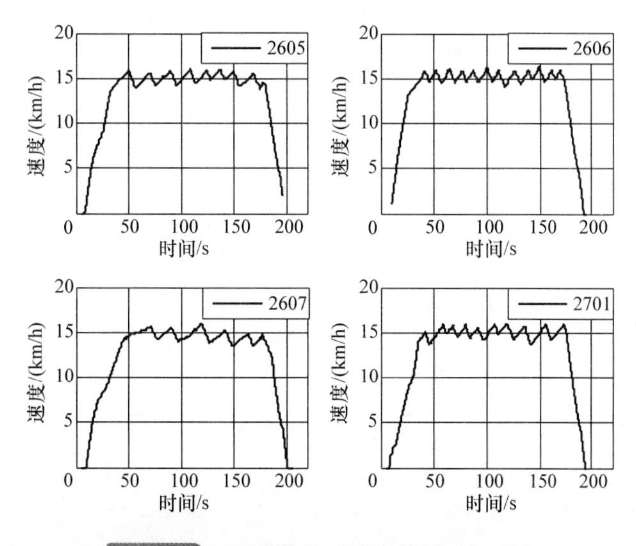

图 3-76　速度曲线（速度等级 15km/h）

表 3-28 动力性能参数计算（速度等级 15km/h）

数据编号	平均速度/(km/h)	平均加速度/(m/s²)	平均减速度/(m/s²)
2605	13.3528	0.1437	-0.2149
2606	13.7401	0.1748	-0.2173
2607	12.7665	0.1113	-0.1826
2701	13.0442	0.1446	-0.2222
均值	13.2259	0.1436	-0.2092

3. 动力性能分析（速度等级 20km/h）

速度等级为 20km/h 的测试数据有 3 组，其速度曲线如图 3-77 所示。

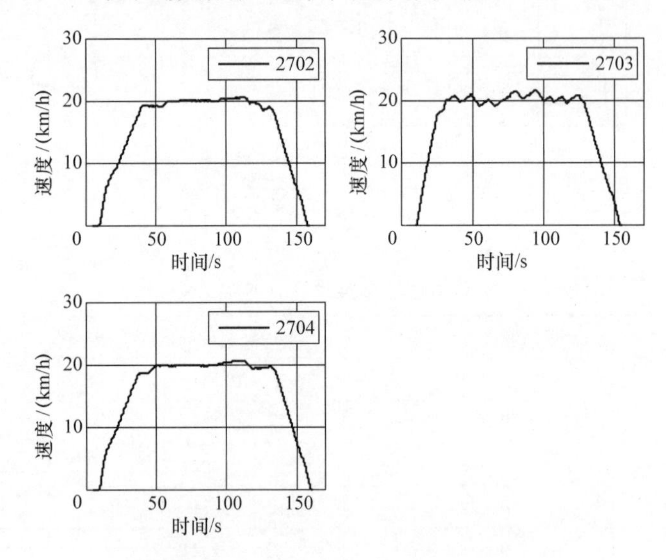

图 3-77 速度曲线（速度等级 20km/h）

由图可以看出，有轨电车从起动到维持在 20km/h 的速度上下波动，再到减速至运行停止。有轨电车从起动加速运行到 20km/h，3 组速度数据计算所得的平均速度、平均加速度、平均减速度见表 3-29。

表 3-29 动力性能参数计算（速度等级 20km/h）

数据编号	平均速度/(km/h)	平均加速度/(m/s²)	平均减速度/(m/s²)
2702	13.7401	0.1742	-0.2165
2703	12.7665	0.3109	-0.2174
2704	13.0442	0.1789	-0.2137
均值	13.1836	0.2213	-0.2159

4. 动力性能分析（速度等级 25km/h）

速度等级为 25km/h 的测试数据有 4 组，其速度曲线如图 3-78 所示。

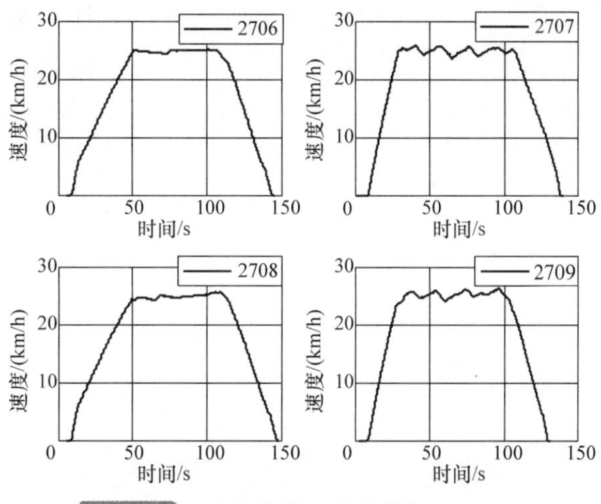

图 3-78　速度曲线（速度等级 25km/h）

由图可以看出，有轨电车从起动到维持在 25km/h 的速度上下波动，再到减速至运行停止。

有轨电车从起动加速运行到 25km/h，4 组速度数据计算所得的平均速度、平均加速度、平均减速度见表 3-30。

表 3-30　动力性能参数计算（速度等级 25km/h）

数据编号	平均速度/(km/h)	平均加速度/(m/s^2)	平均减速度/(m/s^2)
2706	18.5788	0.1705	-0.2081
2707	20.3487	0.3474	-0.2203
2708	18.7936	0.1695	-0.2054
2709	20.4101	0.3415	-0.2576
均值	19.5328	0.2572	-0.2228

5. 动力性能分析（速度等级 30km/h）

速度等级为 30km/h 的测试数据有 4 组，其速度曲线如图 3-79 所示。

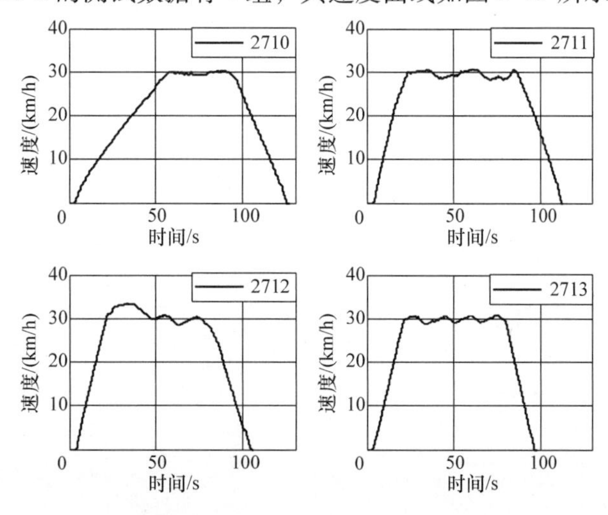

图 3-79　速度曲线（速度等级 30km/h）

由图可以看出，有轨电车从起动到维持在 30km/h 的速度上下波动，再到减速至运行停止。

有轨电车从起动加速运行到 30km/h，4 组速度数据计算所得的平均速度、平均加速度、平均减速度见表 3-31。

表 3-31 动力性能参数计算（速度等级 30km/h）

数据编号	平均速度/(km/h)	平均加速度/(m/s^2)	平均减速度/(m/s^2)
2710	20.3349	0.1537	-0.2526
2711	23.9459	0.4199	-0.3166
2712	24.3187	0.4731	-0.2933
2713	24.2410	0.4367	-0.4770
均值	23.2101	0.3709	-0.3349

6. 动力性能分析（速度等级 35km/h）

速度等级为 35km/h 的测试数据有 4 组，其速度曲线如图 3-80 所示。

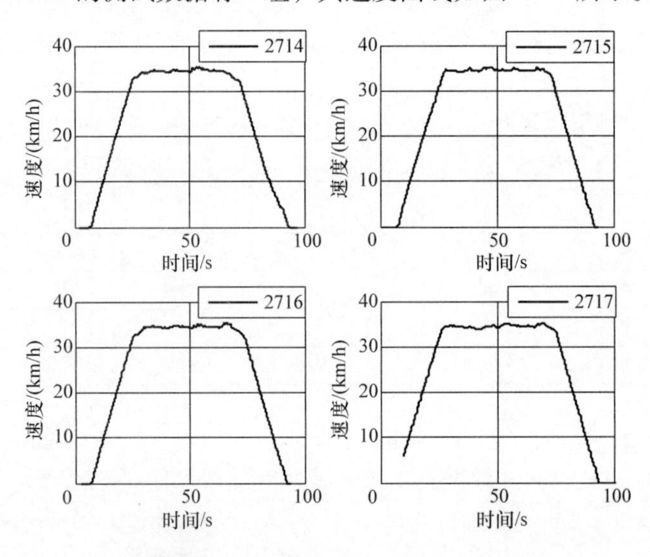

图 3-80 速度曲线（速度等级 35km/h）

由图可以看出，有轨电车从起动到维持在 35km/h 的速度上下波动，再到减速至运行停止。有轨电车从起动加速运行到 35km/h，4 组速度数据计算所得的平均速度、平均加速度、平均减速度见表 3-32。

表 3-32 动力性能参数计算（速度等级 35km/h）

数据编号	平均速度（km/h）	平均加速度（m/s^2）	平均减速度（m/s^2）
2714	25.6125	0.4753	-0.4278
2715	26.3672	0.4630	-0.5062
2716	26.4711	0.4768	-0.4908
2717	27.6913	0.4688	-0.5022
均值	25.8560	0.4713	-0.4091

以上根据有轨电车持续运行速度的不同进行的6种工况测试，结果表明：持续运行速度越高的情况，由于牵引档位较大，相应牵引加速阶段的加速度相对较高；有轨电车牵引加速阶段的平均加速度在0.1~0.5m/s^{2}范围内；有轨电车的最高速度能到达35km/h。

3.8.3 基于动力性能跟踪测试数据的功率分析

基于动力电池/超级电容混合动力有轨电车的测试数据，分析了动力电池组输出功率、超级电容组输出功率、牵引逆变器输入功率以及24V充电机的输出功率。由于缺少辅助逆变器的相关数据，辅助逆变器的功率按照该车的设计的额定辅助功率来考虑。

通过对动力电池组输出功率、超级电容组输出功率、牵引逆变器输入功率以及24V充电机的输出功率的分析，可以了解到相关设备瞬时状态下的工作情况。

1. 电源及牵引逆变器的功率情况

由于该混合动力有轨电车运行所需的能量都来源于它自身所携带的动力电源，有轨电车的电源功率和有轨电车的运行特性有着密切的联系。这里根据不同的速度等级，分别介绍有轨电车动力电源的输出功率和牵引逆变器的功率情况。

（1）电源及牵引逆变器功率（速度等级10km/h） 有轨电车运行速度等级为10km/h时，电池组输出功率、超级电容组输出功率以及牵引逆变器的输入功率曲线如图3-81所示。其中B表示电池组输出功率；SC表示超级电容组输出功率；In表示牵引逆变器的输入功率；2601、2602、2603和2604表示该组数据的名称，后面的表中，这些符号和数字的含义与此相同。

速度等级为10km/h时，起动过程平均加速度为0.13~0.19m/s^2，制动过程平均减速度为-0.22~-0.11m/s^2，持续运行过程中速度维持在10km/h左右，此时，有轨电车速度较低，加速度较低，并且牵引力较低。在这样的情况下，由图3-81可以看出，动力电池组的输出功率高于牵引逆变器的输入功率，有轨电车的动力能量主要来源于动力电池组，而超级电容组输出能量较少。另外，在制动过程中，牵引逆变器吸收的功率也很小，动力电池组和超级电容组回收能量也较少。

（2）电源及牵引逆变器功率（速度等级15km/h） 有轨电车运行速度等级为15km/h时，动力电池组输出功率、超级电容组输出功率以及牵引逆变器的输入功率曲线如图3-82所示。速度等级为15km/h时，起动过程平均加速度为0.11~0.17m/s^2，制动过程平均减速度为-0.22~-0.18m/s^2，持续运行过程中速度维持在15km/h左右，此时，有轨电车速度较低，加速度较低，且牵引力较低。在这样的情况下，由图3-82可以看出，动力电池组的输出功率高于牵引逆变器的输入功率，有轨电车的动力能量主要来源于动力电池组，而超级电容输出较小功率。在0~50s范围内，牵引逆变器的功率在接近最大值时，超级电容输出功率，弥补动力电池输出功率的不足。制动过程中，牵引逆变器回收的功率不足30kW，超级电容回收能量较少。

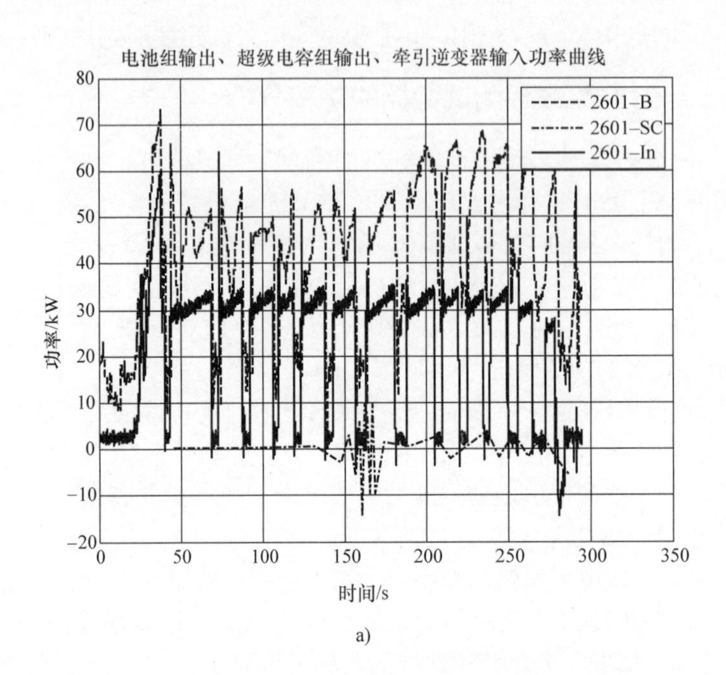

a)

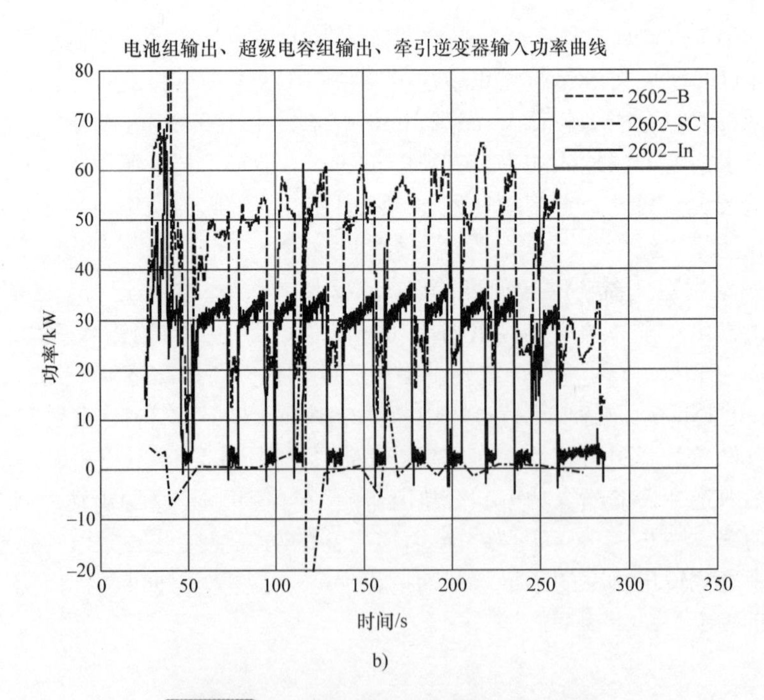

b)

图 3-81 电源和牵引逆变器的功率曲线 1

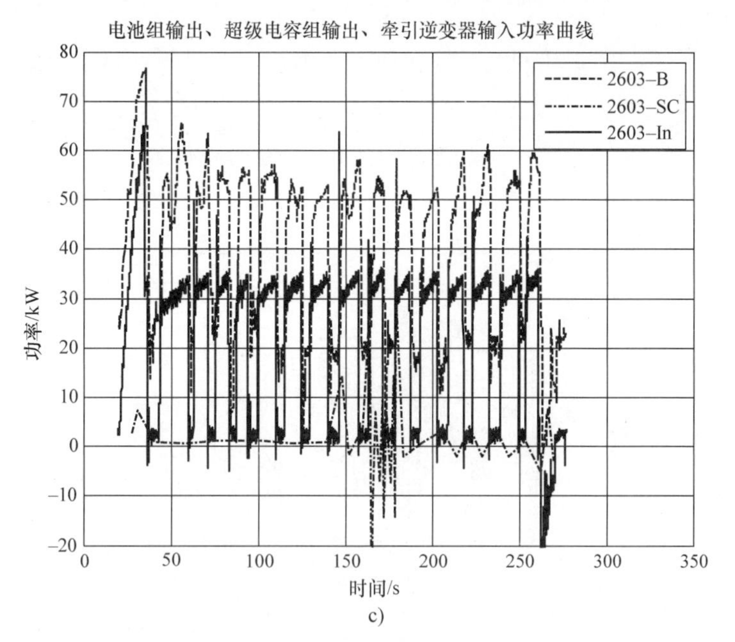

c)

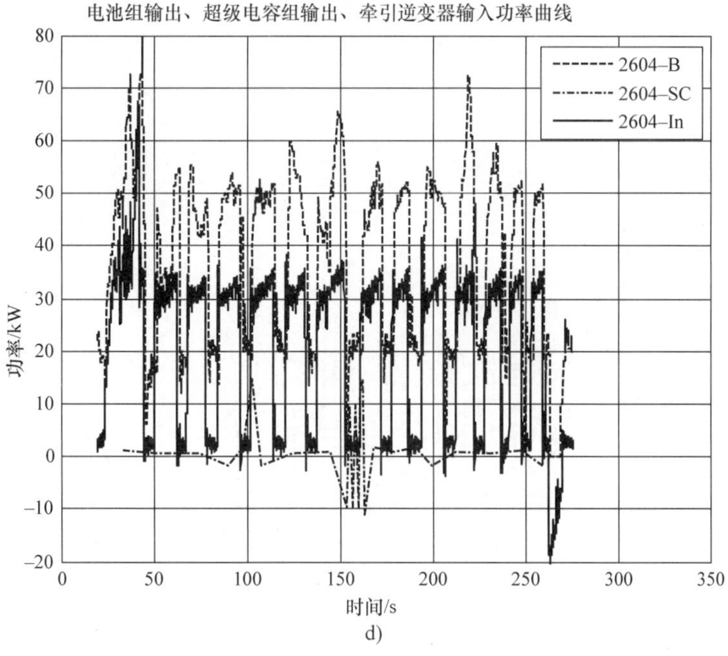

d)

图 3-81　电源和牵引逆变器的功率曲线 1（续）

（3）电源及牵引逆变器功率（速度等级 20km/h）　有轨电车运行速度等级为 20km/h 时，电池组输出功率、超级电容组输出功率以及牵引逆变器的输入功率曲线如图 3-83 所示。速度等级为 20km/h 时起动过程平均加速度为 0.17 ~ 0.31m/s^2，制动过程平均减速度为 -0.22 ~ -0.21m/s^2，持续运行过程中速度维持在 20km/h 左右。在这样的情况下，由图 3-83可以看出，有轨电车的动力能量主要来源于动力电池组，而超级电容弥补动力电池输出功率的不足。并且电池组达到它限定的功率范围，大概为 80 ~ 90kW。制动过程中，牵引逆变器回收的功率不足 30kW，超级电容回收能量较少。

图 3-83a 与图 3-83c 所示的制动过程相似，图 3-83b 中，由于起动加速度较大，该过程超级电容输出较多，在制动时回收功率相对多些。

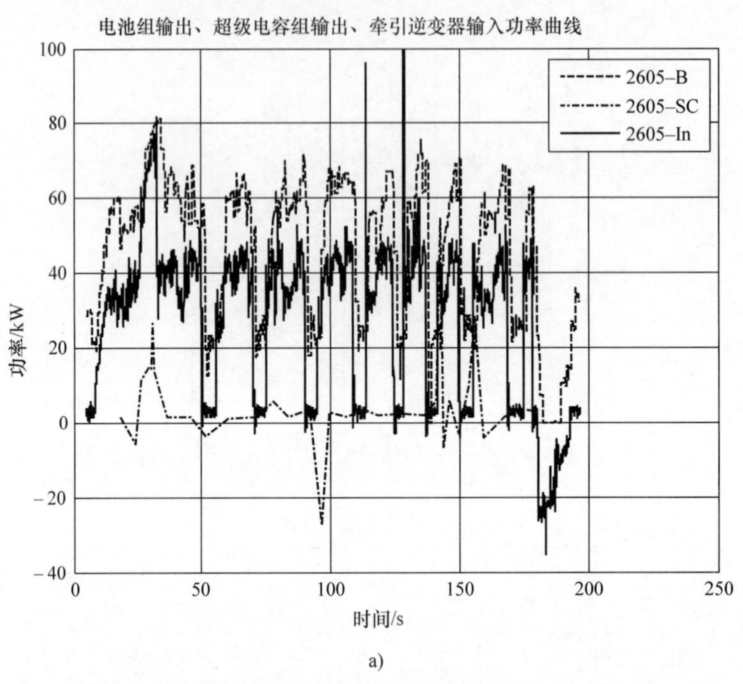

a)

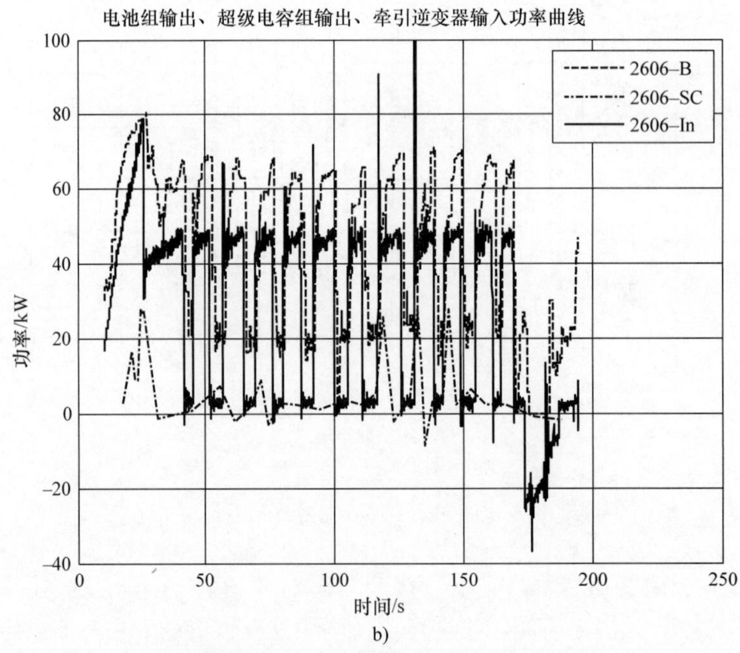

b)

图 3-82 电源和牵引逆变器的功率曲线 2

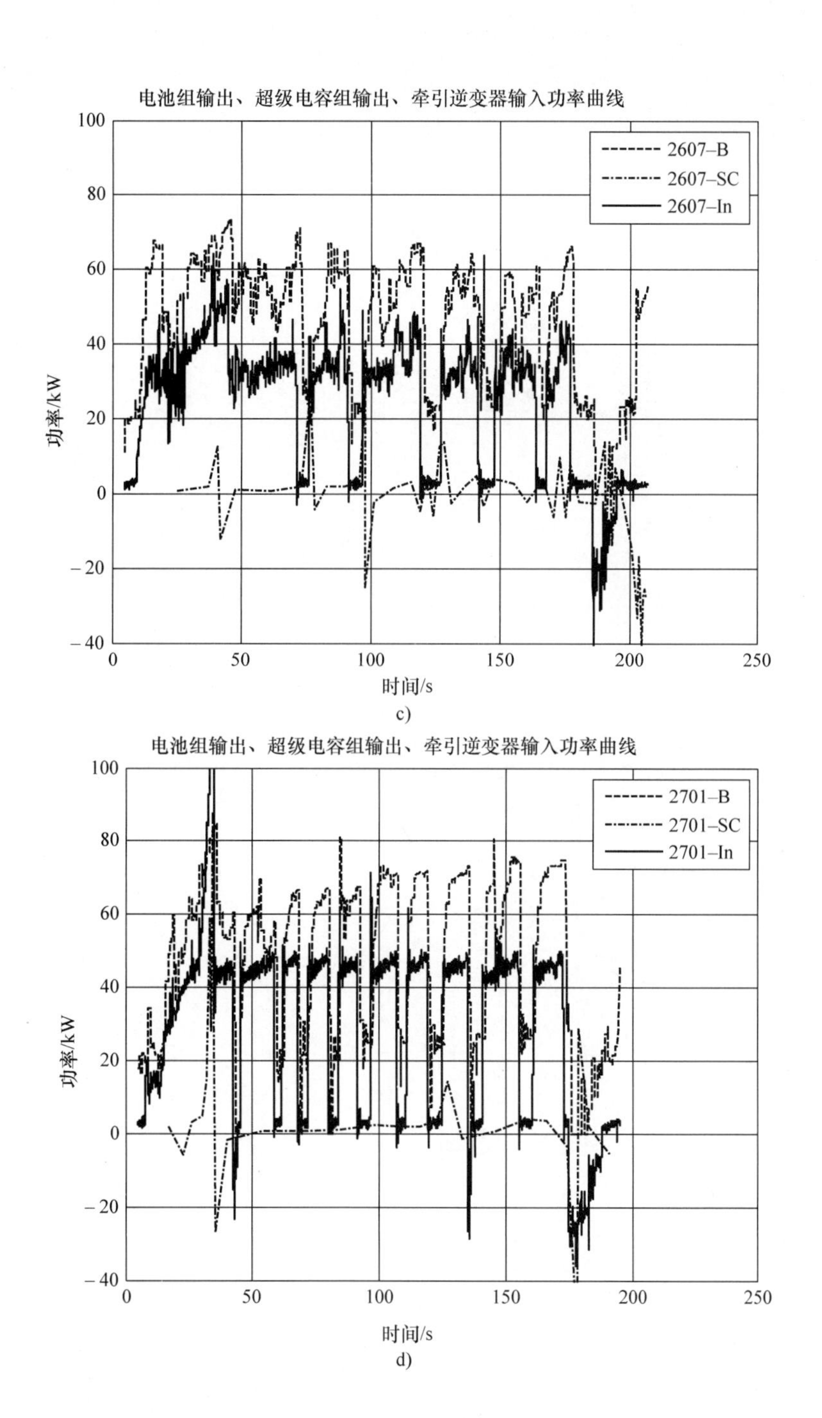

图 3-82　电源和牵引逆变器的功率曲线 2（续）

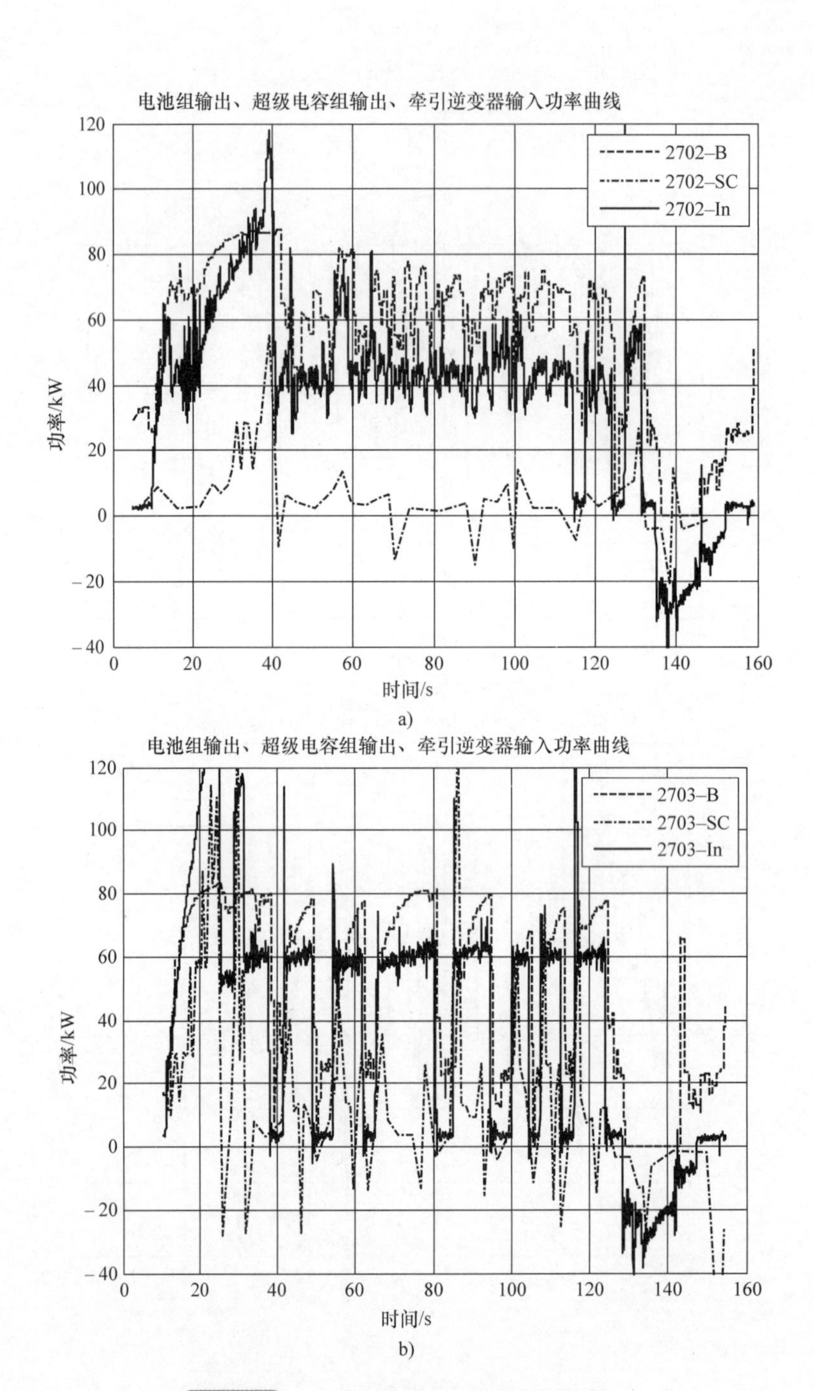

图 3-83 电源和牵引逆变器的功率曲线 3

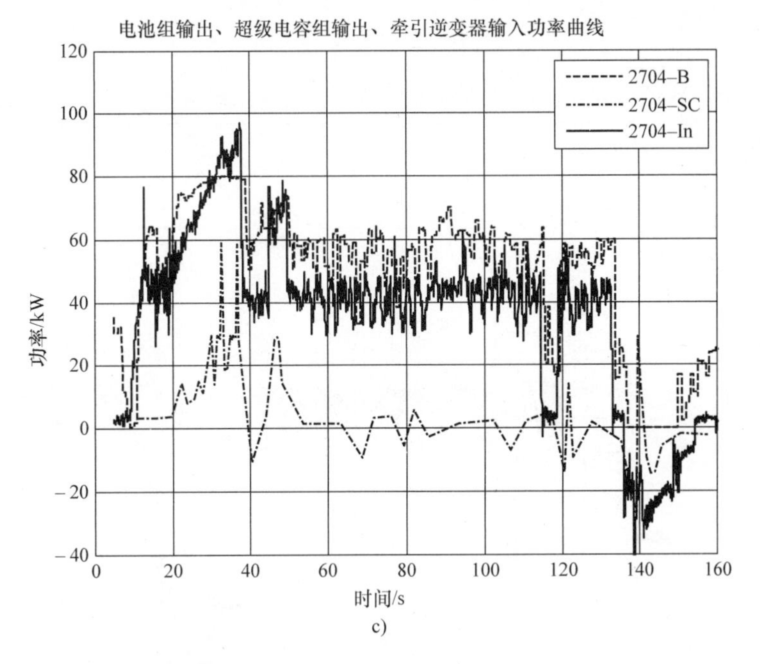

c)

图3-83　电源和牵引逆变器的功率曲线3（续）

（4）电源及牵引逆变器功率（速度等级25km/h）　有轨电车运行速度等级为25km/h时，电池组输出功率、超级电容组输出功率以及牵引逆变器的输入功率曲线如图3-84所示。

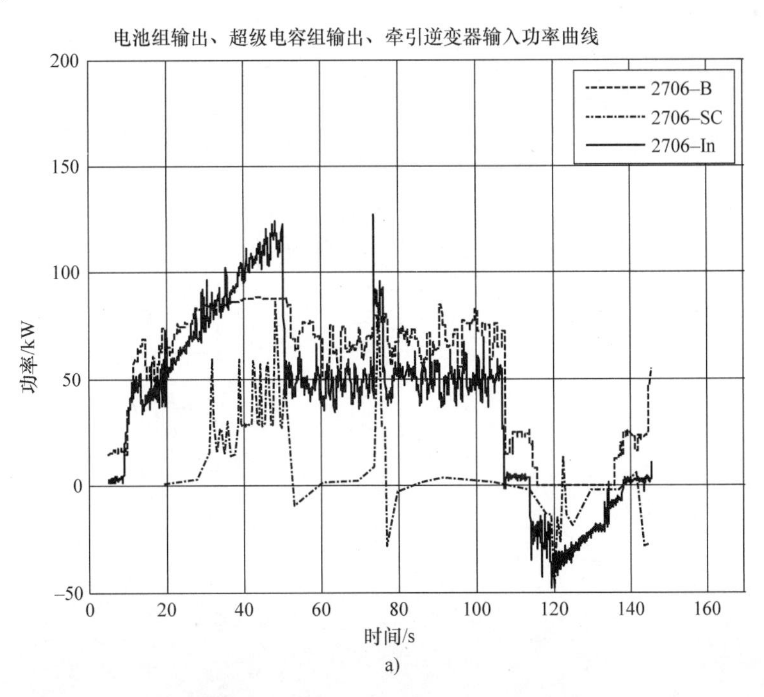

a)

图3-84　电源和牵引逆变器的功率曲线4

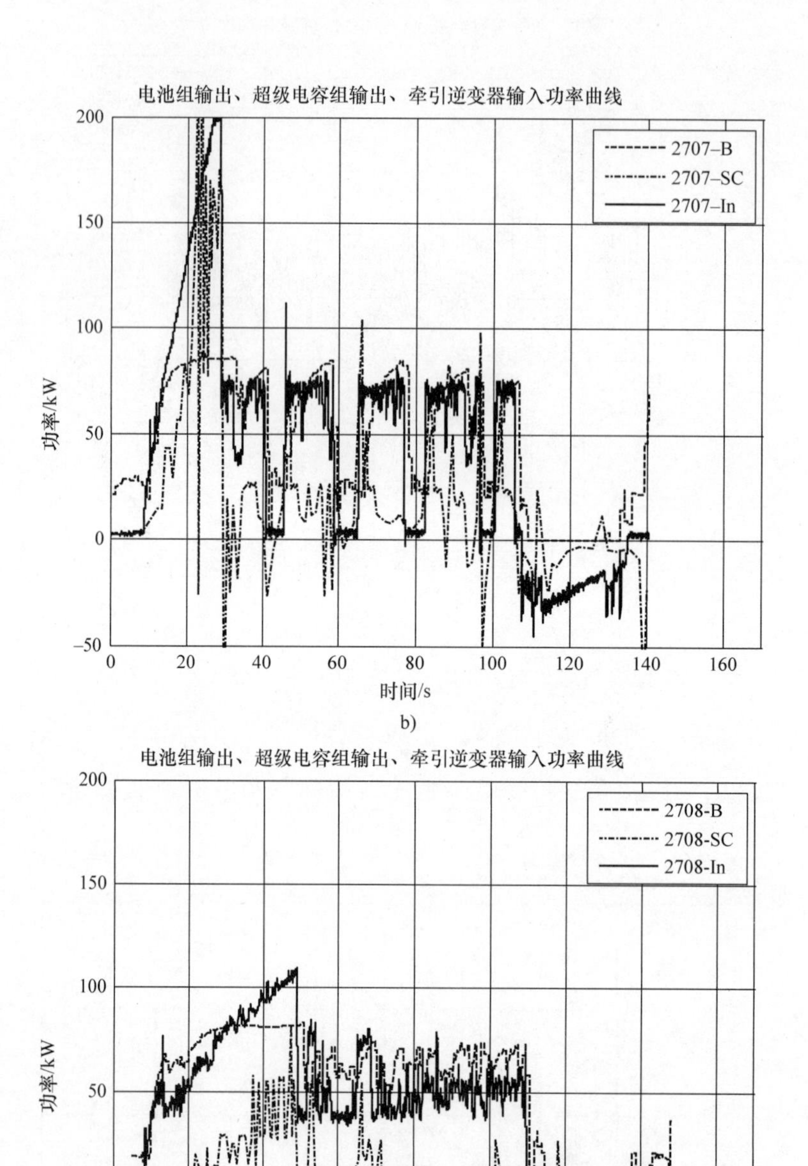

b)

c)

图 3-84 电源和牵引逆变器的功率曲线 4（续）

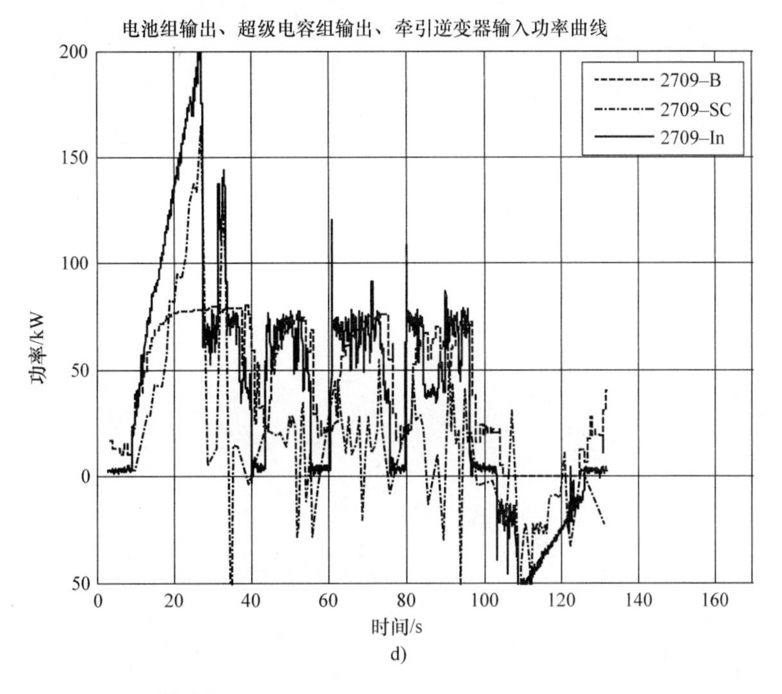

图3-84　电源和牵引逆变器的功率曲线4（续）

速度等级为25km/h时，起动过程平均加速度分别为0.1705m/s²、0.3474m/s²、0.1695m/s²、0.3415m/s²，制动过程平均减速度为-0.26～-0.21m/s²，持续运行过程中速度维持在25km/h左右。由图3-84可以看出，在起动加速过程中，动力电池组优先超级电容组输出功率，动力电池组在达到限制功率时，按最大功率输出，超级电容组为起动加速过程弥补动力电池组输出功率的不足。制动过程中，超级电容也回收少部分能量。由图3-84a～图3-84d的对比可以看出，加速度越大，牵引功率越大，则超级电容的输出能量相对越多。

（5）电源及牵引逆变器功率（速度等级30km/h）　有轨电车运行速度等级为30km/h时，动力电池组输出功率、超级电容组输出功率以及牵引逆变器的输入功率曲线如图3-85所示。速度等级为30km/h时，起动过程平均加速度分别为0.1537m/s²、0.4199m/s²、0.4731m/s²、0.4367m/s²，制动过程平均减速度分别为-0.2526m/s²、-0.3166m/s²、-0.2933m/s²、-0.4770m/s²，持续运行过程中速度维持在30km/h左右。

由图3-85可以看出，在起动加速过程中，动力电池组在达到限制功率时，按最大功率输出，超级电容组为起动加速过程弥补了动力电池组输出功率的不足，提供了大部分能量。后3组的起动加速度明显高于第1组加速度，超级电容的输出明显也高出了许多。制动过程中，牵引逆变器回收功率最大超过50kW，超级电容基本吸收了牵引逆变器回收的大部分能量。

（6）电源及牵引逆变器功率（速度等级35km/h）　有轨电车运行速度等级为35km/h时，动力电池组输出功率、超级电容组输出功率以及牵引逆变器的输入功率曲线如图3-86所示。

速度等级为35km/h时，起动过程平均加速度分别为0.46 ~0.48m/s^2，制动过程平均减速度分别为 -0.4278m/s^2、-0.5062m/s^2、-0.4908m/s^2、-0.5022m/s^2、-0.1187m/s^2。对于前4组数据，持续运行过程中速度维持在35km/h左右。最后一组测试，速度在达到最大值接近37km/h时，开始惰行，然后再制动减速。

由图3-86可以看出，牵引逆变器的功率接近400kW，此时，在起动加速过程中，牵引功率增大很快，动力电池组还未达到最大输出功率时，超级电容已经开始输出，超级电容为

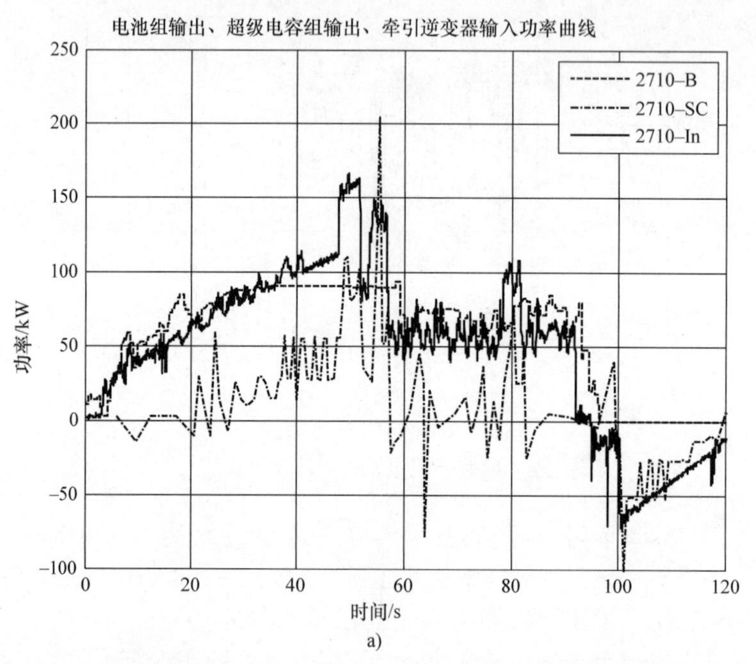

a)

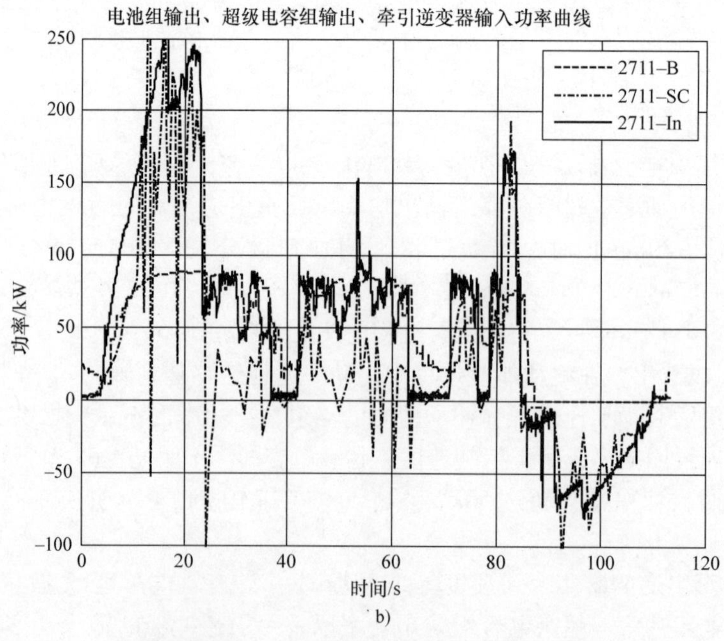

b)

图3-85 电源和牵引逆变器的功率曲线5

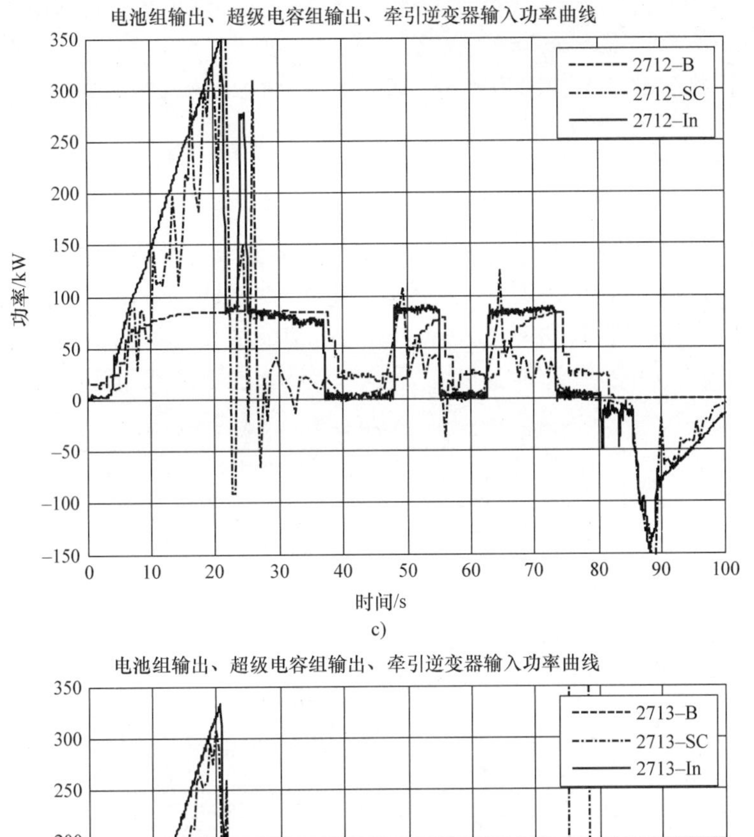

c)

电池组输出、超级电容组输出、牵引逆变器输入功率曲线

2713–B
2713–SC
2713–In

功率/kW

时间/s

d)

图3-85 电源和牵引逆变器的功率曲线5（续）

起动过程提供了大部分能量。制动过程中，牵引逆变器回收功率最大接近150kW，超级电容基本吸收了牵引逆变器回收的大部分能量。

2. 充电机和辅助逆变器功率

由样车的辅助供电参数可得：AC 380V 辅助供电总计容量为21.6kW，实际容量为11.63kW。

对于24V充电机，它主要用于24V设备供电。根据测试数据，充电机的电压电流特点如下：

1）充电机电压较稳定，在26～28V之间。

2）充电机电流变化剧烈，在0～82A之间；两套充电机总的电流大部分时间维持在20～40A之间。

3）不同速度等级下，充电机功率无明显规律。

3. 小结

本节主要介绍了有轨电车在运行过程中，超级电容和动力电池的输出功率及牵引逆变器输入功率的特性曲线。分析结果表明，在为有轨电车牵引供电时，动力电池优先超级电容输出；当动力电池不能满足需求功率时（包括动力电池的最大允许输出功率不能满足需求功率和动力电池的输出功率变化率不能满足需求功率的变化），超级电容开始输出；在起动过

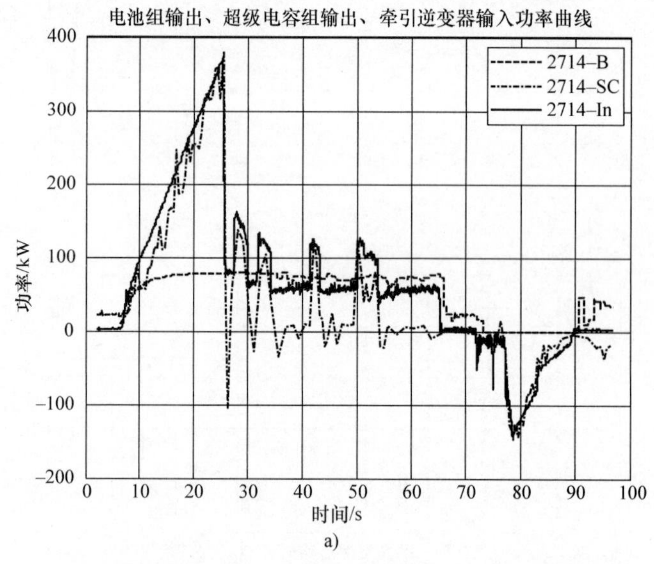

a)

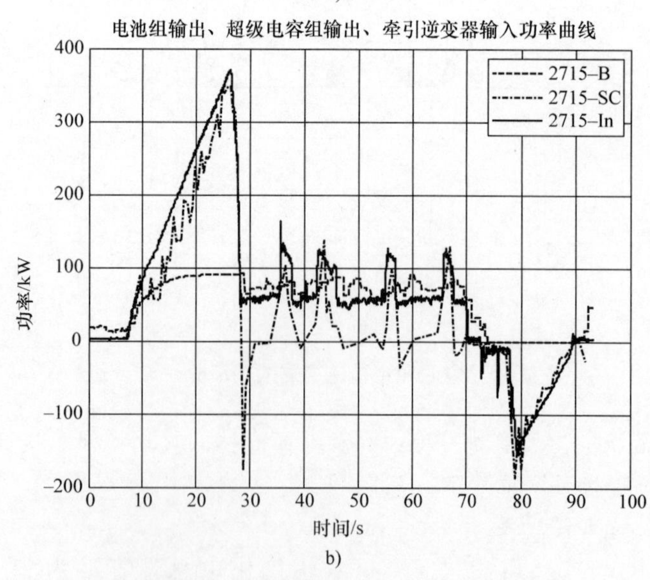

b)

图3-86 电源和牵引逆变器的功率曲线6

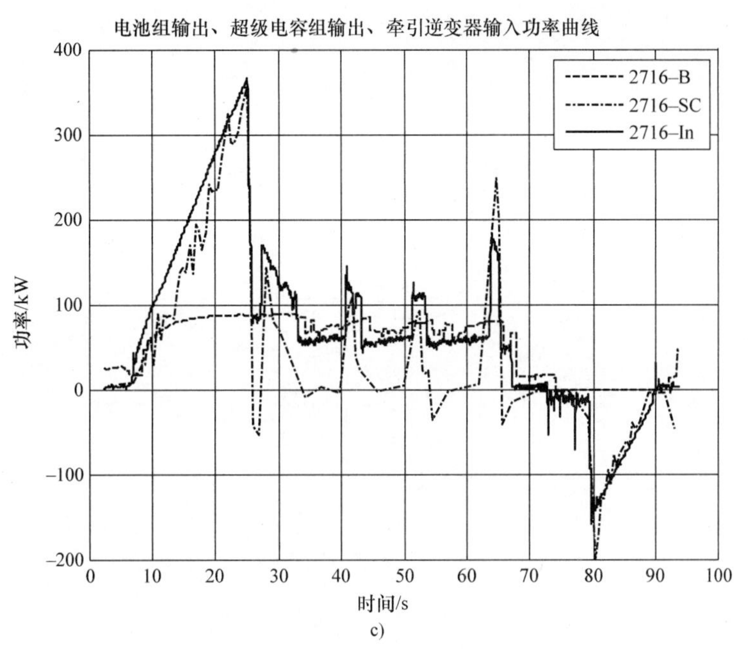

c)

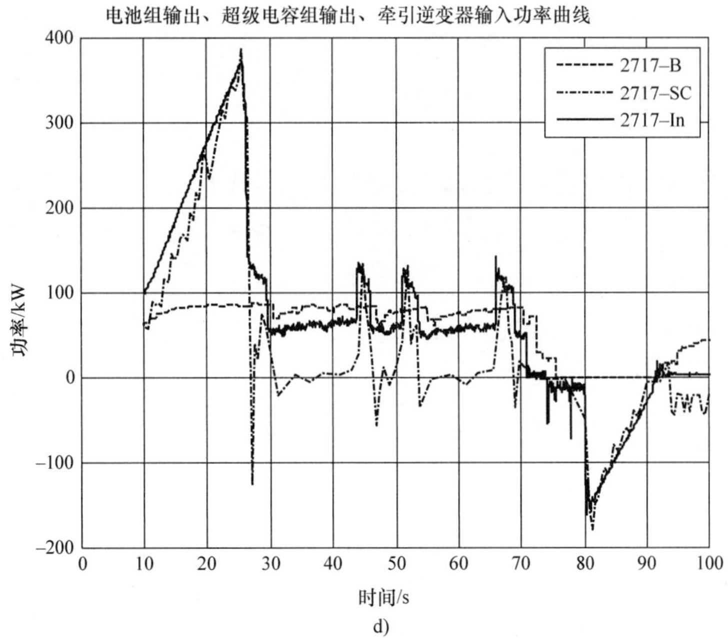

d)

图 3-86　电源和牵引逆变器的功率曲线 6（续）

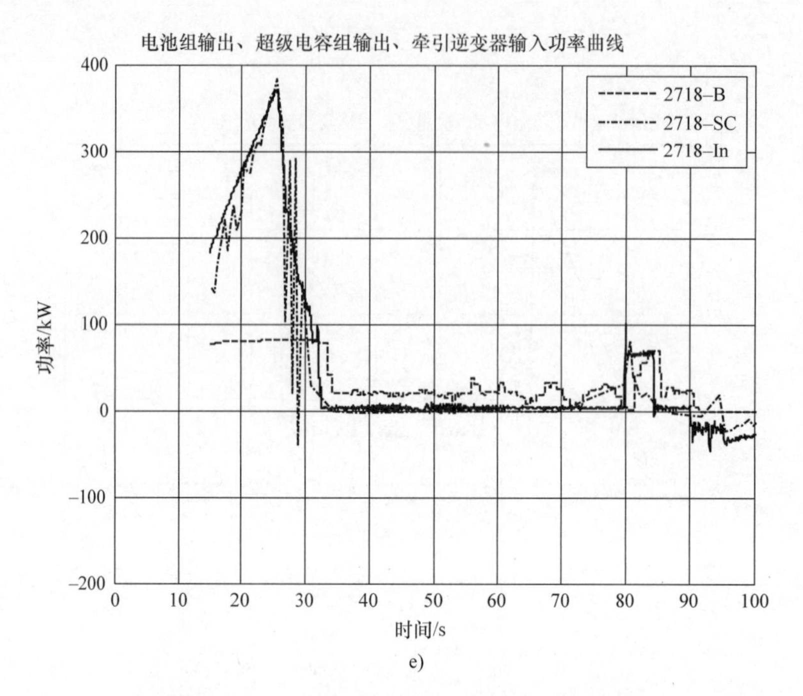

图 3-86 电源和牵引逆变器的功率曲线 6（续）

程中，当加速度较大且运行到较高速度时，超级电容的输出占总电源输出的大部分；在整个运行过程中，动力电池并不回收牵引逆变器吸收的能量；当牵引逆变器吸收的功率较大时，超级电容可以回收大部分能量。

3.8.4 基于动力性能跟踪测试数据的能耗分析

了解有轨电车的主要能耗构成，以及对有轨电车进行能耗分析，对于明确储能式混合动力有轨电车的能耗分布十分有意义。本节首先介绍有轨电车能耗的相关概念，然后基于测试数据，针对有轨电车牵引加速阶段、持续运行阶段、制动阶段等不同运行阶段进行分析。有轨电车的主要能耗构成要素如图 3-87 所示。

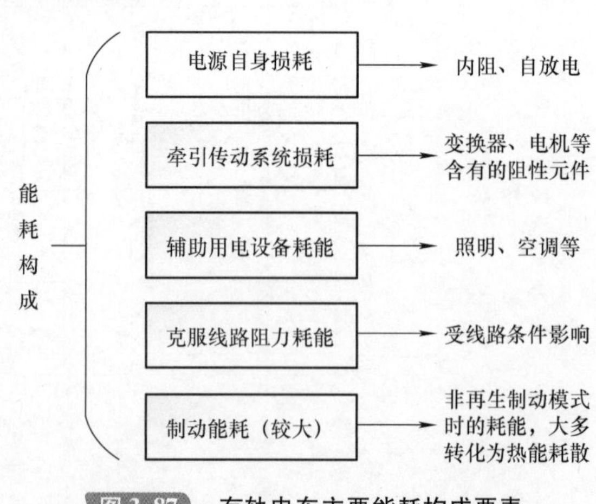

图 3-87 有轨电车主要能耗构成要素

为了更好地分析有轨电车能耗，明确以下概念：

1）电源系统输出能量：有轨电车在运行时车载储能部件输出的总电能，其值是运行时间内各储能部件输出电压和电流乘积的积分累加之和。

2）有轨电车牵引系统输入能量：有轨电车在运行时牵引系统从直流母线获得的总电能，其值是运行时间内直流母线电压和电流乘积的积分，它主要用于为有轨电车运行提供能量。能量一方面克服线路阻力做功，另一部分转化为有轨电车的动能。

3）有轨电车辅助系统输入能量：整个过程中辅助系统从直流母线获得的总电能，其值是运行时间内直流母线电压和电流乘积的积分，它主要用于为有轨电车辅助设备提供能量。

4）动力制动回收电能：有轨电车在运行时通过动力制动反馈回直流母线的能量，其值是制动时间内制动力所做的功与有轨电车制动系统总效率的乘积。一部分能量由车载储能设备回收，回收不了的由制动电阻消耗。

5）制动电阻消耗：制动过程中在制动电阻上消耗的能量，其值是制动时间内流经制动电阻的电流的二次方与制动电阻阻值乘积的积分。

本节主要介绍不同速度等级下，动力电池、超级电容的输出能量和牵引逆变器的输入能量以及 24V 充电机的输出能量。

1. 主要设备能耗情况

（1）速度等级为 10km/h 的能耗　速度等级为 10km/h 的测试数据有 4 组，电源和牵引逆变器等设备能耗曲线如图 3-88 所示。其中“24V”表示 24V 充电机的输出能量。

（2）速度等级为 15km/h 的能耗　速度等级为 15km/h 的测试数据有 4 组，电源和牵引逆变器等设备能耗曲线如图 3-89 所示。

（3）速度等级为 20km/h 的能耗　速度等级为 20km/h 的测试数据有 3 组，电源和牵引逆变器等设备能耗曲线如图 3-90 所示。

（4）速度等级为 25km/h 的能耗　速度等级为 25km/h 的测试数据有 4 组，电源和牵引逆变器等设备能耗曲线如图 3-91 所示。

（5）速度等级为 30km/h 的能耗　速度等级为 30km/h 的测试数据有 4 组，电源和牵引逆变器等设备能耗曲线如图 3-92 所示。

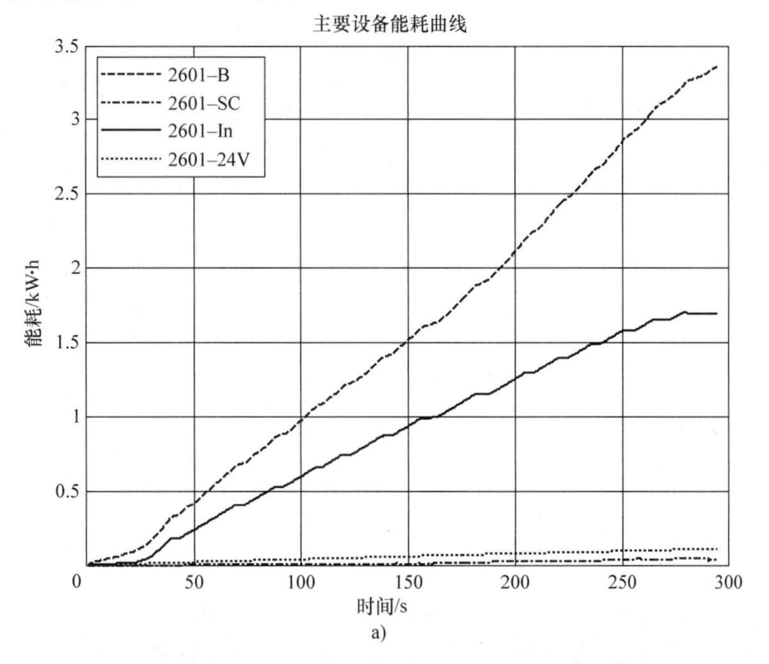

图 3-88　速度等级为 10km/h 的主要设备能耗曲线

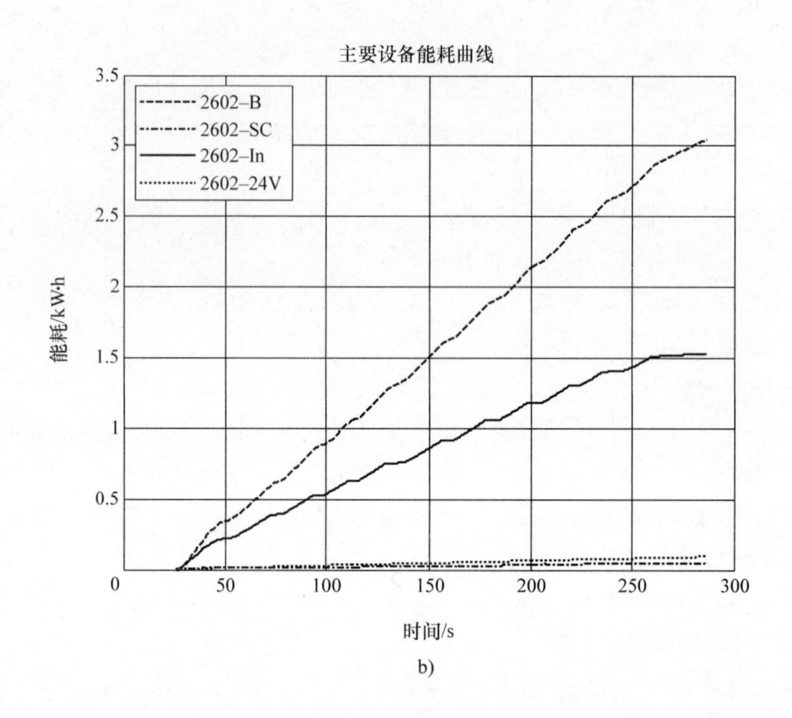

b)

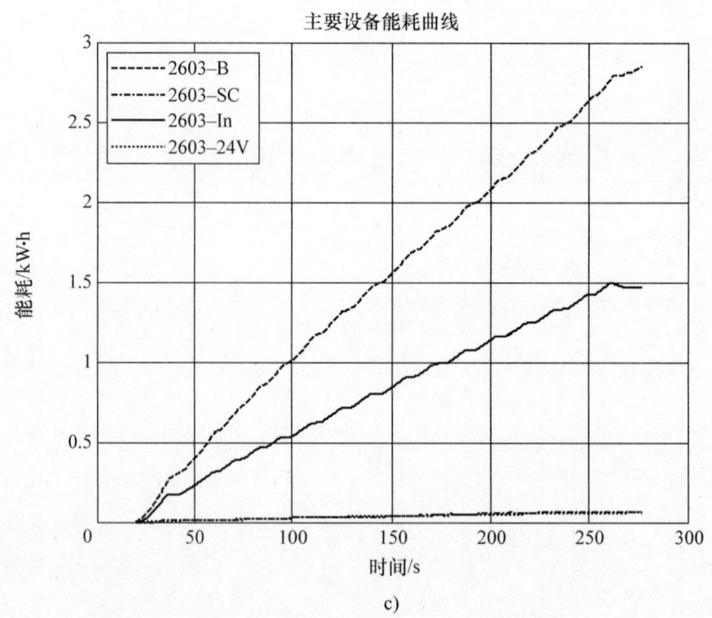

c)

图 3-88 速度等级为 10km/h 的主要设备能耗曲线（续）

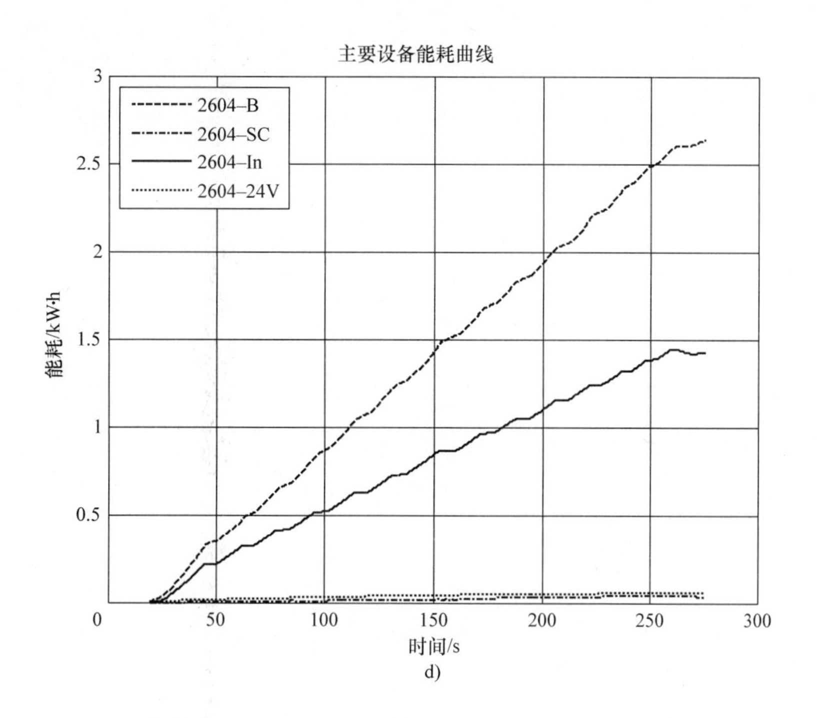

图 3-88　速度等级为 10km/h 的主要设备能耗曲线（续）

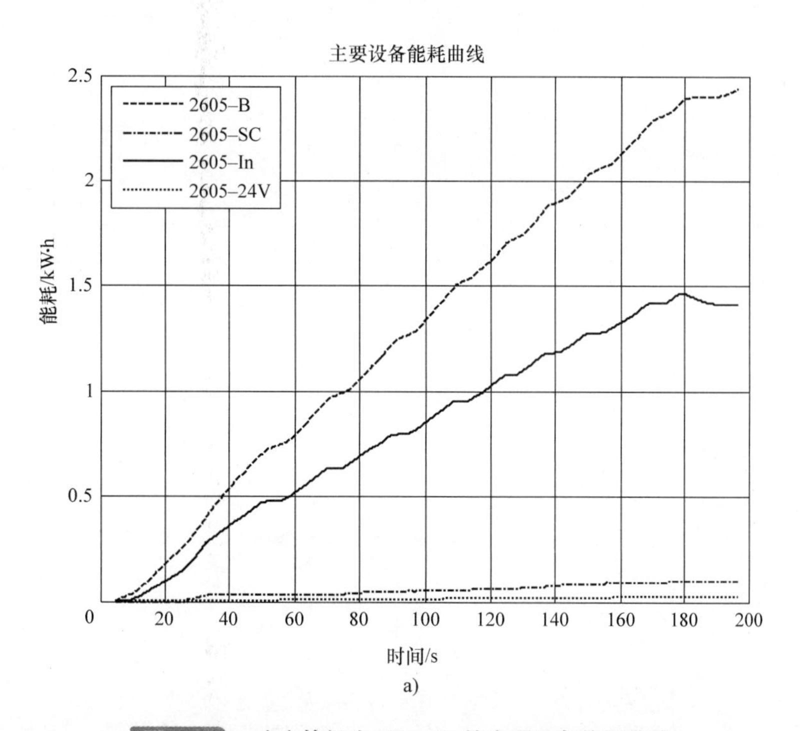

图 3-89　速度等级为 15km/h 的主要设备能耗曲线

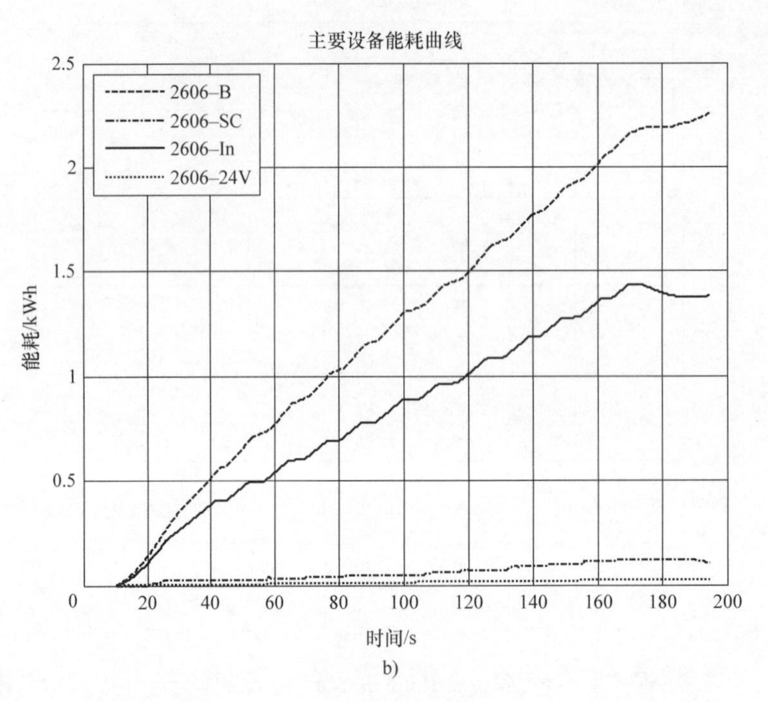

b)

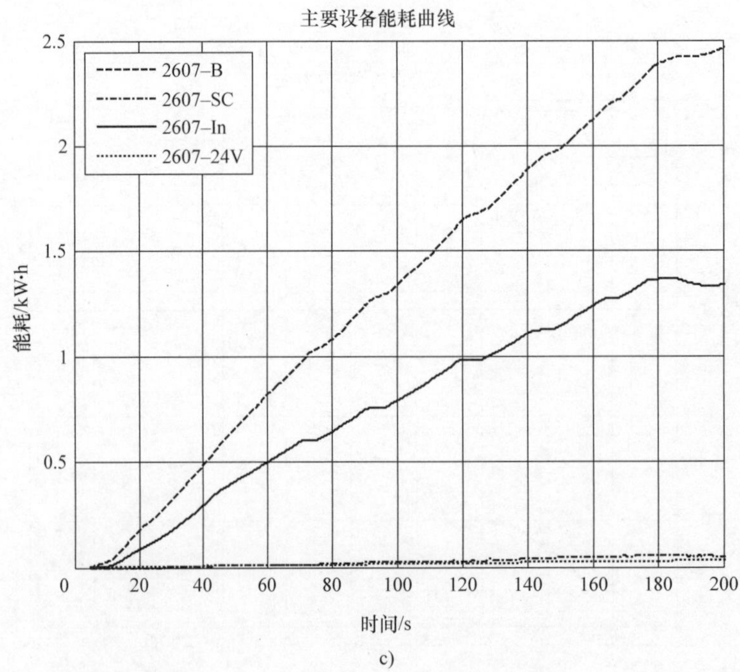

c)

图 3-89 速度等级为 15km/h 的主要设备能耗曲线（续）

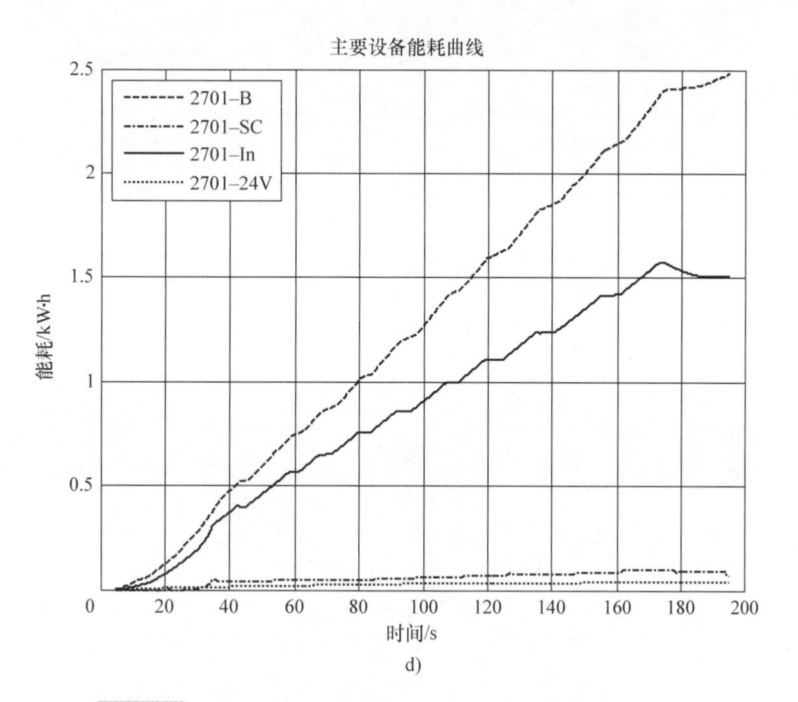

图 3-89 速度等级为 15km/h 的主要设备能耗曲线（续）

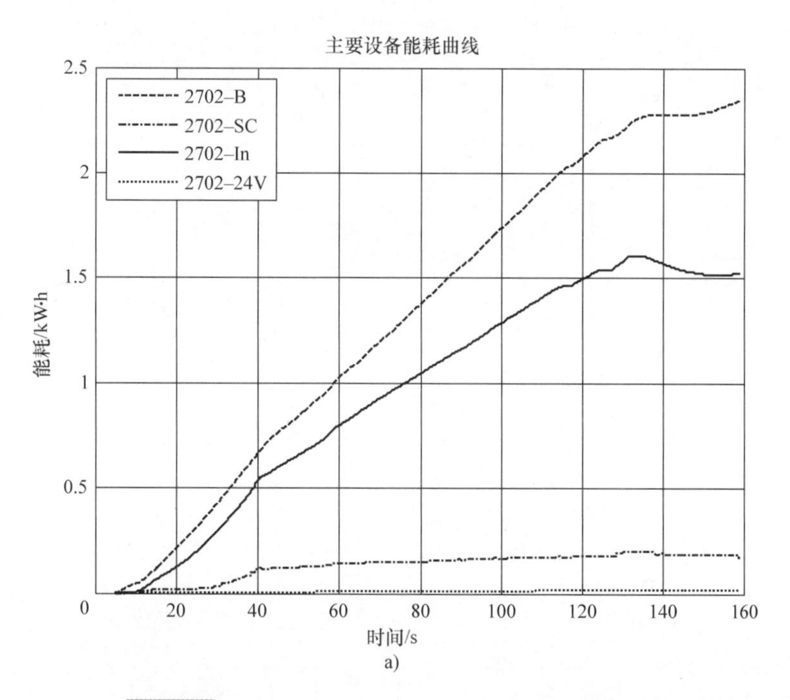

图 3-90 速度等级为 20km/h 的主要设备能耗曲线

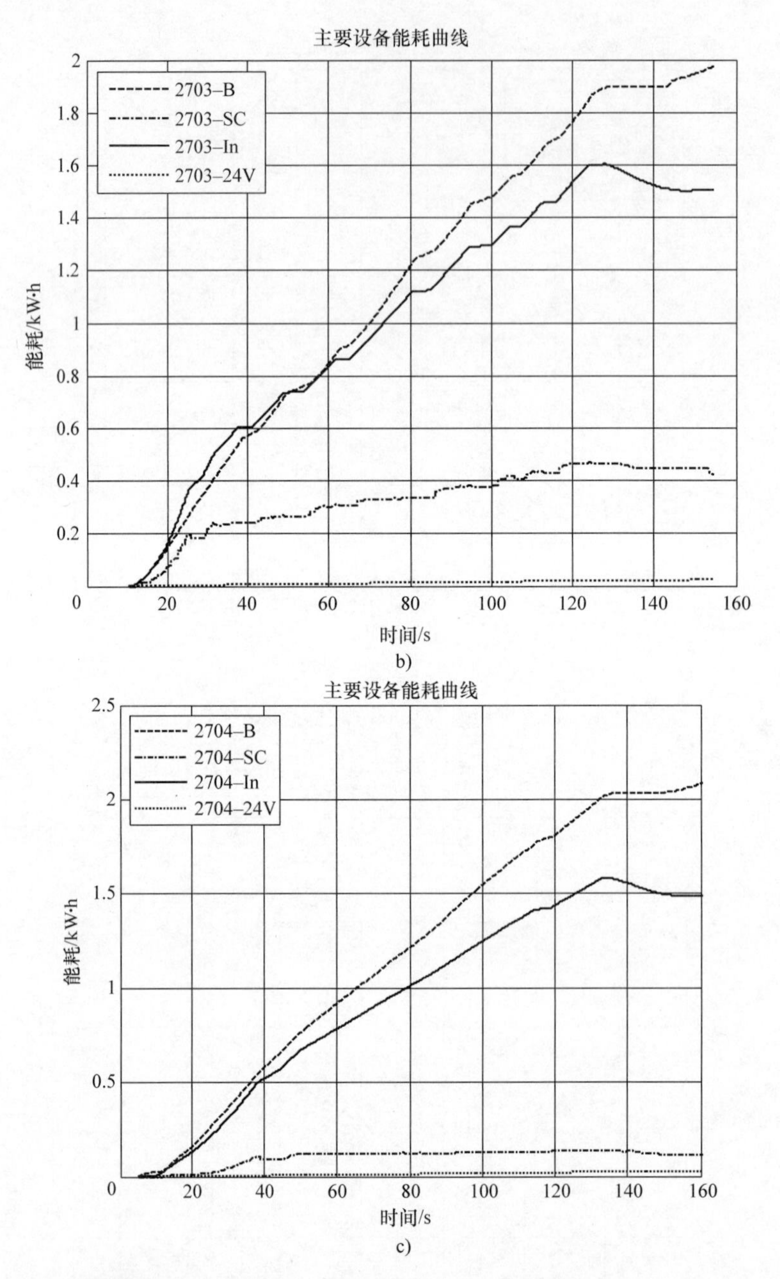

图 3-90 速度等级为 20km/h 的主要设备能耗曲线（续）

（6）速度等级为 35km/h 的能耗　速度等级为 35km/h 的测试数据有 4 组，电源和牵引逆变器等设备能耗曲线如图 3-93 所示。

2. 牵引加速阶段能耗分析

在有轨电车的整个运行过程中，牵引加速阶段所占时间较少，而在牵引加速阶段，主要能耗来自牵引系统，将电能转化为有轨电车动能。牵引阶段动力电池输出能量占电源输出总能量的比例如图 3-94 所示。从图中可以看出，在牵引加速阶段，起动过程的平均加速度越大、加速到越高的速度，动力电池输出能量占电源输出总能量的比例就越小。这是由于加速度和速度越大，电机输出的牵引力越大，系统的需求功率越大，此时，需要超级电容输出更多功率来满足需求。

牵引加速阶段，流入牵引逆变器的能量占电源输出总能量的比例如图 3-95 所示。从图中可以看出，以一个较大的加速度加速到一个较高速度的情况下，流入牵引逆变器的能量占电源总输出能量的比例相对较高。这是由于以一个较大的加速度加速到一个较高速度时，在单位时间内，流入牵引逆变器的功率越大，而流入其他辅助设备的功率不受速度和加速度影响。

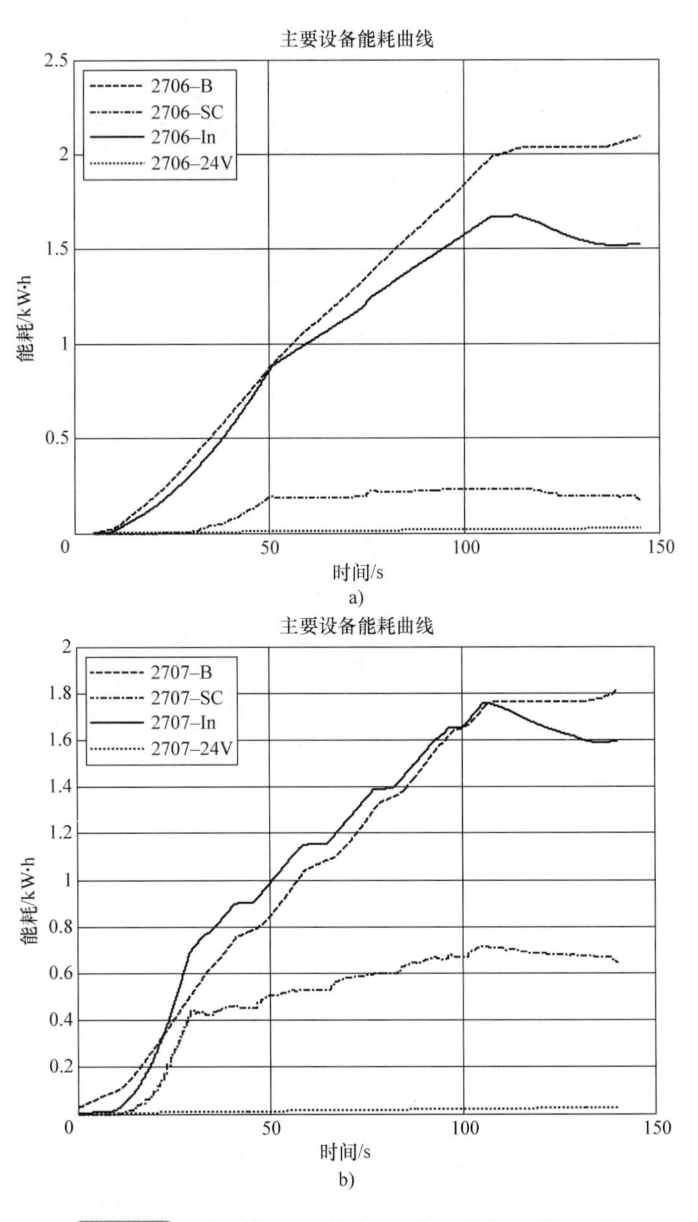

图 3-91　速度等级为 25km/h 的主要设备能耗曲线

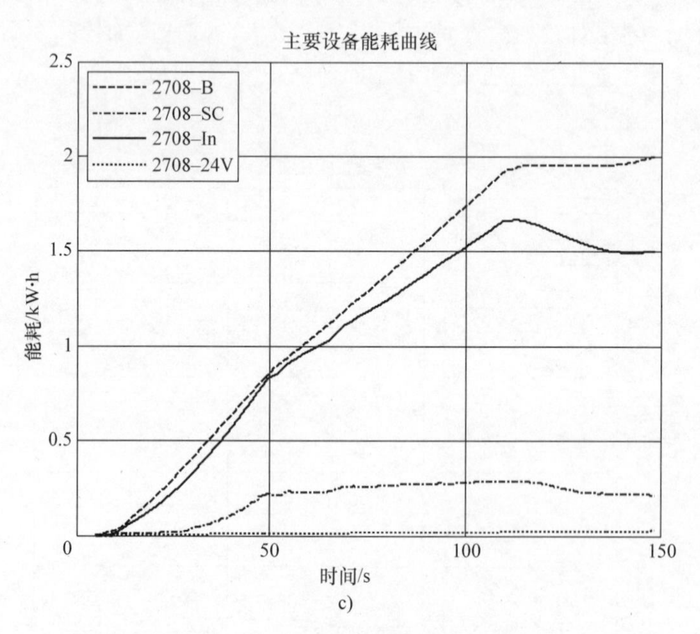

c)

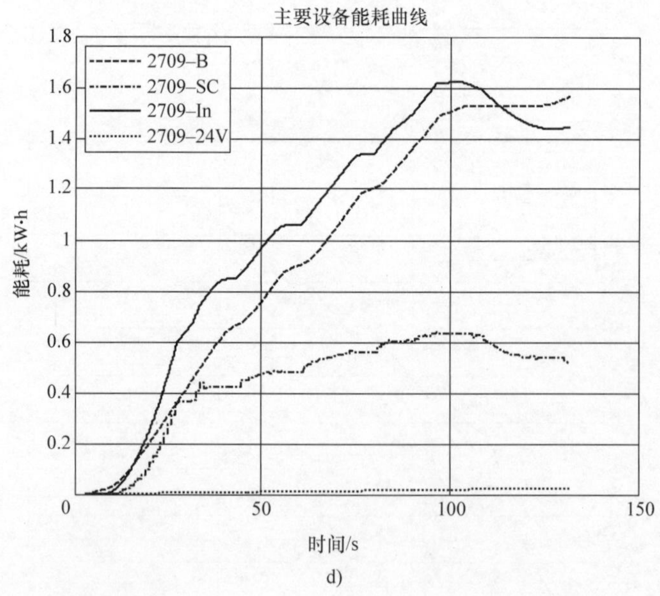

d)

图 3-91 速度等级为 25km/h 的主要设备能耗曲线（续）

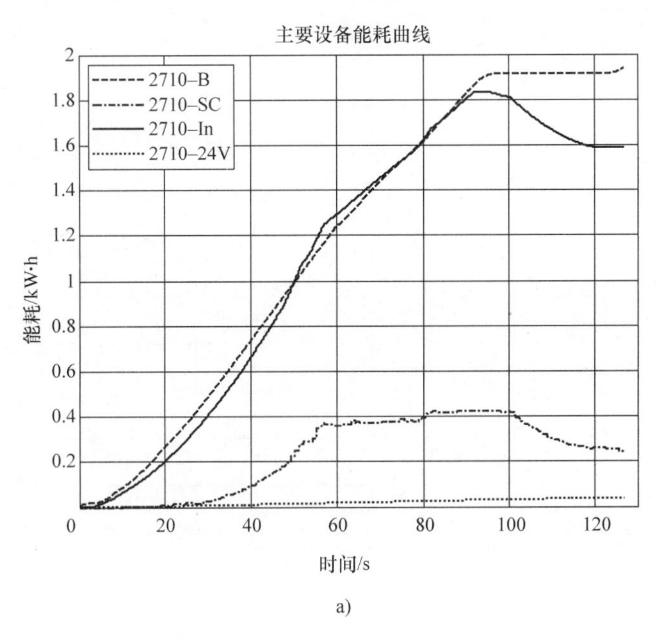

a)

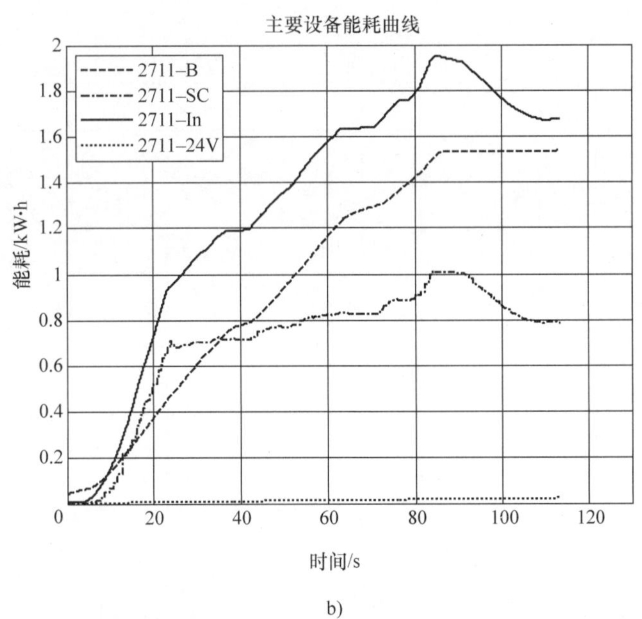

b)

图 3-92　速度等级为 30km/h 的主要设备能耗曲线

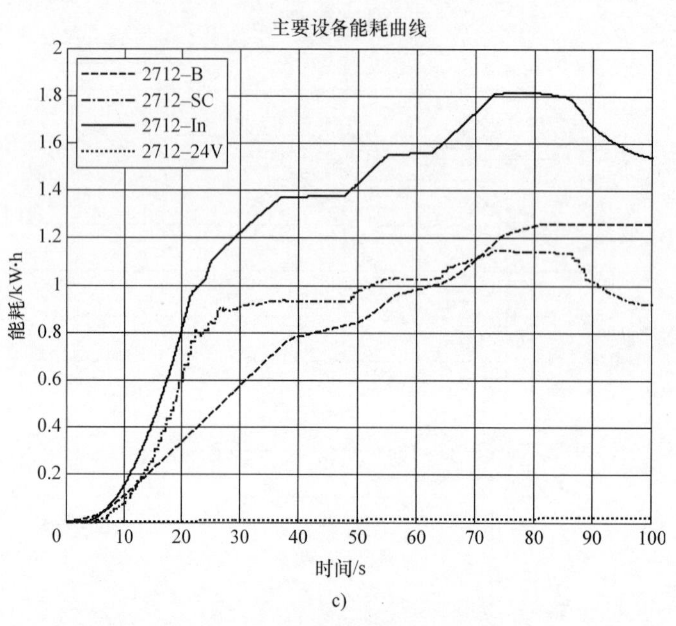

c)

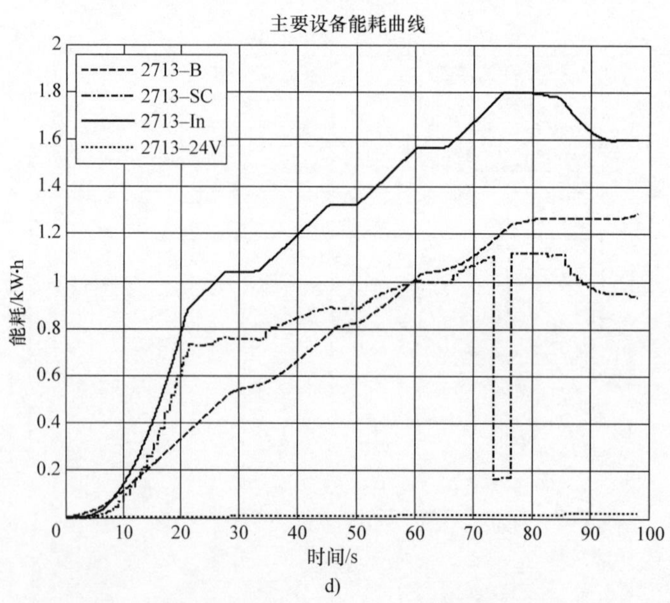

d)

图 3-92　速度等级为 30km/h 的主要设备能耗曲线（续）

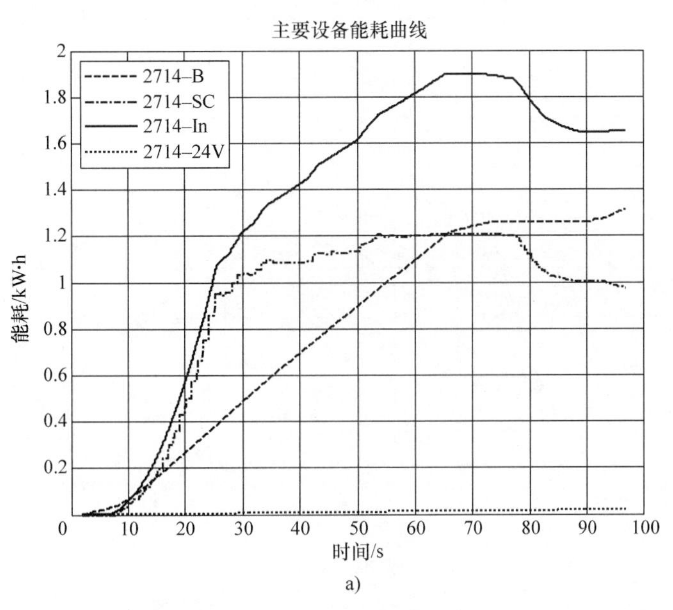

a)

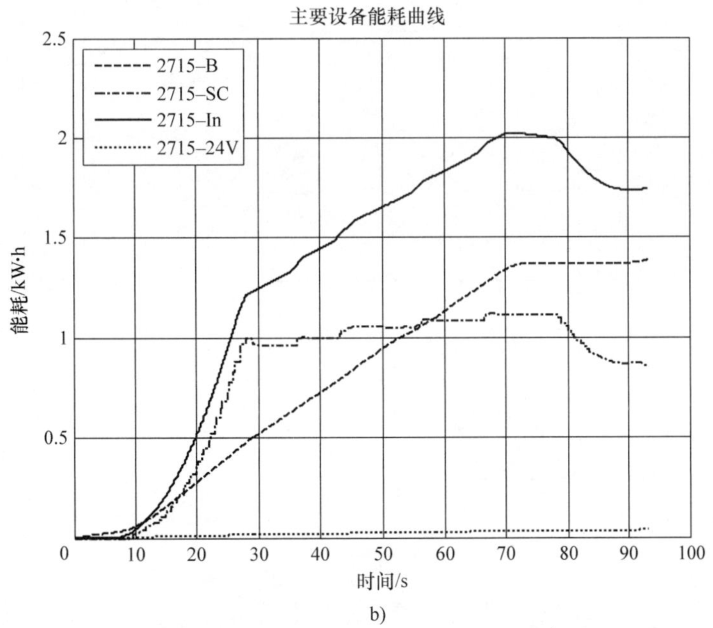

b)

图3-93　速度等级为35km/h的主要设备能耗曲线

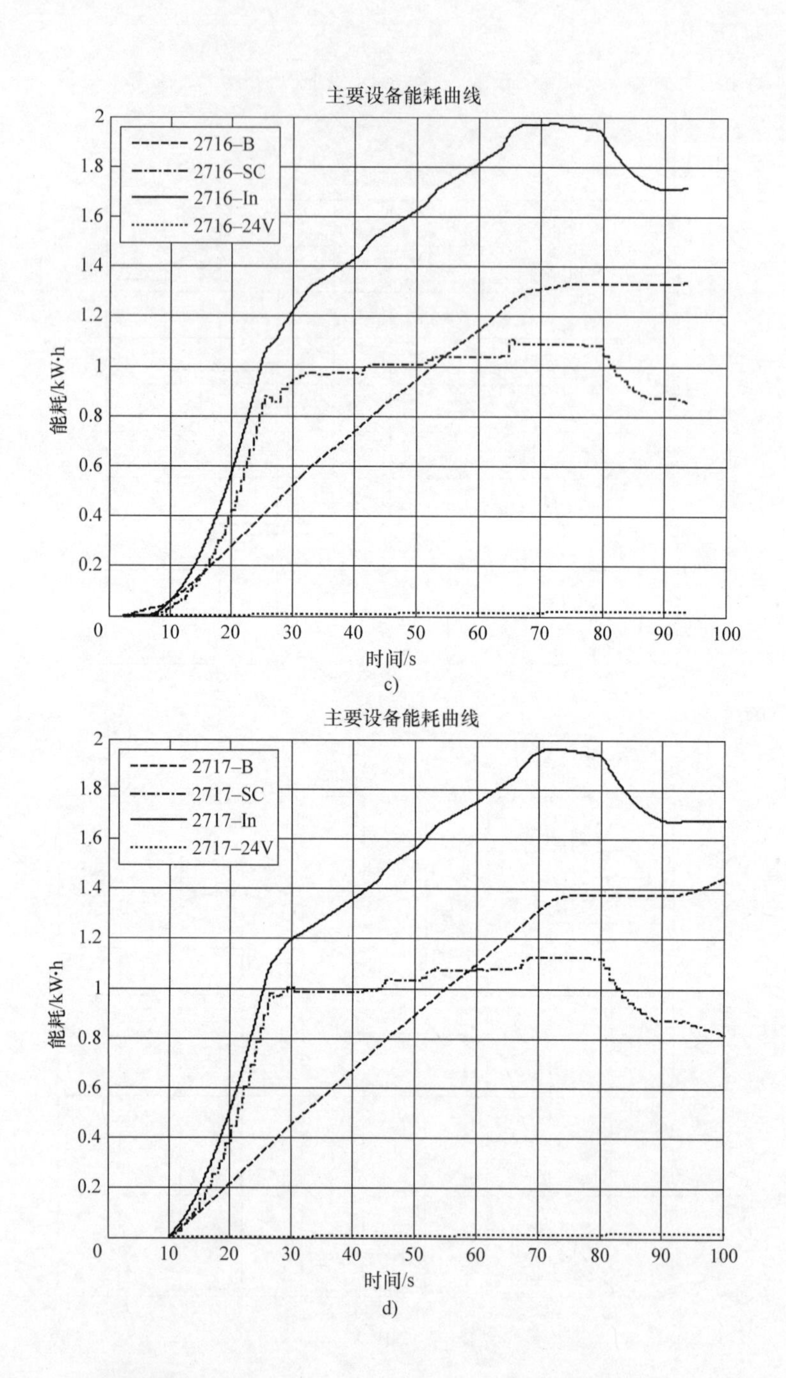

图 3-93 速度等级为 35km/h 的主要设备能耗曲线（续）

3. 持续运行阶段能耗分析

有轨电车在持续运行阶段，其实际速度就在其巡航速度上下波动，在这个阶段估计各设备的能耗，可以假定设备近似恒功率运行。那么能耗和时间的关系可以表示为：$E=Pt$。

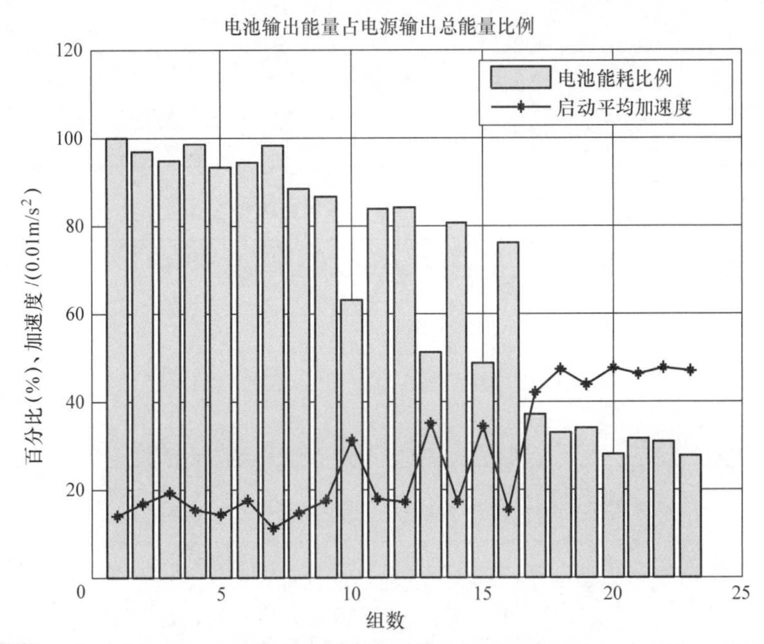

图 3-94　牵引阶段动力电池输出能量占电源输出总能量的比例（包括与加速度关系）

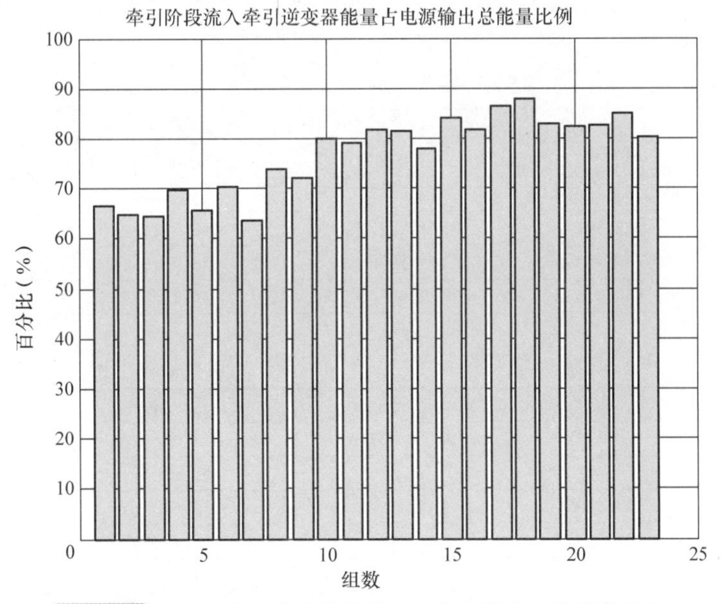

图 3-95　流入牵引逆变器的能量占电源输出总能量的比例

通过 4 组数据的时间和能耗数据，可以拟合出各设备的近似功率情况。拟合出的各速度等级电池组功率、超级电容组功率、牵引逆变器母线侧输入功率、24V 充电机的输出功率见表 3-33 ~ 表 3-38。

表 3-33　速度等级 10km/h 的主要电气设备功率近似值　（单位：kW）

编号	电池	超级电容	牵引逆变器输入	24V 充电机输出
2601	42.9046	0.549928	23.55361	1.332291
2602	43.50189	0.610971	22.29092	1.248964
2603	39.5072	0.970714	21.1312	0.854673

（续）

编号	电池	超级电容	牵引逆变器输入	24V 充电机输出
2604	38.55073	0.58729	20.74394	0.69497
均值	41.11611	0.679726	21.92992	1.032725

表 3-34 速度等级 15km/h 的主要电气设备功率近似值（单位：kW）

编号	电池	超级电容	牵引逆变器输入	24V 充电机输出
2605	47.97906	1.860279	28.9727	0.512613
2606	44.80032	2.713671	28.9158	0.548752
2607	47.22757	1.255165	26.54842	0.563184
2701	51.05144	1.554015	31.64945	0.650409
均值	47.7646	1.845783	29.02159	0.56874

表 3-35 速度等级 20km/h 的主要电气设备功率近似值（单位：kW）

编号	电池	超级电容	牵引逆变器输入	24V 充电机输出
2702	62.7552	2.842262	42.36893	0.486388
2703	55.28512	9.310638	42.08243	0.578397
2704	55.12652	1.254857	40.63822	0.645886
均值	57.72228	4.469252	41.69653	0.570224

表 3-36 速度等级 25km/h 的主要电气设备功率近似值（单位：kW）

编号	电池	超级电容	牵引逆变器输入	24V 充电机输出
2706	68.37302	3.675733	50.48221	0.602069
2707	56.40642	13.68774	48.59585	0.652864
2708	62.99172	4.202707	48.76581	0.693868
2709	54.53386	13.16766	48.73799	0.690887
均值	60.57626	8.68346	49.14547	0.659922

表 3-37 速度等级 30km/h 的主要电气设备功率近似值（单位：kW）

编号	电池	超级电容	牵引逆变器输入	24V 充电机输出
2710	70.32724	7.742143	61.67692	1.306422
2711	60.48886	15.70268	55.09647	0.635291
2712	49.25064	28.65	57.01	0.729954
2713	54.55542	26.89	58.09065	0.755118
均值	58.65554	19.74621	57.96851	0.856696

表 3-38 速度等级 35km/h 的主要电气设备功率近似值（单位：kW）

编号	电池	超级电容	牵引逆变器输入	24V 充电机输出
2714	73.9652	19.01495	76.8338	1.332291
2715	73.05242	13.7867	77.7127	1.248964
2716	77.1273	14.18735	76.6490	0.854673
2717	76.64679	16.7205	77.2952	0.69497
均值	75.19793	15.92738	77.12268	1.032725

持续运行阶段，即中间运行过程，每一组电源和牵引逆变器的平均功率如图 3-96 所示。

由图可以明显看出，有轨电车持续运行过程中速度维持得越高，电源的消耗能量以及流向牵引逆变器的能量越多。同一种速度等级下，中间运行过程速度越平稳，牵引电机能耗越小。

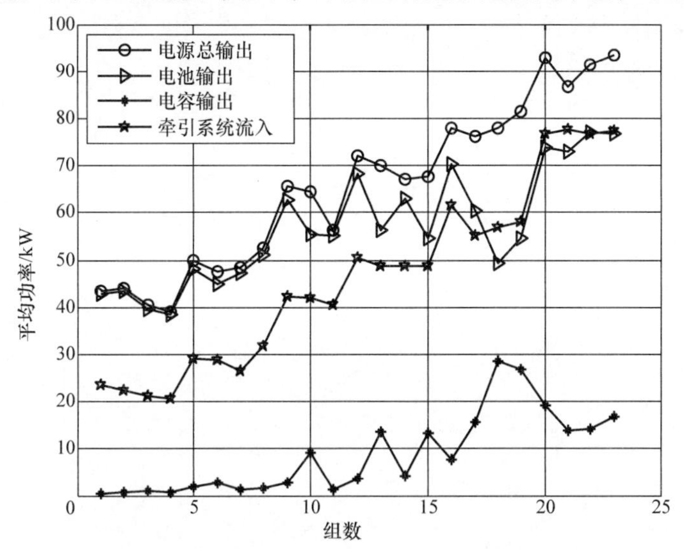

图3-96　中间运行过程电源和牵引逆变器平均功率

如果有轨电车以35km/h的速度持续运行，以电源系统输出平均功率90kW来计算，运行2min，则运行距离为1166.7m，电源的输出能量为3kW·h，运行电源能耗2.57kW·h/km。

如果有轨电车以30km/h的速度持续运行，以电源系统输出平均功率78kW来计算，运行2min，则运行距离为1000m，电源的输出能量为2.6kW·h，运行电源能耗2.6kW·h/km。

中间运行过程24V充电机平均功率如图3-97所示。24V充电机为24V用电设备提供能量，它的平均功率相对较低，大概在0.5～1.3kW范围内。如果以这样的功率运行30min，消耗的能量大概为0.25～0.65kW·h。

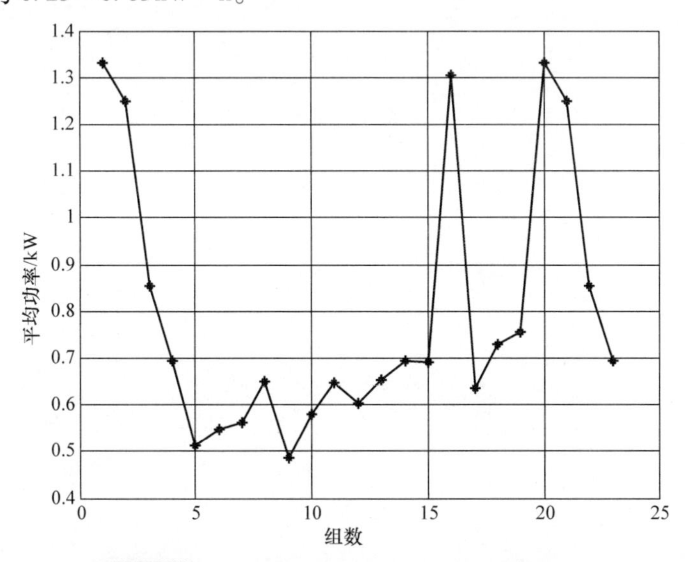

图3-97　中间运行过程24V充电机平均功率

在有轨电车的整个运行过程中，持续运行阶段所占的时间较长，而在持续运行阶段，主要能耗来自牵引系统和辅助能耗系统，牵引系统将电能转化为有轨电车动能，辅助系统将为辅助设备提供能量。持续运行阶段动力电池输出能量占电源输出总能量的比例如图3-98所示。从图中可以看出，在持续运行阶段，持续运行速度越大或速度波动越大，动力电池输出能量占电源输出总能量的比例越小。这是由于速度越大或速度波动越大，系统的需求功率越大，此时，超级电容输出越多功率来满足需求。

流入牵引逆变器的能量以及流入辅助系统的能量占电源输出总能量的比例如图3-99所示。从图中可以看出，速度越高，流入牵引逆变器的能量比例相对较高。其中流入辅助系统的能量根据辅助设备功率为11.63kW、辅助逆变器的效率为0.90进行估计。

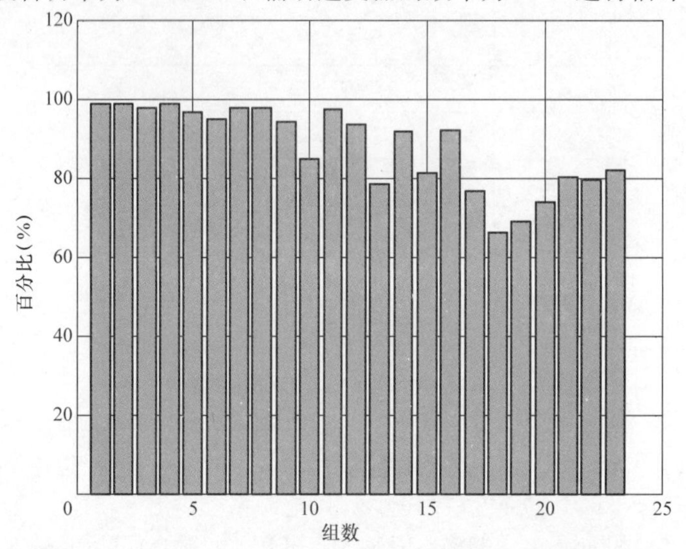

图3-98　中间运行过程电池输出能量占电源输出总能量的百分比

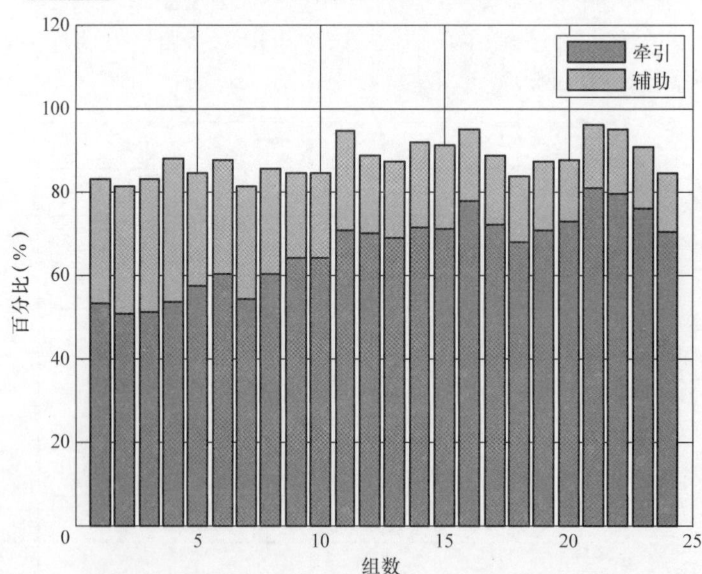

图3-99　中间运行过程流入牵引和辅助逆变器的能量占电源输出总能量的百分比

4. 再生制动阶段能耗分析

在速度等级为10km/h时，牵引逆变器几乎没有回收能量，因此对于制动过程中能量回收率的分析是速度等级为15~35km/h的19组数据。

再生制动过程中，每一组制动过程的平均减速度、逆变器回收的能量以及超级电容回收能量占逆变器回收能量的比例如图3-100所示。其中，acc、In、SC/In分别表示制动过程的平均减速度、逆变器回收的能量、超级电容回收能量占逆变器回收能量的比例。整体来看，逆变器回收的能量较少。从图中也可以看出当开始制动时的速度等级越高，并且制动减速度在不超过$0.6m/s^2$的情况下，制动过程的制动减速度越大时，牵引逆变器回收的能量越多，相应的超级电容吸收的能量也越多。但在速度等级相同的情况下，有轨电车开始制动时制动减速度越大，制动时间越短。

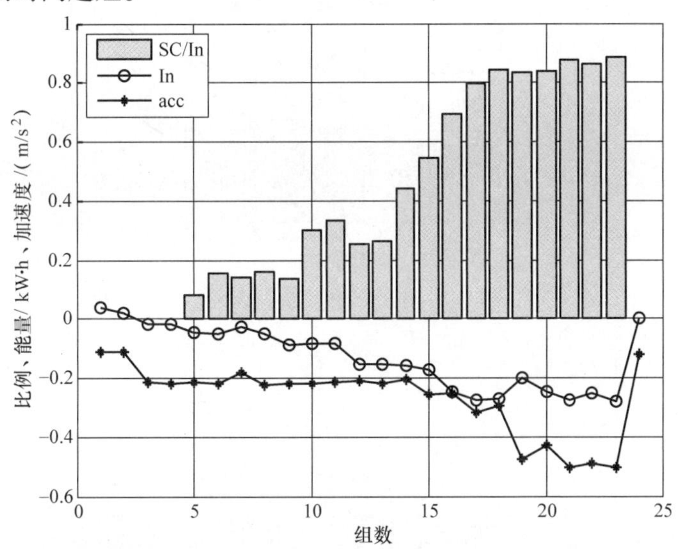

图3-100 制动平均减速度、逆变器和超级电容回收能量

定义牵引逆变器的能量回收比例为：牵引逆变器由于再生制动而回馈到母线的能量占牵引时从电源流入牵引逆变器的能量比例。即

$$\eta_{tc} = \frac{E_{Inre}}{E_{In}} \times 100\% \tag{3-68}$$

式中，$E_{In} = \int_{t_0}^{t_m} V_{bus} I_{tc} dt$，其中，$V_{bus}$和$I_{tc}$分别为牵引逆变器的电压和正电流；$E_{Inre} = -\int_{t_0}^{t_m} V_{bus} I_{tcre} dt$，其中，$I_{tcre}$为牵引逆变器负电流。

基于实测数据的牵引逆变器的能量回收比例如图3-101所示。由图可以看出牵引逆变器的能量回收比例不足20%，并且速度越高，回收比例相对越高。

定义牵引传动系统能量回收率为：牵引逆变器由于再生制动而回馈到母线的能量占有轨电车动能变化量的比例。即

$$\eta_{tcre} = \frac{E_{Inre}}{\frac{1}{2} m (v_m^2 - v_{end}^2)} \times 100\% \tag{3-69}$$

式中，$E_{Inre} = \int_{t_0}^{t_m} V_{bus} I_{tcre} dt$。

基于实测数据的牵引传动系统能量回收率如图3-102所示。由图可以看出牵引传动系统能量回收率大多在30%～50%之间。

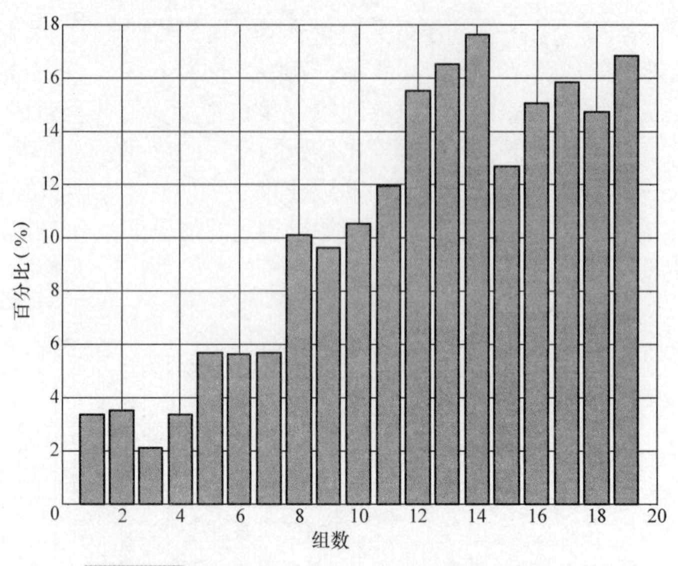

图 3-101 牵引逆变器回收占其消耗能量百分比

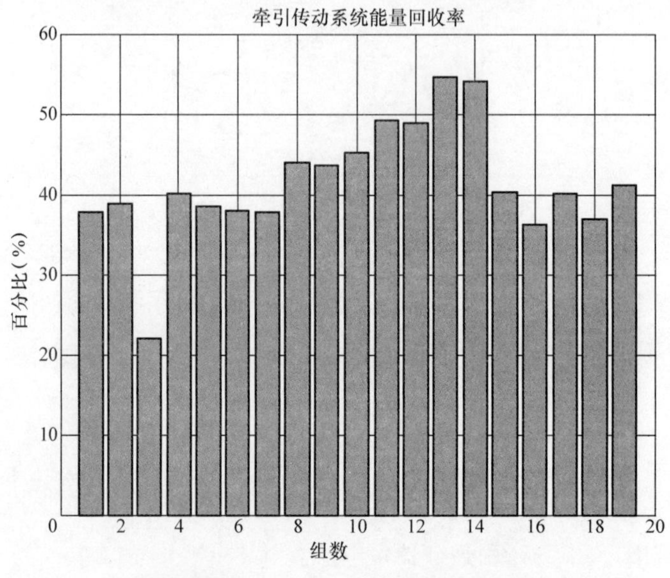

图 3-102 牵引传动系统能量回收率

5. 全程能耗分析

每组测试的全程电池、电容、牵引逆变器、辅助逆变器总能耗值如图 3-103 和图 3-104 所示。有轨电车全程运行中，动力电池能耗、输入到牵引逆变器的能量以及输入到辅助逆变器的能量占电源总能耗的比值如图 3-105 所示。

从图中可以看出：

1）有轨电车的平均运行速度越高（≤35km/h），电源的总能耗越少。其原因主要是速度越高，相同的运行里程所需的运行时间越少，辅助设备消耗的能量越少。

2）有轨电车的平均运行速度越高，起动加速度越大，超级电容的能耗就越多，而相应的动力电池消耗的能量比例越少。

3）全程流入牵引逆变器的能量总体趋势平缓，有轨电车动力制动的能量较少。

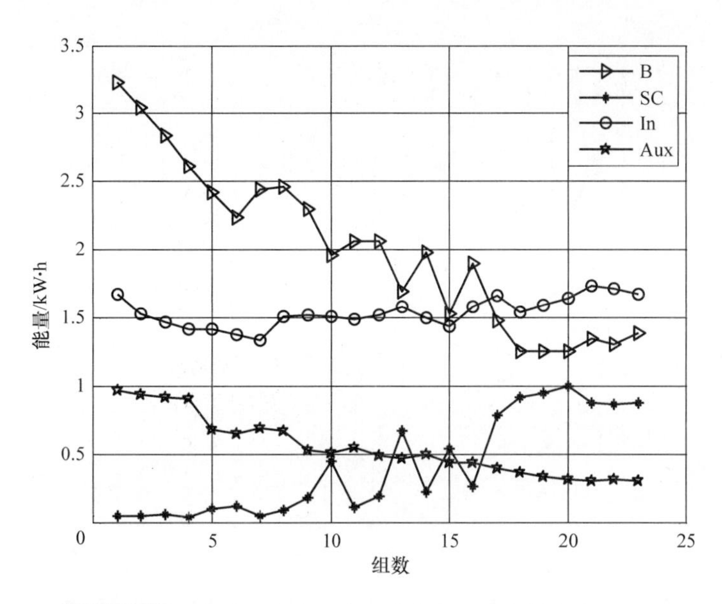

图 3-103　电池、电容、牵引逆变器、辅助逆变器总能耗

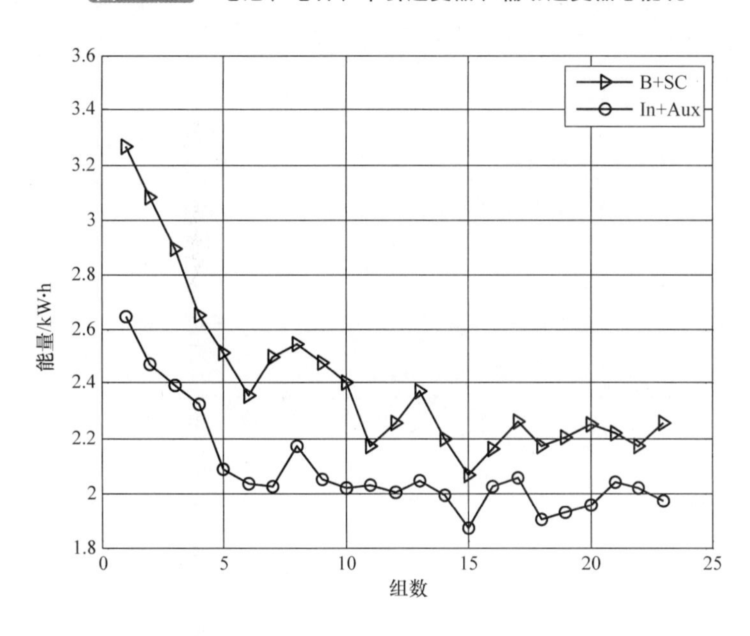

图 3-104　电池 + 电容、牵引逆变器 + 辅助逆变器总能耗

6. 电源能耗估计（在 2km 区间运行）

由上文的分析可得有轨电车在不同速度等级下，以不同的平均加速度起动，其牵引阶段（从速度为 0 到巡航速度的过程）的电源能耗见表 3-39。

由上文的分析可得有轨电车在不同速度等级下，以不同的平均减速度制动，其制动阶段（从巡航速度减速为 0 的过程）的电源能耗见表 3-40。

由不同速度等级下有轨电车牵引加速阶段和制动阶段的平均电源能耗值和加速里程及制动里程，可以估算持续运行阶段的运行里程和能耗，见表 3-41。

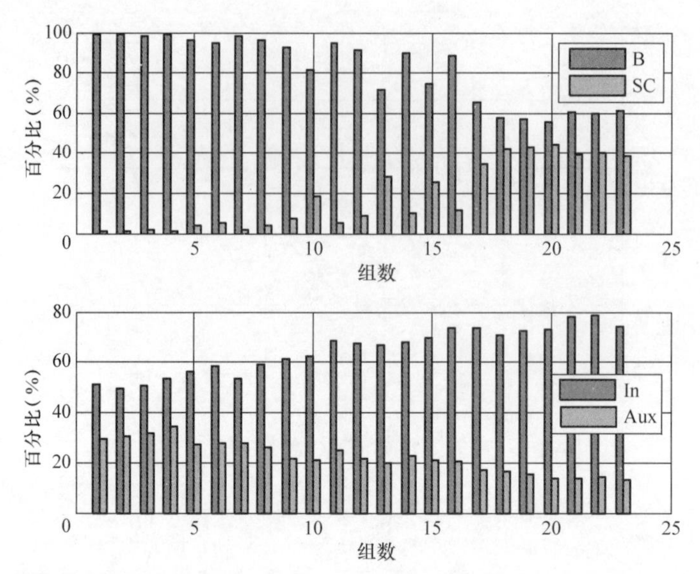

图 3-105 电池、牵引逆变器、辅助逆变器能耗占电源总能耗百分比

表 3-39 牵引加速阶段电源能耗估计

速度等级/(km/h)	平均加速度/(m/s²)	加速里程/m	估计电源能耗/kW·h
10	0. 163	19. 2	0. 225
15	0. 134	52. 3	0. 429
20	0. 176	70. 9	0. 619
25	0. 204	95. 8	0. 82
30	0. 445	63. 2	0. 914
35	0. 470	81. 5	1. 213

表 3-40 制动减速阶段电源能耗估计

速度等级/(km/h)	平均减速度/(m/s²)	制动里程/m	估计电源能耗/kW·h
10	-0. 120	26	0. 107
15	-0. 204	34. 5	0. 052
20	-0. 214	58. 3	0. 04
25	-0. 210	92. 8	-0. 092
30	-0. 309	91	-0. 217
35	-0. 498	76. 8	-0. 221

表 3-41 持续运行阶段电源能耗估计

速度等级/(km/h)	运行里程/m	电源平均功率/kW	估计运行时间/s	估计电源能耗/kW·h
10	1954. 8	41. 8	703. 7	8. 171
15	1913. 2	49. 6	459. 2	6. 326
20	1870. 8	62. 2	336. 7	5. 818
25	1811. 4	69. 2	260. 8	5. 014
30	1845. 8	78. 4	221. 5	4. 824
35	1841. 7	91. 1	189. 4	4. 794

根据不同速度等级的情况下牵引加速阶段、持续运行阶段以及制动阶段电源能耗的估

计，可得到全程运行 2km 时的电源能耗，见表 3-42 和图 3-106。由此可知，有轨电车的运行速度等级越高，电源能耗相对越小。

表 3-42　运行全程电源能耗估计

速度等级/(km/h)	牵引加速阶段电源能耗/kW·h	制动减速阶段电源能耗/kW·h	持续运行阶段电源能耗/kW·h	估计全程电源能耗/kW·h
10	0.225	0.107	8.171	8.503
15	0.429	0.052	6.326	6.807
20	0.619	0.04	5.818	6.477
25	0.82	-0.092	5.014	5.742
30	0.914	-0.217	4.824	5.521
35	1.213	-0.221	4.794	5.786

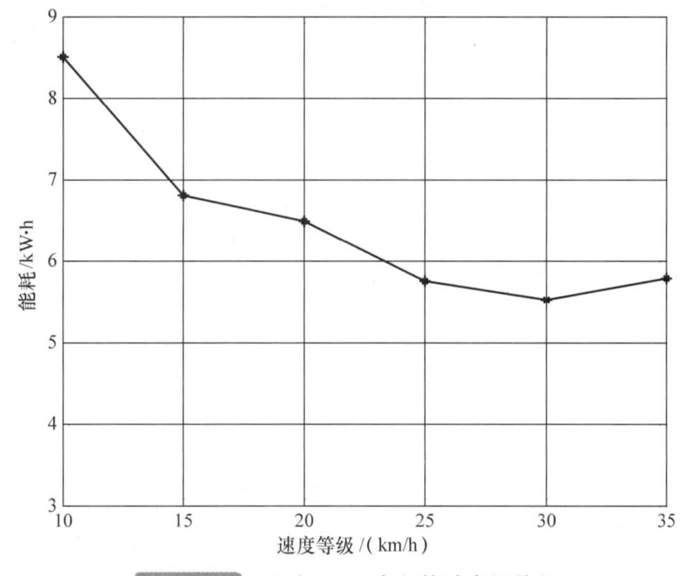

图 3-106　运行 2km 全程估计电源能耗

7. 总结

本节通过对超级电容/动力电池混合动力有轨电车动力性能的跟踪测试分析，主要得到以下结论：

1）根据有轨电车持续运行速度的不同，持续运行速度越高的情况，由于牵引档位较高，相应牵引加速阶段的加速度相对较高。从总体的测试数据来看，有轨电车牵引加速阶段的平均加速度在 0.1～0.5m/s^2 范围内。

2）在牵引阶段，电源为有轨电车供电的情况下，动力电池优先于超级电容输出，在动力电池输出电能不能满足需求功率的变化率或大小时，超级电容开始输出，弥补动力电池的不足。在有轨电车制动阶段，动力电池基本不回收能量，超级电容吸收了牵引逆变器回收的部分功率。

3）有轨电车运行全程平均速度越高（针对速度在 35km/h 及以下的情况），电源的总能耗越少。电源输出的能量主要流入牵引逆变器，以及克服线路阻力，为列车加速和持续运行提供能量；而牵引逆变器回收的能量较少，即有轨电车动能转化为电能的部分相对较少。其次，电源输出的能量流向了辅助逆变器，为车载辅助设备供电。

第4章 燃料电池混合动力有轨电车技术

本章介绍的混合动力有轨电车采用了燃料电池/超级电容/动力电池供电技术，可实现真正意义上的全线无网，减少有害物质的排放，同时降低运行能耗，是新能源有轨电车的最佳选择。该有轨电车研制项目得到了十二五国家科技支撑项目的费用支持。

4.1 氢燃料电池轨道车辆应用情况

国内外氢燃料电池轨道车辆的应用情况见表4-1。

表4-1 国内外氢燃料电池轨道车辆的应用情况

中车唐山公司	中车青岛四方	西门子	阿尔斯通	其　他
2016年4月27日世界首列商用型燃料电池混合动力100%低地板有轨电车下线 2017年10月26日世界首列商用型燃料电池/超级电容100%低地板混合动力有轨电车在唐山示范运行 2018年已经研制完成新一代有轨电车用燃料电池系统	2015年3月，氢能源有轨电车试验车下线 2016年开始研制氢能源有轨电车，拟在佛山运营	与Ballard公司签订开发Mireo轻轨列车的氢燃料电池发动机	研制成功车速140km/h燃料电池动力火车，正在进行运行试验 预计2021年12月起在德国运行	2017年11月，加拿大安大略省启动招标燃料电池列车 2018年3月，奥地利在欧洲范围内启动招标燃料电池列车

4.1.1 国内外燃料电池轨道车辆

1. 阿尔斯通（Coradia iLint）

Coradia iLint基于阿尔斯通的柴油列车Coradia Lint 54研发而成，可搭载300名乘客，最高车速可达140km/h。Coradia iLint的行驶效率相比Coradia Lint 54大为提高。“智能电力和能源管理系统”能为列车合理分配电源，使其行驶里程可以达到600～800km。

2017年1月9日，萨尔茨吉特（Salzgitter）地方交通局（LNVG）、阿尔斯通和林德公司的管理层签署了在沃尔夫斯堡交付 14 列氢燃料电池列车（Coradia iLint Trains）以及 30 年维护和能源供应的合同。这 14 列火车将由阿尔斯通为 LNVG 生产，于 2018 年投入载客试运营，并将于 2021 年 12 月在库克斯港、不来梅港、布雷梅尔沃德和布克斯特胡德之间运送乘客。继 EBA 批准后，两辆 Coradia iLint 原型机将进入 Elbe－Weser 网络试运行，旅客服务定于夏末。林德集团的加油站将确保火车供氢。

2018 年 7 月 11 日，该车获得德国铁路局（EBA）批准在德国的客运服务。EBA 总裁 Gerald Hörster 向阿尔斯通颁发了柏林联邦运输和基础设施部的认证证书。

阿尔斯通燃料电池市域车（图 4-1～图 4-3）的 LINT 54 原始列车的相关参数见表 4-2。

表 4-2　LINT 54 参数表

项目	参　数
研发厂家	Alstom Transport Deutschland
制造厂家	DB Regio
编组方式	MD + MD（2 编组）
长度	54.27m
轨距	1435mm
高度	4.31m
宽度	2.75m
质量	98t
最高速度	140km/h
装机容量	3 × 390 kW；2 × 390kW（erixx）
最大载客量	300
站位	204
层高	800mm（低层）1180mm（高层）
层数	1 或 2 层

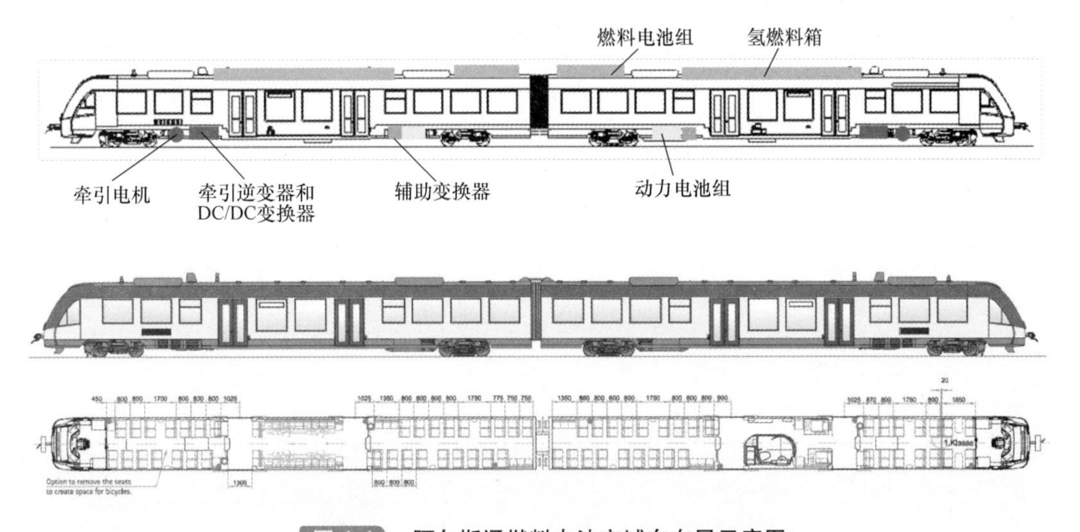

图 4-1　阿尔斯通燃料电池市域车布局示意图

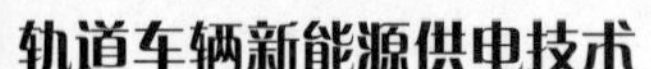

图 4-2 阿尔斯通燃料电池市域车外形

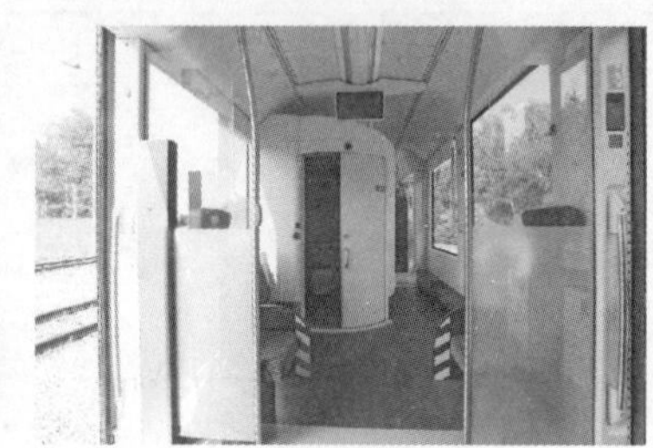

图 4-3 阿尔斯通燃料电池市域车内饰

2. 西门子（MIREO）

西门子移动（Siemens Mobility）开发的铁路客运列车的概念车称为 Mireo，取代了西门子产品组合中的 Desiro ML。2017 年 11 月，Ballard 与 Siemens 签署 900 万美元的多年开发协议，根据开发协议的条款，Ballard 将开发一种 200kW 的燃料电池发动机，以整合到 Siemens 新的 Mireo 列车平台上。Mireo 是模块化的通勤列车平台，设计时速高达 160km/h（100mile/h）。得益于轻量化设计、高能效组件和智能车载网络管理，Mireo 的能耗将比同等客运能力的列车降低 25% 之多。初步计划是于 2021 年部署以燃料电池为动力的 Mireo 列车，其参数见表 4-3，样车效果图见图 4-4。

表 4-3 **Mireo 参数**

项目	参　数
制造商	Siemens Mobility
类别	电动车组
轨矩	1435mm
长度	52 ~ 140m（取决于编组配置）
高度	4. 208m
宽度	2. 808 m
最高速度	160km/h
连续功率	2600kW
加速度	1. 2m/s^2
质量	112t

3. 中车青岛四方燃料电池有轨电车

中车青岛四方燃料电池有轨电车样车图片和相关参数见图 4-5 和表 4-4。

图 4-4　样车效果图

图 4-5　青岛四方燃料电池有轨电车

表 4-4　青岛四方燃料电池有轨电车技术参数

项目	参　数
研发厂家	四方公司
编组方式	Mc + T + T + Mc
燃料电池系统配置	2 套 100kW 电堆
混合动力配置	动力电池 + 燃料电池
列车长度	40m
运行速度	70km/h
车辆地板	100% 低地板
设备排布	车顶
AW3 轴重	10.5t

4. 中车唐山公司燃料电池混合动力有轨电车

中车唐山公司研制的氢燃料电池有轨电车是在 100% 低地板样车平台基础上，结合自主开发的土耳其 Samsun100% 低地板有轨电车经验，进行自主设计，并拥有完全自主知识产权。

2016 年 4 月 27 日，样车在唐山公司下线，为世界首列商用型燃料电池混合动力 100% 低地板有轨电车；2016 年 11 月，样车完成为期一年的运行性能试验验证，各项性能满足主流有轨电车技术性能要求，如图 4-6 所示。2017 年 8 月 1 日，世界首列商用型燃料电池/超级电容 100% 低地板混合动力有轨电车，在唐山市工业旅游线路上开始载客示范运行（图 4-7）。

图 4-6　中车唐山公司燃料电池有轨电车样车

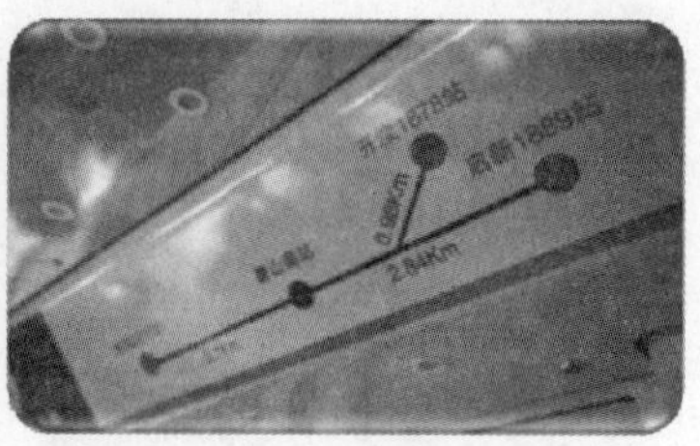

图 4-7 中车唐山公司南湖工业旅游线路示范运营

4.1.2 应用前景分析

1. 综合建设成本分析

无触网牵引供电系统主要是为了满足有轨电车系统在某些场合、某些路段中无法采用架空接触网系统的情形。目前，全球范围内有多个公司在开发、研制和实验此项技术，各家公司的技术和方案有较大的差别，主要有以下几种类型：第三轨供电（APS）、电磁感应供电、超级电容或动力电池储能式供电以及燃料电池加超级电容或动力电池混合动力供电。以上四种无触网牵引供电方式，除了第三轨 APS 供电在较多国家投入市场化应用外，电磁感应供电技术尚处于实验或小范围试运营过程中，储能式供电车辆行驶距离较短。

由于不同城市建设有轨电车线路的具体情况差别非常大，有轨电车建设成本差别明显。为了将燃料电池有轨电车线路建设成本与其他技术进行比较，现做如下假设：

➢ 假设某城市规划建设一条有轨电车线路，总长度 20km，沿途设置站点 20 个。

➢ 假设线路运送乘客能力分为大、中、小三种模式，投入运行的电车数量分别为 25 对、20 对、15 对。

➢ 所比较的有轨电车线路所用车辆平台只有供电方式不同，其余部分完全相同。

➢ 结合目前现代有轨电车成本情况，假设接触网式有轨电车每列成本为 1500 万元，其他无接触网式有轨电车成本在其基础上有所增加。

➢ 结合目前现代有轨电车系统造价，假设电车系统除供电系统之外的拆迁、土地、土建、轨道等基础造价为 1 亿元/km。

下面进行几种有轨电车的综合成本分析。

（1）接触网式有轨电车　为保证有轨电车线路运行的电力供应，可以采用集中式供电或分散式供电方案。集中式供电可从 66kV 城市高压电网经主变电所降压至 35kV 供有轨电车系统使用，集中式供电电压等级高，供电可靠，供电距离长，谐波治理简单，但是建设投资高。分散式供电不设置城轨专用主变电所，电车供电通过建设分散式开闭所从 10kV 城市电网获取备用供电容量，为电车系统供电。经主变电所或分散式开闭所获取的电力再经过牵引变电所提供给 DC750V 牵引供电网，用于驱动电车行驶。平均约 2km 需要建设一个牵引变电所。综合考虑供电变电所、牵引变电所、架空接触网等牵引供电系统必需的建设成本，供电系统线路及设备等造价约为 1000～1300 万元/km，有轨电车牵引供电系统平均造价约为 2000～3000 万元/km，该部分费用包括供电相关站房、接触网、设备、迁改土建等方面。本项目分析中以牵引供电系统造价为 2000 万元/km 计算。

根据以上数据，进行大、中、小三种运力下的接触网式现代有轨电车线路投资核算，结果见表 4-5。

表 4-5　接触网式有轨电车线路建设投资

运力	列车数量	列车投资	供电系统投资	基建投资	总投资
小	30 列	4.5 亿元	4.0 亿元	20.0 亿元	28.5 亿元
中	40 列	6.0 亿元	4.0 亿元	20.0 亿元	30 亿元
大	50 列	7.5 亿元	4.0 亿元	20.0 亿元	31.5 亿元

（2）储能式有轨电车　储能式有轨电车系统需要在每列车上增加超级电容或蓄电池、双向变流器、能量管理装置等设备，因此每列车造价增加约 300 万元。同时，电车采用进站快速充电方式，每个车站需要增加快速充电装置，牵引变电所也需要作出相应调整，甚至可能需要每个车站配置一个牵引变电所，以满足快速充电的大电流需求，而且车站需要更大的占地面积来放置变电装置和充电设备。因此，土建和设备增加了线路的建设投入，相应投入增加按照 500 万元/km 计算。目前世界上采用超级电容供电的有轨电车为西门子的 AVEINO 系列有轨电车和法国劳尔公司的 Translohr 有轨电车。AVEINO 系列有轨电车通常一次充电后在线路条件较好的情况下可运行最长约 2.5km 的距离，该系列有轨电车在葡萄牙里斯本的有轨电车线路上得以应用。Translohr 超级电容有轨电车目前已研发完成，但尚未投入实际运营。

储能式有轨电车线路投资见表 4-6。

表 4-6　储能式有轨电车线路建设投资

运力	列车数量	列车投资	供电系统投资	基建投资	总投资
小	30 列	5.4 亿元	5.0 亿元	20.0 亿元	30.4 亿元
中	40 列	7.2 亿元	5.0 亿元	20.0 亿元	32.2 亿元
大	50 列	9.0 亿元	5.0 亿元	20.0 亿元	34.0 亿元

（3）第三轨有轨电车　第三轨供电现代有轨电车底部安装受电靴，在车辆运行过程中，当车辆运行至某一段授电轨上方时，该授电轨处于带电状态，从而为车辆供电。而其他授电轨均处于未带电状态，以保证其他车辆和行人的安全。车辆前进过程中，不断切换授电轨的工作状态以满足车辆连续受电的需求。因此，需要沿线铺设切换装置，使得牵引供电设备、土建等成本增加约 4000 万元/km。列车上除了具备受电靴，还要配备储能装置，以备授电轨因故障不能正常授电时电车可以正常行驶，因此，每列电车成本增加 300 万元左右。目前世界上采用第三轨供电技术已应用的线路有法国波尔多有轨电车，规划设计的有法国兰斯、昂热、奥尔良以及巴西巴西利亚和阿联酋迪拜等城市的有轨电车。

第三轨有轨电车线路投资见表 4-7。

表 4-7　第三轨有轨电车线路建设投资

运力	列车数量	列车投资	供电系统投资	基建投资	总投资
小	30 列	5.4 亿元	12.0 亿元	20.0 亿元	37.4 亿元
中	40 列	7.2 亿元	12.0 亿元	20.0 亿元	39.2 亿元
大	50 列	9.0 亿元	12.0 亿元	20.0 亿元	41.0 亿元

(4) 感应式有轨电车　感应式供电现代有轨电车线路将电缆回路预先埋设在轨道结构下方，车体安装有耦合线圈。由于沿途铺设感应线圈，折合牵引供电设备、土建等成本增加5000万元/km左右。车上除了布置受电感应线圈之外，还需安装超级电容等储能设备，因此每列电车成本增加500万元。目前该技术被加拿大庞巴迪公司垄断，已试验成功，但尚无工程实施案例。

感应式有轨电车线路投资见表4-8。

表4-8　感应式有轨电车线路建设投资

运力	列车数量	列车投资	供电系统投资	基建投资	总投资
小	30列	6.0亿元	14.0亿元	20.0亿元	40.0亿元
中	40列	8.0亿元	14.0亿元	20.0亿元	42.0亿元
大	50列	10.0亿元	14.0亿元	20.0亿元	44.0亿元

(5) 燃料电池有轨电车　燃料电池有轨电车不需要牵引供电系统，可以节省线路投资，但是，每列燃料电池有轨电车上需要配备300kW的燃料电池系统、储氢系统、超级电容系统，每列车的成本会增加800~1000万元。整条线路上需要配备一个制氢加氢站，根据容量计算，建设制氢量为3000Nm^3/h的制氢站即可满足50列燃料电池有轨电车的运行需求。

根据目前甲醇裂解–变压吸附(PSA)制氢厂的工程造价，3000Nm^3/h甲醇裂解制氢厂投资约2000万元，占地面积1000m^2，包括甲醇裂解、变压吸附等设备，加氢设备包括氢气压缩机、高压储氢罐等，投资约1000万元，考虑征地拆迁等费用，制氢、加氢厂总投资约5000万元。燃料电池有轨电车线路造价见表4-9。

表4-9　燃料电池有轨电车线路建设投资

运力	列车数量	列车投资	制氢厂投资	基建投资	总投资
小	30列	7.5亿元	0.5亿元	20.0亿元	28.0亿元
中	40列	10.0亿元	0.5亿元	20.0亿元	30.5亿元
大	50列	12.5亿元	0.5亿元	20.0亿元	32.5亿元

由表4-5~表4-9的对比可以看出，燃料电池有轨电车系统虽然在车上增加了燃料电池动力系统、储氢系统、超级电容系统等，使得每列电车投资增加了800~1000万元，整条有轨电车线路上运营的电车投入比前几种有轨电车增加了3~5亿元。但是，由于建设制氢加氢站点的投入远远低于牵引供电系统的投入，使得燃料电池有轨电车线路的投资远低于无接触网电车线路，与现有接触网式有轨电车线路初期投资基本相当，可比储能式有轨电车节省投资800万元/km以上，比第三轨和储能式有轨电车节省投资3000万元/km以上。

2. 运营成本分析

燃料电池有轨电车线路如果采用甲醇裂解制氢路线，每吨甲醇可以制得氢气187kg。目前甲醇的市场价格在2800元/t上下浮动，考虑甲醇裂解–PSA制氢过程的成本，甲醇裂解制氢成本约为1.5元/Nm^3左右。

有轨电车行驶中峰值功率可达500~600kW，但低功率运行和停车时间较多，平均功率比较低。以每列车平均功率125kW计算，按照中等运量40列车、每天电车运行时间15h计算，线路列车总功耗为5MW。接触网、储能式、第三轨三种有轨电车线路电能损耗可忽略，感应式有轨电车会有约 5% 的感应损耗，每日能耗会相应增加。根据城轨牵引用电电价计算模式，采用容量费和千瓦时电费两种方式。容量费按照 30 元/kVA/月计算，千瓦时电费按照 0.75 元/kW·h 计算。根据有轨电车功耗计算，燃料电池的氢气消耗量为 3000Nm^3/h。几种电车技术的每日运营成本比较见表 4-10。

表 4-10　几种有轨电车技术的每日运营成本比较

分类	供电功率	每日能耗	牵引用电单价	每日成本
接触网、储能、第三轨	5000kW	75MW·h	容量费：30 元/kVA/月 千瓦时电费：0.75 元/kW·h	6.13 万元
感应式	5263kW	78.9MW·h	容量费：30 元/kVA/月 千瓦时电费：0.75 元/kW·h	6.42 万元
分类	氢气用量	每日用氢	氢气价格	每日成本
燃料电池	3000Nm^3/h	45000Nm^3	1.5 元/Nm^3 氢气	6.75 万元

从表 4-10 的比较中可以看出，燃料电池有轨电车运营成本略高于几种有牵引供电系统的有轨电车，每天运营成本增加 0.6 万元左右，每年增加 219 万元。如此算来，有轨电车运营 20 年，运营成本增加不到 5000 万元，比初期投资降低的成本要少得多。

结合国家相关政策与先进水平汽车生产厂家的经验来看，实现燃料电池有轨电车批量化生产，要依据国家政策建立一体化绿色交通方案，建立从制氢、加氢、储氢、用氢一体化的产业；要将制氢与燃料电池有轨电车一起推出才能促进新能源的扩展，而氢的储存一直是一个技术难题。从氢的输送与储存经济性及安全性总体考虑，传统的氢储运方式并不能满足人们的需要，可以根据用户当地的现状采用不同的制氢方式，防止单一化方式制约氢能源的产业化进程。

3. 社会经济效益

氢燃料是全球新型清洁能源开发利用的主流方向之一。氢燃料电池通过氢与氧的直接电化学反应发电，是电解水的逆过程，发电后的反应终产物只有水和余热，环境友好。低地板有轨电车在缓解城市交通压力方面具有先天的技术优势，以氢燃料电池为动力的城市轨道交通车辆，以其特有的大运量、零排放、无污染、低噪声、能源可再生、转化效率高等优势成为新时代城市交通发展的亮点，解决了常规有轨电车需架设接触网、普通储能式有轨电车续驶里程短等“瓶颈”问题。燃料电池混合动力有轨电车全线无接触网运营，不影响城市景观，也无需沿途设置充电站，工期短、无污染、零排放，具有经济可靠、维护费用低等特点，是未来城市交通的新选择。

由于采用氢燃料电池供电技术，可完全避免采用架空接触网或者在各站点设置充电站，仅在终点站两端甚至是一端建设加氢站，大幅降低有轨电车线路系统建设成本。据估算，采用燃料电池有轨电车的运营线路，其综合成本略低于常规接触网有轨电车线路，远低于储能式有轨电车线路。因此该技术方案得到了台州、天津和唐山等国内诸多城市和德国、奥地利、加拿大等国的青睐。

目前我国已有超过 30 多个城市，规划了有轨电车线路 50 多条，线路里程超过 1200km，有轨电车需求数量超过 1200 列，市场容量超过 2 千亿元。通过本课题的实施，中车唐山公司完成了世界首列燃料电池/超级电容混合动力 100% 低地板有轨电车样车研制，形成了批量交付能力，可为现代城市发展提供一种最为清洁、高效的新型公共交通工具。

（1）经济效益

1）节约线路建设成本。线路不需架设接触网，最大化减少了与之配套的电力设施，节约线路建设成本，每公里可节约线路建设成本3000万元以上。

2）回收制动能量。车辆的制动动能被转换为电能并储存到车载超级电容系统中。以制动能量回收率40%考虑，按照一条线路15站、每站1km计算，每停靠一站回收制动能量1.744kW·h，可以节省氢气消耗量0.0959kg；一条线路按照单趟运行时间50min计算，一天内停靠次数为135次，总共节省氢气消耗量为12.9492kg，节约成本517.97元；每年节约成本186468.48元。

3）拉动氢能产业。每辆车每公里耗氢0.3645kg，每千克氢气40元，每天运行8h，平均运行速度30km/h，一天运行240km，总耗氢量87.48kg。

如果一条线路按照10辆车配置计算，总耗氢量874.8kg/天，一年耗氢量为314928kg。

一年耗氢量可以为钢铁、焦化等行业增加收入12597120元人民币。

（2）社会效益

1）解决了架空接触网的视觉污染。燃料电池混合动力有轨电车全线无接触网运营，不影响城市景观，也无需沿途设置充电站，无污染、零排放，具有经济可靠等特点。

2）消除安全隐患。由于接触网部分暴露于自然环境当中，长期受到自然环境中诸如风雪雨潮等多种外力因素的影响，容易导致自身的架构扭曲变形、潮湿老化，必须定期检查和更新；同时由于接触网与轨道之间的杂散电流问题，会对周围建筑物带来持续的腐蚀。而本项目研制的燃料电池混合动力有轨电车可完全摆脱接触网对环境的影响，实现环境友好。

3）绿色环保零排放。氢燃料是全球新型清洁能源开发利用的主流方向之一。氢燃料电池通过氢与氧的直接电化学反应发电，是电解水的逆过程，发电后的反应终产物只有水和余热，环境友好。一年耗氢量相当于1312200kg煤炭燃烧，减少CO_2排放3490452kg，降低治污成本124万元。

4）无网运行距离长。通过储氢系统优化设计，可实现上百公里续驶里程，远高于储能式有轨电车，仅在终点站建设加氢站，极大减少了新增基础设施投资以及对城市环境的影响。

4.2 燃料电池混合动力系统组成及技术参数

本节介绍的燃料电池有轨电车由三个模块组成，其中两个模块装有动车转向架，一个模块装有拖车转向架。图4-8所示为有轨电车车辆编组方案。

编组方式：-Mc+ T +Mc-

Mc：安装动力转向架和司机室的动车模块

T：安装拖车转向架和燃料电池系统的拖车模块

+：风挡铰接结构

-：前端车钩

有轨电车总体技术指标见表4-11。

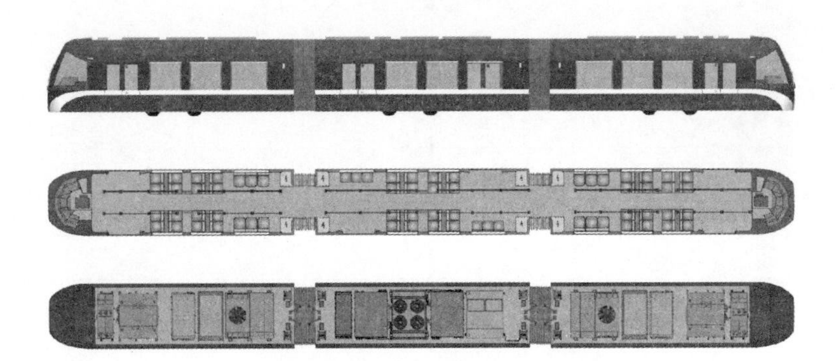

图 4-8　有轨电车车辆编组方案

表 4-11　有轨电车总体技术指标

项　　目	参　　数
环境温度	-25 ~ 50℃
车辆编组	-Mc + T + Mc-，100%低地板
变流器	DC750V（500 ~ 900V）
驱动电机	8 × 110kW
轴重	≤12t
续驶里程	>40km
车辆最高运行速度	70km/h
载客量	347 人

有轨电车主要技术参数见表 4-12。

表 4-12　有轨电车主要技术参数

项　　目	参　　数
编组方式	-Mc + T + Mc-
轨距	1435mm
最小平面曲线半径	19m
轴重	12t
列车自重	47t
列车车体长度	31075mm
车钩高度	460mm
车辆高度	3500mm
车体宽度	2650mm
客室内净高	2210mm
固定轴距	1850mm
轮径（新/旧）	600/540mm
车体强度	EN 12663　P V
供电方式	燃料电池、超级电容、动力电池

（续）

项　目	参　数
最高运行速度	70km/h
起动加速度	≥1.2m/s^2
常用制动减速度	1.1m/s^2
紧急制动减速度	2.5m/s^2

图4-9所示为系统集成关键技术。

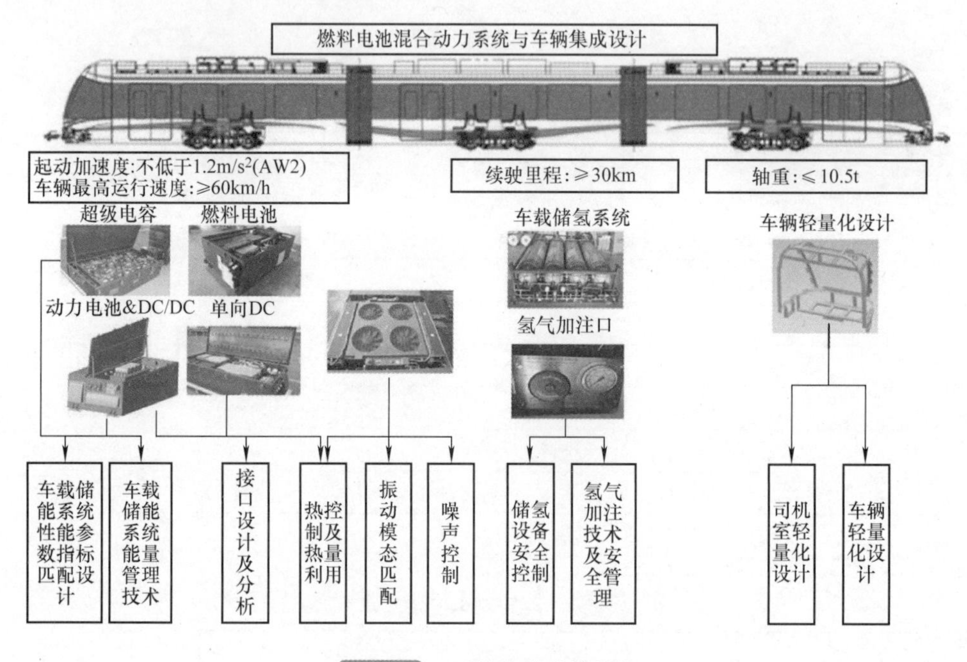

图4-9　系统集成关键技术

4.3　混合动力系统详细设计方案

燃料电池混合动力100%低地板车辆的能量系统包括燃料电池、超级电容和动力电池，车辆使用超级电容和动力电池组作为能量回收装置，车辆制动时，优先将制动能量存储在超级电容和动力电池中，以备车辆牵引或者辅助设备用电使用。当车辆运行时，车辆使用燃料电池、超级电容和动力电池作为车辆驱动电源。当车辆停站或回库时，如超级电容和动力电池电量不足，则由燃料电池为超级电容和动力电池充电，以提供车辆起动所需能量。

4.3.1　车辆设备布局优化设计

混合动力电源箱采用模块化设计，Mc车包含双向DC/DC电源电池箱（内有一个双向DC/DC动力电池模块、一个双向DC/DC超级电容模块、动力电池组及系统控制单元等）及超级电容箱（内含有超级电容组及能量管理系统）。T车全部为燃料电池系统。车顶设备布局如图4-10和图4-11所示。

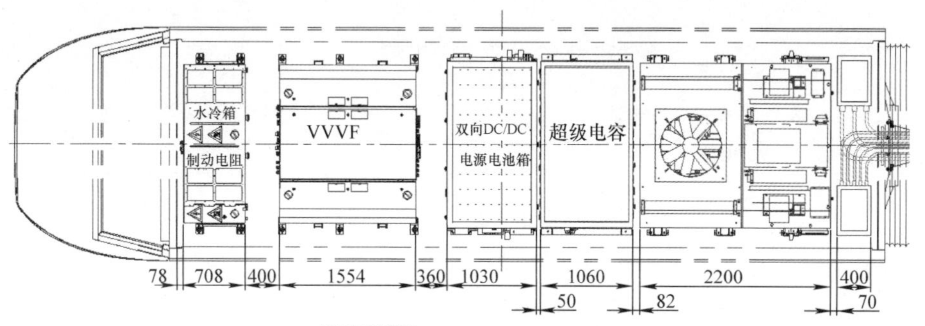

图 4-10　Mc 车车顶布置

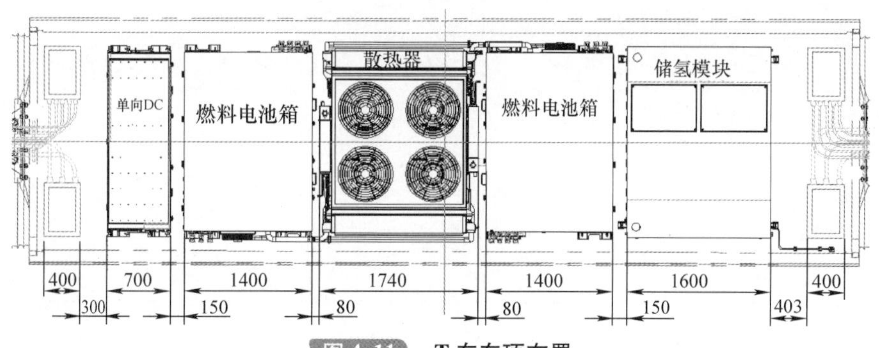

图 4-11　T 车车顶布置

车顶设备功能如下：

1）每套混合动力系统包括一个双向 DC/DC 电源电池箱和超级电容箱两个箱体，对称布置于两个 Mc 车车顶中部，便于车辆布线和重量管理。

2）动力电池箱避开空调系统出风口，以避免受到空调系统较高出风温度的影响。

3）空调机组布置于 Mc 车二位端，方便与中间车的燃料电池系统进行余热利用。

4）2 套燃料电池系统布置于 T 车车顶，对称布置于散热器两侧，便于进行对供电、供氢和管路设计。

5）储氢系统布置于 T 车（中间车）车顶，为 2 套燃料电池系统提供氢气。

6）每辆车车顶设备电气接口，高压布线在一侧，低压布线在另一侧，方便车辆布线。

7）制动电阻、水冷系统集成为一体的箱体和牵引逆变器箱相邻布置于 Mc 车（头车）一位端。

4.3.2　混合动力电源箱 DC/DC 主要技术参数

1）当斩波器 A（动力电池 DC/DC）作为充电机对动力电池充电时，混合动力电源箱 DC/DC 主要技术参数见表 4-13。

表 4-13　DC/DC 变换器主要技术参数 1

项　　目	参　　数
主电压	DC750V（范围 712 ~ 788V，来自燃料电池单向斩波器）
控制电压	DC24V（ -30% ~ +25%）

（续）

项　目	参　数
输出电压	DC331V（范围 280～396V）
输出电流	80A

采用恒流充电方式，当电压浮充到 DC396V 时自动切断输出停止充电。

2）当斩波器 A（动力电池 DC/DC）作为供电电源对外放电时，混合动力电源箱 DC/DC 主要技术参数见表 4-14。

表 4-14　**DC/DC 变换器主要技术参数 2**

项　目	参　数
主电压	DC331V（范围 280～396V，来自动力电池）
额定输入电流	80A
最大输入电流	120A（min）
控制电压	DC24V（－30%～＋25%）
输出特性	DC750V ±5%

3）当斩波器 B（超级电容 DC/DC）作为充电机对超级电容充电时，混合动力电源箱 DC/DC 主要技术参数见表 4-15。

表 4-15　**DC/DC 变换器主要技术参数 3**

项　目	参　数
主电压	DC750V（范围 712～788V，来自燃料电池单向斩波器）
控制电压	DC24V（－30%～＋25%）
输出电压	DC528V（范围 200～528V）
持续充电电流	300A

4）当斩波器 B（超级电容 DC/DC）作为供电电源对外放电时，混合动力电源箱 DC/DC 主要技术参数见表 4-16。

表 4-16　**DC/DC 变换器主要技术参数 4**

项　目	参　数
主电压	DC528V（范围 200～528V，来自超级电容）
输入最大电流	700A
控制电压	DC24V（－30%～＋25%）
输出特性	DC750V ±5%

4.3.3　超级电容组技术参数

单个模块超级电容参数见表 4-17。

表 4-17 超级电容参数

项 目	参 数
额定容量/F	165
电容量容差（%）	-0.2 ~ +0.2
额定电压/V	48
最低工作电压/V	28.8
浪涌电压/V	50.4
最大电流/A	98（持续）；1900（1s）
可用比功率密度/(W/kg)	3300
最大储存能量/W · h	52.8
比能量密度/(W · h/kg)	3.9
最大漏电流/mA	5.2
重量/kg	13.9
外形尺寸/mm	418 × 194 × 179
运行温度/℃	-40 ~ 70
寿命（年）	10
内阻/mΩ	6.3
放电深度（%）	100
充放电次数	1000000 次

4.3.4 动力电池组技术参数

单个模块动力电池（钛酸锂）的主要技术参数见表 4-18。

表 4-18 动力电池主要技术参数

项 目	参 数
单体电芯额定电压/V	2.3
单体电芯额定容量/A · h	10
单体内阻/mΩ	≤1.2
放电截止电压/V	1.5
最大充电电压/V	2.8
电池组持续放电电流/A	80
电池组最大放电电流/A	120（1min）
外形尺寸/mm	219 × 126 × 6
充电方法	CC/CA
工作温度范围/℃	-10 - +55
环境温度范围/℃	-20 - +45
循环寿命（次）	8000

4.3.5 燃料电池系统技术参数

单套燃料电池系统的主要技术参数见表4-19。

表4-19 燃料电池系统的技术参数

参　　数	数　　值	参　　数	数　　值
氢气的储存量/kg	最大14	水蒸气的额定纯度（%）	21
单电池数量	735	燃料（H_2）的额定压力/bar	1.3
开路电压/V	735	空气的额定压力/bar	1
电流1A时的电压/V	710	空气的额定流速/(L/min)	5400
额定电压/V	540	额定运行温度/℃	80
最小电压/V	525	电堆额定效率（%）	50
额定电流/A	240	燃料电池响应时间/s	3
最大电流/A	320	氧气的最大利用率（%）	80
燃料（H_2）的额定纯度（%）	99.999	燃料电池堆数量	2
O_2的额定纯度（%）	21	燃料电池堆额定功率/kW	150

燃料电池系统的输出特性与环境温度、电堆工作寿命等因素密切相关，图4-12所示为燃料电池系统在寿命开始时和寿命终结时的系统输出特性曲线，图中横坐标电流是燃料电池电堆输出电流，该电流数值可以通过燃料电池控制器（FCCU）发送给车辆控制器。寿命开始时，燃料电池电堆输出电压较高，系统净输出功率较高，为140kW左右；寿命终结时，由于电堆输出电压衰减，系统净输出功率降低到110kW左右。其中，净输出功率为电堆功率扣除空压机、水泵、散热风机等所有辅机功耗后的输出功率。

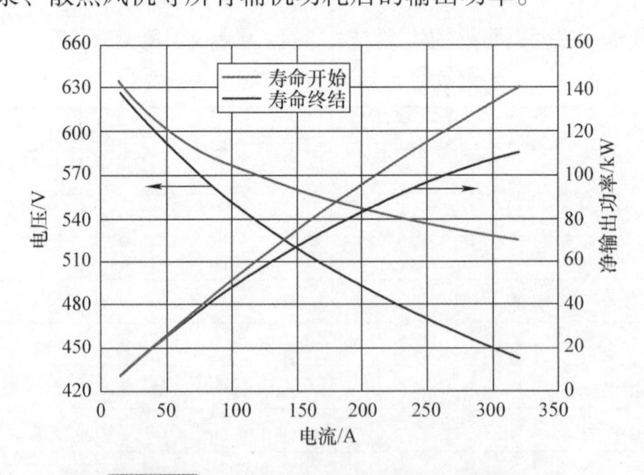

图4-12 燃料电池箱系统输出特性曲线

图4-13所示为燃料电池系统净输出功率与主要内耗功率之间的关系。系统的主要内耗包括空压机功耗、水泵功耗、散热器功耗以及电控系统功耗等。空压机功耗在所有辅机功耗中占据比例最大，占12%左右；散热器功耗受环境温度影响较大，如果环境温度高，散热器功耗可以达到6%左右。电控系统功耗包括通风风机、氢气循环泵、电源、电磁阀、传感

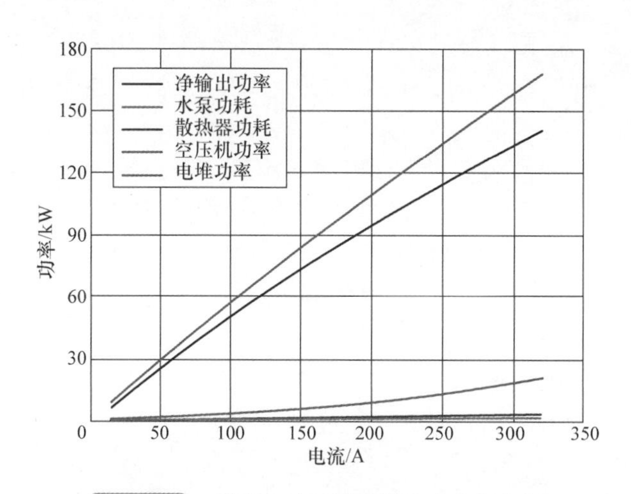

图 4-13　燃料电池系统净输出功率与内耗

器、控制器、电路元件等所有功耗，这些功耗占据比例较小，但种类繁多，而且随不同工况条件波动较大，按固定功率 2kW 考虑。

图 4-14 所示为燃料电池系统效率曲线。电堆效率是指燃料电池电堆利用氢气发电的能量转化热力学效率，电效率是指燃料电池系统输出净功率与电堆输出功率的比值，总效率是电堆效率与系统电效率的乘积，反映了燃料电池系统输出的总电能与输入的燃料化学能之间的能量转化效率。可以看到，总效率在整个工作电流曲线上都高于 40%，在较低电流下效率更高，超过 45%。

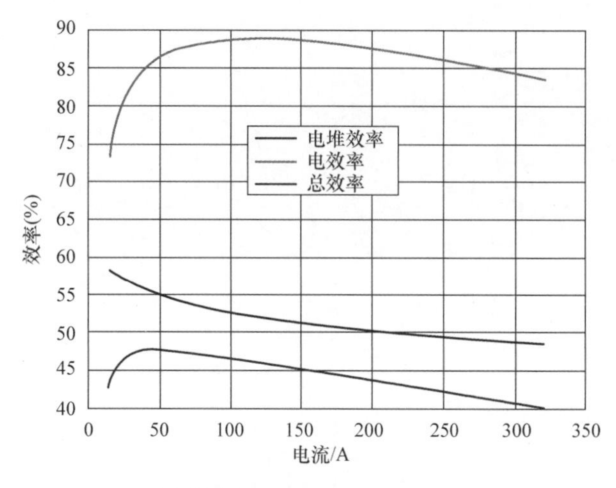

图 4-14　燃料电池系统效率

4.3.6　单向斩波器系统

由于燃料电池固有的极化特性曲线，电堆输出电压随着输出功率增加而减小。而对于大功率车载燃料电池发电系统来说，必须维持输出到车辆母线上的电压相对恒定，本系统中燃料电池输出电压为 440 ~ 710V，因此增加单向 DC/DC 升压斩波器来维持输出电压的稳定。所选用的单向 DC/DC 升压斩波器输入电压范围为 440 ~ 710V，最大输入电流为 320A，额定

输出电压为 750V（波动范围 712～788V），最大输出功率 216kW，其输出端最高可承受 DC1000V 电压。升压斩波器冷却方式为强迫风冷，斩波器内部自带风扇，工作电源为 AC220V。

该燃料电池低地板车每列车安装了一套 DC/DC 斩波器系统，内部含有 A/B 两个 DC/DC 斩波器模块及外围相关电路。整车系统的能量主要靠两路燃料电池系统提供，系统内的 DC/DC 斩波器将两路燃料电池的电压（DC440～710V）转换成并联的 DC750V 作为整车负载供电电源。DC/DC 斩波器系统与车上的两套燃料电池系统的控制单元均采用 CAN2.0B 通信方式。

单向斩波器的设计主要参照以下标准：

GB/T 25119—2010（IEC60571—2006）轨道交通机车车辆电子装置

GB/T 21563—2008（IEC61373—1999）轨道交通机车车辆设备—冲击和振动试验

GB/T 17626—2006（IEC61000—2002）电磁兼容试验和测量技术

GB/T 2423—2008（IEC60068—2005）电工电子产品环境试验

GB/T 25122.1—2010（IEC61287—1—2005）轨道交通机车车辆用电力变流器

IEC60850—2007 牵引系统的供电电压

GB/T 4208—2008（IEC60529—2001）外壳防护等级（IP 代码）

DC/DC 斩波器系统内有 2 个完全一致的燃料电池 DC/DC 斩波器模块 A 和 B，下面以燃料电池模块 A 为例说明原理，见图 4-15。

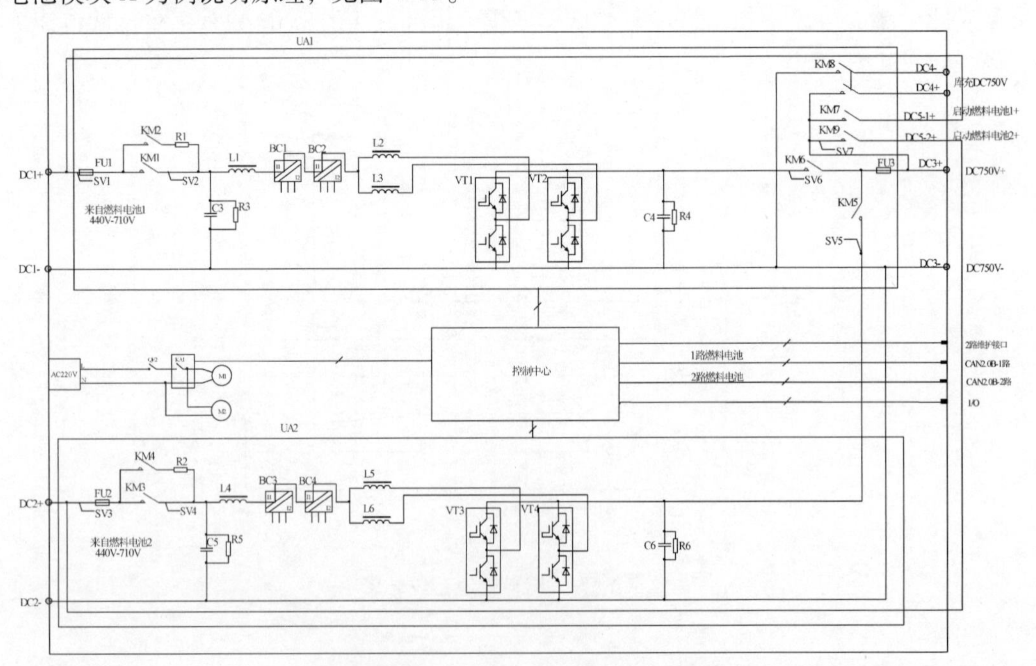

图 4-15 DC/DC 斩波器系统原理图

来自燃料电池的输入电压通过熔断器 FU1 和预充电电路（KM1、KM2、R1）给后续电路供电，该 DC/DC 斩波器采用独特的交错电路，其中 L1 为主电感，L2 及 L3 为换流电感。VT1 及 VT2 的下管做开关管作用，VT1 及 VT2 的上管作为二极管使用；当系统控制中心有启动信号给斩波器时，通过控制将燃料电池电压（DC440～710V）升到 DC750V 的电压作为整车供电电源母线。此交错开关电路技术在保证变换效率的前提下将单个 IGBT 的开关频率设计为 7.5kHz，使得产品体积小、重量轻、无噪声。其类似产品也在各种机车车辆电源产品中批量使用。

内部的接触器 KM8 主要是车辆在库内时可以利用外部电网的 DC750V 给车辆的双向储能系统充电。KM7、KM9 接触器主要是给两路燃料电池启动时供电使用，当燃料电池控制单元有启动信号时其输出电压为 DC650V。具体 DC/DC 斩波器系统如图 4-16 所示。

图 4-16　DC/DC 斩波器系统

单个模块技术参数（A 和 B 斩波器模块完全一样的技术参数）见表 4-20。

表 4-20　单个模块技术参数

项　　目	参　　数
输入主电压	DC600V（范围 440～710V 来自燃料电池）
最大输入电流	320A
额定输出电压	DC750V（波动范围 712～788V）
最大输出电流	270A
最大输出功率	216kW

整个 DC/DC 斩波器（A 及 B 模块）技术参数见表 4-21。

表 4-21　整个 DC/DC 斩波器技术参数

项　　目	参　　数
系统额定输出电压	DC750V（波动范围 712～788V）
输出端最高可承受车辆斩波制动	DC1000V 电压
整个 DC/DC 斩波器（A 及 B 模块）系统最大输出电流	540A
整个 DC/DC 斩波器（A 及 B 模块）系统最大输出功率	432kW
效率	≥95%（额定输入输出工况下）
安装方式	车顶安装
工作环境温度	-25～+50℃
存储温度	-40～+70℃
防护等级	IP65（风扇及散热风道除外）
相对湿度	≤95%
燃料电池输入纹波电流	<10%
冷却方式	强迫风冷（自带风扇，风扇供电采用车辆辅变的单相 220V）
重量	550kg
外形尺寸	2050mm×700mm×630mm（长×宽×高）含减振垫高度
保护功能	输入短路保护、欠电压保护、过电压保护，过电流保护，输出短路保护、过电压保护、欠电压保护、内部散热器过温保护

4.4 混合动力系统匹配设计与牵引特性分析

4.4.1 计及全寿命周期成本的混合动力系统优化配置分析

本节以燃料电池为主动力源，动力电池和超级电容为辅助动力系统，在计算动态循环工况需求功率的基础上，建立计及全寿命周期成本的混合动力系统多目标多约束优化配置模型，利用多目标优化方法获取 Pareto 非支配解，给出推荐优选配置方案，最后通过仿真算例验证该方法的可行性。多目标包括系统全寿命周期成本和体积重量；多约束包括全线路动态工况下的功率、能量、系统容载性约束等。通过多目标优化算法，求解 Pareto 前沿用以描述多个目标之间的非支配关系，为设计者的决策提供选择依据。

1. 牵引功率计算

有轨电车牵引功率是以线路设计参数、车辆设计参数和运行指标参数为基础进行计算的。其中，线路设计参数包括车站数据、坡度数据、曲线数据等；车辆设计参数包括整车质量、载客量、车轮滚动半径、机械传动系统效率、变速器传动比和惯性质量系数、辅助功率参数、制动回收率等；运行指标参数包括巡航速度、最高速度、最大牵引加速度、最大制动减速度、平均加速度、剩余加速度、最大爬坡度等。

在牵引计算过程中，车辆纵向动力学方程可表示为：

$$G_{\mathrm{d}}\frac{\mathrm{d}v}{\mathrm{d}t} = F_{\mathrm{t}} - mg\sin\alpha - mg\omega_0 \tag{4-1}$$

式中，F_{t} 为纵向牵引力；G_{d} 为包含回转质量的有轨电车总质量；m 为车体质量；g 为重力加速度；α 为坡度；ω_0 为单位基本阻力；v 为车速。

根据戴维斯公式，可得基本阻力公式为：

$$\omega_0 = A_{\omega} + B_{\omega}v + C_{\omega}v^2 \tag{4-2}$$

式中，v 为车速；A_{ω}、B_{ω}、C_{ω} 分别为阻力参数。

将式（4-1）进行一定的变换，变换方法如下：

$$\begin{cases} F_{\mathrm{t}} = \dfrac{T_{\mathrm{t}}i_0\eta}{r} \\ v = 0.377\dfrac{rn}{i_0} \end{cases} \tag{4-3}$$

式中，T_{t} 为牵引电机输出转矩；n 为电机转速；r 为车轮滚动半径；i_0 为传动系统传动比；η 为传动系统效率。

变换后，式（4-1）动力学方程可用 $T-n$ 图表达。在考虑极限加速度的情况下，可得到对应任意车速 v_i 下的电机最大转矩 $T_{\mathrm{t}i}$，结合式（4-1）～式（4-3），可计算出加速度 a_i，有轨电车的速度增量 Δv_i 可表示为：

$$\Delta v_i = a_i\Delta t \tag{4-4}$$

有轨电车轮周功率 P_{t} 为：

$$P_{\mathrm{t}} = F_{\mathrm{t}}v/3.6 \tag{4-5}$$

结合以上公式，采用对向会面模型，即可得到有轨电车在固定线路上的动态循环工况。

2. 燃料电池匹配设计

在已知全线路动态循环工况的情况下，燃料电池功率应满足平均功率的需求，平均功率 $\overline{P}$ 表示为：

$$\overline{P} = \max\left[\frac{\int P\text{towsd}t}{T_{s}}, \frac{\int P\text{towxd}t}{T_{x}}\right] \tag{4-6}$$

燃料电池功率 P_{FC} 需满足：

$$P_{FC} \geqslant \frac{\overline{P}}{\eta_{DC/DC}}(1 + \text{Mar}) \tag{4-7}$$

式中，Ptows、Ptowx 分别为上行功率和下行功率；T_s、T_x 分别为上行时间和下行时间；$\eta_{DC/DC}$ 为单向变流器效率；Mar 为工程裕度。

3. 混合动力系统多目标优化配置模型

（1）全寿命周期经济性建模　混合动力系统全寿命周期成本，即车辆设计寿命 N 年内，混合动力系统的购置成本、更换成本、维护成本等。

1）购置成本。

$$\begin{aligned} C_1 = & f_f P_f + f_{b.p} n_b P_b + f_{b.c} n_b C_b + \\ & f_{c.p} n_c P_c + f_{c.c} n_c C_c \end{aligned} \tag{4-8}$$

式中，n_b、n_c 分别为单体动力电池和超级电容模组个数；$f_{b.p}$、$f_{b.c}$、$f_{c.p}$、$f_{c.c}$ 分别为动力电池和超级电容单位功率单价和单位容量单价；f_f 为燃料电池的单位功率单价；P_f 为所选燃料电池的功率；C_b、C_c 分别为单体动力电池和超级电容模组额定功率和额定容量。

2）更换成本。

$$\begin{aligned} C_2 = & q_f f_f P_f + q_b (f_{b.p} n_b P_b + f_{b.c} n_b C_b) + \\ & q_c (f_{c.p} n_c P_c + f_{c.c} n_c C_c) \end{aligned} \tag{4-9}$$

式中，q_f、q_b、q_c 分别为燃料电池、动力电池和超级电容全寿命周期更换次数。

3）维护成本。

$$C_3 = N(m_f P_f + m_b n_b C_b + m_c n_c C_c) \tag{4-10}$$

式中，N 为车辆设计寿命；m_f、m_b、m_c 分别为燃料电池、动力电池和超级电容的维护单价。

（2）目标函数　混合动力系统的配置，不仅要考虑其全寿命周期的经济性，还要考虑系统的体积和重量。本文基于以上目标，以 n_b、n_c 为优化控制变量，建立多目标规划模型。

目标函数 $F = \{F_1, F_2, F_3\}$：

$$\begin{cases} F_1 = C_1 + C_2 + C_3 \\ F_2 = a_f(P_f)V_f(P_f) + a_H(E'_m)E'_m V_H + \\ \quad a_b(n_b)n_b V_b + a_c(n_c)n_c V_c \\ F_3 = \lambda_f(P_f)W_f(P_f) + \lambda_H(E'_m)E'_m W_H + \\ \quad \lambda_b(n_b)n_b W_b + \lambda_c(n_c)n_c W_c \end{cases} \tag{4-11}$$

式中，C_1、C_2、C_3 分别为混合动力系统的购置成本、更换成本、维护成本；$a_f(P_f)$、$a_H(E'_m)$、$a_b(n_b)$、$a_c(n_c)$、$\lambda_f(P_f)$、$\lambda_H(E'_m)$、$\lambda_b(n_b)$、$\lambda_c(n_c)$ 为比例常数（函数），反映了单位量与系统之间的比例关系；E'_m 为考虑工程裕量后一个大于线路全程能量 E_m 的能量

值；$V_f(P_f)$、$W_f(P_f)$分别为额定功率为P_f的燃料电池电堆的体积和重量；V_H、V_b、V_c分别为提供单位电能所需储氢罐、单体动力电池和超级电容模组的体积；W_H、W_b、W_c分别为提供单位电能所需储氢罐、单体动力电池和超级电容模组的重量。

（3）约束条件　在配置混合动力系统时，应考虑以下方面的约束：

1）最大功率的约束。混合动力系统能提供的功率应满足有轨电车动态循环工况中的最大功率需求。

2）辅助动力系统功率约束。辅助动力系统能提供的功率应满足在主动力源故障状态下将车辆加速到巡航速度。

3）能量约束。混合动力系统能满足有轨电车起动加速到最大速度需求的能量及全线能量需求。

4）SOC、电压和充放电倍率约束。动力电池和超级电容的SOC、电压和充放电倍率都应处于设置的范围以内，否则会影响其使用寿命。

5）最大体积和重量约束。混合动力系统的体积和重量都应小于等于车辆设计时规定的体积和重量最大值。

综上，约束条件为：

$$\begin{cases}P_{max} \leqslant \eta_{d1}\eta_f\eta_{f1}P_f + \eta_{d2}\eta_b n_b P_{bm} + \eta_{d3}\eta_c n_c P_{cm} \\ P_s \leqslant \eta_{d2}\eta_b n_b P_{bm} + \eta_{d3}\eta_c n_c P_{bm} \\ E_{max} \leqslant \eta_{d1}\eta_f\eta_{f1}\int P_f \mathrm{d}t + \eta_{d2}\eta_b n_b e_b + \eta_{d3}\eta_c n_c e_c \\ \mathrm{SOC}_{bl} \leqslant \mathrm{SOC}_b \leqslant \mathrm{SOC}_{bu} \\ \mathrm{SOC}_{cl} \leqslant \mathrm{SOC}_c \leqslant \mathrm{SOC}_{cu} \\ V_{max} \geqslant a_f(P_f)V_f(P_f) + a_H(E'_m)E'_m V_H + \\ a_b(n_b)n_b V_b + a_c(n_c)n_c V_c \\ W_{max} \geqslant \lambda_f(P_f)W_f(P_f) + \lambda_H(E'_m)E'_m W_H + \\ \lambda_b(n_b)n_b W_b + \lambda_c(n_c)n_c W_c \\ C_b \leqslant C_{bm} \\ C_c \leqslant C_{cm} \\ U_{bl} \leqslant U_b \leqslant U_{bu} \\ U_{cl} \leqslant U_c \leqslant U_{cu}\end{cases} \tag{4-12}$$

式中，P_{max}为循环工况最大功率；P_s为起动加速到巡航速度需求功率；E_{max}为起动加速到最大速度需求能量；SOC_{bl}、SOC_{bu}、SOC_{cl}、SOC_{cu}分别为动力电池和超级电容SOC下限和上限；V_{max}、W_{max}分别为系统设计最大体积和重量；η_d为变换器效率；η_f、η_b、η_c分别为燃料电池、动力电池和超级电容效率；η_{f1}为燃料电池自身寿命周期内最小额定功率与最大额定功率之比；P_{bm}、P_{cm}分别为单体动力电池和超级电容模组的最大工作输出功率；e_b、e_c分别为单体动力电池和超级电容模组的电能容量；n_b、n_c分别为单体动力电池和超级电容模组个数，它们分别是动力电池和超级电容串联支路串联个数的整数倍，串联个数由电压约束决定；C_b（C_c）和C_{bm}（C_{cm}）分别为动力电池（超级电容）的充放电倍率及其最大值；U_b（U_c）和U_{bl}（U_{cl}）、U_{bu}（U_{cu}）分别为动力电池（超级电容）组电压及其上、下限。

（4）多目标模型求解方法　有轨电车燃料电池混合动力系统多目标匹配设计优化流程如图 4-17 所示。

首先，确定混合动力系统优化设计参数的优化搜索空间：

$$\begin{cases} n_{\mathrm{b}} \in [0, \max\{P_{\max}/(\eta_{\mathrm{d2}}\eta_{\mathrm{b}}P_{\mathrm{b}}), E_{\max}/(\eta_{\mathrm{d2}}\eta_{\mathrm{b}}e_{\mathrm{b}})\}] \\ n_{\mathrm{c}} \in [0, \max\{P_{\max}/(\eta_{\mathrm{d3}}\eta_{\mathrm{c}}P_{\mathrm{c}}), E_{\max}/(\eta_{\mathrm{d3}}\eta_{\mathrm{c}}e_{\mathrm{c}})\}] \end{cases} \tag{4-13}$$

然后，利用枚举优化算法进行求解。在优化过程中，建立 Pareto 非支配解档案 f: $X \rightarrow F$，保存所有的非支配可行解，与档案 X 中每个非支配解对应的目标函数值构成目标空间的 Pareto 前沿 F。档案中 X 的任意两个矢量解 x_1 和 x_2，它们都满足所有约束条件，都存在不同的两个优化目标 f_i 和 f_j，不满足 $f_i(x_1) \leqslant f_i(x_2)$ 且 $f_j(x_1) \leqslant f_j(x_2)$。

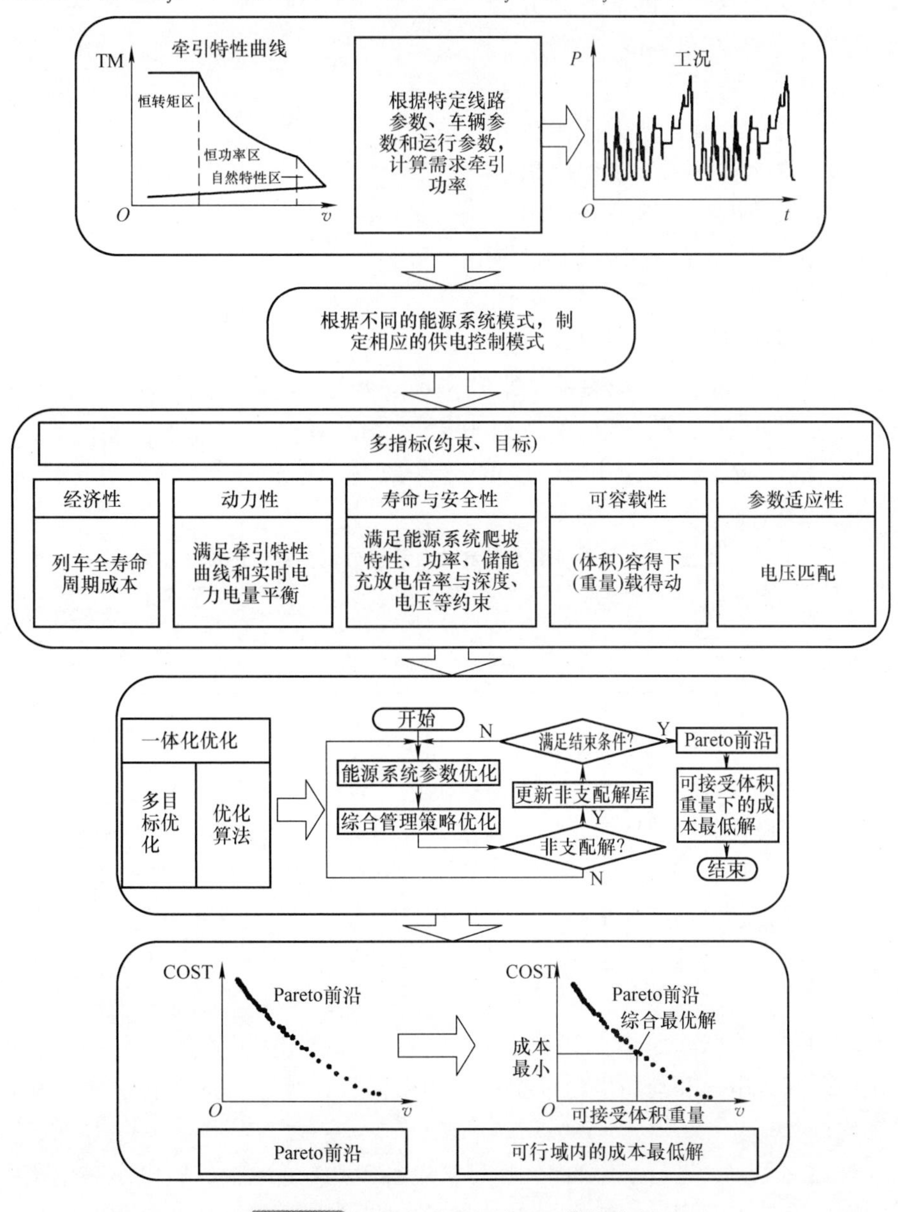

图 4-17　混合动力系统匹配优化流程

针对 Pareto 前沿 F 和相应的档案 X，去除所有混合动力系统体积或重量不符合要求的部分，Pareto 前沿 F 的剩余部分记为 F_{user}，对应的非支配解集记为 X_{user}，则 $\{X_{user}, F_{user}\}$ 就是提供给用户的多目标优化设计参考解，用户可以在 Pareto 前沿上选择满足自己需求的多目标优化解。例如，选择一个体积和重量满足检修空间和轻量化要求、而经济性最优的解作为推荐的混合动力系统设计优化方案。

4. 动态循环工况计算

设定有轨电车混合动力系统的体积和重量上限分别为 $10m^3$、8000kg。将以上参数输入建立的多目标多约束优化模型，构建满足式（4-12）所有约束的非支配解档案，求得成本 - 体积 Pareto 前沿，如图 4-18所示。

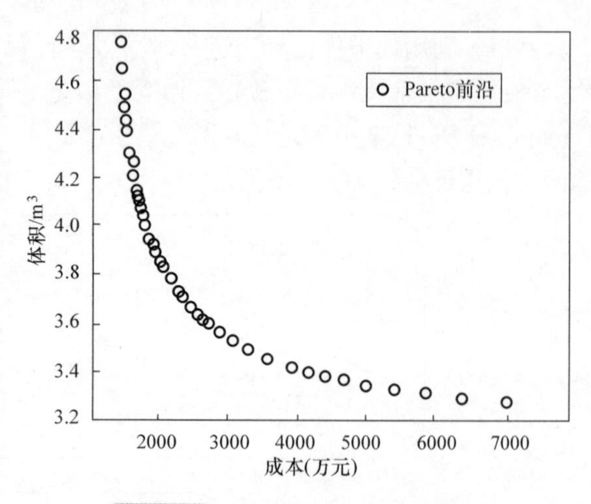

图 4-18 多目标模型 Pareto 前沿

从计算结果可知，混合动力体积和重量两个目标不构成多目标属性，即体积最小必定重量最小，因此图 4-18 中仅列出体积/成本 Pareto 前沿。由图 4-18 可知，混合动力系统优化配置属于典型的多目标优化问题，全寿命周期混合动力系统成本与体积（重量）存在明显的非支配关系，即追求体积小则成本高、追求成本低则体积大。其中，成本最高可达 7000 万元，最低不足 1500 万元，相差巨大，也说明匹配设计优化意义重大。因此，需要用户选择一个折中解。这里选择满足体积条件时全寿命周期成本最小的解作为最优解，此时的配置方案见表 4-22。

表 4-22 单套燃料电池混合动力系统最优参数匹配设计结果

燃料电池	动力电池	超级电容
150kW 1 套	144 串 2 并	11 串 3 并

单套燃料电池混合动力系统配置容量为：单套燃料电池系统为 150kW 等级电堆；单套超级电容组配置为 528V，45F；单套动力电池电压、容量为 331V、20A · h。

为了验证匹配设计方案能否满足系统需求，采用功率跟随的能量管理策略，对燃料电池混合动力有轨电车运行过程进行仿真验证，得到的实际输出牵引功率如图 4-19 所示。在此种配置状态下，混合动力系统在上行过程牵引状态中未出现欠功率的状况，很好地满足了极限加速度工况下的功率需求；在制动状态中，对制动能量回收率达到 50%，满足车辆设计要求。

系统各动力源工作状态如图 4-20 ~ 图 4-22 所示。燃料电池运行平稳，电压、电流维持在允许范围内。超级电容和动力电池承担峰值功率，并且两者的充放电倍率与 SOC 均维持在限定范围内。

针对几种运用工况，进行了燃料电池/超级电容 100% 低地板有轨电车整车牵引特性分析，结果表明，有轨电车满足持续运行速度大于 60km/h 的要求。

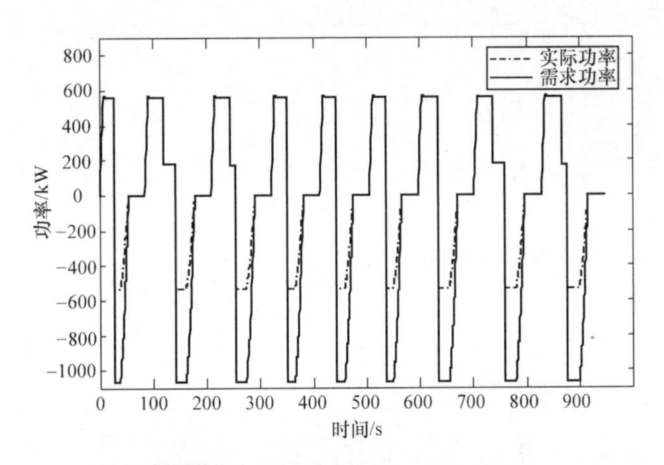

图 4-19　混合动力系统实际输出功率

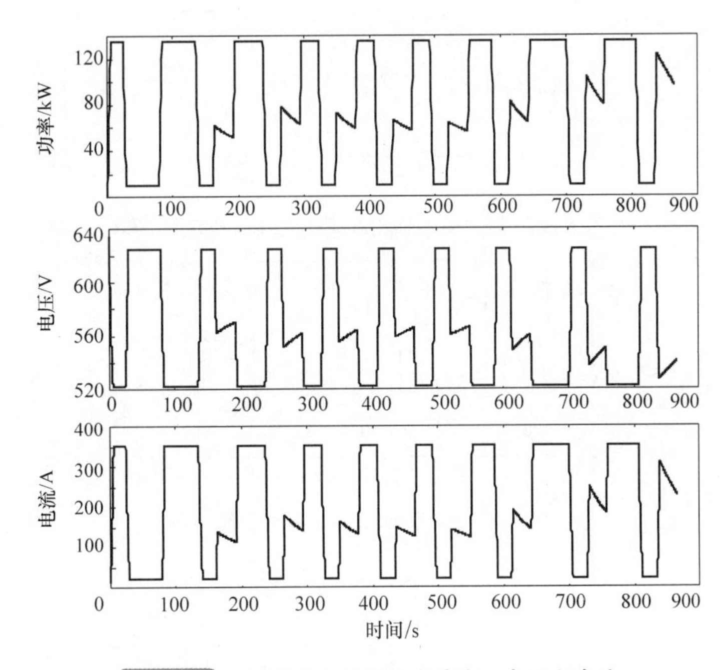

图 4-20　燃料电池系统输出功率、电压和电流

1）燃料电池按持续输出 210kW 功率计算（春秋季工况，空调不工作），考虑到辅机工作引起的功耗损失，具体特性曲线如图 4-23 ~ 图 4-26 所示。在平直道上，列车可加速至 60km/h 以上，满足指标要求，需运行时间 21.7s，运行距离 223m。在 3% 坡道上，列车最大可加速至 59km/h；在 5% 的坡道上，列车最大可加速至 57km/h。

2）燃料电池按持续输出 170kW 功率计算（夏季工况，空调工作），考虑到辅机工作引起的功耗损失，具体特性曲线如图 4-27 ~ 4-30 所示。在平直道上，列车可加速至 60km/h 以上，满足指标要求，需运行时间 26.4s，运行距离 313m。在 3% 坡道上，列车最大可加速至 53km/h；在 5% 的坡道上，列车最大可加速至 46km/h。

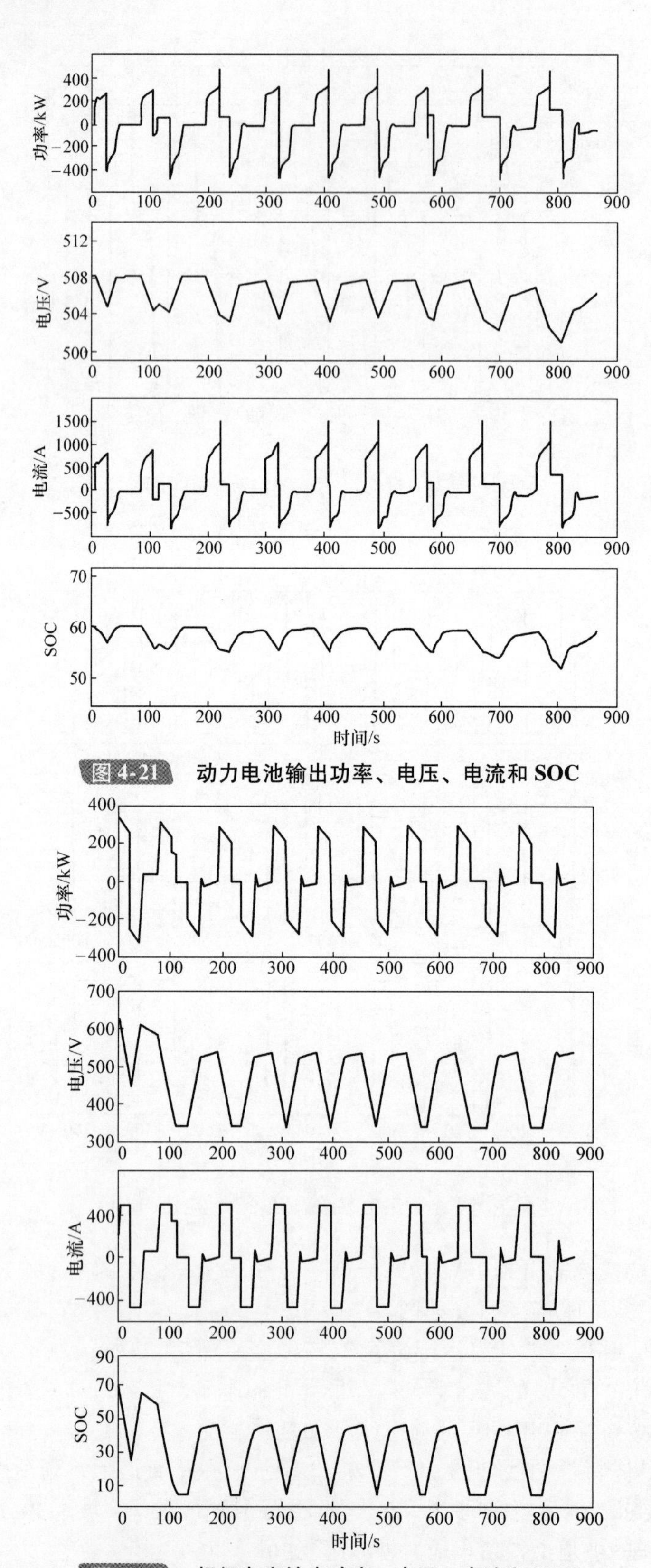

图 4-21 动力电池输出功率、电压、电流和 SOC

图 4-22 超级电容输出功率、电压、电流和 SOC

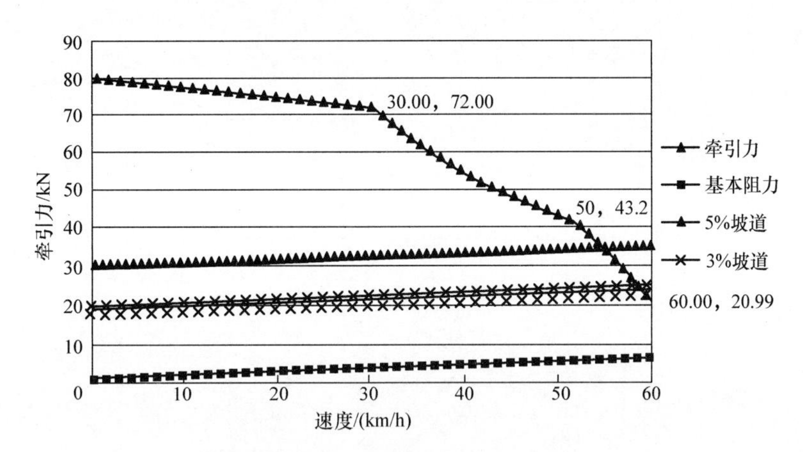

图 4-23　牵引特性曲线（210kW）

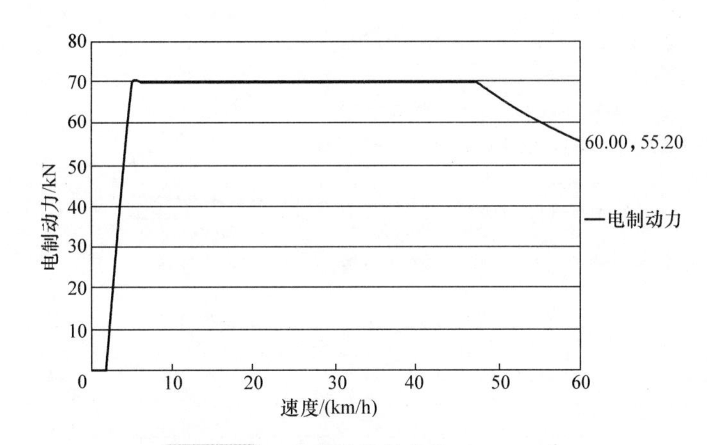

图 4-24　电制动特性曲线（210kW）

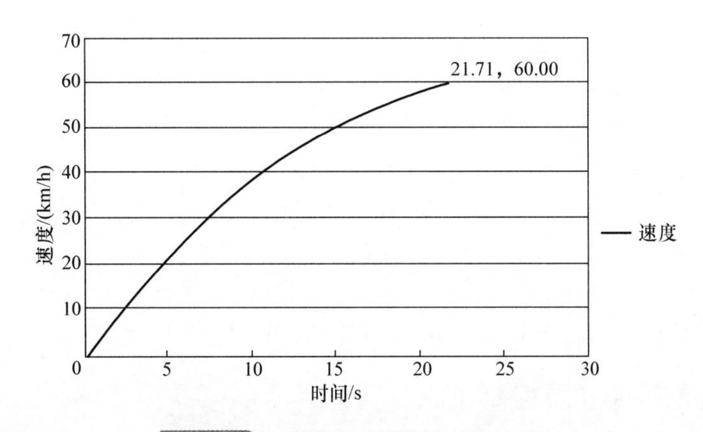

图 4-25　速度-时间曲线（210kW）

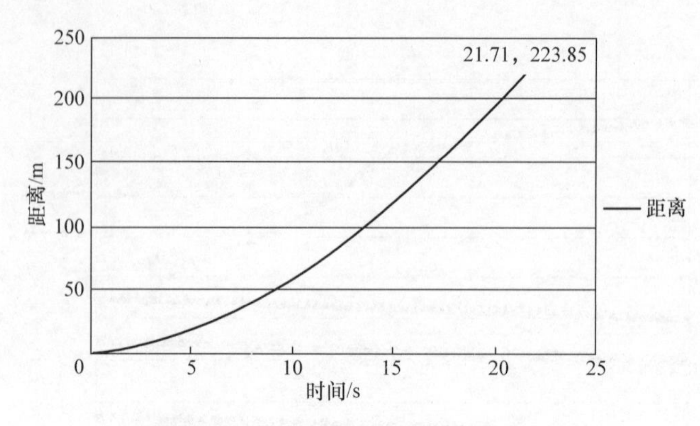

图 4-26 距离－时间曲线（210kW）

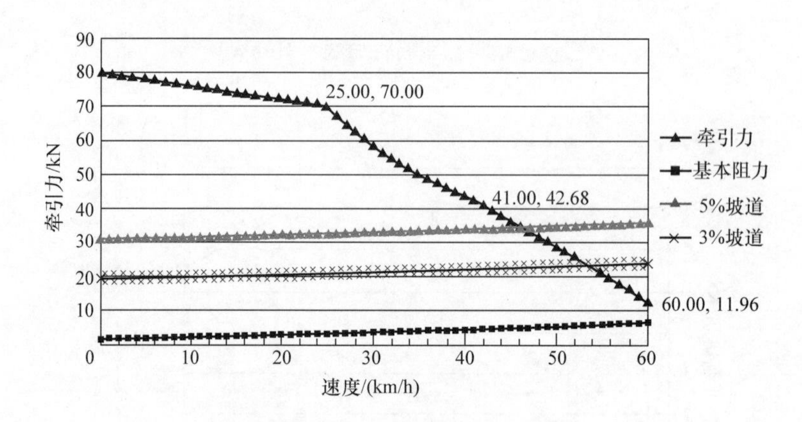

图 4-27 牵引特性曲线（170kW）

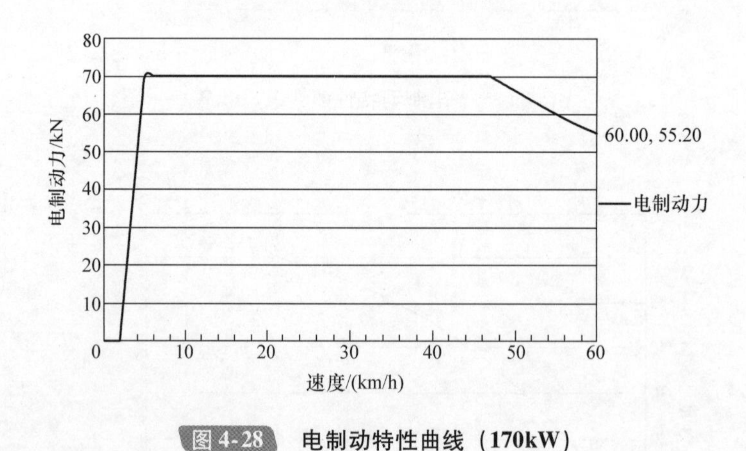

图 4-28 电制动特性曲线（170kW）

此外，紧急牵引工况下，有轨电车靠钛酸锂电池可运行 3km 以上。

4.4.2 能量控制器及控制策略

混合动力牵引供电系统主要由燃料电池、超级电容、动力电池、单向 DC/DC 变换器、双向 DC/DC 变换器、能量管理控制器、牵引逆变器以及牵引电机组成。燃料电池、超级电

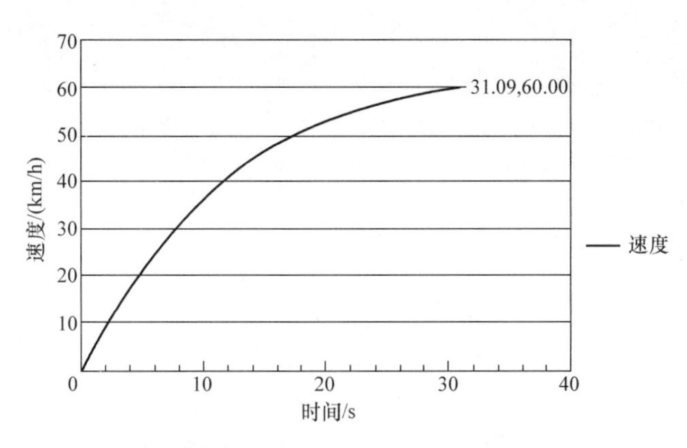

图 4-29　速度－时间曲线（170kW）

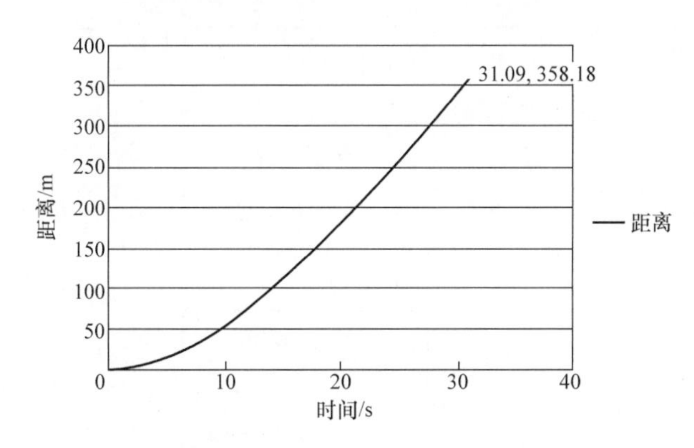

图 4-30　距离－时间曲线（170kW）

容与动力电池组成的复合电源，能够使动力电池能量密度较大和超级电容功率密度较大的特点相结合，增强了混合电源的负载适应能力。而且，超级电容与动力电池组成的复合储能装置不仅可实现无燃料电池状态下的紧急供电，也可在有轨电车制动阶段实现能量回收，降低了不必要的能量浪费，同时还具有节约成本、改善能源结构及无污染等特点。

该系统采用单向 DC/DC 变换器对燃料电池进行控制，采用双向 DC/DC 变换器对超级电容进行控制，双向 DC/DC 跟踪检测整车的运行状态以及超级电容箱、动力电池箱的容量情况，以调控其端电压使三者匹配工作。

1. 能量控制器

能量管理单元具备几种动力源实时检测、功率分配和自适应能量控制功能；采用基于多自由度的燃料电池系统协同控制和效率控制法，能够有效降低在多工况不确定性条件下的系统功耗，实物图和系统拓扑结构如图 4-31、图 4-32 所示。

图 4-31　能量管理单元

在燃料电池混合动力有轨电车动力系统中，其能量管理系统（ECU）起到至关重要的作用，该系统既通过 CAN 通信网络接收车辆总控制单元 VCU 发送来的控制信号和相关的车

辆状态信号，又直接通过车辆硬线接收司机室发送来的控制信号。能量管理单元根据档位、电机转矩、电机转速、牵引逆变器当前输入电压、电流等信息确定各能量单元的控制命令以及能量分配，同时，该能量管理控制系统根据各子系统发送来的反馈信号对各子系统进行必要的保护。具体能量管理系统结构如图 4-33 所示。

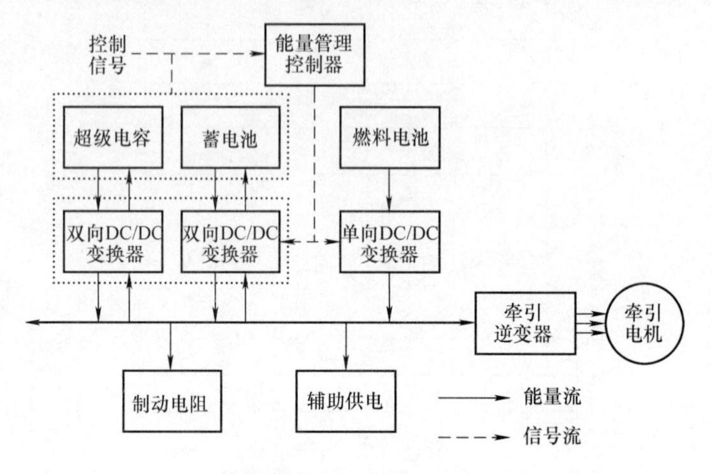

图 4-32 系统拓扑结构

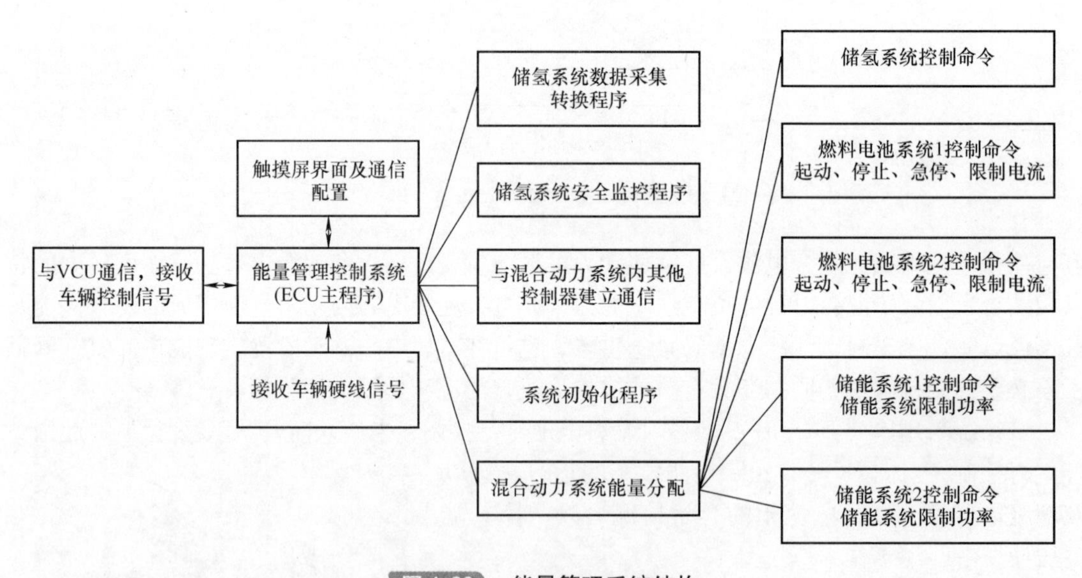

图 4-33 能量管理系统结构

该能量管理系统要求能够快速、有效、安全、可靠地实现燃料电池有轨电车行车过程中的主要关键职能，包括起动、行车、输出功率跟踪调节、制动和停车等，并要求程序操作能够自动完成。此外，该能量管理系统还需具备一个参数显示 HMI 界面，方便系统进行维护及实时显示相关参数。

该燃料电池混合动力有轨电车运行控制软件系统结构如图 4-34 所示。

该混合动力系统能量分配子程序流程如图 4-35 所示。

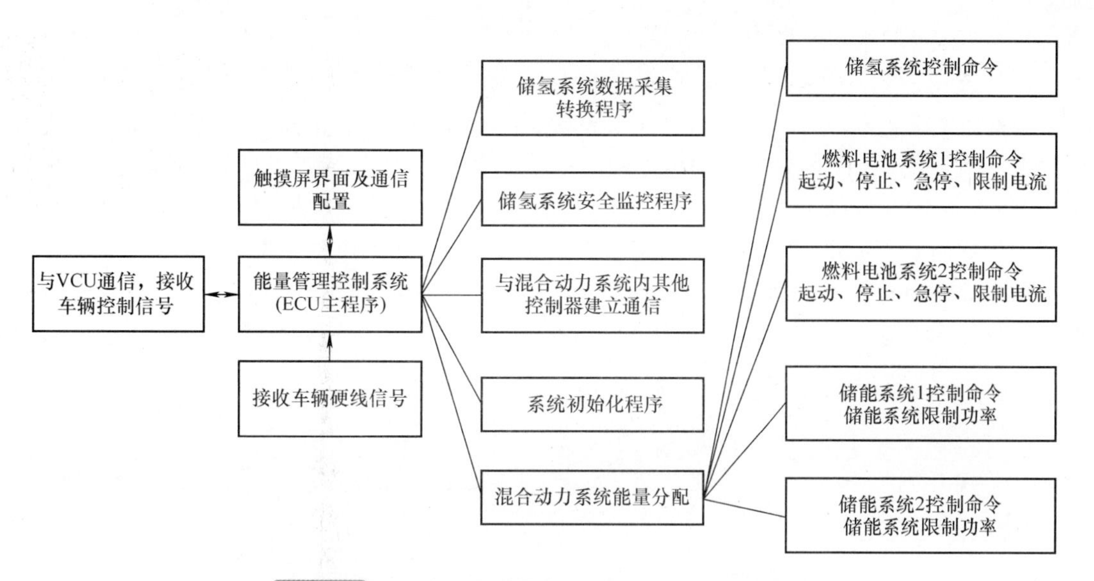

图 4-34　混合动力有轨电车运行控制软件系统结构

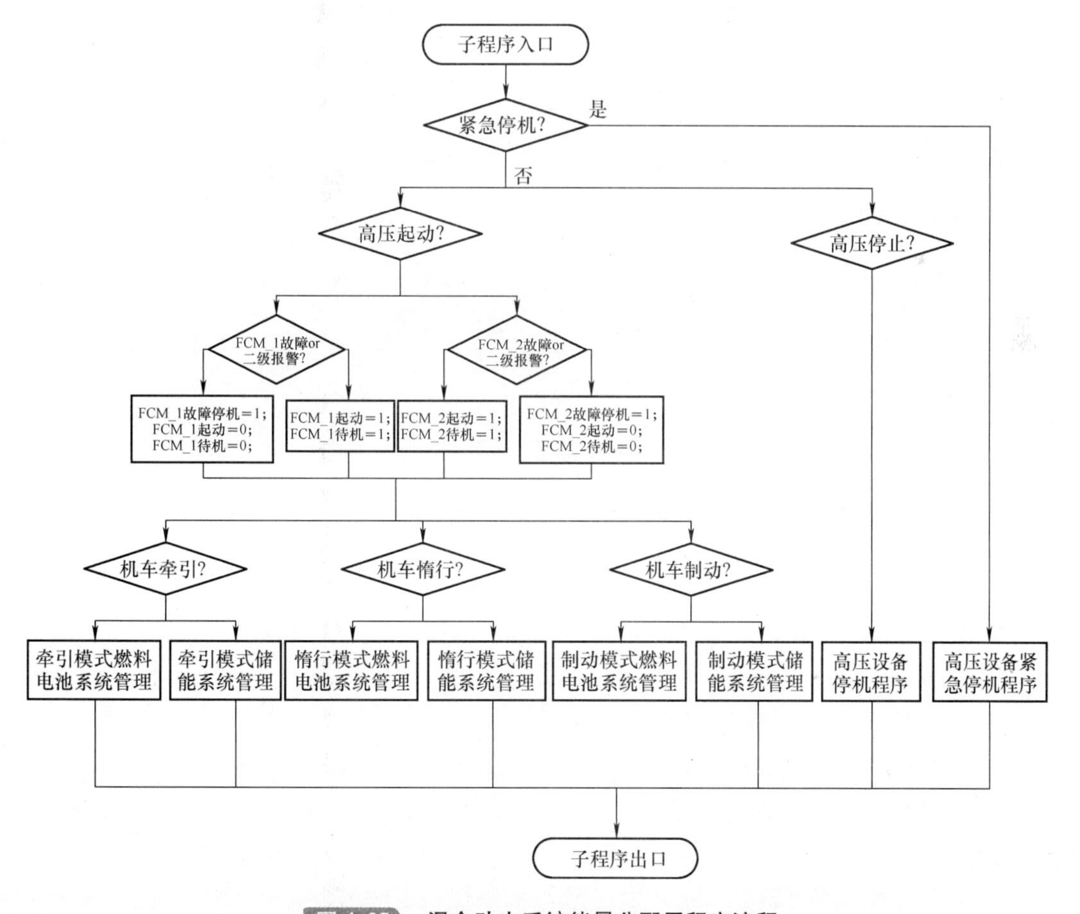

图 4-35　混合动力系统能量分配子程序流程

2. 能量控制策略

（1）起动加速　燃料电池/超级电容/动力电池混合动力系统能量管理策略如图4-36所示，当有轨电车起动时，起动燃料电池，同时利用双向DC/DC将超级电容切入系统。根据燃料电池响应要求，逐级提高燃料电池输出功率，需结合超级电容，利用其起动迅速、充放电快的特点，对车辆进行加速。当燃料电池达到最大输出功率后，燃料电池与超级电容同时以最大功率输出，维持有轨电车的加速运行。按照有轨电车的牵引数据，此时有轨电车工作在恒功率区，有轨电车的燃料电池+超级电容总功率为773kW，恒转矩区与恒功率区转换点车速为30km/h，加速度为0.961m/s²。

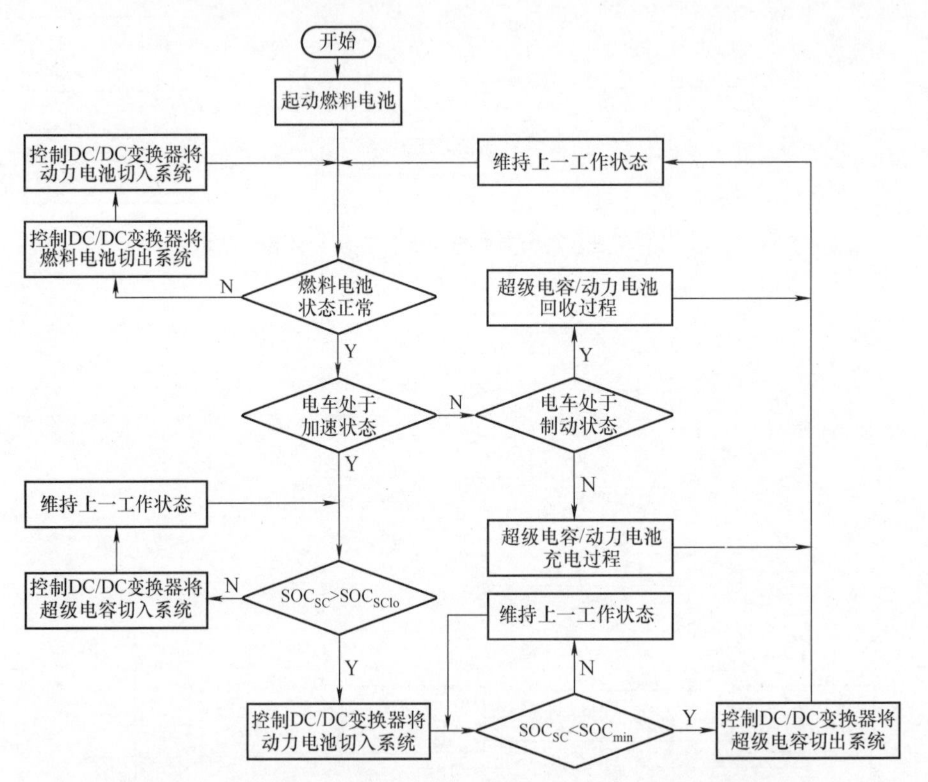

图4-36　燃料电池/超级电容/动力电池混合动力系统能量管理策略

当超级电容的SOC值低于期望值SOC_{lo}时，利用双向DC/DC变换器将动力电池组以最大输出功率切入系统。此时，燃料电池与动力电池同时以最大功率输出，超级电容继续放电，维持有轨电车的加速过程。此时车辆从恒功率区进入自然特性区，恒功率区与自然特性区转换点车速为45km/h，加速度为0.601m/s²。

超级电容电量降低到保护电量，即超级电容SOC值降低到保护值SOC_{min}时，控制双向DC/DC变换器将超级电容切出系统。此时燃料电池与动力电池同时以最大功率输出维持有轨电车加速过程至达到设计最高速度。

（2）匀速行驶　当有轨电车正常以匀速行驶在轨道上时，混合动力系统由燃料电池提供能量，使牵引电机正常工作；同时，判断超级电容SOC值是否小于期望最大值SOC_{up}，若$SOC < SOC_{up}$，控制双向DC/DC变换器将超级电容切入系统中，使用燃料电池对超级电容

进行充电，直到 $SOC \geqslant SOC_{up}$，控制双向 DC/DC 变换器将超级电容切出系统。基本充放电流程如图 4-37 所示。

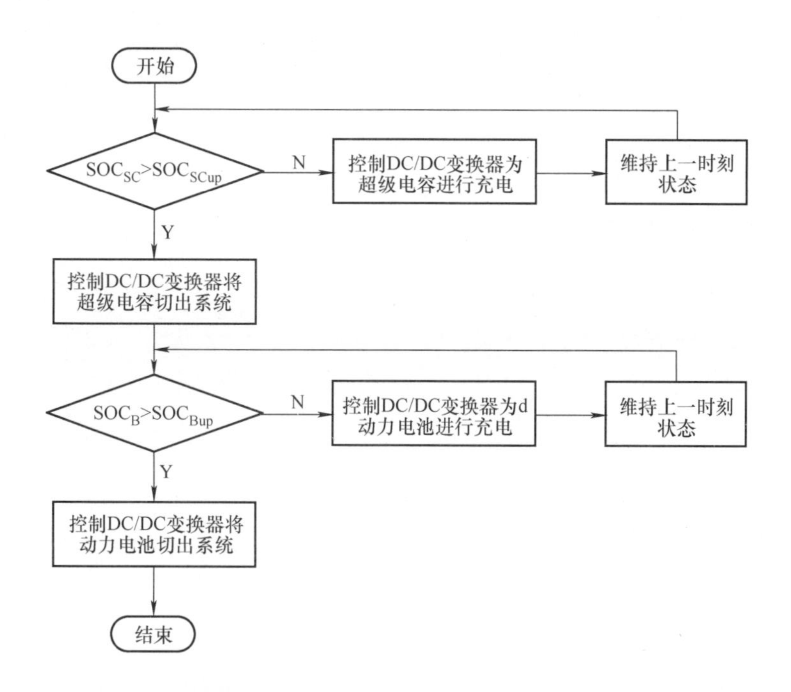

图 4-37　超级电容/动力电池充电流程

完成对超级电容的充电后，判断动力电池 SOC 值是否小于期望最大值 SOC_{up}，若 $SOC < SOC_{up}$，控制双向 DC/DC 变换器将动力电池切入系统中，使用燃料电池对动力电池进行充电，直到 $SOC \geqslant SOC_{up}$，控制双向 DC/DC 变换器将动力电池切出系统。

（3）车辆制动　由图 4-38 可知，当车辆进行制动时，通过制动档位输入信号、超级电容 SOC 值、动力电池 SOC 值，选择是否切入超级电容、动力电池和制动电阻。

车辆制动开始，燃料电池停止对逆变器提供能量，转而只为辅助电源提供能量。

同时，判断超级电容 SOC 是否小于期望最大值 SOC_{up}，若 $SOC < SOC_{up}$，控制双向 DC/DC 变换器将超级电容切入系统中，使用超级电容回收车辆制动能；若此时制动档位依然增加，判断动力电池 SOC 值是否小于期望最大值 SOC_{up}；若 $SOC < SOC_{up}$，控制双向 DC/DC 变换器将动力电池切入系统中，使用动力电池回收车辆制动能；若 $SOC \geqslant SOC_{up}$，控制双向 DC/DC 变换器将超级电容/动力电池切出系统。

当超级电容/动力电池均切入系统时，若此时制动档位依然增加，则控制单向 DC/DC 变换器将制动电阻逐级切入系统，消耗制动能。若超级电容/动力电池切出系统后车辆仍未完全停下，启动机械制动系统辅助制动。

（4）应急牵引　若燃料电池发生故障无法为混合动力系统提供能量时，利用断路器将燃料电池切出系统，同时控制双向 DC/DC 变换器将动力电池切入系统。此时，由动力电池单独为混合动力系统提供能量。

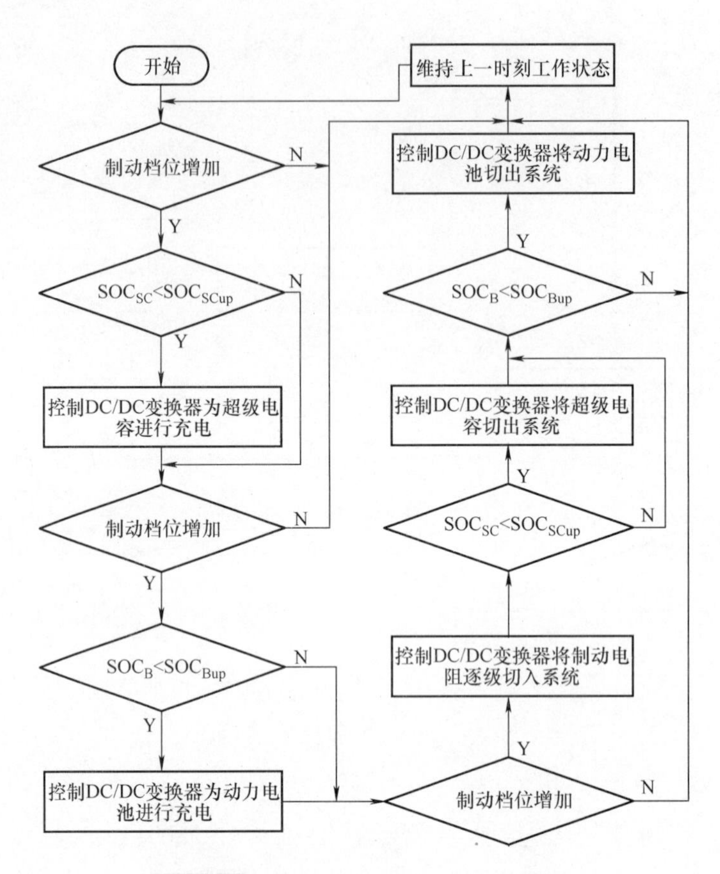

图 4-38 超级电容/动力电池回收流程

4.5 混合动力系统集成设计技术

基于车体结构轻量化设计、热控制及热量利用、振动模态匹配、噪声控制等设计技术，进行了燃料电池混合动力系统与车辆系统的接口匹配设计，同时兼顾系统安装/检修方便性、整车系统安全性、系统布局美观性，完成了车体结构和车顶大部件安装方案设计，并通过限界、曲线通过能力、强度、模态、动力学性能、隔热性能等技术指标进行了全面分析验证。

燃料电池系统将燃料电池模块、PLC 控制器、氢气循环控制器、空气压缩机、冷凝散热器等集成在一个箱体内，实现体积优化和减重设计。

4.5.1 气路接口

图 4-39 所示为燃料电池模块模型，其各接口与燃料电池箱体接口相连。反应空气入口位于燃料电池模块面板右上角，与空压机系统相连。

图 4-40 所示为燃料电池气路系统，由空气过滤器、进气管道、空气流量计空压机、旁路阀、空压机排气管道、排气管道、排气消声器、通风排气管道等构成。空气流量计要求其上下游需要有 300mm 直管，所以距离空压机和空气过滤器较远。空压机泵体采用油冷却和润滑，需要一套油冷却系统，再经过换热器将冷却液携带的热量交还给冷却水。空压机电机

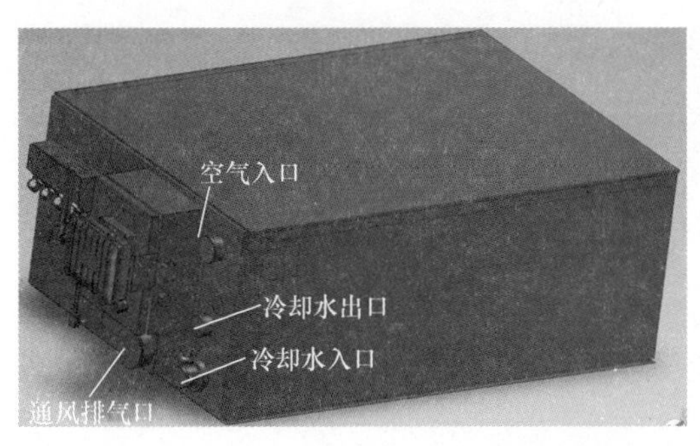

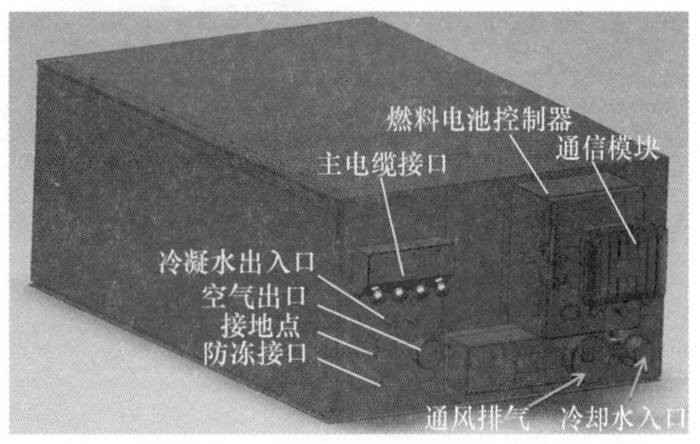

图 4-39　燃料电池模块模型

和空压机控制器均需要水冷却。空气系统中部分管道为硬管，连接管道为硅橡胶。

图中也显示了氢气路配置。氢气安全回路设计在储氢模块内部，因此燃料电池箱体内部氢气回路相对简单，包括一个氢气入口插头、一个手动球阀、一个电磁阀、一个压力传感器以及相应管路。

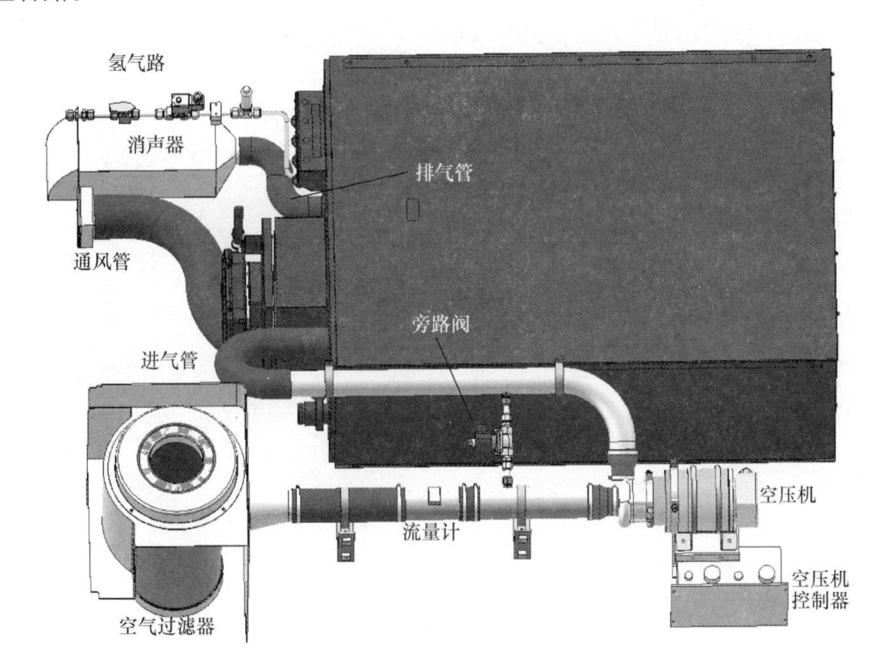

图 4-40　燃料电池气路系统

图 4-41 所示为空气过滤器的结构，利用燃料电池箱体一角，采用钣金工艺围成空气过滤器腔体。空气通过燃料电池箱体壁面上的空气进口进入，从进气口流经空气滤芯，滤除空气中的颗粒物与杂质气体后，进入进气管道。滤芯需要定期更换，滤芯上部有一滤芯盖，采用螺栓紧固。更换滤芯时，可以松开螺栓，移除滤芯盖，取出滤芯。

燃料电池系统所用空压机为离心式压缩机，采用水冷永磁同步电机驱动。压缩机电机控制器直接从燃料电池输出端取电（DC440 ~ 710V）驱动泵体进行空气压缩。由于离心式压缩机在低速转动时会发生喘振，在进、排气管之间增加了旁路系统，当燃料电池需要的空气

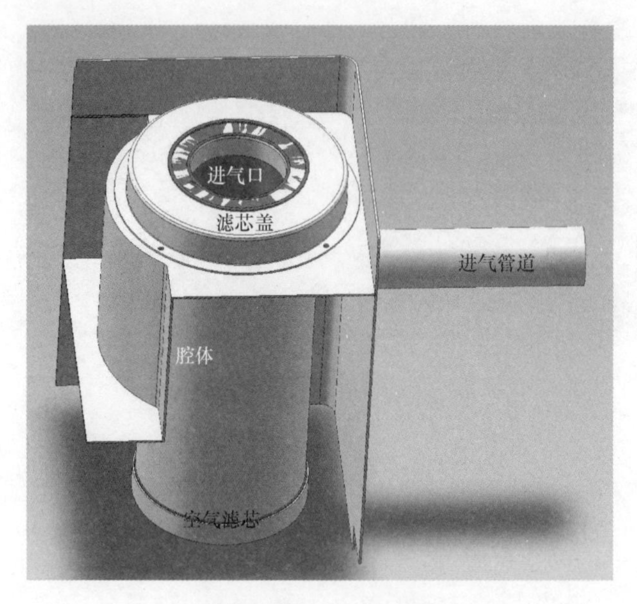

图 4-41　空气过滤器

流量低于某一数值时，防喘振阀打开，使部分空气回流到进气管道中，避免压缩机发生喘振。

压缩机泵体需采用润滑油保证润滑和密封，因此空压机配备有一套油路系统，如图4-42所示，包括油罐、油滤和换热器。空压机泵体转动时，润滑油在油路中流动，在换热器中将热量交换给冷却水。

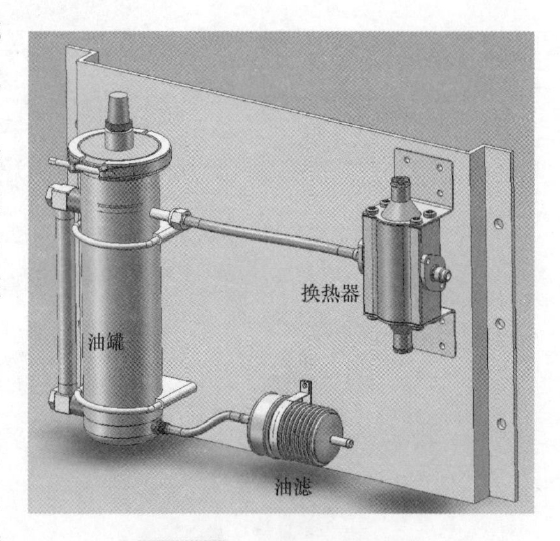

图 4-42　空压机油路系统

4.5.2　冷却接口

燃料电池冷却系统包括燃料电池冷凝水、氢气循环泵、空压机电机、空压机控制器、油路热交换器等。图4-43所示为燃料电池冷却水循环系统。

燃料电池冷凝水、氢气循环泵、空压机电机、空压机控制器、油路热交换器等都是水冷系统的支路，在图中没有全部画出。冷却水入口与散热器冷却水出口相连，冷却水经过散热器降温后，流经节温器和流量计，主水路进入燃料电池模块，分出一条支路进入冷凝散热器，将水温进一步降低。流出燃料电池模块的冷却水经冷却水泵增压后流出冷却水出口，到达散热器模块的冷却水入口。流经冷凝散热器的冷却水分几路分别进入燃料电池模块、氢气循环控制器、空压机油路热交换器、空压机电机、空压机控制器等，最后这些支路全部汇集到冷却水泵入口管道处。还有一条管路连接燃料电池冷却水出口和入口，中间流经一个离子交换柱，去除其中的杂质离子。节温器连接了冷却水的出入水管道，其作用在于，在冷却水温度低于额定温度时，冷却水从内部小循环回路流过，不经过外部散热器大循环，这样可使水温更快上升到额定温度值，确保燃料电池发电效率，同时也可避免冬天温度过低时，0℃以下的冷却液进入燃料电池模块使电池受到损坏。

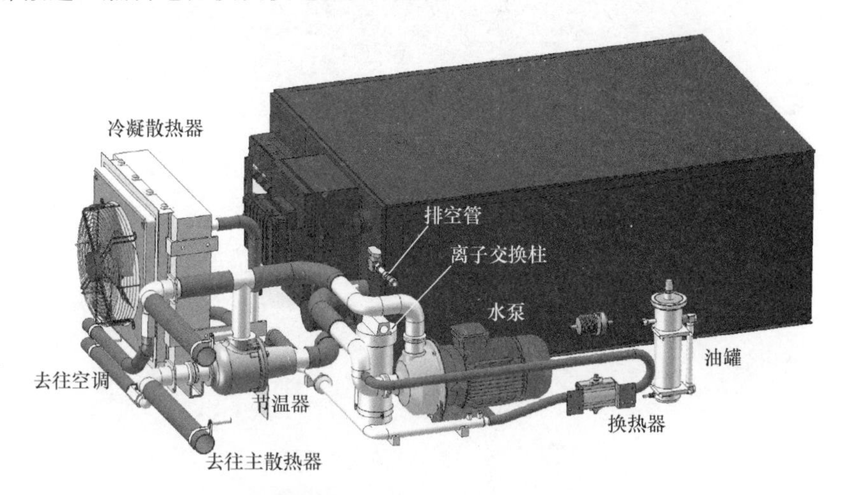

图 4-43　燃料电池冷却水循环系统

燃料电池系统冷却液入口温度应当控制在表 4-23 规定的温度范围内。如果冷却液回水温度超出最大值范围，控制系统会自动降低燃料电池输出功率或让系统停机。如果冷却液回水温度低于额定回水温度，会导致燃料电池系统效率降低。燃料电池系统控制器会自动控制散热器风机工作频率以控制冷却液回水温度，用户需要确保散热器拥有足够的散热能力，以确保在恶劣工况下能够控制回水温度在额定范围。

表 4-23　燃料电池冷却液入口温度要求

参　数	数　值
额定冷却液回水温度/℃	50 ~ 63
最高冷却液回水温度/℃	≤66
最低冷却液回水温度（无冷起动）/℃	>5
最低冷却液回水温度（冷起动时）/℃	> -30

4.5.3　电气/机械接口

1. 燃料电池系统

燃料电池系统电气系统主要包括布置在负极舱中的氢气循环控制器、24V 直流电源、水泵及风机变频控制器、PLC 控制器、空压机控制器以及布置在燃料电池舱中的电路保护器件等，如图 4-44 所示。几个大的部件安装在箱体中间隔板上，空压机变频器安装在箱体壁面上。电路保护器件安装在燃料电池舱排气消声器上方。

图 4-45 ~ 图 4-47 所示为布置在负极舱中的氢气循环控制器、24V 直流电源、水泵及风机变频控制器、PLC 控制器、空压机控制器以及布置在燃料电池舱中的电路保护器件等电气元件的结构。

2. 超级电容/动力电池储能系统

（1）超级电容/动力电池配置方案　每套系统包含 1 个双向 DC/DC 电源电池箱（内有

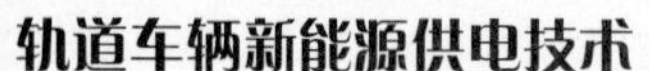

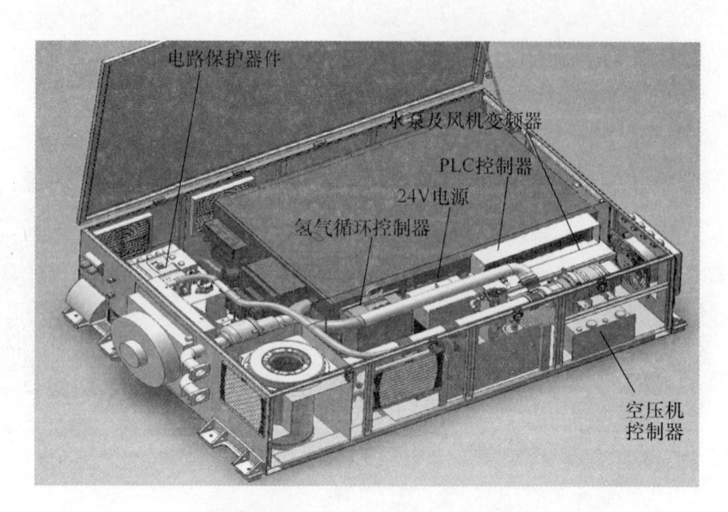

图 4-44　燃料电池电气系统

一套动力电池、一个双向 DC/DC 动力电池模块、一个双向 DC/DC 超级电容模块、外围电器及系统控制单元）和 1 个超级电容箱。每套超级电容/动力电池储能系统的模型及参数如图 4-48所示。

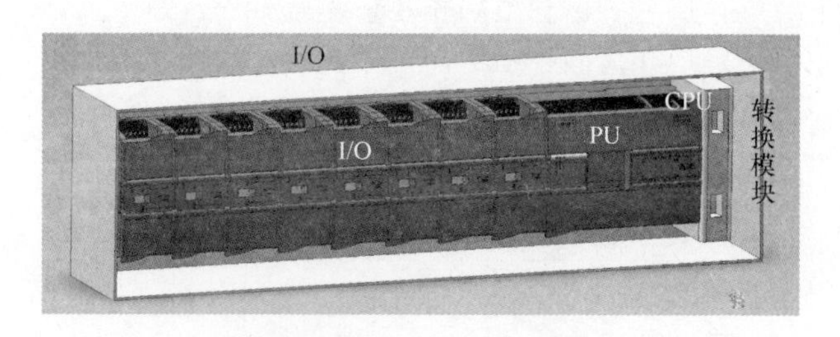

图 4-45　PLC 控制器

图 4-46　水泵及风机变频控制器

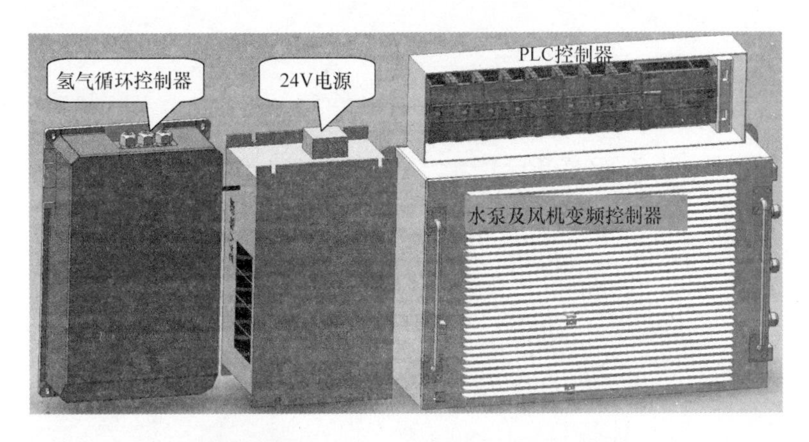

图 4-47 几个电气部件的相对位置布局

（2）动力电池引空调风冷却方案 由于电池电芯布置密集，其在工作时将产生 1～3kW 的热量，需进行有效的冷却，以确保每个电芯的温度分布满足设计要求。动力电池的工作温度超过 55℃时，对其寿命的影响将迅速加剧，因此要求动力电池箱内工作温度不超过 55℃，且温度均匀性为 5℃。

单一的冷却方式（强迫风冷）已不能保证电池箱在良好的状态下工作，需要采用综合冷却方案（强迫风冷＋引空调风冷却），使电池箱在理想温度范围内工作。从客室引排风，温度为 28℃，最大风量 1200m^3/h，从箱体底部进口进风，进风口尺寸 180 mm×250mm。采取空调的安装方式，利用客室内的排风对电池箱进行冷却，最终排出车外，图 4-49 和图 4-50所示为双向 DC/DC 电源动力电池箱和车顶开孔方案。

图 4-48 混合动力箱

图 4-49 动力电池箱

3. 储氢/供氢系统

（1）加注子系统 该子系统包括加注接口、单向阀（或球阀）、过滤阀、压力表以及必要的连接管路等零部件，用于与加氢站的加注对接，将高压氢气安全地注入车载高压氢气瓶中，如图 4-51 所示。

加氢口在车体下部，需要在车体上进行开孔以便安装，考虑到车体强度的要求，应将开孔的面积缩到最小并进行圆角处理，并设置舱门以保护加氢口。舱体只有舱门处与外界大气连接，要保证氢气不会进入车厢内部。在加注模块上安装有导除静电装置，在进行加注时需要把加氢站上的静电导线和车辆上的导除静电装置连接，把车辆上的静电通过加氢站消除然

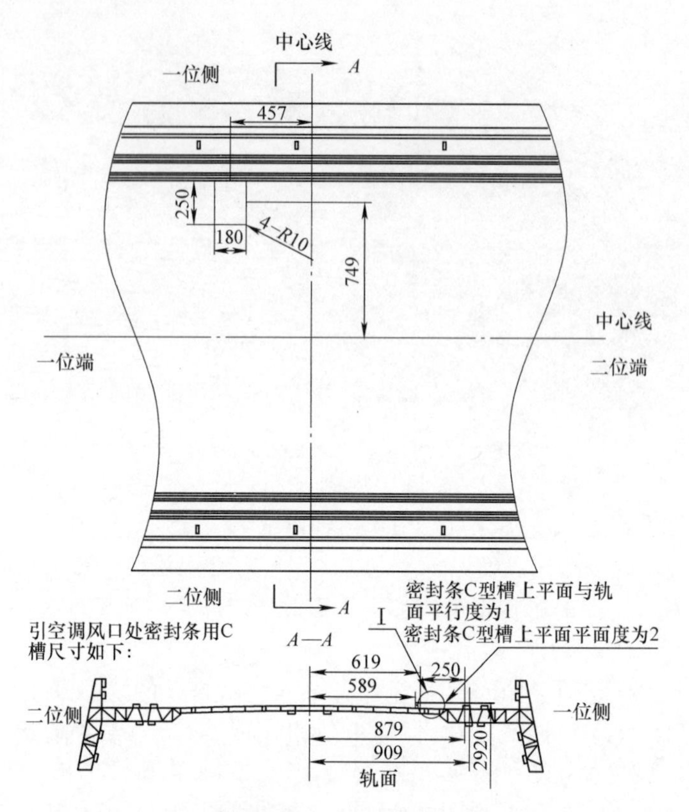

图 4-50　车顶开孔方案

后进行加注。从加注口到车顶的氢气管路采用完整不锈钢管进行连接，保证管路经过车厢时不会因接口而产生泄漏危险。

（2）储存子系统　该子系统包括高压氢气瓶、组合瓶阀、压力释放装置（简称 PRD，属于安全保护装置，一旦动作不可恢复）及连接管路，用于将高压氢气储存在高压氢气瓶中，如图 4-52 所示。

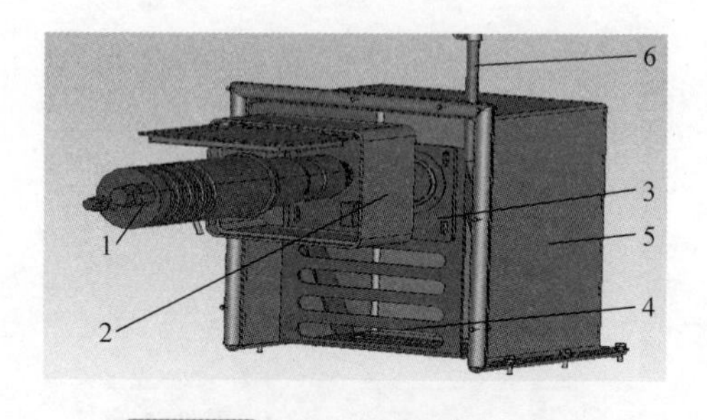

图 4-51　加注子系统

1—加注枪，通过加注枪实现氢气站与车载储存子系统相连进行加氢　2—车体开孔焊接套，与车体两侧焊接并带有舱门，保护加氢口　3—加注面板，含有加注口、压力表　4—加注面板底座，通过滑条与车体进行连接　5—加注舱后盖，加装密封条通过螺栓与客室内部车体连接，既保证氢气不向客室扩散也方便检修　6—输氢管，此管路采用一整根不锈钢管直接到达车顶，保证氢气不向客室泄漏

在储存子系统上设有 2 个静电连接点，以方便将储存模块产生（携带）的静电通过导线连接到静电连接点上，然后通过整车将静电释放。储存子系统外部安装有遮阳罩，遮阳罩可以避免阳光直射到氢气瓶上，遮阳罩上设有通风孔，如果出现氢气泄漏，氢气可以通过通风孔及时扩散到大气环境中，避免氢气聚集。为了方便系统检修，在遮阳罩上还设有检修门。

储存子系统安装在车顶，采用螺栓及减振垫安装，气路接口处采用高压软管进行气路连接，保证不会因振动导致接口松动。

(3) 供给子系统　该子系统包括电磁阀、减压器、安全阀、过滤器、放空阀、放散口、连接管件及固定支架等，用于向燃料电池系统等装置提供合适压力的氢气。系统内所有零件均安装在固定支架上组成供给子系统，并安装在储存子系统上，供给子系统如图 4-53 所示。

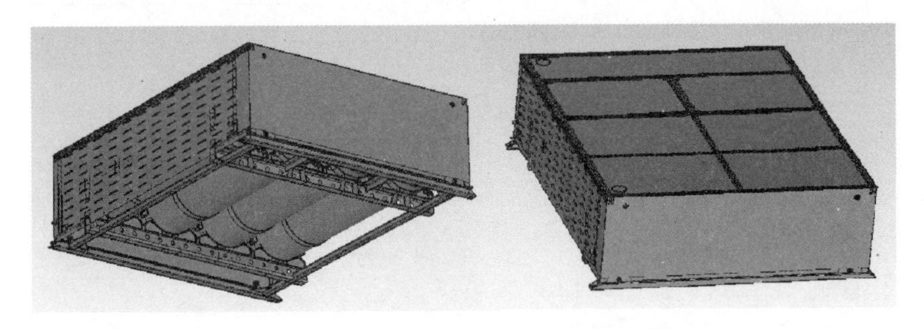

图 4-52　储存子系统

1）电磁阀为防爆型，工作压力为 45MPa，工作电压为 DC24V。

2）减压阀用于将气瓶内释放出的高压氢气减为中压或低压氢气，进而供给燃料电池。减压阀的出口压力可以根据燃料电池需要进行调节，将最大入口压力设为 41.3MPa，出口压力设置为 1.6MPa。

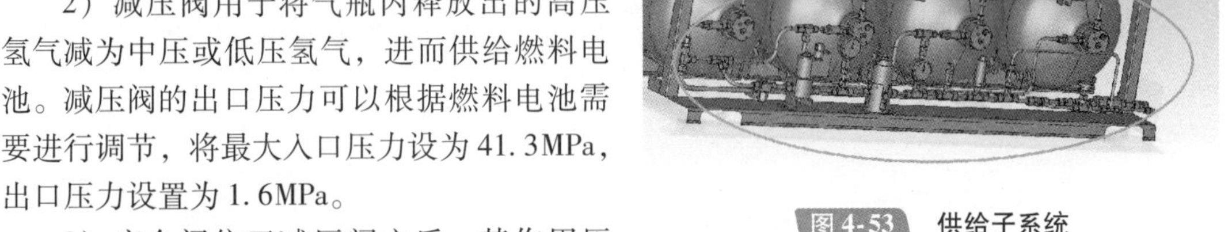

图 4-53　供给子系统

3）安全阀位于减压阀之后，其作用压力设置为减压阀出口压力的 1.3 倍，一旦减压阀下游的压力上升，超过安全阀的开启压力，需进一步降压，安全阀开启，将气体从管路中排出，达到保护下游零部件的目的。

4）过滤阀、放空阀、放散口具有为氢气管路提供气体过滤、过压保护等作用，保证储氢/供给子系统的安全。

(4) 预警子系统　该子系统包括氢泄漏探头及控制、报警装置，也可将预警信号输送给整车控制器，由整车控制器发出预警命令；用于监控氢的泄漏状况，当监测点浓度达到预设的报警值时发出预警信号。

预警子系统包括 5 个氢气泄漏检测探头和控制器，分别布置在加注子系统、车内电器柜、燃料电池系统、储存子系统中。泄漏监测探头把检测到的气体浓度发送给控制器，由控制器根据控制逻辑做出相应的指令。氢气泄漏检测浓度可以分为 3 个报警级别，根据不同级别设定不同的控制指令。最高级别的报警值设置不应超过氢气爆炸下限的 50%。

4.5.4　冷起动系统

燃料电池模块内部安装有一个冷起动系统，与燃料电池防冻系统共同作用，保证 0℃以下的冷却液不会进入燃料电池电堆而引起电堆冰冻损坏，如图 4-54 所示。冷起动系统和燃料电池系统主水泵协同作用，从燃料电池模块的外部逐渐混合冷却液，从而保证低温冷却液不会进入燃料电池电堆内部。

当然，如果环境温度始终不会低于 0℃，模块中不用安装这种冷起动系统和防冻系统。

如图 4-54 所示，HD6 模块内部的冷起动系统由一个冷起动泵和一个单向阀组成。防冻系统保持 HD6 内部温暖，当模块起动后，内部的冷起动泵使得温热的冷却液在燃料电池堆中循环。使用冷却液流速要求通过 CAN 总线发送到驱动系统，HD6 模块将要求的流速从主泵引入主循环管路。主水泵根据指令流速调整转速，以满足适时冷却液流量需求。

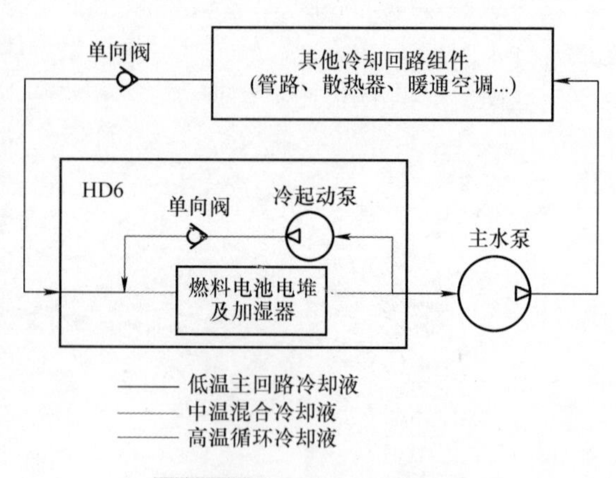

图 4-54 冷起动系统结构

HD6 控制器监控进入燃料电池模块的冷却液温度，在冷起动泵工作时，进入 HD6 模块的低温冷却液与燃料电池内部循环的冷却液相混合，一直持续到进入模块的冷却液的温度大大高于冰点，表明整个冷却循环已经预热完成。此时，HD6 控制器关闭冷起动泵，只有主水泵在向 HD6 模块提供冷却液。

在燃料电池模块的冷却液入口处，安装了一个单向阀，如图 4-55 所示，可以确保只有冷起动泵在运行时冷却液不会倒流。

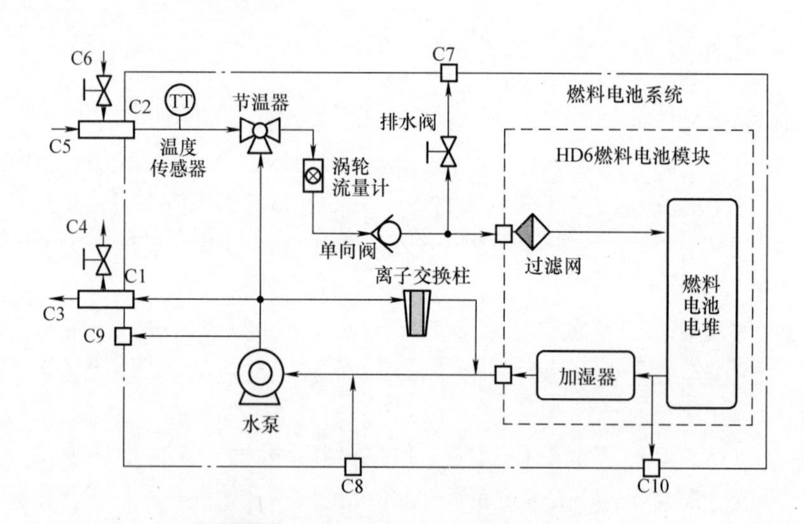

图 4-55 燃料电池冷却液循环系统结构

4.5.5 防冻保护

燃料电池系统中安装的 HD6 燃料电池模块中，含有一个内部防冻保护系统，当 HD6 模块未运行时，环境温度可能降至冰点以下，此时需要起动此防冻系统。防冻保护是通过内置在模块周围的电阻式加热器实现的。此加热器加热 HD6 模块内部，通过温度开关的控制，使模块内部所有重要部件的温度都保持在冰点以上。这个防冻保护加热器与冷起动系统协同作用，保证 HD6 模块和电池堆不会受到低温带来的损害。

用户需要确保防冻保护系统供电插座安装有漏电保护开关，还需要确保防冻保护系统的

电源已接通，并且不显示报警状态。冷冻保护系统正常运行之前应进行测试，确保防冻系统正常工作。

防冻保护系统供电为 AC220V，功耗 900W。燃料电池模块已经过 -30℃以上环境下的防冻保护验证，对于低于 -30℃的极寒环境，防冻保护系统有可能不能满足防冻要求，燃料电池仍有可能面临冰冻危险。用户需要确保燃料电池系统在应用环境中的最低温度下仍可正常保存和起动，避免冰冻危害。

4.5.6　氢气系统

1. 氢气系统概述

本节以巴拉德公司的 HD6 燃料电池模块为例进行讲解。

燃料电池系统工作过程中必须向燃料电池提供足够纯度和压力的氢气。所需的氢气流量由 HD6 控制，但是燃料输送系统必须能够实时输送所需的燃料。为了方便系统维修，在连接到系统氢气入口之前，输氢管道需设置阀门。

为满足反应需要，氢气子系统为燃料电池电堆供应适当压力和湿度的氢气。燃料电池电堆要求氢气压力为 0.5~1.2bar 以使反应有效进行，同时，需要维持氢气入口压力比空气入口压力高出 0.5bar，以避免空气渗透到氢气中（空气渗透到氢气中会降低电堆性能，同时存在着火风险）。

燃料电池系统氢气供应系统原理如图 4-56 所示，外部氢气储存在氢气罐中，进入燃料电池模块的氢气压力高达 18bar，氢气进入燃料电池系统之后先经过一个压力传感器检测氢气压力，然后再由氢气电磁阀控制进入燃料电池模块的氢气。燃料电池模块内部还有一个氢气电磁阀，控制进入燃料电池电堆的氢气，进入燃料电池系统的氢气经过压力调节模块将压力降低到 0.5~1.2bar 后再进入燃料电池电堆。大部分氢气在电堆中被消耗掉，剩余的氢气经过氢气循环泵加压后返回到燃料电池入口。燃料电池反应产生的液态水流出燃料电池后，经过分水器分离后排出，部分用于空压机后空气的加湿。

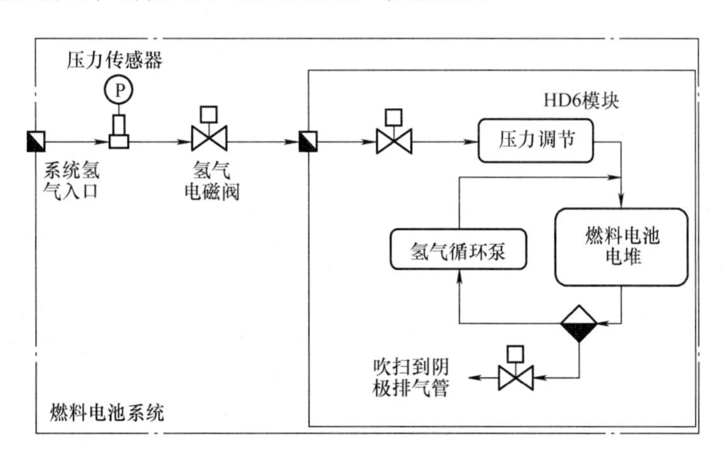

图 4-56　氢气供应系统原理

一小部分未反应的氢气也通过排气阀周期性排放，以排出液态水。排气过程中将累积在电堆中的杂质排出，以确保氢气更有效地发生反应。一部分氢气将排到电堆外部，降低氢气

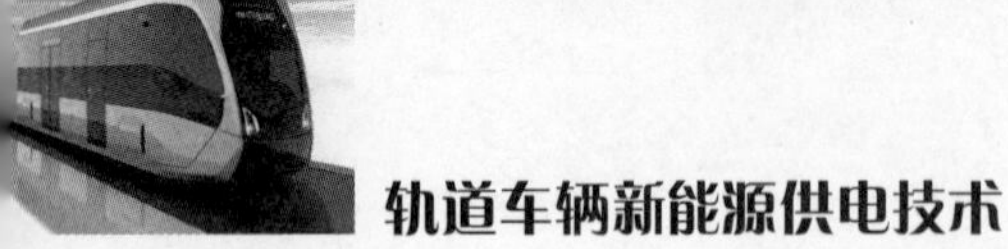

利用率，但排气过程是燃料电池操作中必需的步骤。一般会采用氢气传感器监测空气尾气中的氢气浓度不超过2%，低于氢气的着火下限。

当燃料电池内部氢气压力超过一定压力时，泄压阀打开进行安全泄压。

（1）氢气纯度要求　燃料电池的工作对于氢气纯度要求极高，必须满足 SAE J2719—2011 中规定的纯度要求，表4-24 列出了该标准中各种杂质气体的含量范围。对于燃料电池系统而言，所列平衡组分中一部分对于燃料电池性能的影响较小，例如水、惰性气体、二氧化碳等；但是另外一些杂质组分会对燃料电池性能造成严重毒化作用，主要包括硫化物、甲醛、氨、一氧化碳等，这些组分往往会对燃料电池性能造成不可恢复的影响，而这些组分在煤、天然气等重整法制得的氢气中是常见组分。如果要使用重整氢气，例如天然气、甲醇等原料制备的氢气来操作燃料电池，需要确保杂质气体含量低于要求的限值。

表4-24　燃料电池系统氢气纯度要求

组　　分	规　　格	
水	<5	μmol/mol
碳氢化物	<2	μmol/mol
氧气（O_2）	<5	μmol/mol
惰性气体（He，N_2，Ar）	<100	μmol/mol
一氧化碳（CO）	<0.2	μmol/mol
二氧化碳（CO_2）	<1	μmol/mol
硫化物	<0.004	μmol/mol
甲醛	<0.01	μmol/mol
甲酸	<0.2	μmol/mol
氨	<0.1	μmol/mol
卤化物总量	<0.05	μmol/mol
微粒大小	<10	μm
微粒浓度	<1	μg/L

使用不符合纯度要求的氢气，可能会对燃料电池电堆中的电催化剂造成严重的毒化作用，可能对燃料电池电堆造成不可恢复的性能衰减，甚至有可能造成电堆发电能力完全丧失。

（2）供氢系统压力要求　燃料电池系统使用的氢气必须满足一定压力要求，燃料电池系统入口处的氢气压力要求见表4-25。

对于氢气供应系统而言，氢气减压阀往往与储氢罐距离较近，而减压阀与燃料电池系统氢气入口之间的距离有可能比较远。为了满足燃料电池系统入口氢气压力要求，用户需要考虑氢气供应系统管路对于压力的影响，控制变化量通常是三个因素的函数：

表4-25　燃料电池系统氢气压力要求

项　目	参　数
额定入口压力/bar	12
最小入口压力/bar	9
最大入口压力/bar	19

① 压力降：根据调压器特性和管压损失，调压器出口压力随着流量的增加而下降。

② 入口压力：调压器出口压力随着入口压力下降而上升。

③ 迟滞：由于调压器内部存在摩擦，流量上升和流量下降时的调压器出口压力曲线之间存在偏移。

在构建供氢系统时，需要考虑上述因素的影响，必须确保燃料输送系统的额定运行压力在规定的范围内。如果使用高压储氢罐，氢气系统可能需要两级减压。可以看到，氢气管路进入燃料电池系统后，安装有一个氢气压力传感器，用于监测氢气压力是否满足系统要求；在HD6燃料电池模块入口和燃料电池电堆入口处也安装有氢气压力传感器，当氢气压力低于限值时，系统会自动进入保护性停机。但是，如果氢气压力超过系统允许的压力限值，有可能会对系统造成不良影响，因此供氢系统需要安装过压保护装置，建议组装人员提供电气和机械两级保护。

电气保护：如果调压器出口压力超过23bar，燃料输送系统将被电气禁止（比如，使用压力开关切断常闭电磁阀电源）。该系统应设置为，当下游压力降低时，氢供应系统不会自动恢复。

机械保护：供氢系统需安装一个泄压阀，保持最大流量的压力在25bar以下。

（3）氢气输送系统流速　燃料输送系统必须能够实时地向HD6提供足够的燃料流速以避免燃料不足，见表4-26。

表4-26　供氢系统氢气流速

参　数	流速要求
最大暂态流速/(g/s)	3.0
最大连续流速/(g/s)	2.5
额定功率下预计BOL流速/(g/s)	2.1

（4）氢气系统清洁与排气　氢气储存系统第一次用于燃料电池模块时，必须在使用前反复清洗，以确保首次起动的氢气浓度。

如果一个新的氢气供给系统运行造成电堆电压过低，其原因通常是由于清洗不充分造成的。如果出现这些问题，建议进行额外的清洗，以进一步增加罐内的氢气浓度。

关机时，会有一部分加压氢气被截留在系统供气管道内。用户如果需要拆除进行维护或检修，必须排出残留在供气管道中的氢气。

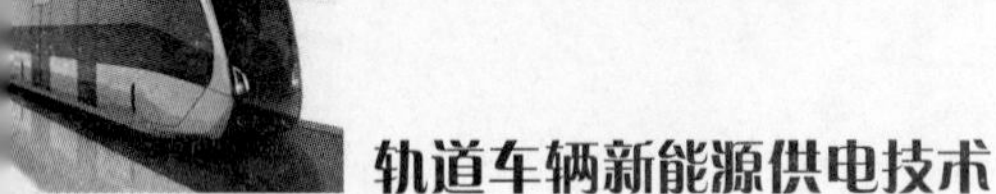

2. 氢气泄漏检测

氢气浓度传感器输出电压信号进入 PLC 控制器，外形如图 4-57所示。

图 4-57 氢气浓度传感器

氢气是无色、无臭、无毒的高可燃性气体。如果集聚氢气取代空间中的氧气，便会导致窒息，且在失去知觉之前没有任何警告性症状。氢分子比其他任何气体分子都要小，这使得氢气很难存放。它可以从许多看似密封的材料中扩散出去。燃料管路、无缝接口与非金属密封如垫圈、O 形圈、管线混合结构及其封装都存在潜在的泄漏或渗透点。此外，氢气的小分子性导致其具有高浮力和扩散率，因而泄漏的氢气将扩散并迅速稀释。

HD6 内部发生的氢气泄漏可以很容易地通过内部氢气检测装置检测出来，这将在氢气/空气混合物达到可燃浓度前触发警告。外部的泄漏检测安装在燃料箱箱盖上方。如果怀疑存在过度的氢气泄漏，应当终止燃料电池的运行并进行泄漏测试。

作为预防性维护的一部分，HD6 模块板上的氢气传感器必须根据维护计划进行检查。

氢气传感器暴露在污染环境可能会发生性能衰减，衰减之后灵敏度变差。要定期检查以确保这些传感器对于安全运行有足够的灵敏度，不执行定期检查，可能会造成安全隐患。如果传感器失效，将可能导致模块在可燃尾气或通风管道泄放时，不能紧急停机。

4.6 能量综合利用技术

4.6.1 锂电池的热特性与冷却方法

1. 热特性

(1) 生热机制　锂电池内部产生的热量主要是由四部分组成：反应热 Q_r、极化热 Q_p、焦耳热 Q_J和分解热 Q_s。反应热 Q_r表示由于锂电池内部的化学反应而产生的热量，这部分热量在充电时为负值，在放电时为正值。极化热 Q_p是指锂电池在充放电过程中，负载电流通过电极并伴随电化学反应时，电极会发生极化，锂电池的平均电压会与开路电压有所偏差，而导致产生的热量，这部分热量在充放电的时候均为正值。焦耳热 Q_J是由于锂电池内阻产生的，在充放电的过程中这部分热量均为正值，其中锂电池内阻包括电解质的离子内阻（含隔膜和电极）和电子内阻（包括活性物质、集流体、导电极柱以及活性物质/集流体之间的接触电阻），符合欧姆特性。分解热 Q_s表示在锂电池的电极中自放电的存在也会导致电极的分解而产生的热量，这部分热量在充放电的时候都很小，因而可以忽略不计。

反应热 Q_r在充电时为负值，在放电时为正值，因此，锂电池在放电过程中的热生成率要大于充电过程中的热生成率，从而导致放电时电池温度比充电时电池的温度高。对于一个完全充满电状态下的锂电池，它在可逆放电过程的总反应中呈现了放热效应。更进一步来说，锂电池的正电极反应表现出较大的放热效应，同时负电极反应表现出较小的吸热效应，

所以综合正负电极反应热效应，最终导致了锂电池充放电过程总体呈现放热效应。

对于单体电池内部而言，热辐射和热对流的影响很小，热量的传递主要是由热传导决定的。锂电池自身吸热的大小与其材料的比热有关，比热越大，吸热越多，电池的温升越小。如果散热量大于或等于产生的热量，则电池温度不会升高；如果散热量小于所产生的热量，热量将会在电池体内产生热积累，电池温度升高。

基于传热学原理，锂电池传热问题模型可简化为：在不同边界条件下，单体锂电池在电化学反应过程中根据工作工况以不同的生热速率生热。一部分热量经由锂电池外壳传到周围空气中，传导至空气中的热量与单体电池表面传热系数直接相关，另一部分热量导致单体锂电池自身加热升温。

（2）放电温升特性　图4-58所示为常温下以0.3C倍率电流充满电，再在常温下分别以0.3C、0.5C和1C倍率放电时，某磷酸铁锂蓄电池正极柱处的温升曲线，放电截止电压为2.5V。

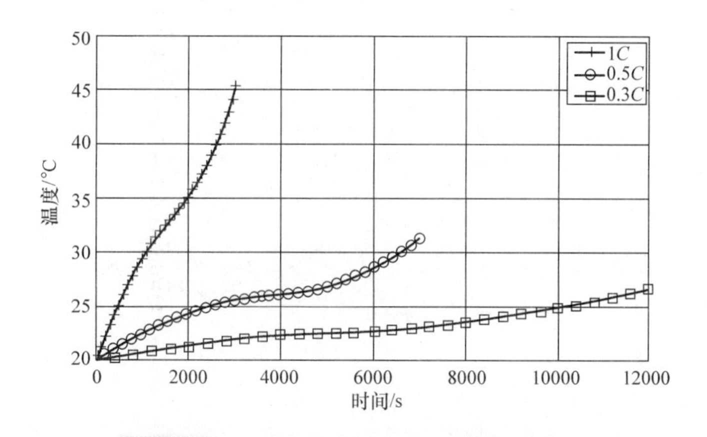

图4-58　不同放电倍率正极柱处的温升曲线

可以看出，锂电池放电电流越大，正极柱处的温度上升越快，并且温度极值越高。这说明放电电流越大时，损耗的热能就越多，降低了放电效率。0.3C与1C倍率放电峰值温度相差18.9℃，在环境温度不变并且采用没有散热措施的情况下，要减小温度升高的幅度，必须减小放电电流。因此，如果在环境温度较高，并且锂电池大功率放电的情况下，必须采用散热措施，以避免安全问题。

（3）充电温升特性　图4-59所示为在常温下以0.3C倍率电流放电结束后，再在常温下分别以0.3C、0.5C和1C倍率恒流和3.8V恒压采用恒流限压方式充电时，某磷酸铁锂蓄电池的正极柱处的温升曲线。可以看出，恒流充电开始阶段，电池正极柱处温升较快，这主要是因为SOC值较小，内阻较大，从而生热速率较大，温升较快。随后，恒流充电后期温升速率放缓，这主要是因为温度和SOC值上升后，锂电池内阻值减小，从而生热速率减小，温升放缓。等到恒流充电结束时刻，锂电池正极柱温度达到峰值。充电倍率越大，锂电池温度上升越快，并且温度峰值也越大。到了恒压阶段时，随着电流的下降，锂电池温度开始下降，直到电流下降至涓流为止，但充电结束时的温度高于充电前。

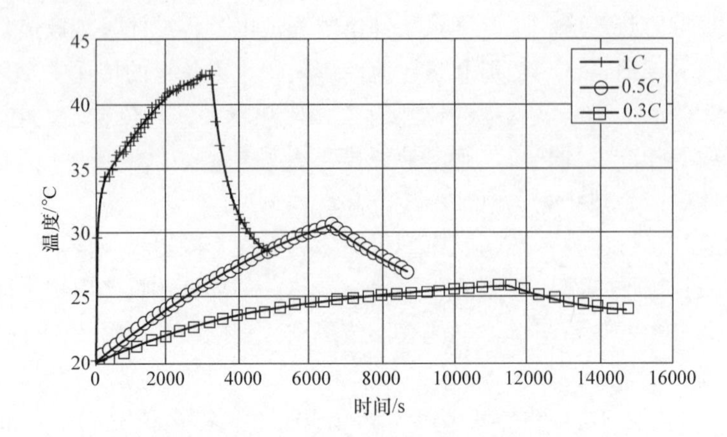

图4-59 不同充电倍率正极柱处的温升曲线

(4) 温度对锂电池使用性能的影响

1) 温度对可用容量比率的影响。正常应用温度范围内，锂电池温度越高，工作电压平台越高，锂电池的可用容量越多。但是长期在高温下工作会造成锂电池的容量迅速下降，从而影响电池的使用寿命，并极有可能造成电池热失控。

低温状态锂电池放电效率低，主要有以下原因：

① 锂电池电解液的电导率增加，导致 Li^+ 传输性能差。

② 负极表面 SEI 膜是锂离子传递过程中的主要阻力，表面膜阻抗 R_{SEI} 大于电解液本体阻抗 R_e，在 -20℃以下的温度范围内，R_{SEI} 随温度的降低骤增，与锂电池性能恶化相对应。

③ 脱嵌 Li^+ 容量不对称性是由 Li^+ 在不同嵌锂态石墨负极中的扩散速度不同引起的，低温时，Li^+ 在石墨负极中的扩散速度慢。

④ 正极与负极表面的电荷传递阻抗增大。

⑤ 正极/电解液界面或负极/电解液界面的阻抗增大。

⑥ 电极的表面积、孔径、电极密度、电极与电解液的润湿性及隔膜等均影响着锂电池的低温性能。

2) 温度对锂电池内阻的影响。直流内阻是表征动力电池性能和寿命状态的重要指标。动力电池内阻较小，在许多工况常常忽略不计，但动力电池处于电流大、深放电工作状态，内阻引起的压降较大，此时内阻的影响不能忽略。

锂电池直流内阻遵循欧姆定律，可引起锂电池内部压降，并生热消耗放电能量。试验表明，低温状态下整个放电过程中直流内阻变化量明显，而高温状态下变化量则小得多。但是，放电和充电直流内阻变化的趋势是相同的，均随温度的升高而降低，随 SOC 的增大而减小。

2. 冷却方法

冷却方法的选择对热管理系统的性能有很大影响，冷却方法要在设计热管理系统前确定。按照方法介质分类，热管理系统可分为空冷、液冷及相变材料冷却三种方式，其优缺点见表 4-27。

表4-27 三种冷却方式的优缺点

冷却方法		优点	缺点
空气冷却		1）结构简单，重量相对较小 2）没有发生漏液的可能 3）有害气体产生时能有效通风 4）成本较低	空气与电池壁面之间换热系数低，冷却、加热速度慢
液体冷却	直接接触（矿物油）	与电池壁面之间换热系数高，冷却、加热速度快，体积较小	存在漏液的可能，重量相对较大，维修和保养复杂，需要水套、换热器等部件，结构相对复杂
	非直接接触（水或防冻液）		
相变材料冷却		经济安全，循环利用效率高	相变材料的应用尚处于试验阶段，暂未应用于电池系统热管理系统

液冷必须通过水套等换热设施才能对锂电池进行冷却，这在一定程度上降低了换热效率。锂电池壁面和流体介质之间的换热率与流体流动的形态、流速、流体密度和流体热传导率等因素相关。

相变材料是指随温度变化而改变形态并能提供潜热的物质。相变材料由固态变为液态，或由液态变成固态的过程称为相变过程。相变材料具有在一定温度范围内改变其物理状态的能力，既能实现动力电池在比较恶劣的热环境下有效地降温，又能满足各锂电池单体间温度分布的均衡，从而达到动力设备的最佳运行条件，延长锂电池寿命的同时提高动力设备的动力性能。电池热管理系统所采用的相变材料应具有较大的相变潜热，以及理想的相变温度，经济安全，循环利用效率高。

3. 测温点的布置与冷却风机的选择

在设计锂电池热管理系统时，需要选择的风机种类与功率、温度传感器的数量与测温点的位置必须严格匹配。

以空冷散热方式为例，设计散热系统时，在保证一定散热效果的情况下，应该尽量减小流动阻力，降低风机噪声和功率消耗，提高整个系统的效率。可以用试验、理论计算和流体力学（CFD）的方法通过估计压降、流量来估计风机的功率消耗。当流动阻力小时，可以考虑选用轴向流动风扇；当流动阻力大时，离心式风扇比较适合。试验表明，在环境温度较高的情况下，动力电池组的流动阻力降增大，因此在选择冷却风机的压头时，要留有一定余量。当然，也要考虑到风机占用空间的大小和成本的高低。寻找最优的风机控制策略也是热管理系统的功能之一。

以本章设计的动力电池箱为例，动力电池箱内部流动阻力为600Pa，发热量约为2kW，此时所选配风机的压头应高于600Pa，并且流量选择应保证在较高环境温度下，仍能带走动力电池箱的发热量，且需留有一定裕量。同时，针对该电源箱的初始方案进行3C充放电温升试验，试验持续2小时，充放电循环过程中的平均温度、最高温度、最低温度的试验结果如图4-60所示。可以看出，动力电池箱内电池组的温度分布极为不均匀。因此在设计电池箱时，要考虑到预留测温传感器用来进行温度监控。

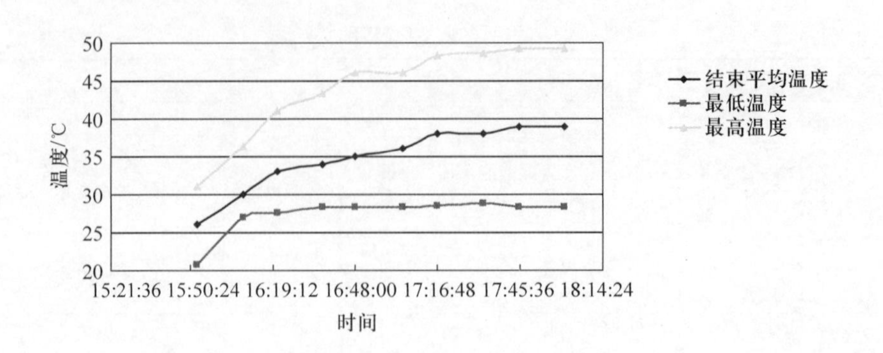

图4-60 电池箱温升试验数据

4.6.2 动力电池箱引空调风冷却

1. 电池箱综合冷却可行性分析

（1）风冷可行性分析　在所有方案中，通风冷却是最为经济、使用最为广泛的冷却方式，和其他方式比，风冷结构简单，安全、维护方便。风冷的缺点主要表现在，受外部环境影响，冷风状态不确定，环境湿度、颗粒物含量、空气温度等参数不稳定。空调排风温度相对稳定，不含或仅含有少量颗粒物，风量来源稳定。

在保证箱体内部绝对温度符合要求的前提下，产生温度不均匀现象的主要原因是流经各个箱体内部的冷风流量不均。通过调整电池箱排布或者加装挡板等方式来优化流量分布可以减小内部温度不均匀情况。

在保证风量、进口温度的前提下，风冷能够满足冷却量的要求；通过合理设计风道并保持风压，风冷可以保证温度均匀性要求。

在风冷设计中，通过合理的气流组织可以实现电池箱内部温度均匀。通常并联结构的进风方式有着良好的温度均匀性。串、并联进风方式如图4-61所示。

动力电池箱的进风方式属于并联，但其进风的流阻分布不均。在不加入改进措施的情况下，出现温度差异的区域或为冷风进口处区域或为冷风出口处区域，具体温度分布需具体分析。由于空调风量达到600m^3/h，为减少进口风的能量损失，达到引导气流的效果，空调风进口应尽可能大，同时加设导流板。图4-62为导流板架设示意图。

（2）相变冷却可行性分析　相变材料冷却适用于高功率密度场合，对于稳定动力电池箱箱体温度具有很大优势。另外，相变材料导热系数普遍较低，当相变停止时，会产生保温效果，不利于散热。

相变冷却主要针对箱体内部局部环境的影响，仍需要辅以风冷方式。当动力电池箱内部温度过高，相变材料工作降低箱体内部温度，当整体温度符合要求，内部温差过大时，相变材料只对局部环境造成正面影响，从而保证温度均匀性。

按照本章讲述的电池箱结构，即使采用相变材料，风冷仍然是动力电池箱的主要冷却方式，相变冷却作为一种辅助手段，只能对箱体内部局部环境温度产生影响。当电池箱内部温度过高时，相变材料熔化吸热，可降低箱体内部温度；当整体温度符合要求，内部温差过大时，相变材料可对局部环境温度起到调节作用，从而保证温度均匀性。

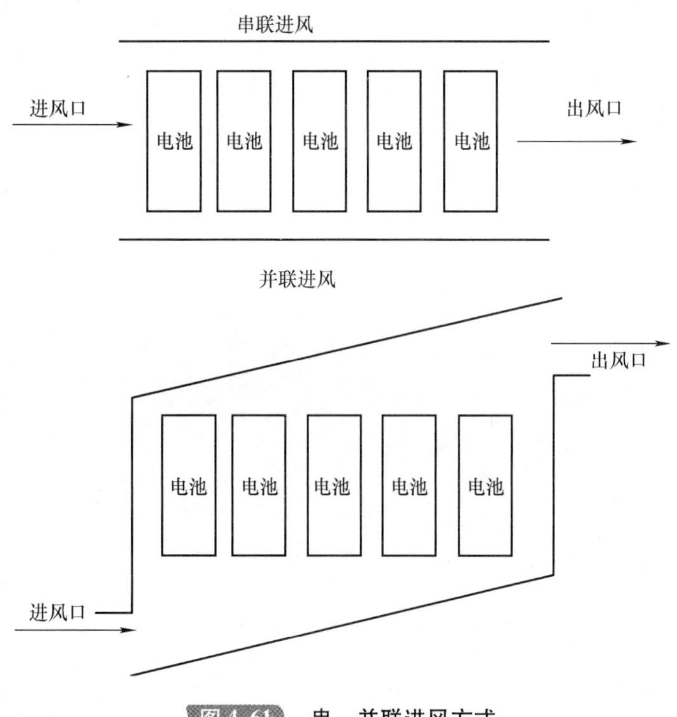

图 4-61　串、并联进风方式

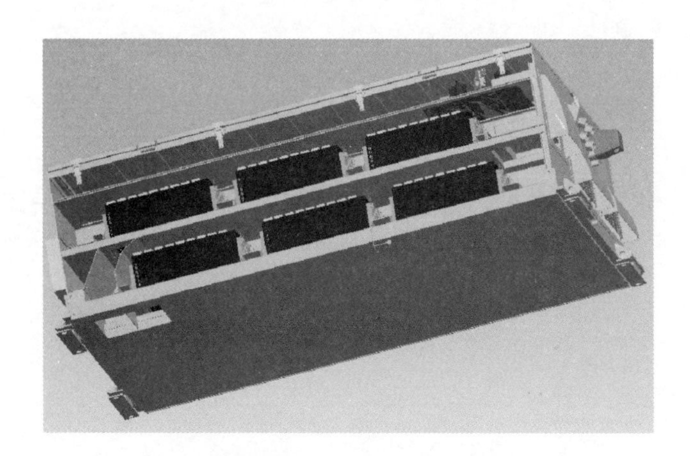

图 4-62　导流板架设示意图

动力电池发热主要集中在充放电阶段，其发热阶段呈间歇性，其发热功率最大为2352W。针对相变材料导热系数较低的问题，目前多采用导热性良好的泡沫金属以提高整体传热效果，可有效稳定动力电池箱内部温度。相变冷却需解决如下问题：

1）明确动力电池发热周期及发热率等工作特性。

2）在电芯表面加入导热铝（铜片），导出动力电池内部热量。

3）明确风冷方式可以带走的热量和相变材料实际承担散热负荷。

4）由于集热块截面积较小，在相变材料与集热块之间需采取措施增大连接面积。

5）分析动力电池箱状态，形成以高效利用空间为原则的相变材料布置方案；采用理论与数值分析方式，确定相变冷却和风冷方式散热量，最终确定风机的风量和风压。

2. 引空调风冷却方案

针对动力电池箱结构进行了引空调风冷却方案分析，如图4-63和图4-64所示。流动仿真分析中，除了分析不同进口流速下箱体内部流速及压力的分布情况，还要考虑动力电池箱结构对内部流场的影响。

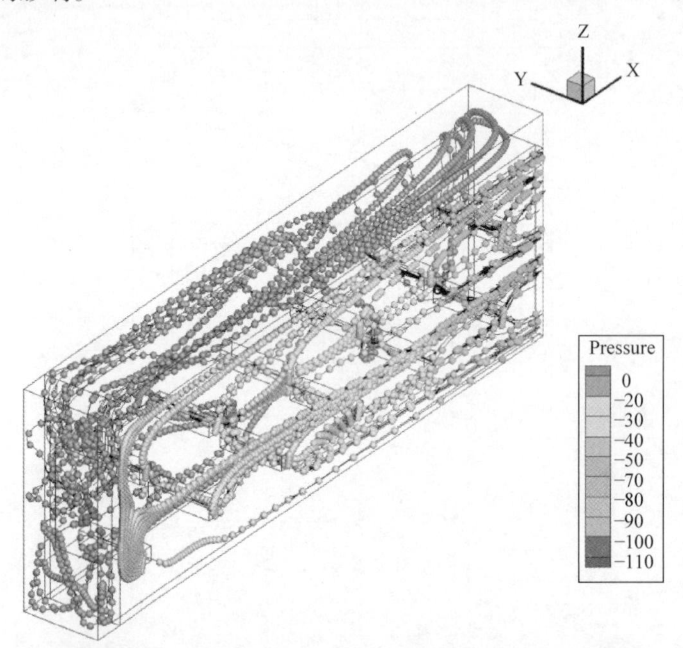

图4-63 $V=2\mathrm{m/s}$ 工况下，无加强筋流动仿真结果云图

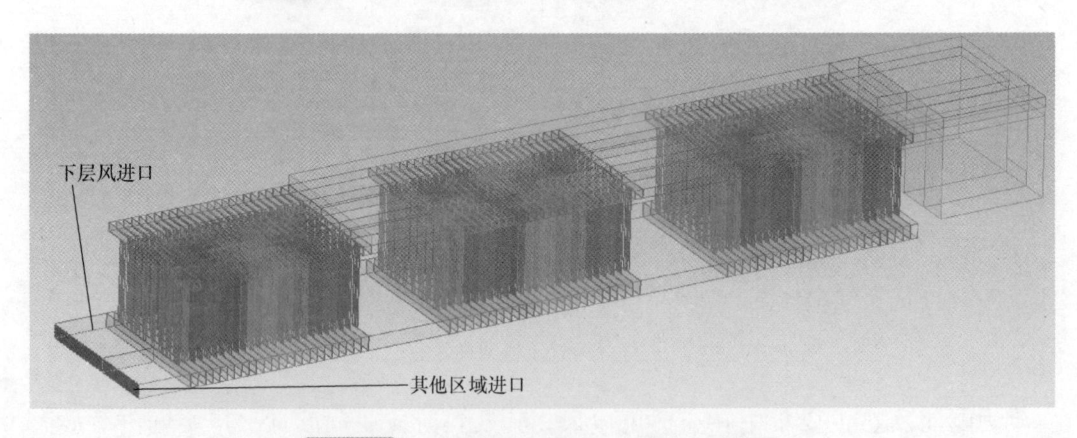

图4-64 下层空调风模型以及其他区域模型

最终确定采用电池箱底部引空调风冷却的结构方案，如图4-65和图4-66所示。

采取类似空调的安装方式，动力电池箱底部作为进风口，车顶距离侧墙400mm的位置与动力电池箱底部连接，利用客室内的排风对动力电池箱进行冷却，最终排出车外。

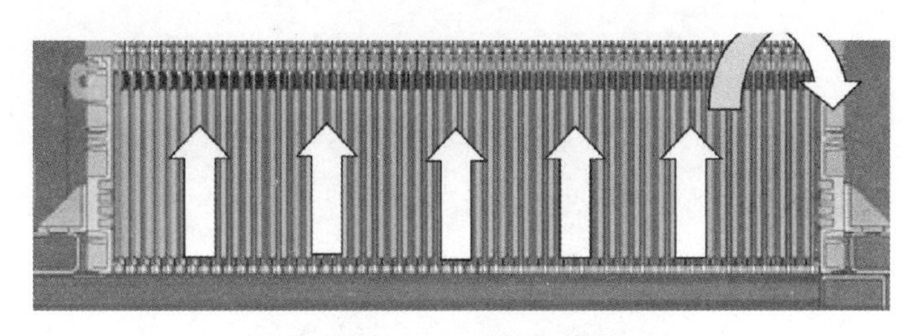

图 4-65　电池模块进风方式

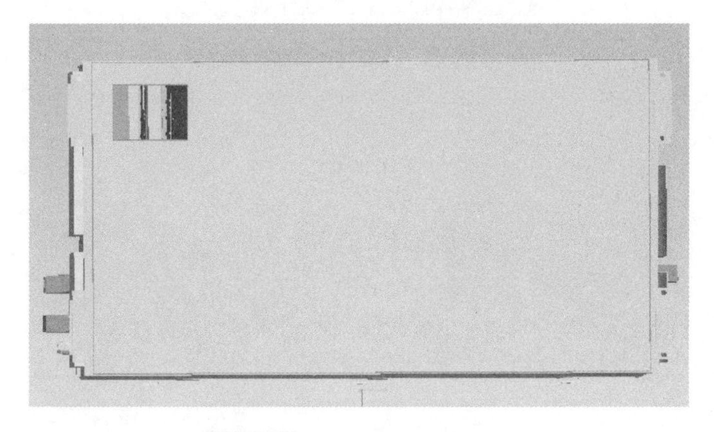

图 4-66　电池箱与车体接口

3. 相变装置冷却方案

动力电池发热主要集中在充放电阶段，且其发热呈间歇性。不同于风冷，相变冷却主要用于冷却箱体内部局部环境的温度，当动力电池箱内部温度过高时，相变材料熔化吸收热量，从而降低箱体内部温度；当整体温度符合要求，内部温差过大时，相变材料通过熔化吸热（或者冷凝放热）调节局部环境温度，从而保证温度均匀性。

针对相变材料导热系数较低的问题，目前多采用嵌入泡沫金属的方式加以解决。泡沫金属有着良好的导热性，但其在重量上与相同体积金属相比大大减小。目前常用泡沫金属有泡沫铜、泡沫铝，在动力电池箱中采用泡沫金属与相变材料相结合，可有效稳定动力电池箱内部温度。

出于成本、绝缘以及安装等因素考虑，相变材料无法与热源（电池电芯）直接接触，这给相变材料的使用带来困难。解决方式是建立热量流通通道，将热量引出动力电池模块，然后通过相变材料吸收模块释放的热量。

相变冷却系统由三部分组成：导热片、集热块、相变模块，如图 4-67 所示。相变材料布置在电堆表面，通过制作合适大小的相变模块，避免绝缘问题，提高安全性。

方案中，每 6 片电芯组成一组构成小型相变单元，共 16 组。各组之间不连通，集热块与电堆表面留有气体流动通道。每组相变单元之间区域涂有绝缘漆。为增加空气对流效果，在动力电池组侧边区域可架设小风机，用于弥补相变材料布置导致的风冷冷却性能下降。

（1）导热片　导热片尺寸如图 4-68 所示。导热片通过电极通道插入电堆中，通过铆钉

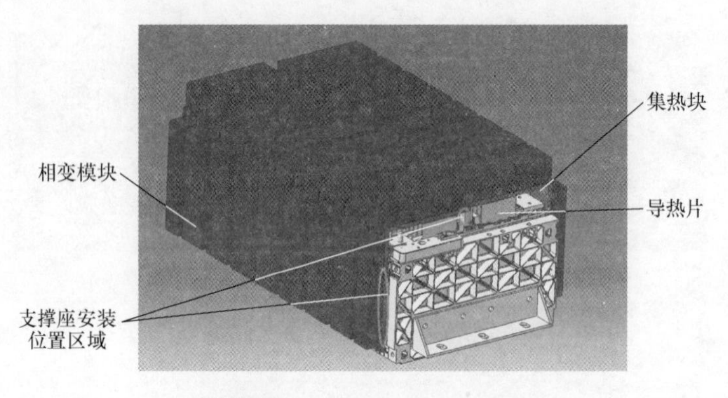

图 4-67　相变方案组装示意图

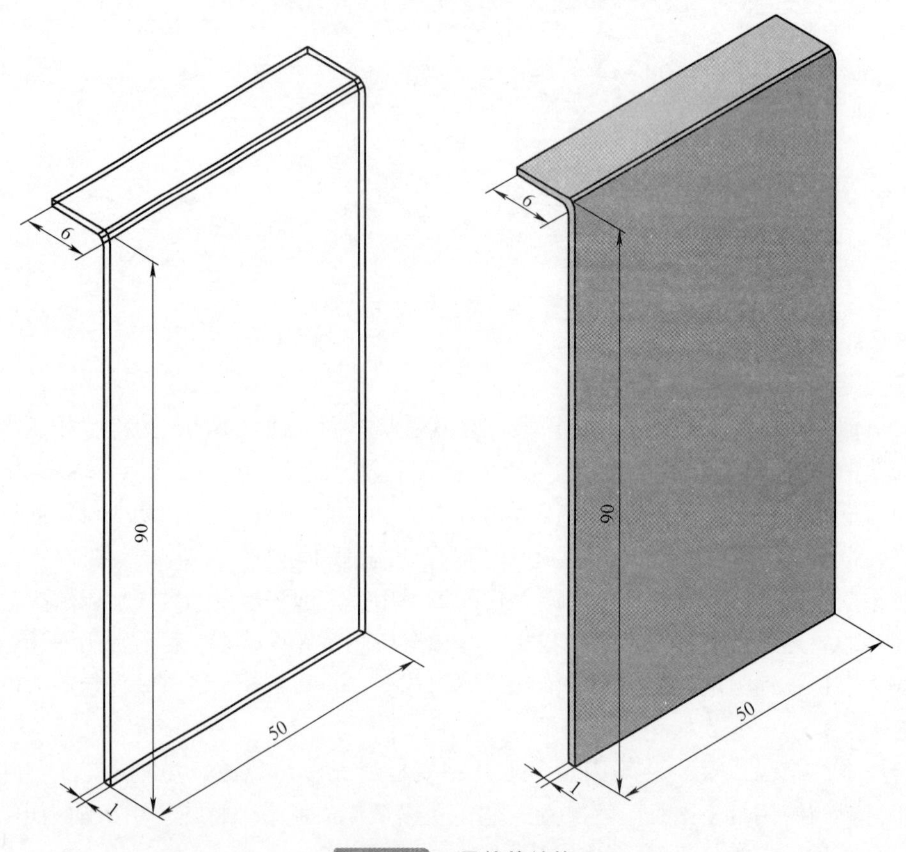

图 4-68　导热片结构

与集热块连接。集热块表面加工平整，为减少接触热阻，导热片与集热块中间涂有导热胶。

（2）集热块　集热块布置形式如图 4-69 所示。集热块与导热片以及相变模块通过螺栓连接。

（3）相变模块及计算　在动力电池组顶部可以布置 16 组相变模块，每组相变模块由两个矩形的相变模块组成。选取石蜡作为其相变材料。矩形相变模块的尺寸如图 4-70 和图

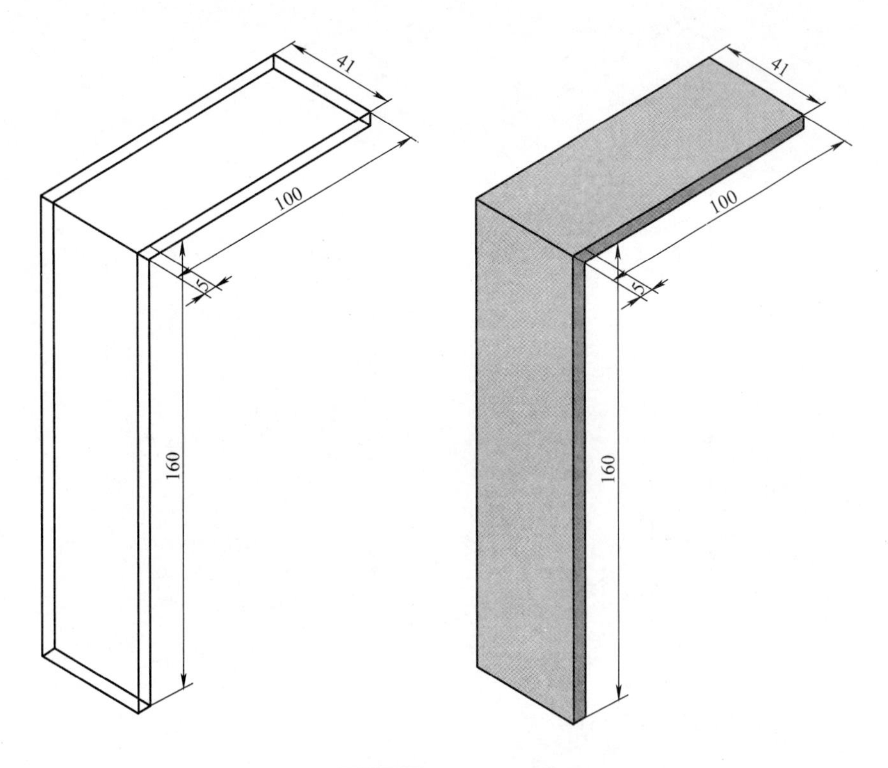

图 4-69　集热块形式

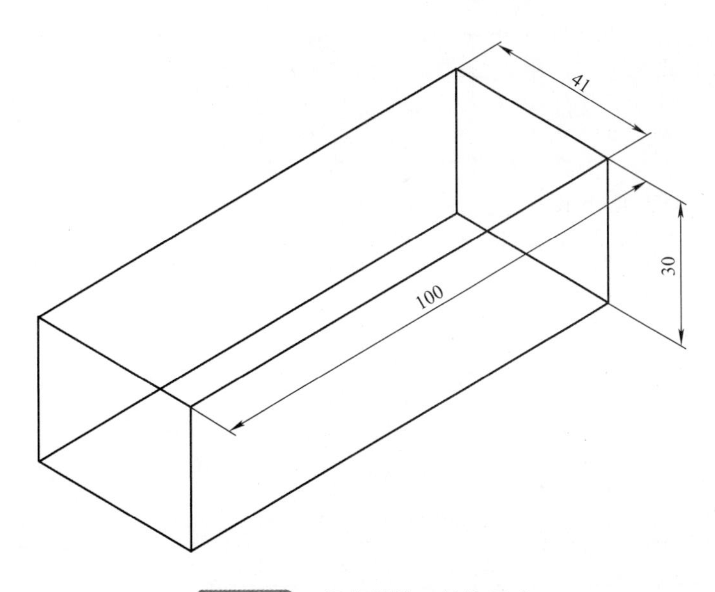

图 4-70　相变模块一结构尺寸

4-71所示。

将上述零部件组装构成相变冷却系统，系统安装如图 4-72 所示。

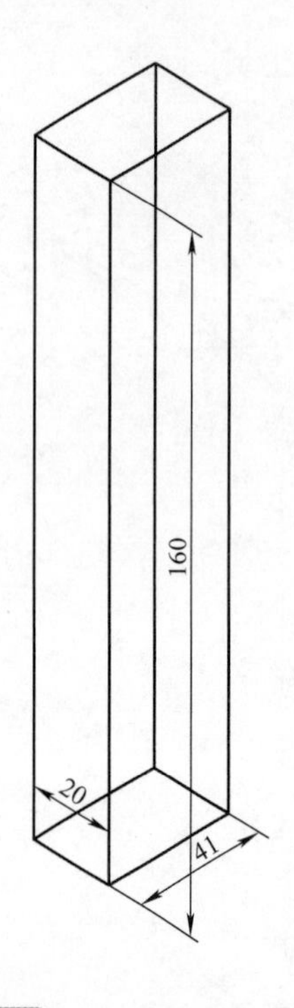

图 4-71 相变模块二结构尺寸

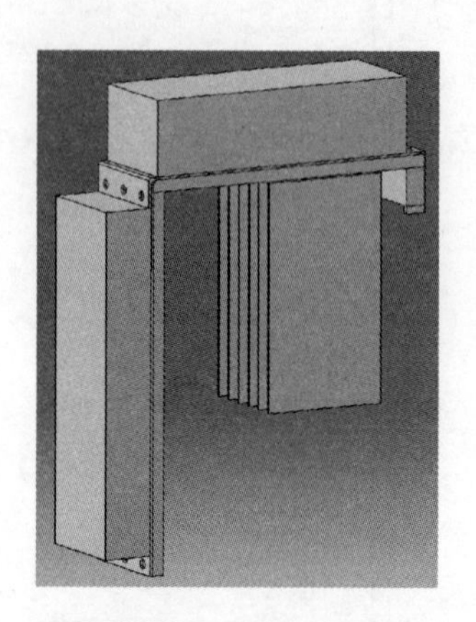

图 4-72 相变系统安装

多种对比方案的计算结果见表 4-28。

表 4-28 综合冷却方案计算结果对比

工　况	对比项目	值
风量	最小 200m³/h	
	最大 300m³/h	
无相变，28℃工况箱体最大温差对比	流量 200m³/h	温差 8.7℃
	流量 300m³/h	温差 3.5℃
无相变，42℃工况箱体最大温差对比	流量 200m³/h	温差 8.5℃
	流量 300m³/h	温差 3.9℃
无相变，箱体最大压差对比	流量 200m³/h	通风阻力 385Pa
	流量 300m³/h	通风阻力 850Pa
局部布置相变，42℃，200m³/h 箱体温差	最高 50.8℃	温差 3.2℃
	最低 47.6℃	
局部布置相变，28℃，200m³/h 箱体温差	最高 37.3℃	温差 4.6℃
	最低 32.7℃	
未布置相变，42℃，200m³/h 箱体温差	最高 55℃	温差 8.5℃
	最低 46.5℃	
未布置相变，28℃，200m³/h 箱体温差	最高 41.5℃	温差 8.7℃
	最低 32.8℃	

（续）

工　况	对比项目	值
布置相变后，箱体内部流速对比	局部布置相变材料	风速：最大 8.4m/s，最小 3.5m/s
	全部布置相变材料	风速：最大 18m/s，最小 2.5m/s
布置相变后，箱体内部压力对比	局部布置相变材料	通风阻力 485Pa
	全部布置相变材料	通风阻力 702.2Pa
局部布置相变，42℃，200m³/h 箱体相变吸热量	3.5m/s	1.3W
	8.4m/s	0.8W

根据对比结果，箱体内部最小空气流量为 200m³/h，大流量对风机压力要求更大。只采用局部布置相变材料的情况相对于没有布置相变材料的情况，箱体内部温度及其温差下降明显。经过以上对比分析，确定主要参数见表 4-29。

表 4-29　最佳冷却方案主要参数

项　目	参　数
冷却方式	风冷 + 相变冷却
冷风温度	小于 42℃
需要的最小压力	450Pa
箱体内部最大风速	8.4m/s
箱体内部最小风速	3.5m/s
内部电堆流量分布比例	1∶1.224∶1.715
相变模块	泡沫铜 + 石蜡
相变布置形式	局部 4 个电堆布置相变材料
相变模块工作时间	4h
相变材料工作温度	40℃
箱体内部最大温度	50.8℃
箱体内部最大温差	4.6℃
相变冷却装置总重量	小于 70kg
安装空间	各层上部空间 50mm 即可

计算及试验结果表明，28℃及 42℃情况下，局部布置相变材料，均可控制动力电池箱温度低于 55℃，内部各点温差小于 5℃。

4.6.3　余热利用

本车设置了余热采暖系统：所谓余热采暖，即利用燃料电池电堆散发的废热，为客室冬季供暖。余热传递介质为 44% 乙二醇/56% 水溶液（以下简称为溶液），溶液温度约为 70℃，流量最大可达 330L/min。由余热利用溶液连接管路将热量传递介质由燃料电池电堆引入/流出空调机组内部余热利用换热器。在空调机组通风机作用下，新风和回风的混合空气流过余热利用换热器，温度升高，达到对客室供暖的目的。

1. 空调机组内增加余热换热器

在空调机组内部蒸发器与通风机之间设置余热利用换热器，如图 4-73 所示。冬季采暖季节，携带电堆热量的流体流经余热采暖换热器。在通风机作用下，混合空气与余热换热器

进行热交换。流体进口设置电动流量调节阀，根据换热器表面温度或出风温度可自动调节阀门开度，以增大/减小进入余热换热器的热量。在溶液进口设置手动截止阀，在非采暖季节或管路维修期间，可手动将阀门关闭。仅当余热不足以为客室供暖时，机组热泵才会工作，为客室补充热量。

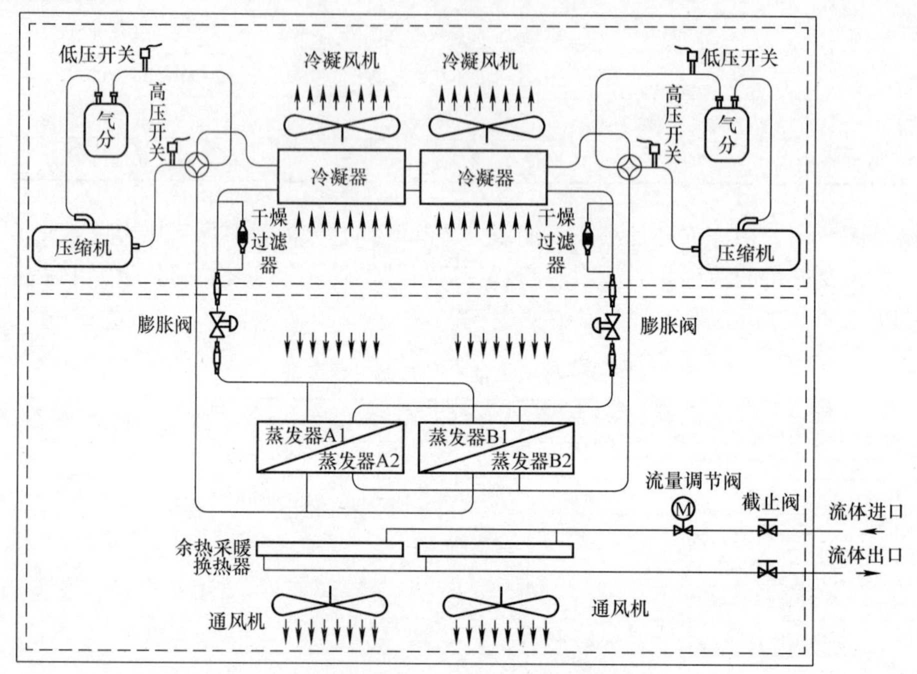

图 4-73　空调机组原理图

2. 管路布置

空调机组布置在 Mc 车顶，管路需从相邻 Tp 车燃料电池箱经过贯通道上方，跨接到机组端部。贯通道上方管路采用三元乙丙橡胶软管，其余部分管路采用不锈钢材质。详细布置如图 4-74 所示。

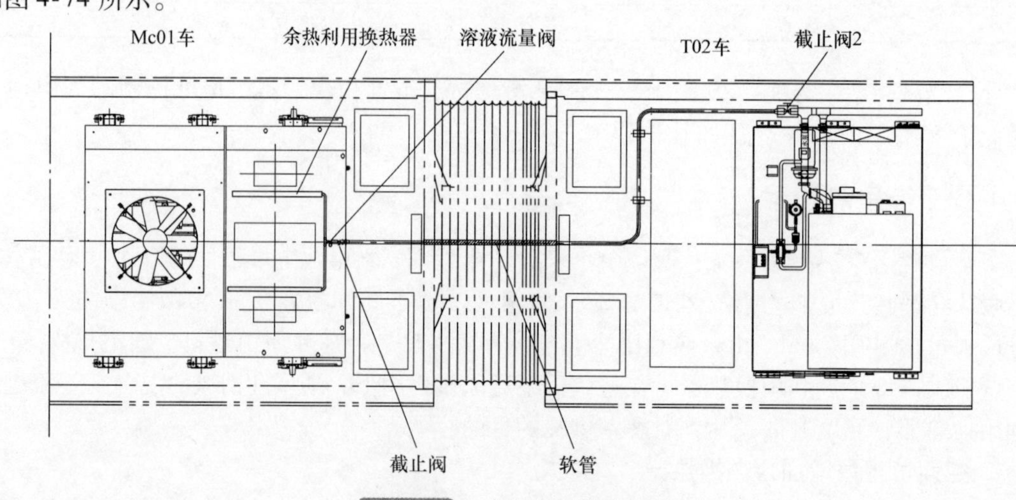

图 4-74　余热利用管路布置

3. 与燃料电池换热器的并联

燃料电池水箱内溶液在循环泵的作用下送入空调机组内余热回收换热器和四个室外侧换热器进行降温，降温后的溶液经过过滤器和去离子装置后送入燃料电池箱，带走燃料电池箱热量后返回储水箱，完成循环，如图 4-75 所示。

机组内余热回收换热器共有两个，每个额定换热量为 9kW，额定流量为 1 ~ 1.5m^3/h，采用 DN25 管路，通过设置电动调节阀调节溶液循环量，做到调节换热量。当夏天需要降温时，电动调节阀关闭，室内侧换热器不进行换热。

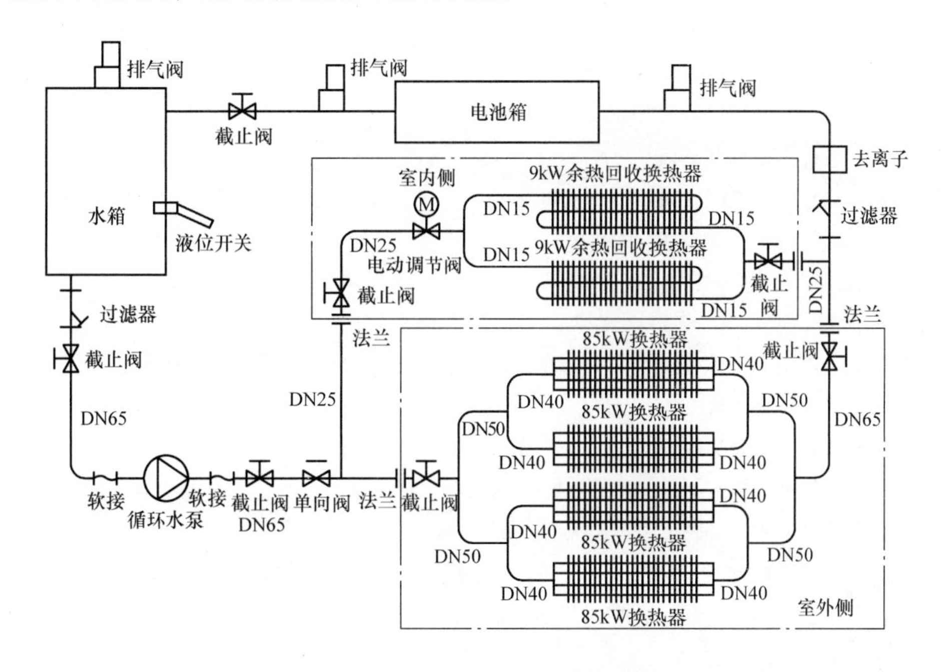

图 4-75 余热回收换热器与室外侧换热器的并联连接

4. 余热采暖的控制

余热回收换热器的换热量与通过换热器的溶液流量有关，增大换热器流量可增大换热量。在换热器溶液管设置电动调节阀，根据回风温度与设定温度之间关系动态调节电动调节阀，进而调节通过换热器的溶液流量，实现换热量的调节。

5. 节能降耗

余热采暖利用燃料电池电堆散发的废热，在冬季为客室供暖，节省了正常供暖所需消耗的大部分电能。余热采暖相对于正常空调热泵供暖，压缩机和冷凝风机不必起动运行，只需要蒸发风机正常运行，向客室内吹送热风。如此一来降低了压缩机和冷凝风机的耗电量和设备损耗，延长了设备寿命。

4.7 型式试验

本节主要描述考核混合动力系统与牵引系统是否满足设计要求方面的型式试验内容。

4.7.1 起动加速度试验

1. 试验目的

起动加速度试验的目的是考核混合动力系统与牵引系统是否满足设计要求。

（1）起动加速度及最高运行速度试验　AW2 载荷下的列车，半磨耗轮并且所有电机工作的条件下，以牵引满级起动加速时，试验要求如下：

1）0－30km/h 平均加速度：≥1.2m/s²。

2）0－60km/h 平均加速度：≥0.6m/s²。

3）列车最高运行速度：60km/h。

（2）运行模式试验　试验要求如下：

1）列车向后运行速度：不大于 10km/h。

2）列车限速向前速度：不大于 30km/h。

3）洗车模式速度：不大于 5km/h。

4）记录洗车模式和旁路模式的速度。

2. 试验条件

试验对象：唐山公司燃料电池/超级电容混合动力 100% 低地板有轨电车；

试验地点：唐山公司；

载荷状态：AW0、AW2；

其他要求：700m 以上平直轨道（如受线路条件限制，无法找到符合条件线路，也可在坡道已知的直道上进行，通过理论计算扣除坡道影响）。

变电站供电为额定电压。试验不能在有低黏着危险或对试验结果有较大影响的条件下进行，如恶劣天气、大风等，风速须小于 5m/s。

3. 试验结果

在 AW0 的工况下测试波形如图 4-76 和图 4-77 所示。

AW0 工况下具体结果见表 4-30。

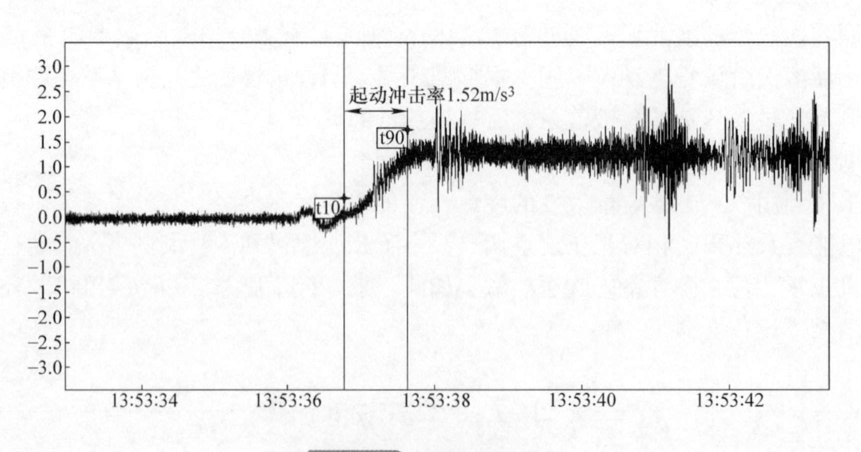

图 4-76　起动冲击率

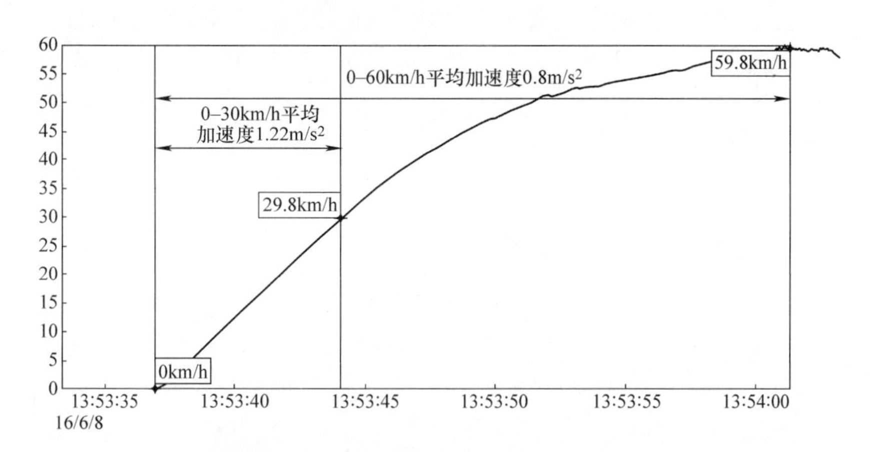

图 4-77　0－30km/h，0－60km/h 平均加速度

表 4-30　起动加速度试验内容

起动加速度试验内容										
载荷	速度级别/(km/h)	测量车速/(km/h)	平均加速度/(m/s^2)				起动冲击率/(m/s^3)			备注
			测量值	折算半磨耗值	验收值	结论	测量值	验收值	结论	
AW0	60	59. 8	0. 74	0. 77	不小于 0. 6	合格	1. 52	仅供参考	仅供参考	
		59. 8	0. 71	0. 75			1. 56			
		59. 5	0. 76	0. 80			1. 53			
	30	29. 7	1. 19	1. 25	不小于 1. 2	合格	1. 52	仅供参考	仅供参考	
		29. 4	1. 20	1. 26			1. 56			
		29. 8	1. 22	1. 28			1. 53			

AW2 的工况与以上类似，也符合相关要求，不再赘述。

4.7.2　线路制动试验

1. 试验目的

线路制动试验的目的是验证地铁列车的制动系统的动态性能是否符合技术条件要求。

在 AW0、AW3 情况下，在平直干燥轨道上，列车从 60km/h 运行速度到停车，平均减速度要求如下：

1）最大常用制动不低于 1. 1m/s²。

2）紧急制动不低于 2. 5m/s²（不包括制动反应时间）。

正常情况下，制动系统施加的不同模式制动应按照表 4-27 中所列条件施加相应的制动方式。

2. 试验条件

试验列车：唐山公司燃料电池/超级电容混合动力 100% 低地板有轨电车；

载荷状态：AW0、AW3；

其他要求：线路制动试验应在道床良好、干态轨面线路上进行。在试验前应确定闸片能良好地贴靠在制动盘上，并经适当磨合，摩擦面积不得低于70%。每次试验前，制动闸片和制动盘的表面温度应不大于60℃。

3. 试验结果

试验结果见表4-31。

表4-31 常用制动试验内容

常用制动试验内容									
载荷	速度级别/(km/h)	上/下坡	列车初速/(km/h)	实测制动距离/m	折算后制动距离/m	折算平均减速度/(m/s²)	制动冲击率/(m/s³)	闸瓦温度/℃	车轮温度/℃
AW0	60	无	59.8	120.4		1.15	0.52	48	43
		无	59.8	120		1.16	0.54	47	43
			59.5	119.3		1.16	0.52	47	42
	验收值	—	—	参考	参考	≥1.1	参考	参考	参考
	结论	—	—	参考	参考	合格	参考	参考	参考
AW3	60	无	57.5	106.2	115.64	1.20	0.58	63	61
		无	58.4	110.3	116.43	1.19	0.62	64	60
		无	57.8	110.6	119.18	1.17	0.640	65	61
	验收值	—	—	参考	参考	≥1.1	参考	参考	参考
	结论	—	—	参考	参考	合格	参考	参考	参考

4.7.3 运行模式试验

1. 试验目的

运行模式试验的目的是验证地铁列车的系统在不同工作模式下能否满足对应的要求。

2. 试验条件

试验列车：唐山公司燃料电池/超级电容混合动力100%低地板有轨电车；

载荷状态：AW2。

3. 试验结果

（1）限速向前　由图4-78可知，限速向前时，牵引指令由低电平变为高电平，车辆施加牵引，车速上升，三次限速向前的速度分别为30.0km/h、30.4km/h、30.4km/h。

车辆设置为限速向前模式后，由图4-79可知，当车速达到30.4km/h后，此时，车辆牵引虽继续施加，车速仍然下降，说明车辆检测到车速大于30km/h，车辆开始限速；当车辆速度降至29.3km/h后，车辆速度上升，说明车辆检测到车速小于30km/h，车速在牵引状态下又继续上升；当车速大于30km/h时，再次进行限速，反复进行，实现车辆限速向前的运行过程。整个限速过程中，车辆最高速度均不大于30.4km/h。

（2）限速向后　由图4-80可知，限速向后时，牵引指令由低电平变为高电平，车辆施加牵引，车速上升，三次限速向后的速度分别为5.1km/h、5.2km/h、5.1km/h。

车辆设置为限速向后（退行）模式后，由图4-81可知，当车速达到5.1km/h后，此

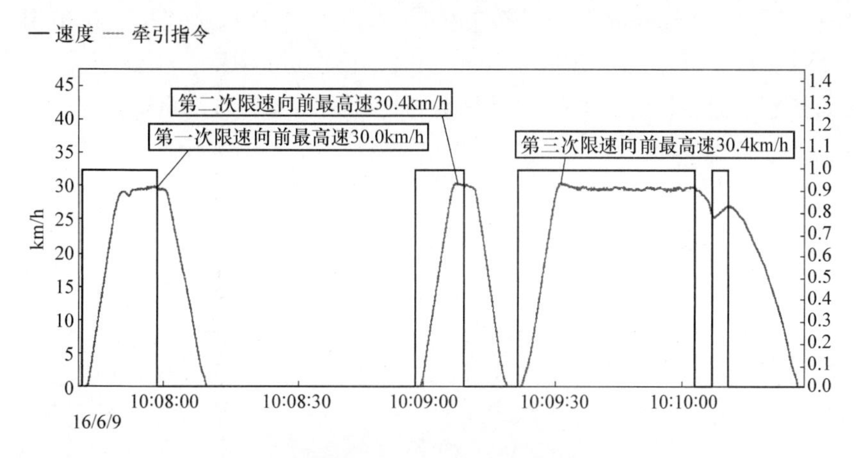

图 4-78　限速向前试验曲线

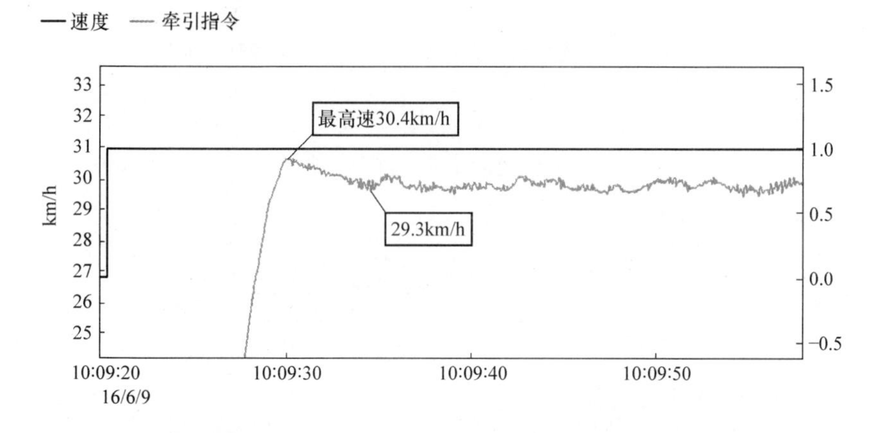

图 4-79　限速向前（第三次试验）试验限速部分曲线

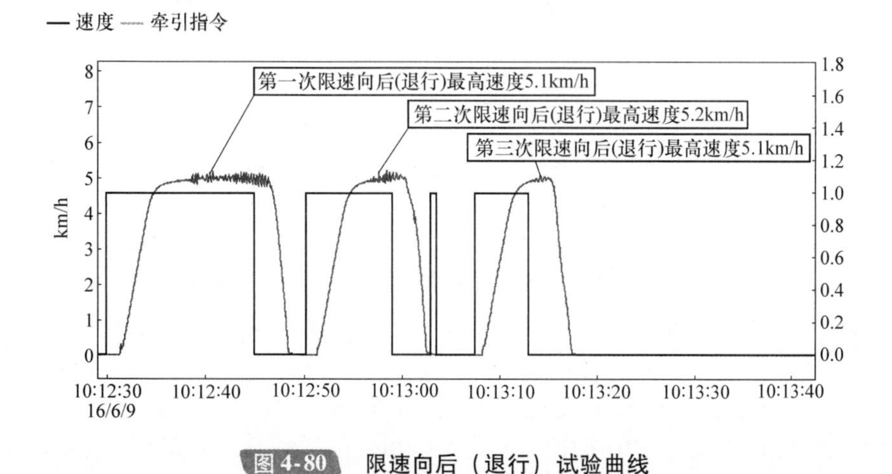

图 4-80　限速向后（退行）试验曲线

时，车辆牵引虽继续施加，车速仍然下降，说明车辆检测到车速大于 5km/h，车辆开始限速；当车辆速度降至4.85km/h后，车辆速度上升，说明车辆检测到车速小于5km/h，车速在牵引状态下又继续上升；当车速大于5km/h时，再次进行限速，反复进行，实现车辆限速向前的运行过程。整个限速过程中，车辆最高速度均不大于5.3km/h。

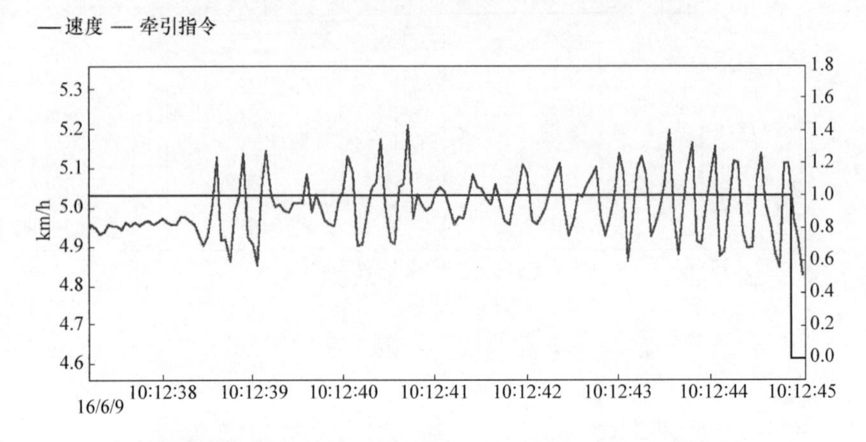

图4-81 限速向后（退行第一次）试验限速部分曲线

（3）洗车模式　由图4-82可知，洗车模式向后运行时，牵引指令由低电平变为高电平，车辆施加牵引，车速上升，三次限速向后的速度分别为5.1km/h、5.0km/h、5.0km/h。

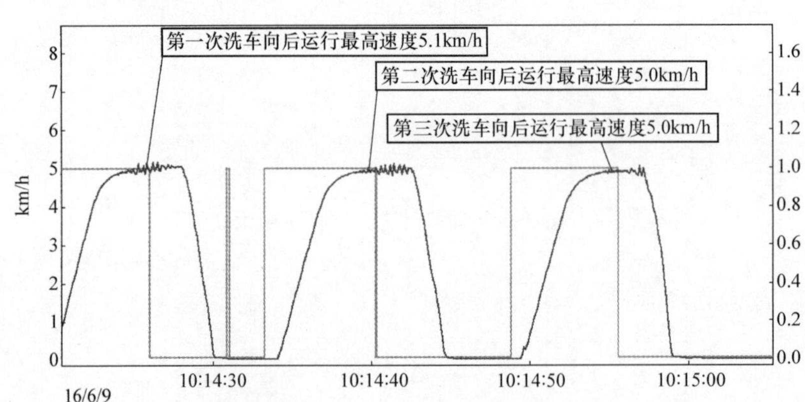

图4-82 洗车模式（向后）试验曲线

车辆设置为洗车模式后，向后运行时，由图4-83可知，当车速达到5.1km/h后，此时，车辆牵引虽继续施加，车速仍然下降，说明车辆检测到车速大于5km/h，车辆开始限速；当车辆速度降至4.8km/h后，车辆速度上升，说明车辆检测到车速小于5km/h，车速在牵引状态下又继续上升；当车速大于5km/h时，再次进行限速，反复进行，实现车辆洗车模式限速运行的整个过程。整个限速过程中，车辆最高速度均不大于5.2km/h。

由图4-84可知，洗车模式向前运行时，牵引指令由低电平变为高电平，车辆施加牵引，车速上升，三次限速向前的速度分别为5.0km/h、4.8km/h、4.8km/h。

（4）旁路模式　由图4-85可知，旁路模式运行时，牵引指令由低电平变为高电平，车

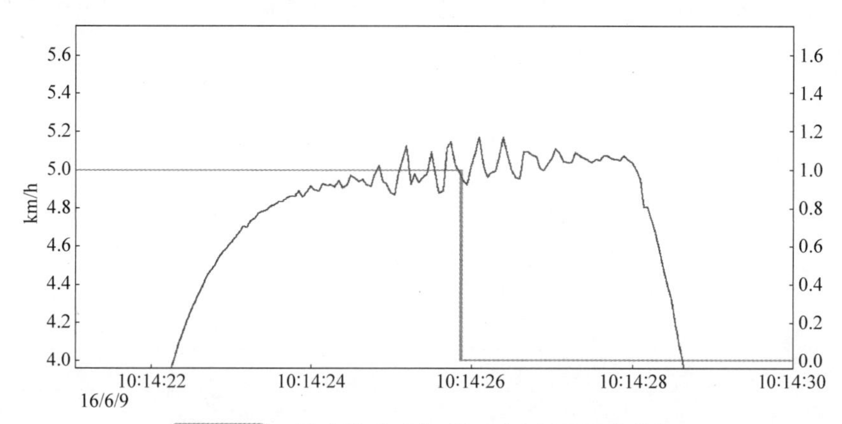

图 4-83　洗车模式（向后）试验限速部分曲线

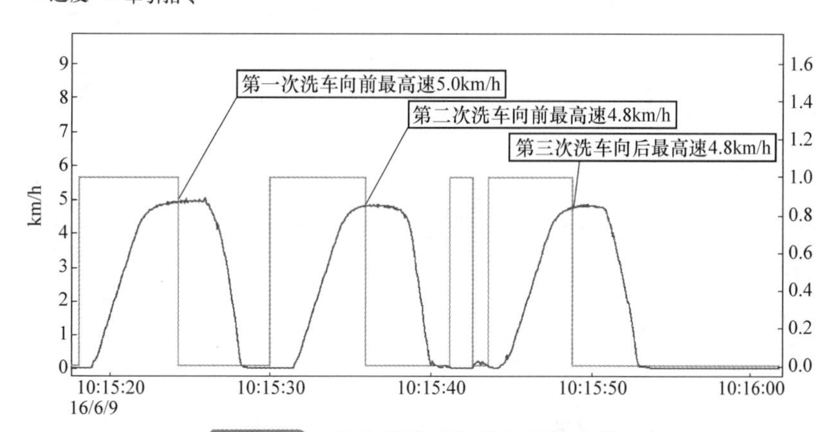

图 4-84　洗车模式（向前）试验曲线

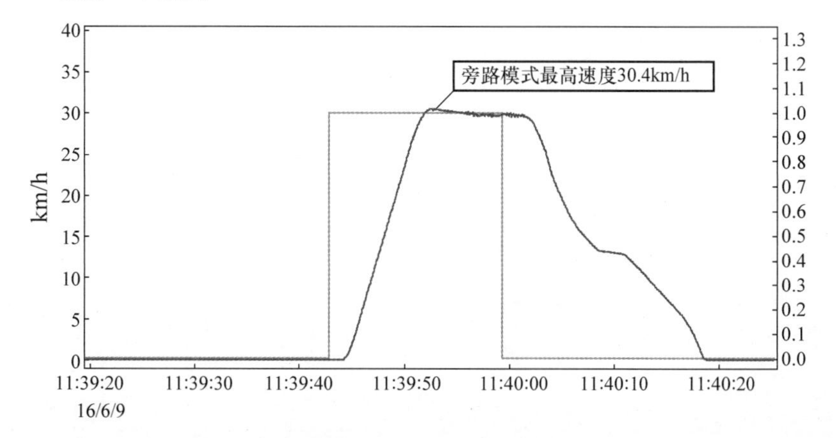

图 4-85　旁路模式试验曲线

辆施加牵引，车速上升；车辆设置为旁路模式后，运行时，当车速达到30.4km/h后，此时，车辆牵引虽继续施加，车速仍然下降，说明车辆检测到车速大于30km/h，车辆开始限速；车速下降，直至低于30km/h的速度。

总体结果见表4-32。

表4-32 运行模式试验结果

试验内容	次数	测量值/(km/h)	验收值/(km/h)	结论	备注
限速向后模式试验	1	5.1	不大于10	合格	
	2	5.2		合格	
	3	5.1		合格	
限速向前模式试验	1	30	不大于30	合格	
	2	30.4		不合格	需确认
	3	30.4		不合格	需确认
洗车模式（向前）	1	5.1	不大于5	不合格	需确认
	2	5.0		合格	
	3	5.0		合格	
洗车模式（向后）	1	5.0	不大于5	合格	
	2	4.8		合格	
	3	4.8		合格	

4.8 实车测试数据分析

4.8.1 测试项目情况说明

在中车唐山公司试验线对燃料电池/超级电容有轨电车进行了动力性能跟踪测试，以下分别介绍所测试的项目。

1. 6套电源的16组实时监测

表4-33为实时监测项目说明。

表4-33 实时监测项目

电堆1	电压	总电流	净输出电流	辅机电流
电堆2	电压	总电流	净输出电流	辅机电流
动力电池1	电压	充放电电流	—	—
动力电池2	电压	充放电电流	—	—
超级电容1	电压	充放电电流	—	—
超级电容2	电压	充放电电流	—	—

2. 2套DC/DC（单向DC/DC）**的2组电压监测**

表4-34为电压监测项目说明。

表 4-34　电压监测项目

DC/DC1	输出电压
DC/DC2	输出电压

3. 直流母线监测（精度：0.1V、0.1A）

两个动车直流母线部分的 8 组实时监测项目见表 4-35。

表 4-35　两个动车直流母线部分实时监测项目

MC_1	母线电压	总电流	牵引电流	辅变电流
MC_3	母线电压	总电流	牵引电流	辅变电流

4. 牵引电机（精度、单位未知）

两个动车牵引电机的 4 组实时监测项目见表 4-36。

表 4-36　两个动车牵引电机实时监测项目

MC_1	转矩	转速
MC_3	转矩	转速

5. 直接测试的能耗（精度：0.1kW・h）

表 4-37 为两个动车的能耗测试项目说明。

表 4-37　两个动车的能耗测试项目

MC_1	MC_3
消耗总能量	消耗总能量
24V 充电机消耗能量	24V 充电机消耗能量
380V 充电机消耗能量	380V 充电机消耗能量
电制动能量	电制动能量
制动电阻消耗能量	制动电阻消耗能量
回馈电网能量	回馈电网能量

6. 电源 12 组设置（单位：0.1A）

表 4-38 为设置项目说明。

表 4-38　设置项目说明

电堆 1	限制电流	最大允许净输出电流
电堆 2	限制电流	最大允许净输出电流
动力电池 1	充电限制电流	放电限制电流
动力电池 2	充电限制电流	放电限制电流
超级电容 1	充电限制电流	放电限制电流
超级电容 2	充电限制电流	放电限制电流

4.8.2　实车测试数据

试验线长 1200m，共进行了 16 组运行测试。本节仅列举其中一组有轨电车的速度曲线、各电气设备的电压、电流、功率、能耗曲线。速度和加速度曲线如图 4-86 所示，燃料电池有轨电车的最高速度可以接近 60km/h。加速度基本分布在 $-1.4\sim1.2\text{m/s}^2$之间。由于试验线长度有限，有轨电车每一个运行过程中，基本上都是加速到最大速度之后运行很短的时间就开始制动减速。

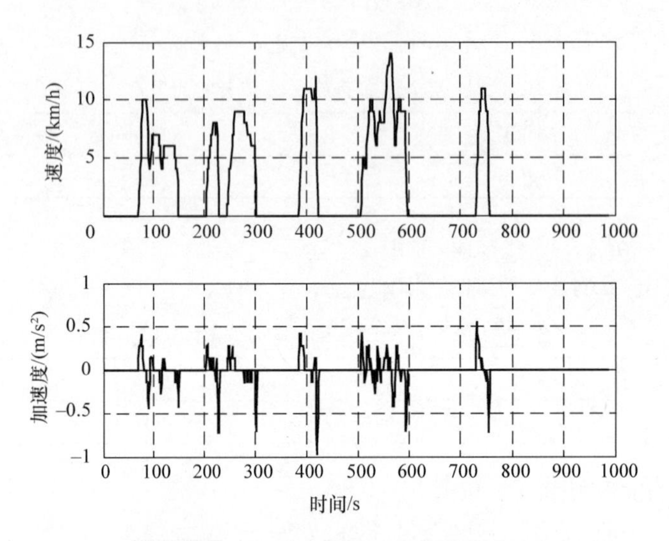

图 4-86 T1 速度和加速度时程曲线

燃料电池、超级电容、动力电池的电压电流曲线如图 4-87 ~ 图 4-89 所示。结合图 4-87 可以看出，在速度较低和起动加速度较低的情况下，主要由燃料电池输出为有轨电车运行提供能量。并且在需求功率较低时，2 套燃料电池中的 1 套工作，这是试验时的能量控制策略决定的。

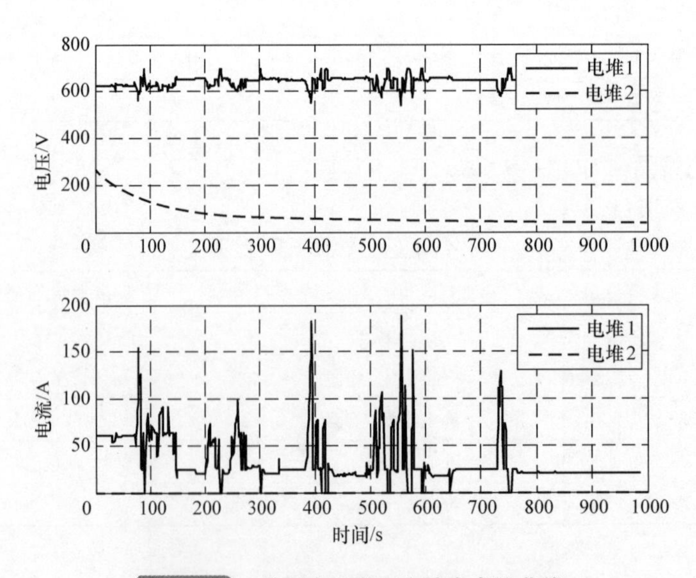

图 4-87 燃料电池电压净输出电流曲线

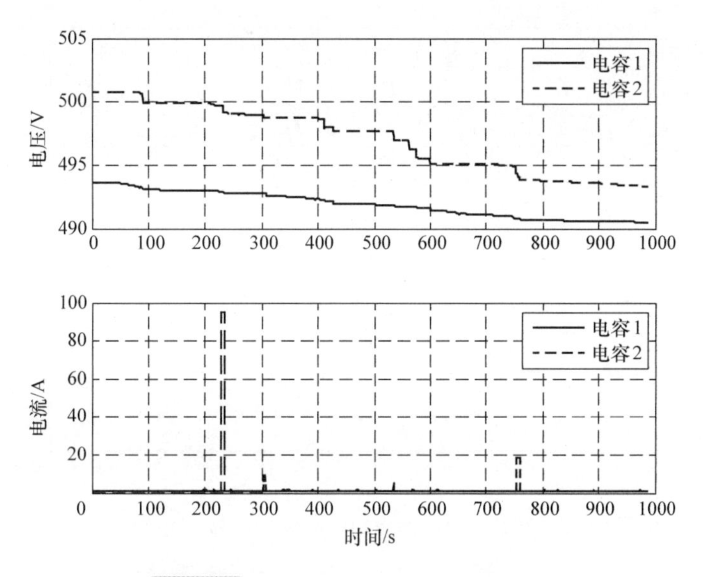

图 4-88　超级电容电压输出电流曲线

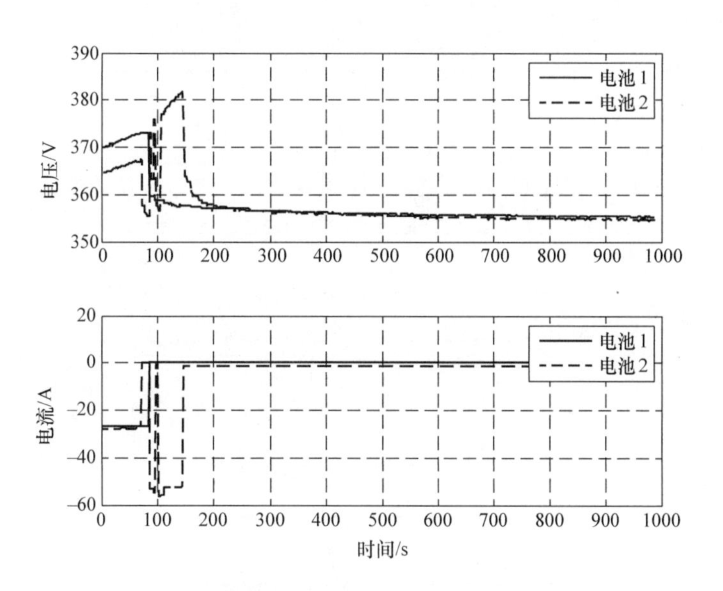

图 4-89　动力电池电压输出电流曲线

电源功率曲线、牵引功率、辅助逆变功率曲线如图 4-90 ~ 图 4-93 所示。在放电时，燃料电池的优先级高于超级电容，动力电池的优先级最低。燃料电池对超级电容充电的优先级高于动力电池。在制动阶段，超级电容首先回收制动能量。从整体来看，有轨电车母线电压波动较大。在有轨电车开始制动时，母线电压迅速升高，超级电容处于充电状态，燃料电池的功率迅速降低。在该制动过程末期，由于母线电压降低，动力电池和燃料电池功率增大，以此来维持母线电压的稳定，并在超级电容未充满时，继续为超级电容充电。

电源能耗曲线、牵引功率、辅助逆变功率曲线如图 4-94 ~ 图 4-97 所示。

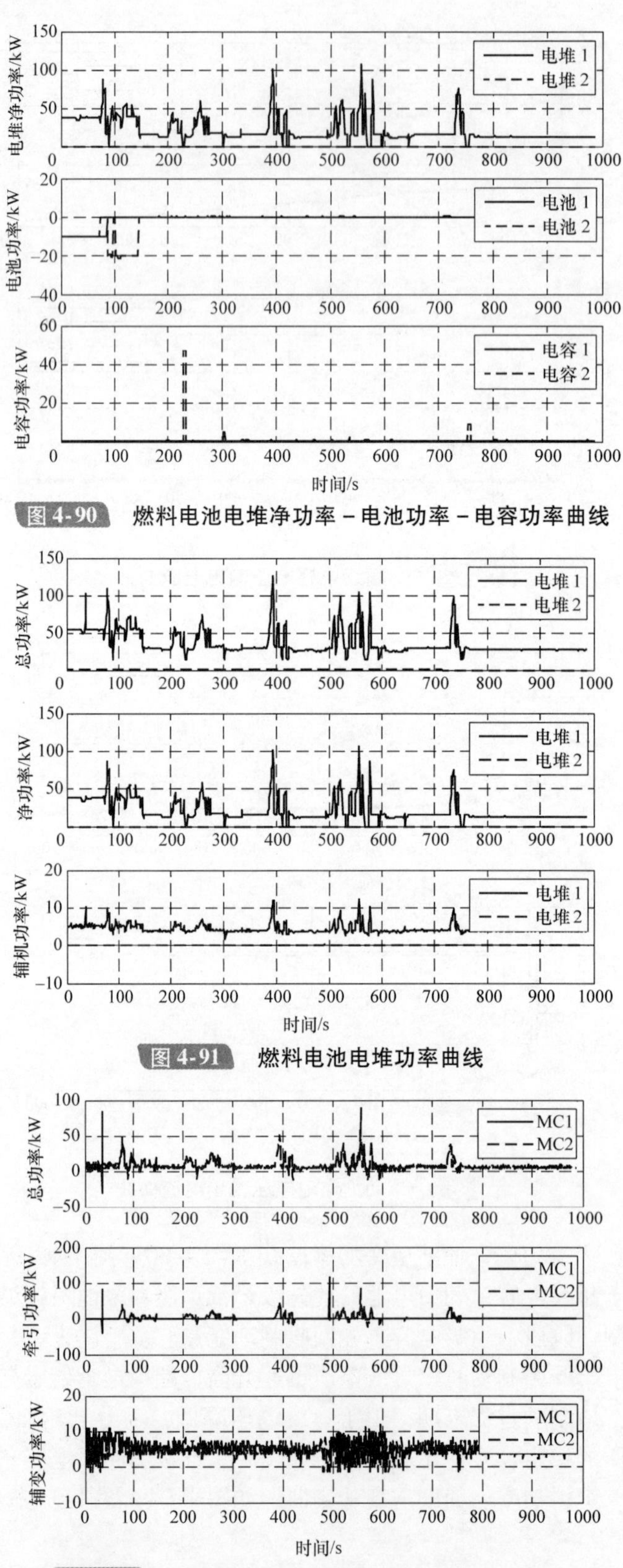

图 4-90 燃料电池电堆净功率 – 电池功率 – 电容功率曲线

图 4-91 燃料电池电堆功率曲线

图 4-92 Mc 车总功率 – 牵引功率 – 辅变功率曲线

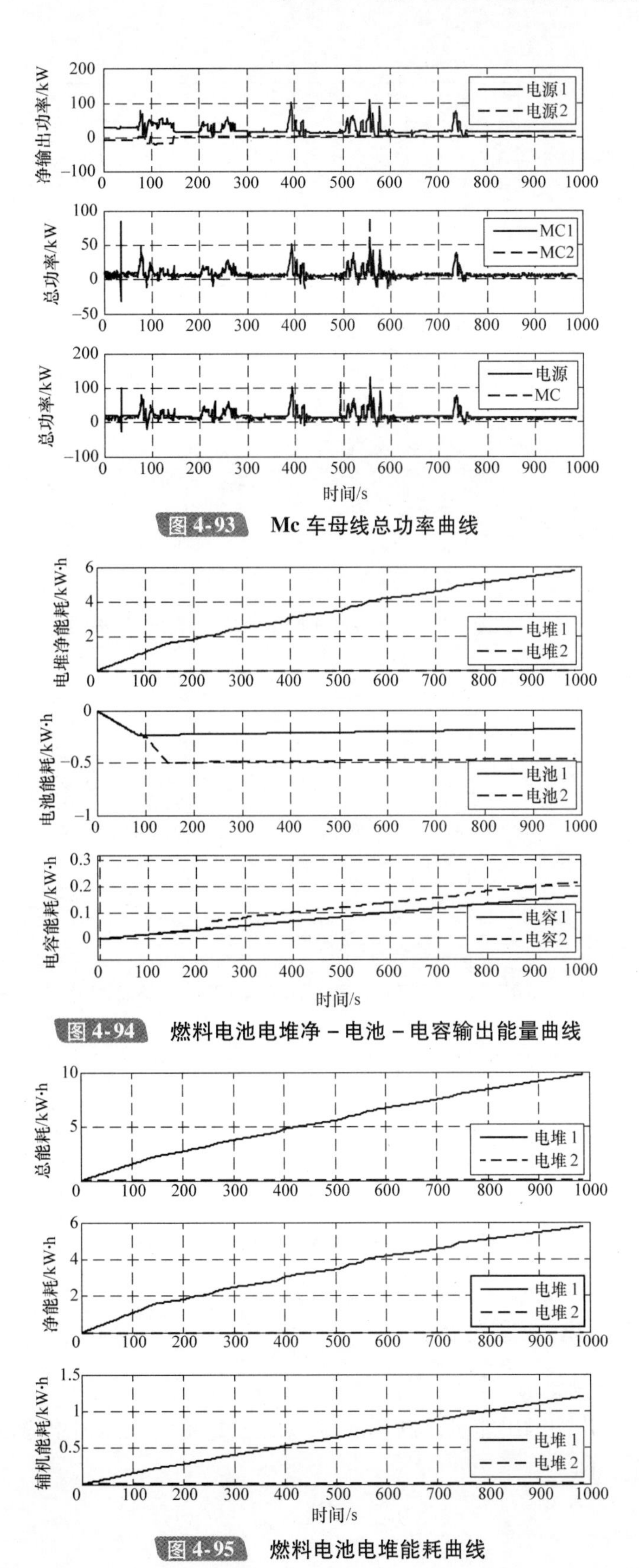

图 4-93　Mc 车母线总功率曲线

图 4-94　燃料电池电堆净 – 电池 – 电容输出能量曲线

图 4-95　燃料电池电堆能耗曲线

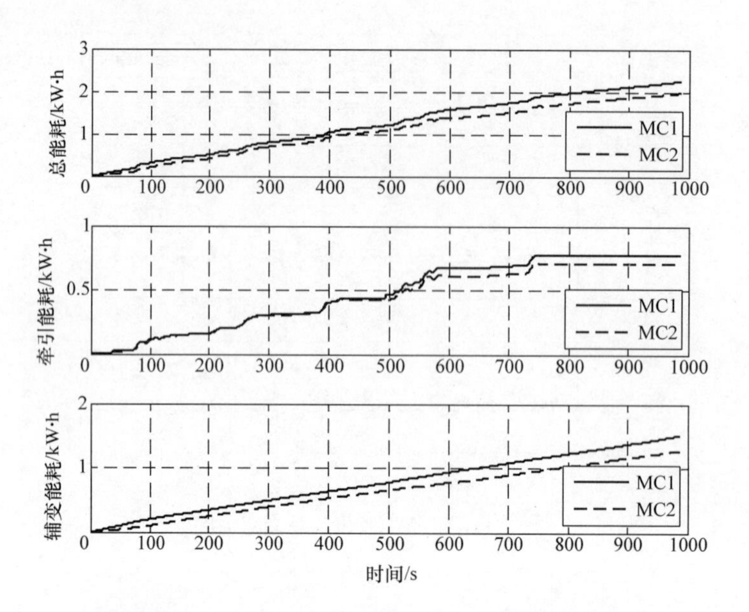

图 4-96 Mc 车总能耗－牵引能耗－辅变能耗曲线

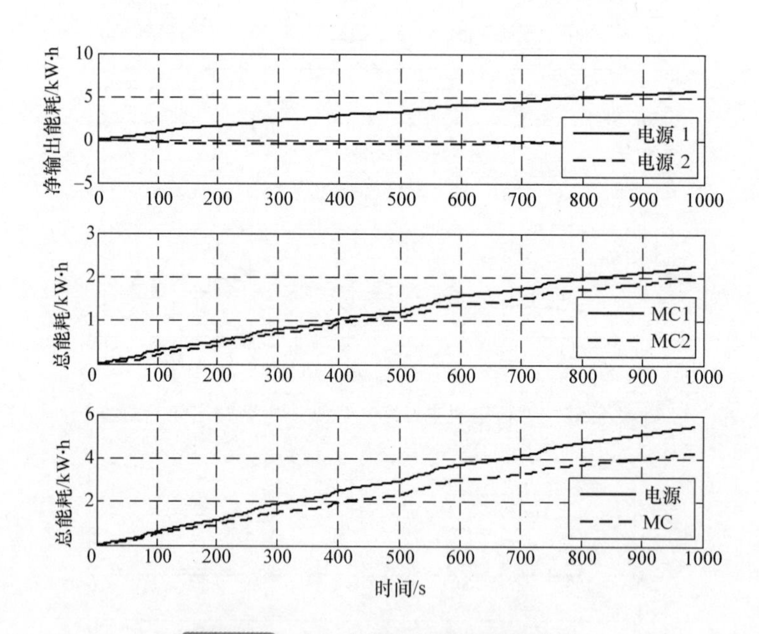

图 4-97 Mc 车母线总输出能量曲线

4.8.3 实车测试数据分析

1. 电堆净输出能量比例

定义燃料电池电堆净输出能量比例（η_{FC}）为燃料电池电堆净输出能量与燃料电池电堆总输出能量的比值，即

$$\eta_{FC} = E_{FC}/E_{OFC} \tag{4-14}$$

其中，E_{FC}为燃料电池电堆净输出能量，$E_{FC} = \int_{t_0}^{t_s} V_{FC} I_{FC} dt$。$E_{OFC}$ 为燃料电池电堆总输出能量，$E_{OFC} = \int_{t_0}^{t_s} V_{FC} I_{OFC} dt$。$V_{FC}$ 为燃料电池电堆电压，I_{OFC}、I_{OFC} 分别为燃料电池电堆的净输出电流和总输出电流。t_0 、t_s 分别为计算时间段内的开始、结束时间。

对测试得到的 63 组数据进行分析计算，每一组的燃料电池电堆净输出能量比例如图4-98 所示。这 63 组数据，其中有部分组中燃料电池电堆 2 未投入使用。对于63 组燃料电池电堆 1 净输出能量比例求平均值，得到燃料电池电堆 1 净输出能量比例平均值 70.2%。那么燃料电池电堆辅机所用能量占燃料电池电堆总输出能量的大约 29.8%。但这个数据包括了很多燃料电池电堆低功率情况的测试结果，不能等同于额定工况下的辅机功耗占比（一般为 15%左右）。

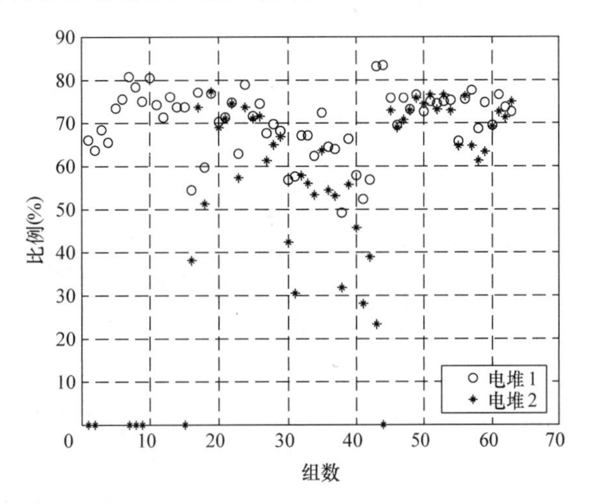

图 4-98　每个分组燃料电池电堆净输出能量比例

定义燃料电池电堆平均总输出功率为：

$$P_{OFC} = E_{OFC}/(t_s - t_0) \tag{4-15}$$

式中，E_{OFC} 为电堆总输出能量；t_0、t_s 分别为计算时间段内的开始、结束时间。

每组燃料电池电堆净输出能量比例与燃料电池电堆平均总输出功率关系如图 4-99 所示。从图中可以看出，燃料电池电堆平均总输出功率越高，相应燃料电池电堆的净输出能量比例较高。

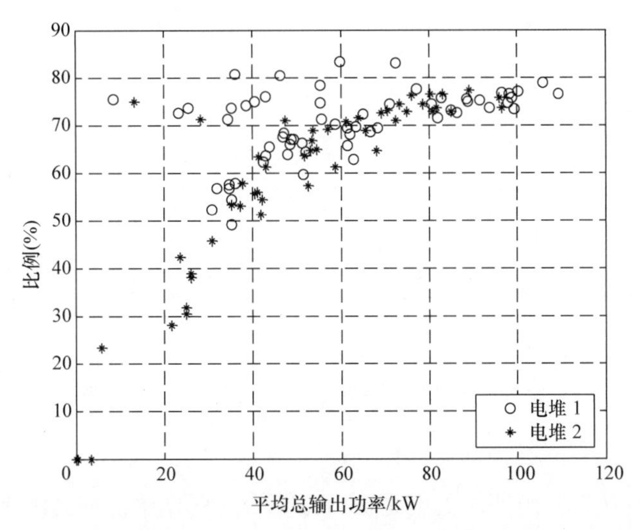

图 4-99　每组燃料电池电堆净输出能量比例与燃料电池电堆平均总输出功率关系

2. 电堆和电池以及电容的能耗占比

（1）燃料电池、超级电容和动力电池净输出能量　测试数据中，选择最高速度超过55km/h不足60km/h的情况，以及平均速度在34～40km/h之间的测试数据，每一组中燃料电池、超级电容和动力电池净输出能量如图4-100和图4-101所示。图中，FC、SC、B分别代表燃料电池、超级电容和动力电池，S表示该组测试列车运行的总里程，单位km，V表示该组运行的平均速度，单位10km/h。

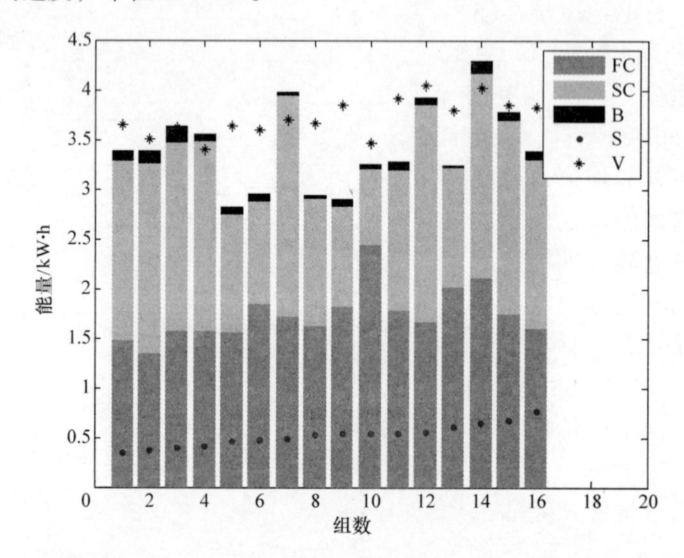

图4-100　运行全程燃料电池、超级电容和动力电池净输出能量

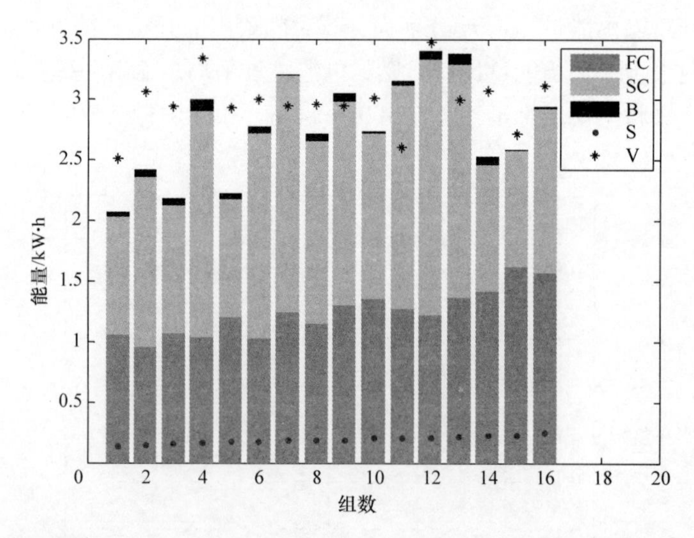

图4-101　牵引加速过程燃料电池、超级电容和动力电池净输出能量

（2）燃料电池、超级电容和电池能耗占比　对于一个完整的列车运行过程，燃料电池、超级电容和动力电池各自输出能量占电源输出总能量的百分比，定义该比例为燃料电池、超级电容和动力电池的能量消耗系数。即

$$\lambda_{FC} = E_{FC}/(E_{FC} + E_{SC} + E_B) \tag{4-16}$$

$$\lambda_{SC} = E_{SC}/(E_{FC} + E_{SC} + E_B) \tag{4-17}$$

$$\lambda_B = E_B/(E_{FC} + E_{SC} + E_B) \tag{4-18}$$

其中，λ_{FC}、λ_{SC}、λ_B 分别为燃料电池能量消耗系数、超级电容能量消耗系数、动力电池能量消耗系数；E_{FC}、E_{SC}、E_B 分别为燃料电池、超级电容和动力电池净输出能量。

每一组测试的时间较短，基本不足2min，运行里程也在1km以内。燃料电池、超级电容和动力电池净输出能量占电源总输出能量比例如图4-102和图4-103所示。从图中可以看出，电源主要输出能量的是燃料电池和超级电容，动力电池输出能量较少。并且在牵引加速阶段，超级电容的能耗占比相对全程来说更大。

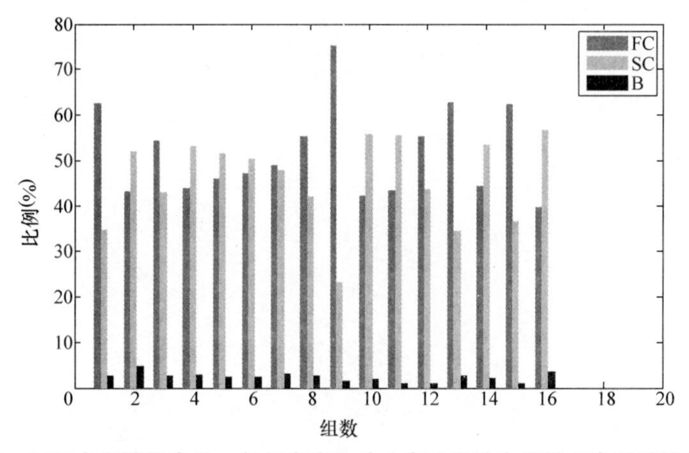

图4-102　运行全程燃料电池、超级电容和动力电池净输出能量占电源总输出能量比例

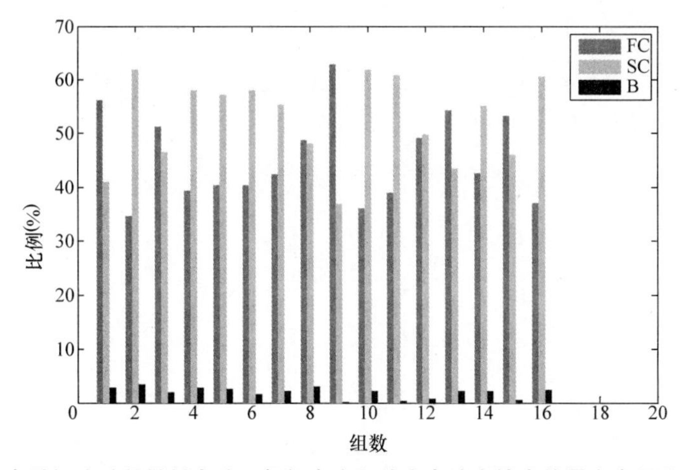

图4-103　牵引加速过程燃料电池、超级电容和动力电池净输出能量占电源总输出能量比例

3. 动力制动时电源回收能量

在动力制动过程中，超级电容和动力电池所回收的能量如图4-104和图4-105所示。从图中可以看出，在制动时，燃料电池功率迅速降低，超级电容回收少部分能量，动力电池基本不回收能量。超级电容吸收的制动能量占超级电容输出能量的百分比如图4-106所示，这是因为在有轨电车惰行时，燃料电池已在给超级电容和动力电池充电。

后续通过改变超级电容充电策略，在制动前将超级电容电压限制在一定范围，则可提高

能量回收率。

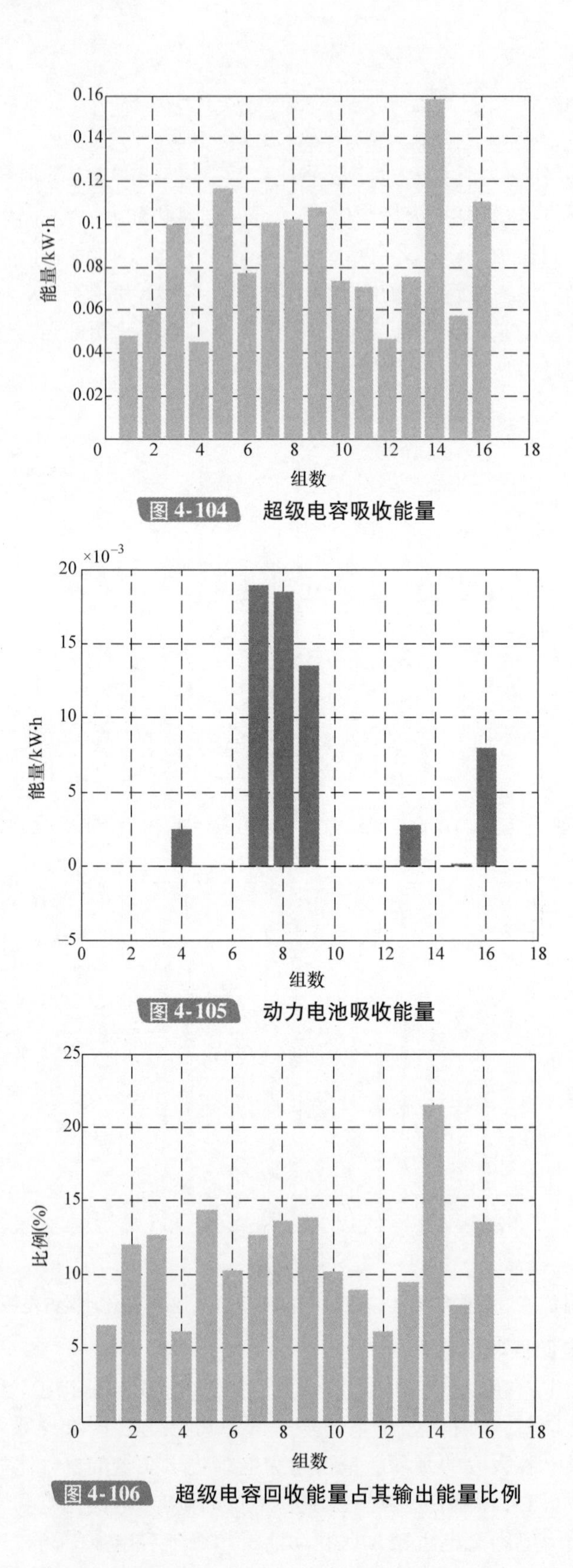

图 4-104 超级电容吸收能量

图 4-105 动力电池吸收能量

图 4-106 超级电容回收能量占其输出能量比例

4. 牵引系统能耗分析

每个采样点的牵引功率与速度加速度的分布如图4-107所示。由图可以看出在相同的速度下，列车运行加速度越大，相对的牵引功率越大。

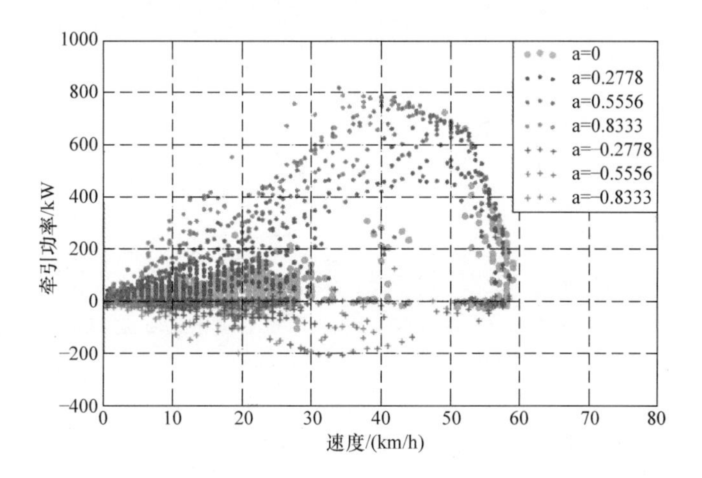

图4-107　每个采样点的牵引功率与速度加速度

（1）牵引系统和辅变系统总能耗　对于每一个有轨电车最高速度大于55km/h的完整运行过程，有轨电车牵引系统和辅变系统消耗的能量，以及牵引系统和辅变系统消耗的能量比例如图4-108和图4-109所示。从图中看出，流向牵引系统的能量比例较大。

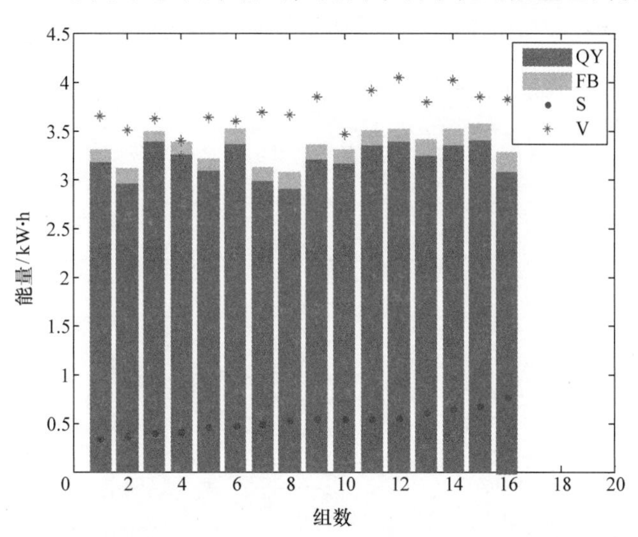

图4-108　牵引系统和辅变系统消耗的能量

（2）超级电容回收能量占牵引系统回收能量比例　超级电容回收能量占牵引系统回收能量比例定义为：在列车制动减速阶段，超级电容回收能量与牵引系统回收能量的比值。即

$$\eta_{\mathrm{scre}} = E_{\mathrm{scre}}/E_{\mathrm{MCre}} \tag{4-19}$$

其中，$E_{\mathrm{scre}} = \int_{t_0}^{t_m} V_{\mathrm{sc}} I_{\mathrm{sc}} \mathrm{d}t$，式中，$V_{\mathrm{sc}}$为超级电容电压；$I_{\mathrm{sc}}$为超级电容负电流。$E_{\mathrm{MCre}}$ =

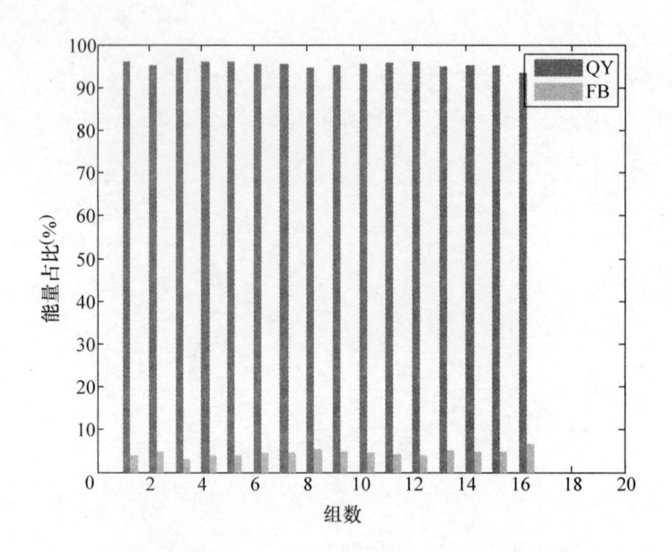

图 4-109　牵引系统和辅变系统能耗比例

$\int_{t_0}^{t_m} V_{bus} I_{tcre} dt$，式中，$V_{bus}$ 为母线电压，I_{tcre} 为牵引负电流。

超级电容吸收能量占牵引系统动力制动能量比例如图 4-110 所示。对于牵引系统已经回收的能量，一部分用于超级电容充电，用于超级电容充电的能量比例，即为超级电容吸收能量占牵引系统动力制动能量比例。牵引系统已经回收的另一部分能量则由车载辅助系统消耗。如果母线电压过高，制动电阻也会消耗一部分牵引系统所回收的能量。

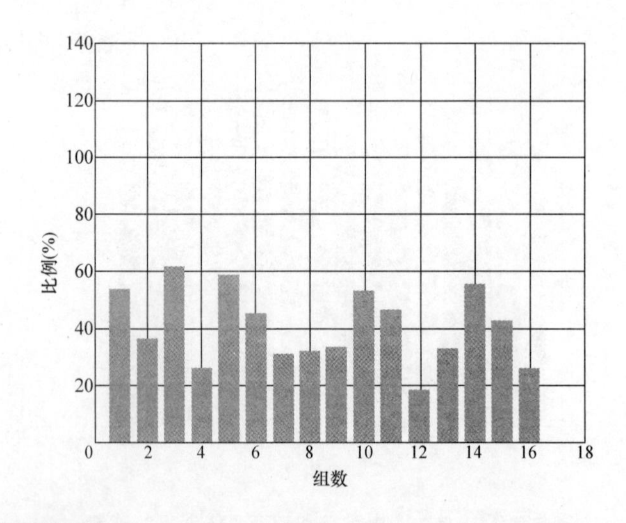

图 4-110　超级电容吸收能量占牵引系统动力制动能量比例

5. 辅变系统能耗分析

辅助设备所消耗的能量近似为辅变系统能耗。即

$$E_{fb} = \int_{t_0}^{t_s} V_{bus} I_{fb} dt \tag{4-20}$$

式中，V_{bus} 为母线电压；I_{fb} 为辅变电流。

辅变系统的平均功率为

$$P_{fb}=\int_{t_0}^{t_s}V_{bus}I_{fb}dt/(t_s-t_0) \tag{4-21}$$

由于辅助设备能耗曲线与时间基本成线性关系，对 63 组数据进行分析计算，每一组的辅助逆变器平均功率如图 4-111 所示。其中，对 63 组数据求辅助逆变器平均功率的平均值，可得 MC_1 辅助逆变器功率平均值为 5.81kW，MC_3 辅助逆变器功率平均值为 4.26kW。因此，整车的平均功率为 10.07kW。对于运行 150s 的有轨电车来说，辅变系统消耗的能量大约为 0.446kW・h。

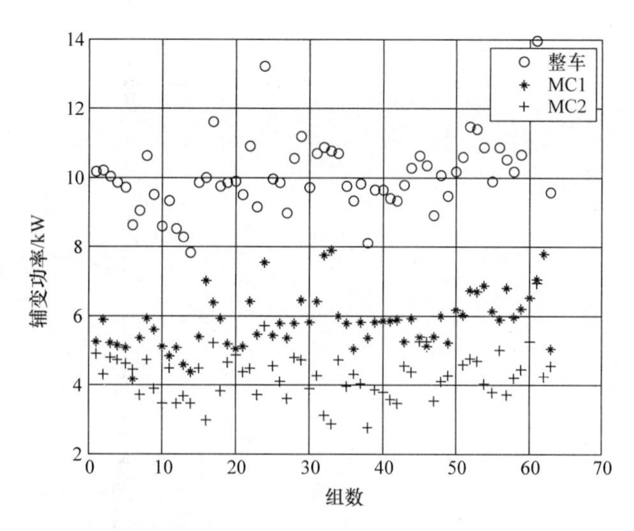

图 4-111　MC 辅助逆变器平均功率

对于每一个运行过程，平均速度越大，运行单位距离所需的时间越短，整个运行过程中辅助设备消耗的能量就越少。

4.8.4　整车运行能耗估计

根据上述测试数据，针对 2km 运行区间的整车不同阶段及总能耗进行了估算。

有轨电车在不同速度等级下，以不同的平均加速度起动，其牵引阶段（从速度为 0 到巡航速度的过程）的电源能耗见表 4-39。

表 4-39　牵引加速阶段电源能耗估计

速度等级/(km/h)	平均加速度/(m/s²)	加速里程/m	估计电源能耗/kW・h
10	0.3111	15.5	0.162
15	0.372	18.5	0.201
20	0.447	50	0.427
30	0.561	78.6	0.970
40	0.767	94.3	1.40
55	0.667	194	2.77

有轨电车在不同速度等级下，以不同的平均减速度制动，其制动阶段（从巡航速度减

速为0的过程）的电源能耗见表4-40。

表4-40 制动减速阶段电源能耗估计

速度等级/(km/h)	平均减速度/(m/s^2)	制动里程/m	估计电源能耗/kW·h
15	-0.645	16	0.0043
20	-0.889	18.4	-0.096
25	-0.876	54	0.019
40	-1.19	56.4	-0.098
42	-1.21	108.6	-0.099
56	-1.27	94.5	-0.069

由不同速度等级下有轨电车牵引加速阶段和制动阶段相关数据，可得平均电源能耗值、加速里程及制动里程，进而估算持续运行阶段的运行里程和能耗，见表4-41。

表4-41 持续运行阶段电源能耗估计

速度等级/(km/h)	加/减速度/(m/s^2)	运行里程/m	电源平均功率/kW	估计运行时间/s	估计电源能耗/kW·h
15	0.472/-0.645	1965.5	35.6	471.7	4.665
20.7	0.347/-0.889	1931.6	45	335.9	4.199
24.4	0.410/-0.576	1881.7	67.6	277.6	5.213
41.5	0.767/-0.642	1797.1	105.6	155.9	4.573
56.2	0.667/-1.270	1711.5	154.7	109.6	4.710

基于测试数据，根据不同速度等级的情况下牵引加速阶段、持续运行阶段以及制动阶段电源能耗的估计，可得到全程运行2km时电源估计的能耗，见表4-42。可以看出，单位运行里程能耗相对较低的运行经济速度在40~50km/h之间。

表4-42 运行全程电源能耗估计

速度等级/(km/h)	牵引加速阶段电源能耗/kW·h	制动减速阶段电源能耗/kW·h	持续运行阶段电源能耗/kW·h	估计全程电源能耗/kW·h
15	0.201	0.0043	4.665	4.870
20	0.427	-0.096	4.199	4.530
25	0.970	0.019	5.213	6.202
40	1.40	-0.099	4.573	5.874
55	2.77	-0.069	4.710	7.411

第5章

新一代有轨电车用燃料电池系统开发

本章面向轨道车辆市场需求条件，进行新一代燃料电池动力系统（本章简称 HD - TRC 燃料电池系统）及 70MPa 储氢系统设计开发，实现燃料电池系统输出功率高于 200kW，工作寿命不低于 20000 小时，成本和重量降低 30% 以上，综合使用成本预期降低 50% 左右，如图 5-1 ~ 图 5-3 所示。

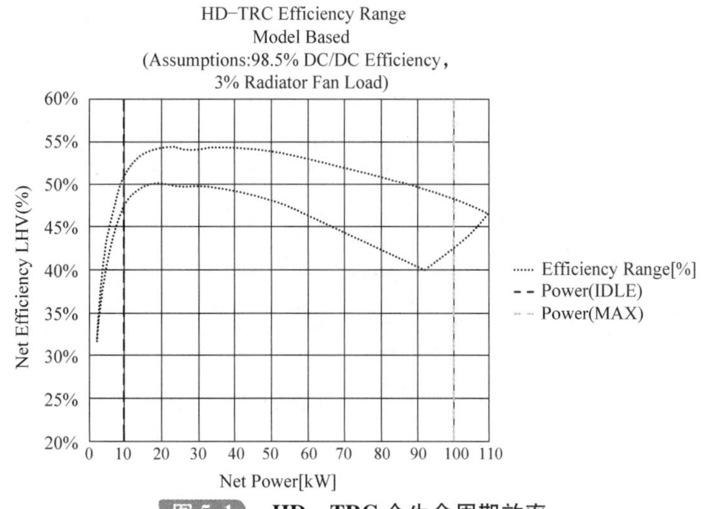

图 5-1 HD - TRC 全生命周期效率

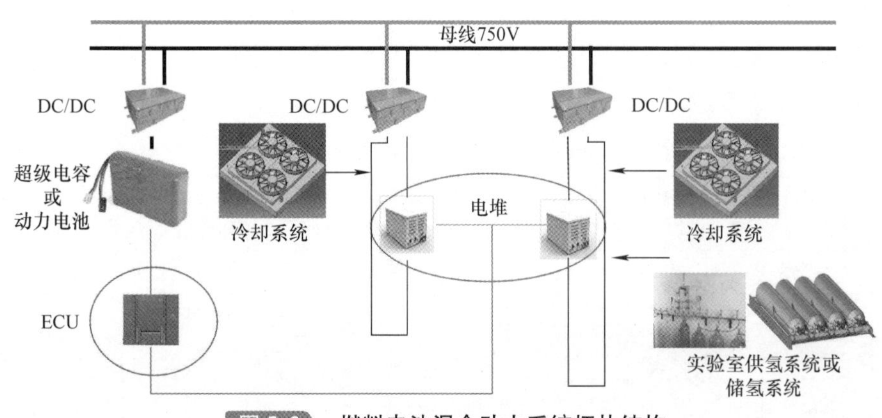

图 5-2 燃料电池混合动力系统拓扑结构

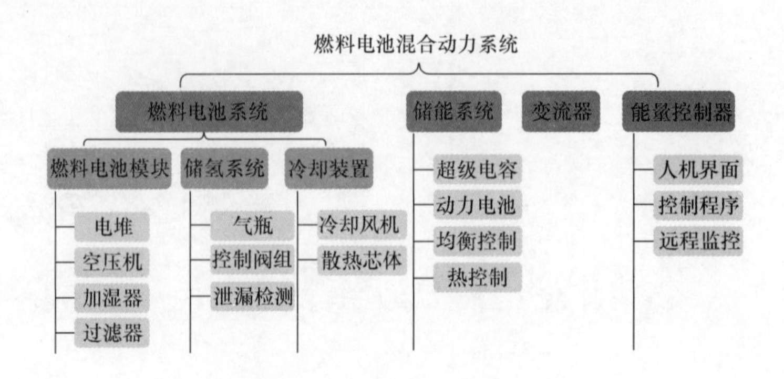

图 5-3 燃料电池混合动力系统组成

5.1 系统功率选型

假定有轨电车装备两套燃料电池系统，且互为冗余。有轨电车不同速度下的运行能耗如图 5-4 所示。分析计算表明，有轨电车以 40 ~ 50km/h 速度运行时，运行能耗最低，这与第 4.8 节的试验数据是基本符合的。

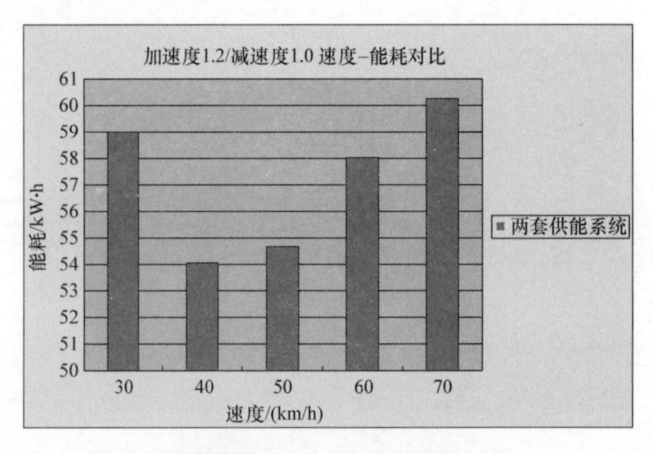

图 5-4 不同速度运行能耗

有轨电车持续运行时所需牵引功率见表 5-1。分析计算表明，有轨电车以 60km/h 速度运行时，所需电堆功率为 120kW/套（以两套计）。

表 5-1 有轨电车持续运行时所需牵引功率

速度 /(km/h)	阻力 /kN	牵引功率 /kW	辅助功率 /kW	有轨电车所需总功率/kW	混合动力系统功率/kW	单套燃料电池系统功率/kW
30	3.728	31.07	50	89.89	119.86	60
35	4.167	40.51	50	99.33	132.44	
40	4.629	51.44	50	110.3	147.01	80
45	5.116	63.95	50	122.8	163.69	

（续）

速度/(km/h)	阻力/kN	牵引功率/kW	辅助功率/kW	有轨电车所需总功率/kW	混合动力系统功率/kW	单套燃料电池系统功率/kW
50	5.626	78.14	50	137	182.62	100
55	6.160	94.12	50	152.9	203.92	
60	6.719	111.98	50	170.8	227.73	120
65	7.301	131.82	50	190.6	254.19	
70	7.907	153.74	50	212.6	283.42	150

关于燃料电池系统配置的结论如下：

1）按匀速运行的经济时速 40km/h 考虑，整车配备两套燃料电池系统，每套需按 80kW 设计。

2）按匀速运行时速 50km/h 考虑，整车配备两套燃料电池系统，每套需按 105kW 设计。

3）按匀速运行时速 60km/h 考虑，整车配备两套燃料电池系统，每套需按 130kW 设计。

4）按匀速运行时速 70km/h 考虑，整车配备两套燃料电池系统，每套需按 160kW 设计。

结合有轨电车经济时速及牵引功率分析，建议新一代燃料电池电堆的功率等级为 120kW 左右。按此功率配置的系统，有轨电车以 30～50km/h 速度运行时，燃料电池电堆运行效率正好落在效率较高区间，有利于延长燃料电池电堆寿命。

5.2　系统组成及技术参数

HD－TRC 燃料电池系统由两个独立的 100kW 燃料电池系统组成，这些主要子系统和特性构成了 HD－TRC 燃料电池系统的核心，如图 5-5 所示。

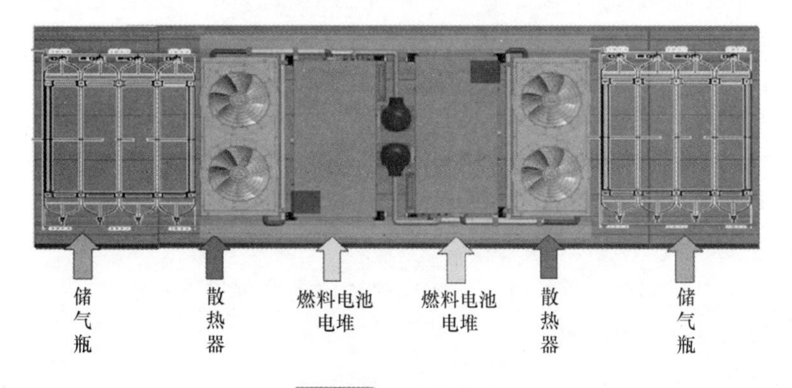

图 5-5　布局方案

冷却模块散热器（×2）

➢ 风扇通过空气－液体热交换器提供冷却气流；

➢ 电动机热开关防风扇过载；
➢ 向燃料电池模块中的膨胀水箱排气的冷却剂管道；
➢ 接地点。

空气过滤器（×2）

➢ 提供给燃料电池堆的过程空气过滤，用于化学物质和微粒的空气过滤。

燃料模块（×2）

➢ 氢气系统；
➢ 氢气关闭与隔离；
➢ 供氢压力调节；
➢ 氢气循环泵和吹扫阀；
➢ 溢流阀超压保护。

电气控制子系统

➢ 内置控制系统、电源和配电系统；
➢ 电压和电流测量传感器；
➢ 安全装置的监控和通信，包括烟雾探测器、通风机、燃油压力安全阀、接地故障监测器和氢传感器；
➢ 高压接触器，用于将燃料电池堆、空气压缩机电机和 DC/DC 变换器与高压输出端子电气隔离；
➢ 集成 DC/DC 变换器；
➢ 冷却模块风机功率转换与控制；
➢ 非操作时防冻用交流加热器垫；
➢ CAN 和硬线通信信号；
➢ 数据记录器和 WiFi 连接，方便数据传输；
➢ 对地绝缘检测。

空气子系统

➢ 空气压缩机、电机和控制器组件，用于向燃料电池模块提供空气；
➢ 内置式空压机润滑冷却系统；
➢ 空气流量测量与控制用气量传感器；
➢ 中冷器和加湿器，用于调节进气；
➢ 空气流动的通风和进入外壳的空气过滤器；
➢ 用于监测空气排放过程的氢传感器。

冷却子系统

➢ 冷却液泵、电机和控制器组件，用于向燃料电池堆提供冷却液；
➢ 三通阀控制电堆进出口温度；
➢ 辅助泵提高主泵压力；
➢ 膨胀水箱储存额外冷却液；
➢ 温度、电导率测量和膨胀水箱液位传感器。

框架与箱体系统

➢ 带减振垫的轨道专用安装方式；

➢ 保温材料，最大限度地减少冷冻保护系统的热损失；
➢ 铰链顶盖，门闩，方便使用；
➢ 接地点；
➢ 空气过滤通风；
➢ 氢和烟雾检测。

HD－TRC 燃料电池系统是 Ballard 公司与中车唐山机车车辆有限公司联合开发的用于轨道车辆的燃料电池系统，其系统框图如图 5-6 所示。HD－TRC 由 2 套燃料电池系统模块和 2 套散热器模块这两个相对独立的模块构成。其中，燃料电池系统模块中包括主电源模块、空气输送系统、冷却液输送系统、电气和控制系统以及变流器系统等子系统模块。燃料电池系统模块输出 DC750V，与整车直流母线相连；车辆为燃料电池系统模块提供 DC24V 控制及低压驱动用电，以及 AC220V 用于防冻和夜晚供电；燃料电池系统模块与整车采用 CANOPEN 通信。散热器模块是与燃料电池系统模块配套的必要热管理模块，由散热器芯体、散热风机和膨胀水箱等构成。散热器与燃料电池系统模块之间通过冷却液管路、排气管路以及电路相连，其工作受燃料电池系统模块控制。

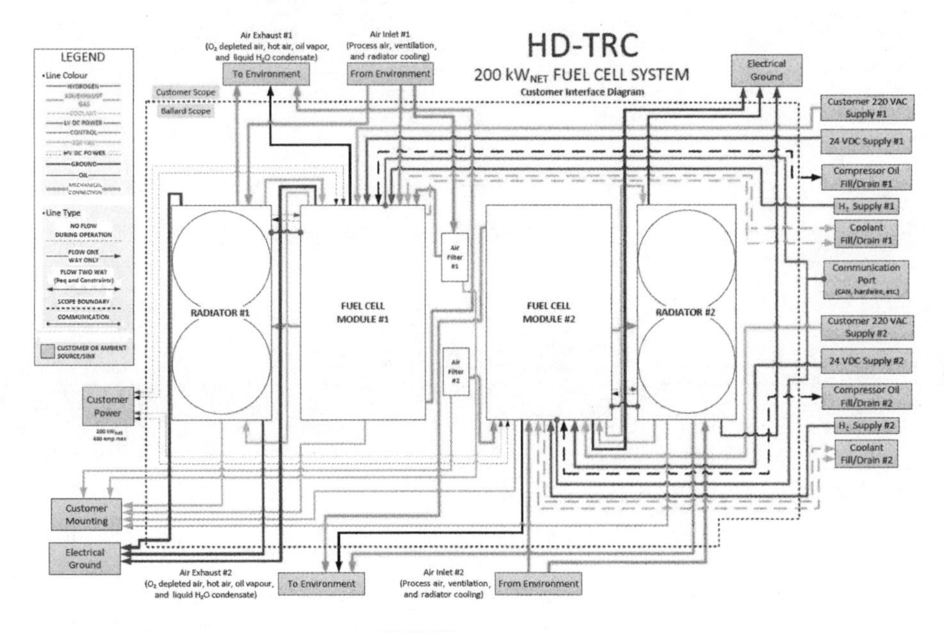

图 5-6　系统框图

主电源模块的输出电压和输出电流曲线如图 5-7 所示。

5.2.1　空气子系统

HD－TRC 中的每个燃料电池模块都有自己的空气子系统。每个空气子系统主要包括在空气进入燃料电池电堆之前对空气进行调节（过滤、温度控制和加湿）的部件。每个子系统还有一个空气压缩机和一个电机（带有控制器），以及一个提供必要的空气压缩机润滑和冷却的油路。这个油路有一个流量开关、一个过滤器、一个储能器和一个冷却器，通过与冷却系统交换热量来冷却压缩机油。必须对空气压缩机的进气进行过滤，防止燃料电池模块受

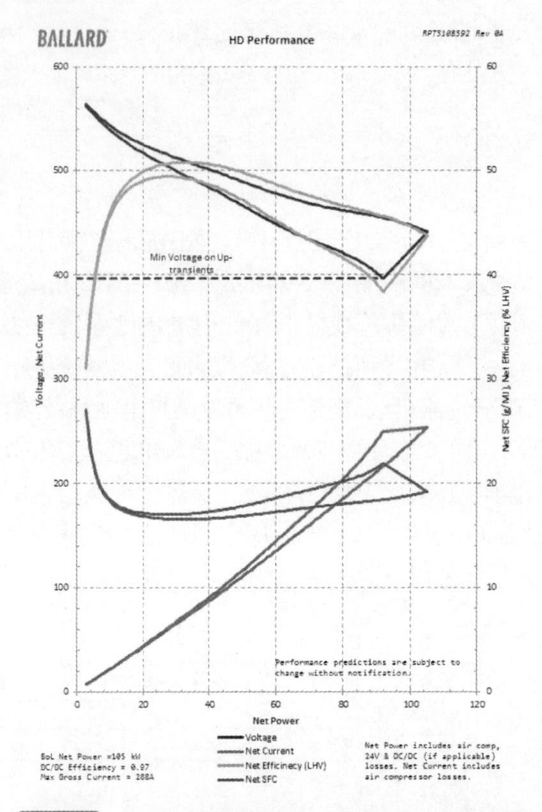

图 5-7　主电源模块的输出电压和输出电流曲线

到污染，空气的纯度必须满足表 5-2 中规定的水平。

表 5-2　工艺空气质量规格

杂　质	浓　度	杂　质	浓　度
氧气	20.9%	NO_x	$<10\times10^{-7}\%$
碳氢化合物	$<50\times10^{-4}\%$（摩尔基）	SO_x	$<1\times10^{-7}\%$
一氧化碳（CO）	$<35\times10^{-4}\%$（摩尔基）	NH_3	$<3\times10^{-7}\%$
二氧化碳（CO_2）	<1%（vol）	挥发性有机化合物	$<20\times10^{-7}\%$
臭氧（O_3）	$<1\times10^{-4}\%$	悬浮散态物质	$<20\mu g/m^3$
硫化合物	$<0.3\times10^{-4}\%$（摩尔基）	SPM	<5μg 直径
硫化氢	$<1\times10^{-4}\%$（摩尔基）	盐	$<20\mu g/m^3$
液态水	<0.5%@<5μS/cm	盐	<25μg 直径
无机物（包括盐）	<0.01%	避免所有芬顿催化剂	
粒度（颗粒物尺寸）	<10μm		

5.2.2　氢气子系统

每个燃料电池模块的氢气子系统主要包括内部燃料供应关闭阀和调节燃料压力和湿度的装置。氢气回路中的少量气体被排出，以保持可接受的燃料浓度，并与空气混合排放，以便被稀释成安全的浓度。为避免出现氢回路超压的情况，设置了一个机械卸压阀，以安全地解除压力。须使用电解水方式制得的氢气，或是使用纯度符合或超过表5-3规定的氢气。

表5-3　氢气纯度规格

气体种类	规　格	
碳氢化物	<0.5	10^{-6}
氧气（O_2）	<5	10^{-6}
惰性气体（He，N_2，Ar）	<100	10^{-6}
一氧化碳（CO）	<0.1	10^{-6}
二氧化碳（CO_2）	<1	10^{-6}
硫化物	<1	10^{-9}
甲醛	<0.01	10^{-6}
甲酸	<0.2	10^{-6}
氨	<1	10^{-9}
微粒浓度	<20	$\mu g/m^3$

5.2.3　冷却子系统

每个HD-TRC冷却液输送子系统包含一个带有电机的冷却液泵，它将所需的冷却液流送至燃料电池电堆。每个子系统还包括一个电加热器和一个三路恒温控制阀，用于冷冻保护和冷起动。每个模块都有自己的冷却系统，以减少产生的热量。燃料电池模块与其冷却子系统之间的管道具有过滤器，以过滤冷却液管路中可能存在的任何颗粒物质，冷却液集箱具有去离子（DI）过滤器，以降低冷却液电导率。整个冷却液的一部分将循环至DI过滤器中，以持续地从水中去除离子。冷却液应符合表5-4中的纯度规范。

表5-4　冷却液规格

规　格		规　格	
导电率	≤5μS/cm	纯度	≥99%
乙二醇最大浓度	≤50%	氯化物	≤0.0002%
去离子水	平衡（Balance）	铁	≤0.0002%
最大微粒大小	100μm		

5.2.4　低压子系统

HD-TRC的低压子系统为接地系统。该系统需要24V的电源，用于冷冻保护系统，以及在起动、运行和关闭期间的某些状态。驱动系统和HD-TRC系统之间有几个硬连线输入和输出。每个HD-TRC燃料电池模块都配备了有线和无线用户界面，以及称为远程诊断单元（RDU）的数据记录器。它安装在模块外壳的前面。RDU记录数据并使用WiFi连接，通过因特网将其传送到Ballard网络。一旦RDU在WiFi接入点的范围内，它将自动将数据批量上传到Ballard网络。燃料电池模块的工作状态见表5-5。

表 5-5 工作状态开关

工作状态	描述
锁定	接收到 SSCIN 和 24V 时控制器激活。在这种状态下，可以启用休眠模式
解锁	接收到驱动系统的正确 CAN 定制键。在这种状态下，可启用休眠模式
休眠	控制器具备一些基本控制功能
待机	等待硬件“模块起动”信号起动燃料电池 高压接触器开路 在这种状态下，可以启用休眠模式
预充电	高压输出预充电
起动	高压输出接触器闭合 空气和氢气开始流向燃料电池模块 燃料电池电堆的电压将升高
运行	模块将设置于 I_ALLOW >0A，并可从燃料电池中抽出负载
干燥	燃料电池在干燥条件下操作，必要时可重新获得性能
停机	严重性 2 故障、严重性 3 故障或燃料电池组电流≤5A 将导致停机 空气流量一旦下降到接近于零并且模块已返回到待机状态，高压输出接触器将开路，燃料供给阀将关闭

5.2.5 高压子系统

HD－TRC 系统具有两对高压接触器（K1/K2 1 和 K1/K2 2），它们位于燃料电池堆和高压输出连接之间，用于在模块未处于预充电、起动或运行状态时，或当 SSC_IN 硬连线信号下降时发生紧急断电（EPO）事件时，将燃料电池电堆与 HD－TRC 高压功率输出隔离开来。

5.2.6 优化设计要点

机械系统从以下几个方面进行优化：

1）燃料电池集成程度更高，对于定期更换的部件进行位置优化，便于维护维修。

2）燃料电池系统集成后尺寸更小，对于车辆集成提供更多便利。

3）在防日晒、防雨、空气净化等环境适应性方面进行优化。

4）燃料电池模块的空气和通风出口进行防止管道积水和废气排放限制的措施，最大限度利用空气。

5）冷却液排空口采用快插拔方式，便于连接管路操作。

6）采用模块化设计，不同系统进行分类处理，便于维护维修。

如图 5-8 所示，设备布置依次是散热器－燃料电池－空气过滤器－燃料电池－散热器。燃料电池系统集成尺寸有大幅度的缩减，整套系统延车长方向 4090mm，与 HD6 系统相比减少约 2000mm，为增加储氢量提供空间，为后续车辆增加运行里程提供可靠保障。

燃料电池系统对外面板设计进行电－气分离，有效控制危险发生。控制系统接口集中在面板左上角，高压及大电流辅助供电放置在最下部（线缆便于布置在车顶的线槽中，维修

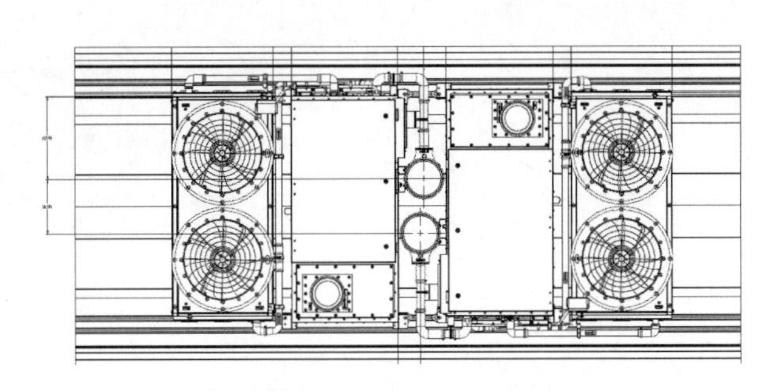

图 5-8　燃料电池系统集成

维护过程中避免接触电缆，电缆出现漏电能及时泄放到车体），氢气供应放置在右上角（如出现泄漏不会经过电气接口位置，避免危险发生），如图 5-9 所示。

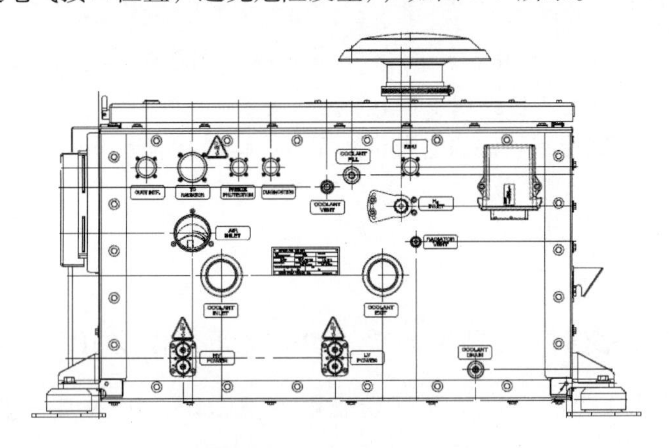

图 5-9　燃料电池系统面板

由于空压机是燃料电池系统经常维护的部件，如空压机泵头、空压机润滑油过滤器等，对此进行模块化处理，只需要拆解很少的管路及电路后将空压机系统整体吊出，放置于台架处理，以节省维修及维护时间。

燃料电池箱体内部通风设备采用对角放置形式，排气口高于进气口。一旦箱体内氢气泄漏，根据其特点，氢气将向高处扩散，此种方式便于氢气快速排出箱体，降低安全风险。

空气系统采用 GAS－GAS 加湿功能，取消喷淋水泵，从结构上进行简化，降低故障率的发生；采用空气滤芯外置，如图 5-10 所示，降低噪声并提高更换便利性；外置滤芯桶采用底部鸭嘴口方式进行排水，如图 5-11 所示。空压机后管路增加隔温防护层，减少热量直接散发到箱体内部，对于箱体内部其他部件起到保护作用。同时，增设压力自动控制阀，实现压力超压瞬间释放功能，避免燃料电池系统发生故障报警。

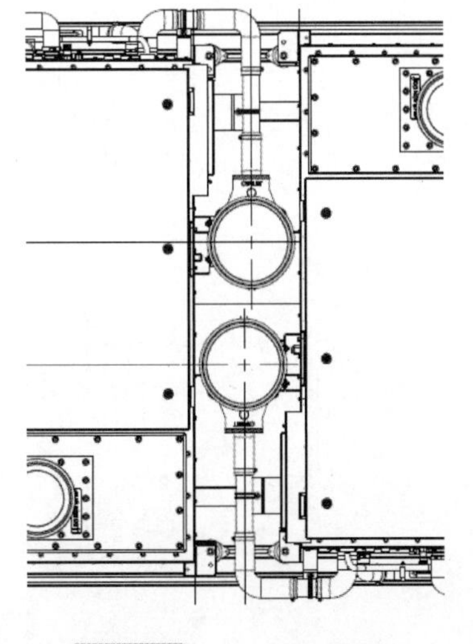

图 5-10　空气滤芯位置

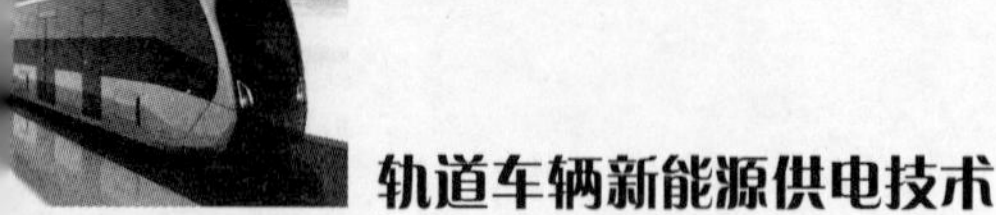

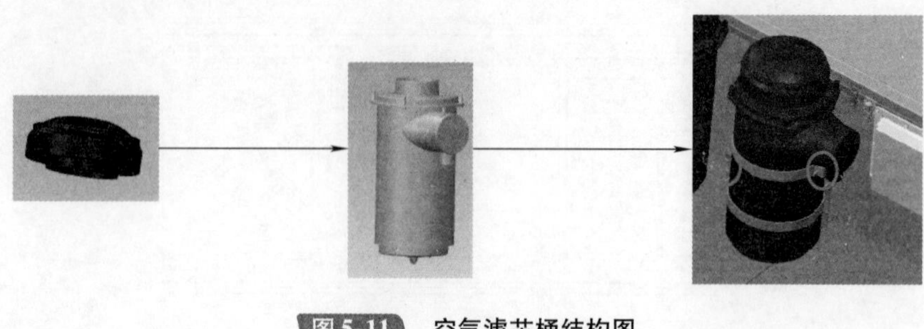

图 5-11 空气滤芯桶结构图

5.3 系统性能测试

所有测试均在巴拉德（Ballard）的室外测试设备 MD 901 上进行，平均环境温度为 15℃。与测试装置相关的输入包括以下内容：

➢ 具有 LabView 基础控制软件的电阻负载库，能够进行有限的动态操作和自动的负载库控制；

➢ 8bar 的氢气；

➢ 24V 外供电源。

5.3.1 额定功率运行：200kW 总功率（每个模块 100kW）

按照燃料电池系统起动操作步骤起动燃料电池系统，每秒加载 20kW，10s 加载到 200kW，相关曲线如图 5-12 所示。

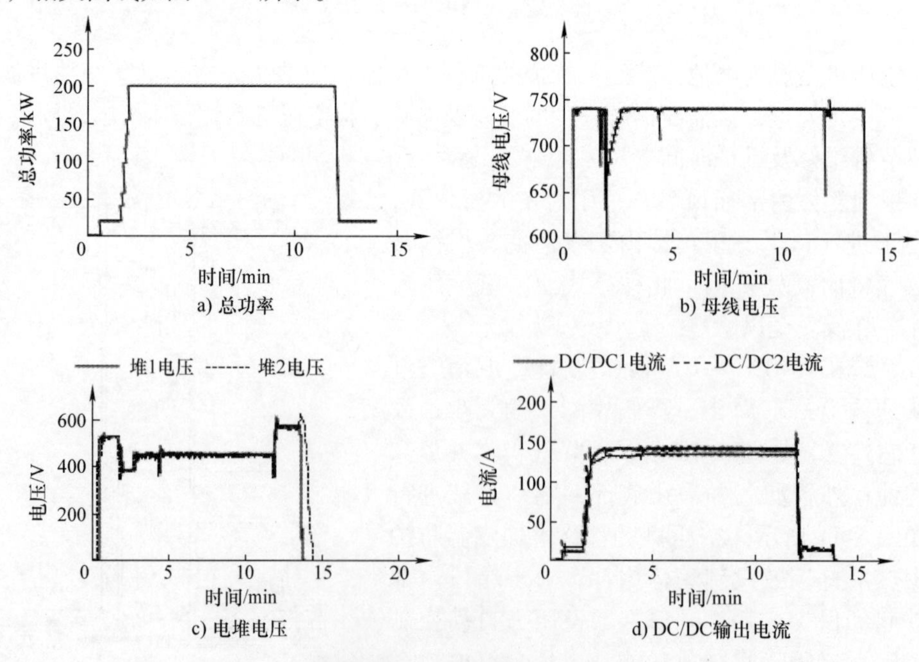

图 5-12 电堆额定功率起动

将燃料电池系统功率从 20kW 按照分配的工作点（60kW、140kW、200kW）逐级加载到 200kW，然后将功率从 200kW 按照分配的工作点（200kW、140kW、60kW）逐级减载到 20kW。加载和减载过程中的每个工况点运行 5min，如图 5-13 所示。其中，图 5-13b 是母线电压波形，母线电压稳定在 740V。图中每一次燃料电池输出功率的跳变会导致母线电压波动，波动大小与功率跳变大小呈正相关，范围小于 120V，波动时间小于 0.2s。图 5-13c 是 DC/DC 输出电流波形。输出电流随需求功率的增大而增长，额定功率为 200kW 时总电流为 270A，DC/DC1 输出电流为 137A、DC/DC2 输出电流为 134A。需求功率增加时，电流的超调量小于 30A（22%），调节时间小于 1.6s。需求功率减小时，电流的超调量小于 21A（23%），调节时间小于 5s。

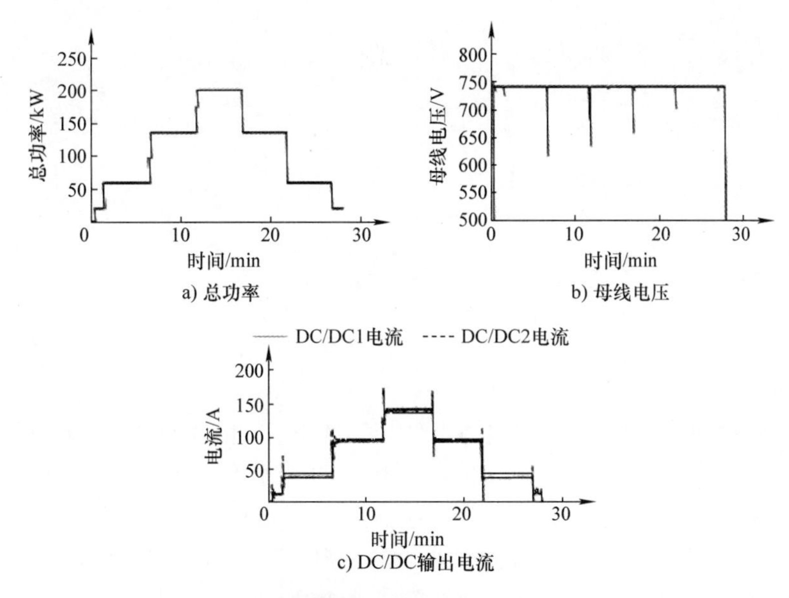

图 5-13　稳态特性测试

利用试验台氢气质量流量计测量的氢气流量和模块净功率输出，对 HD－TRC 模块和散热器的效率和能耗进行了计算，系统效率见表 5-6。

表 5-6　全功率运行能耗与效率

分类	功率/kW	氢气流量/(g/s)	能耗/MJ	效率(%)
HD－TRC 电堆 A	100.4	1.8	18.4	45.6
HD－TRC 电堆 B	100.5	1.8	18.8	44.7

5.3.2　低功耗运行能力

测试目的是证明 HD－TRC 可以在低功耗下持续运行 30min，无排水不畅问题。试验结果表明性能稳定，没有发生故障。

5.3.3　功率快速下降响应时间

测试目的是证明 HD－TRC 模块从额定功率降低至最低功率的能力。HD－TRC 动态响

应特性测试时的总功率、母线电压、DC/DC 输出电流的波形如图 5-14 所示。

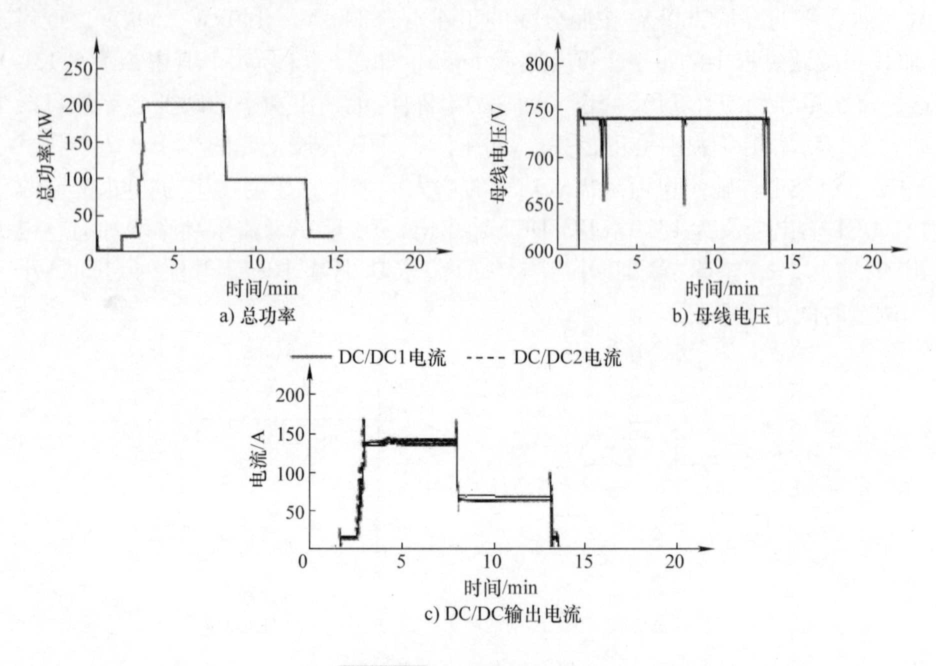

图 5-14 瞬态特性测试

图 5-14a 是总功率波形。将燃料电池系统以需求功率 20kW 运行 1min；再将功率在 5s 内从 20kW 直接加载到 200kW，运行 5min；再直接减载到 100kW，运行 5min；最后从 100kW 直接减载到 20kW，运行 1min。图 5-14b 是母线电压波形，母线电压稳定在 740V。从图中可知每一次需求功率跳变会导致母线电压波动，波动幅值小于 87V，调节时间小于 0.3s。图 5-14c 是 DC/DC 输出电流波形。额定功率为 200kW 时，两电堆输出总电流为 273A，电堆 1 输出电流为 138A，电堆 2 输出电流为 135A；当功率为 100kW 时两电堆输出总电流为 139A，电堆 1 输出电流为 69A，电堆 2 输出电流为 70A，不均衡率是 2.2%。需求功率跳变时，DC/DC1 和 DC/DC2 电流的超调量分别小于 27A、21A，调节时间小于 1s、1.2s。动态响应测试过程中 DC/DC1、DC/DC2 电流均衡性好、调节时间短、波动小。

5.3.4 功率快速提升响应时间

测试目的是证明 HD－TRC 模块从最低功率快速提升至额定功率的能力。测试结果表明，两个模块在不到 5s 的时间内完成了功率快速提升，电压和电流都在预期的水平内。

5.3.5 动态测试

为了评估模块在电车上频繁循环工作的能力，将一个驱动周期编成一个自动宏程序，所有测试都在没有警报或关闭的情况下成功完成，如图 5-15 所示。

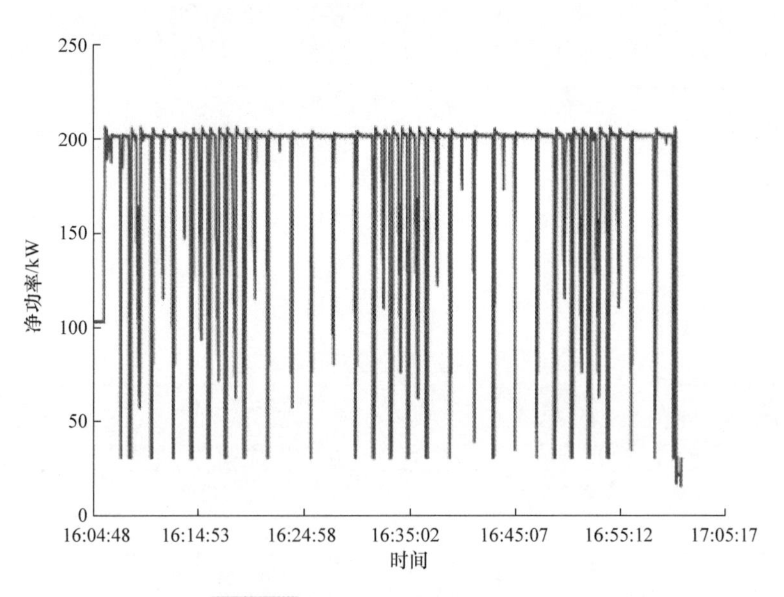

图 5-15　HD－TRC 净功率动态测试

5.4　能量策略及能量控制器

本节介绍新一代燃料电池轨道车辆以及基于多运行模式的有轨电车用混合动力系统能量管理器，该控制器实现了车载多能源供电系统的最优控制。在开发混合动力系统时，开发能量管理控制器可以实现系统运行更为平稳、寿命更长、综合成本更低，从而实现系统经济性最佳。能量管理控制器能够实现轨道车辆加减速、燃料电池发电量控制和超级电容系统充放电控制等各种功能，它集成了燃料电池发电系统、超级电容系统、车载储氢系统等各种装置信息，并与车辆控制器（VCU）进行数据反馈。

5.4.1　能量管理控制器网络拓扑

设计控制车载储氢系统、HD－TRC、超级电容及其 DC/DC 的能量管理器控制系统网络拓扑结构，如图 5-16 所示。能量管理系统具有如下模块和功能：

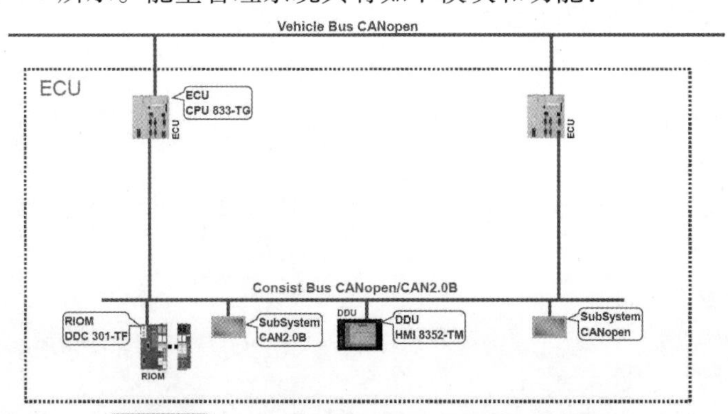

图 5-16　能量管理器控制系统网络拓扑结构

1）接入 CANOPEN 内网总线的 CANOPEN 接口协议的子系统。

2）接入 CAN2.0B 内网总线的 CAN2.0B 接口协议的子系统。

3）CPU 能提供 CANOPEN 接口协议接入车辆总线。

4）能量管理控制系统具有人机界面，该界面通过 CANOPEN 接口与 CPU 实现数据交互。

5）CPU 中集成诊断和数据记录功能，并集成 SDC 831 – T 存储卡，提供最大 2GB 的数据存储空间。

根据能量管理控制系统拓扑结构，其包含的硬件设备见表 5-7。

表 5-7　能量管理控制硬件选型

系统名称	产品型号	产品描述	数量
控制单元	CPU 833 – TG	中央处理器模块	2
	PSM 833 – TW	电源模块	2
	SDC 831 – T	SD 卡 2GB	2
远程输入/输出模块	DDC 301 – TF	CAN 总线节点模块	1
	TBA 301/PS	电源模块	1
	DIT 337 – TF	数字量输入模块	1
	TBA 303/DD	接线端子	3
	DOT 309 – TF	数字量输出模块	1
	TBA 301/DD	接线端子	1
	TBA 302/DD	接线端子	2
	AIT 301 – T/12B/U	模拟量输入模块	2
	TBA 303/AA	接线端子	4
	BTM 301 – T	总线终端模块	1
终端电阻	CBT 702 – T	终端电阻	2
插头	CBC 701 – T	CANOPEN DB9 插头	8
人机界面	HMI 8532 – TM	人机界面	1
编程电缆	CAM 805	RJ45 转 M12 转接头	5

5.4.2　能量管理控制器开发

基于功率跟随策略，结合 HD – TRC 通信协议，利用 CAP1131 软件进行能量控制器程序开发，以下是其开发流程。

1. 搭建网络拓扑

基于能量管理器控制系统网络拓扑结构，在 CAP1131 软件中搭建能量管理控制器程序结构，如图 5-17 所示。

2. 建立 CANOPEN 通信

基于 HD – TRC 通信协议，在 CANOPEN 节点下建立与其一致的通信，如图 5-18 所示。

3. 定义结构变量

基于 HD – TRC 通信协议，在 DUT_Pool 下建立所有的结构变量，如图 5-19 所示。

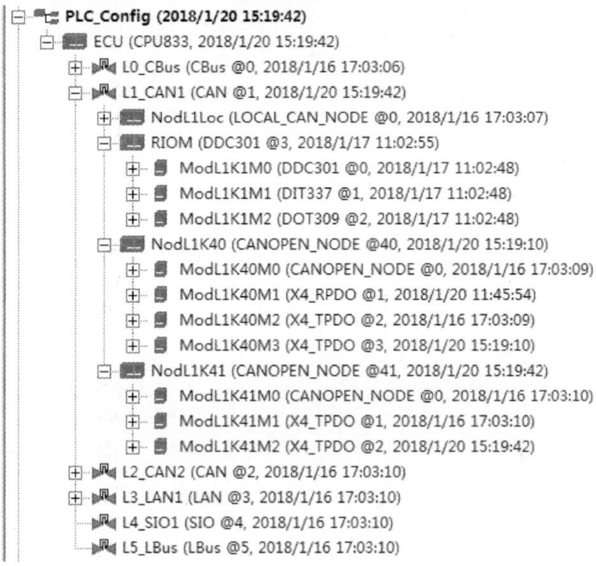

```
PLC_Config (2018/1/20 15:19:42)
  ECU (CPU833, 2018/1/20 15:19:42)
    L0_CBus (CBus @0, 2018/1/16 17:03:06)
    L1_CAN1 (CAN @1, 2018/1/20 15:19:42)
      NodL1Loc (LOCAL_CAN_NODE @0, 2018/1/16 17:03:07)
      RIOM (DDC301 @3, 2018/1/17 11:02:55)
        ModL1K1M0 (DDC301 @0, 2018/1/17 11:02:48)
        ModL1K1M1 (DIT337 @1, 2018/1/17 11:02:48)
        ModL1K1M2 (DOT309 @2, 2018/1/17 11:02:48)
      NodL1K40 (CANOPEN_NODE @40, 2018/1/20 15:19:10)
        ModL1K40M0 (CANOPEN_NODE @0, 2018/1/16 17:03:09)
        ModL1K40M1 (X4_RPDO @1, 2018/1/20 11:45:54)
        ModL1K40M2 (X4_TPDO @2, 2018/1/16 17:03:09)
        ModL1K40M3 (X4_TPDO @3, 2018/1/20 15:19:10)
      NodL1K41 (CANOPEN_NODE @41, 2018/1/20 15:19:42)
        ModL1K41M0 (CANOPEN_NODE @0, 2018/1/16 17:03:10)
        ModL1K41M1 (X4_TPDO @1, 2018/1/16 17:03:10)
        ModL1K41M2 (X4_TPDO @2, 2018/1/20 15:19:42)
    L2_CAN2 (CAN @2, 2018/1/16 17:03:10)
    L3_LAN1 (LAN @3, 2018/1/16 17:03:10)
    L4_SIO1 (SIO @4, 2018/1/16 17:03:10)
    L5_LBus (LBus @5, 2018/1/16 17:03:10)
```

图 5-17　搭建网络拓扑

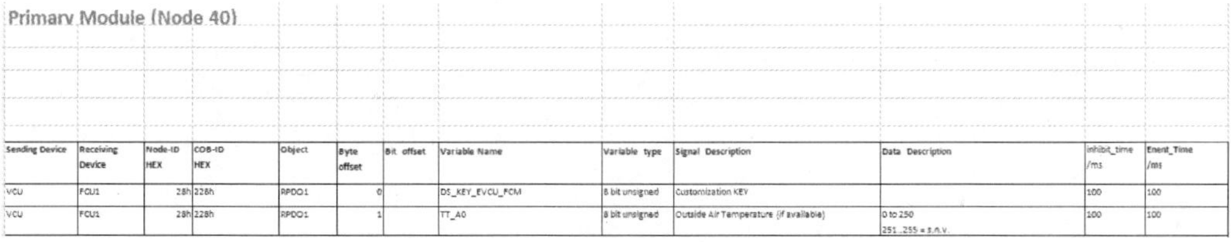

Primary Module (Node 40)

Sending Device	Receiving Device	Node-ID HEX	COB-ID HEX	Object	Byte offset	Bit offset	Variable Name	Variable type	Signal Description	Data Description	inhibit_time /ms	Enent_Time /ms
VCU	FCU1	28h	228h	RPDO1	0		DS_KEY_EVCU_FCM	8 bit unsigned	Customization KEY		100	100
VCU	FCU1	28h	228h	RPDO1	1		TT_A0	8 bit unsigned	Outside Air Temperature (if available)	0 to 250 251..255 = s.n.v.	100	100

a) HD－TRC通信协议

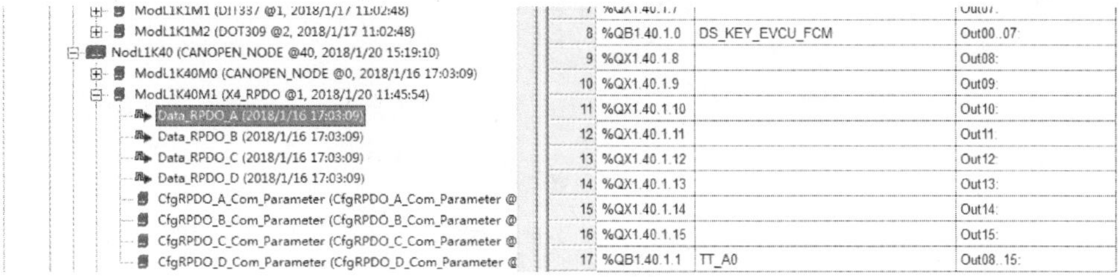

```
ModL1K1M1 (DIT337 @1, 2018/1/17 11:02:48)
ModL1K1M2 (DOT309 @2, 2018/1/17 11:02:48)
NodL1K40 (CANOPEN_NODE @40, 2018/1/20 15:19:10)
  ModL1K40M0 (CANOPEN_NODE @0, 2018/1/16 17:03:09)
  ModL1K40M1 (X4_RPDO @1, 2018/1/20 11:45:54)
    Data_RPDO_A (2018/1/16 17:03:09)
    Data_RPDO_B (2018/1/16 17:03:09)
    Data_RPDO_C (2018/1/16 17:03:09)
    Data_RPDO_D (2018/1/16 17:03:09)
    CfgRPDO_A_Com_Parameter (CfgRPDO_A_Com_Parameter @
    CfgRPDO_B_Com_Parameter (CfgRPDO_B_Com_Parameter @
    CfgRPDO_C_Com_Parameter (CfgRPDO_C_Com_Parameter @
    CfgRPDO_D_Com_Parameter (CfgRPDO_D_Com_Parameter @
```

7	%QX1.40.1.7		Out07:
8	%QB1.40.1.0	DS_KEY_EVCU_FCM	Out00..07:
9	%QX1.40.1.8		Out08:
10	%QX1.40.1.9		Out09:
11	%QX1.40.1.10		Out10:
12	%QX1.40.1.11		Out11:
13	%QX1.40.1.12		Out12:
14	%QX1.40.1.13		Out13:
15	%QX1.40.1.14		Out14:
16	%QX1.40.1.15		Out15:
17	%QB1.40.1.1	TT_A0	Out08..15:

b) 相应的CANOPEN通信

图 5-18　建立 CANOPEN 通信

4. 数据转换程序

基于 HD－TRC 通信协议，在 POU_Pool 下编译数据转换程序，如图 5-20 所示。

5. HD－TRC 控制程序

基于“功能规范”和“HD－TRC 集成手册”，按照 HD－TRC 的主要工作状态，编译 HD－TRC 控制程序。

HD－TRC 的主要工作状态如图 5-21 所示。

（1）锁住状态　在这种状态下，模块只接收 SSC_IN 信号。要进入下一个状态，需通过

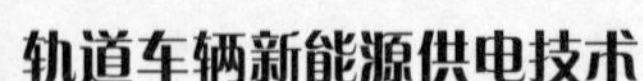

TPDO1	0		HRTBT
TPDO1	1		STS
TPDO1	2		I_ALLOW
TPDO1	4	0,1	DRYOUT_REQ_CAN
TPDO1	5		Reserved
TPDO1	6		Reserved
TPDO1	7	0,1	H2_EN_CAN
TPDO1	7	2	HTR_D1_OK_CAN

a) 通信协议中HD-TRC发送的变量

	Identifier	Type	Initial	Comment
0	HRTBT_P1	INT	0	
1	STS_P1	INT	0	
2	I_ALLOW_P1	REAL	0.0	
3	DRYOUT_REQ_CAN_P1	INT	0	
4	H2_EN_CAN_P1	INT	0	
5	HTR_D1_OK_CAN_P1	BOOL	FALSE	
6	HTR_D1_AV_ON_P1	BOOL	FALSE	
7	TT_D2_P1	REAL	0.0	
8	TT_D6_P1	REAL	0.0	
9	TT_A6_P1	REAL	0.0	
10	TT_A1_P1	REAL	0.0	
11	AT_J3_P1	REAL	0.0	
12	AT_J6_P1	REAL	0.0	
13	DRY_EN_P1	BOOL	FALSE	
14	TT_D8_P1	REAL	0.0	
15	PT_D2_P1	REAL	0.0	
16	PT_H2_P1	REAL	0.0	
17	PT_H3_P1	REAL	0.0	
18	PT_H4_P1	REAL	0.0	
19	DP_H4_P1	REAL	0.0	DP_H4 = (PT_H4) - (PT_H
20	PT_A4_P1	REAL	0.0	

b) 相应的结构变量

图 5-19 定义结构变量

CAN 传输使模块获得客户解锁码。

（2）解锁状态　在这种状态下，模块已经收到解锁码。为了进入下一个状态，模块要求集成商发送 MD_EN 硬件连线信号。

（3）DC/DC 开机　在这种状态下，模块已经接收到 MD_EN 信号并试图与车辆的高压直流母线同步电压。当同步完成并且模块输出连接时，模块将自动退出该状态进入待机状态。

（4）待机状态　在这种状态下，模块已经接收到解锁码 MD_EN 信号，并连接到车辆的高压直流母线上。为进入起动状态，模块正在等待 MD_RUN 信号。

（5）预充状态　在这种状态下，模块已经接收到 MD_EN 和 MD_RUN 信号，并且正在对电路进行预充电以给空气压缩机电机供电。

TPDO2	0		TT_D2	1	-40	degC	scale 0..254 : -40 degC..214 degC
TPDO2	1		TT_D6	1	-40	degC	scale 0..254 : -40 degC..214 degC
TPDO2	2		TT_A6	1	-40	degC	scale 0..254 : -40 degC..214 degC
TPDO2	3		TT_A1	1	-40	degC	scale 0..254 : -40 degC..214 degC

a) 通信协议中定义的数据转换规则

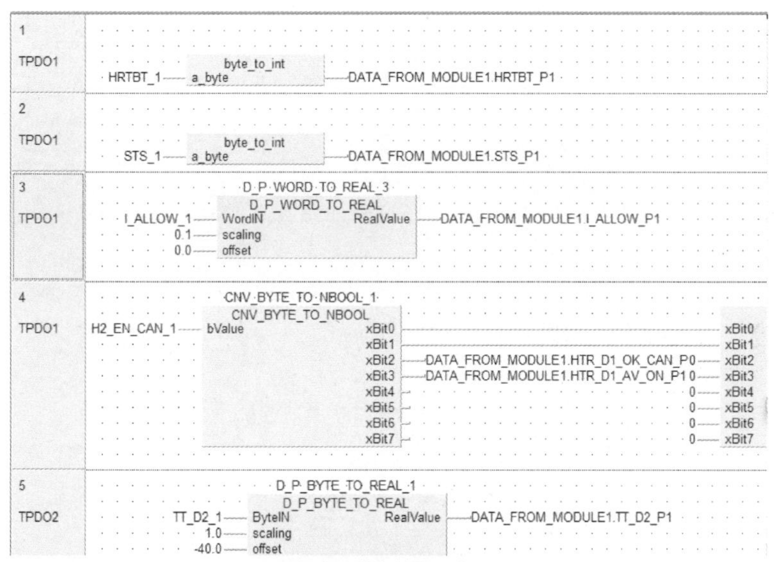

b) 相应的数据转换程序

图 5-20　数据转换程序

（6）起动状态　在这种状态下，模块正在起动空气、燃料和冷却系统，产生电能。在这种状态下，可能会从高压直流母线中抽出一些电能来减少起动时间。如果想要高压起动（从高压电路获取电力以更快地起动空气压缩机），则在发送运行信号之前，车辆必须提供 HV_START_REQ 信号。必须保持 HV_START_REQ 信号，直到模块达到运行状态。在这个时间，没有从模块中抽取电能。

（7）运行状态　这是正常的运行状态。在这种状态下，可以从模块中提取功率，并且模块的目标是将高压直流母线保持在电车提供的电压设定点上。如果需求功率高于模块能够提供的，DC/DC 变换器的输出电压将降到设定点以下。如果负载阻抗过低（如短路），模块会因过电流、欠电压或 DC/DC 故障而报警。去除 MD_EN 或 MD_RUN 信号将使模块进入关闭状态。

（8）关机状态　关闭状态由两个子状态组成：强制冷却和泄放。伴随这两个子状态，有长关机和短关机两个关机选项。长时间的关机包括强制冷却和泄放，而短暂的关机只有泄放。选择关闭的类型是通过首先删除 MD_EN 或 MD_RUN 信号来完成的。如果首先删除 MD_EN，模块将执行长时间的关闭；如果首先删除 MD_RUN，则模块会执行短暂关闭，直接进入泄放。

基于 HD－TRC 的工作状态，能量管理控制器控制的变量（或者硬线信号）见表 5-8，同时投入负载，其主控程序如图 5-22 所示。实时负载投入量不得大于根据空气流量和冷却

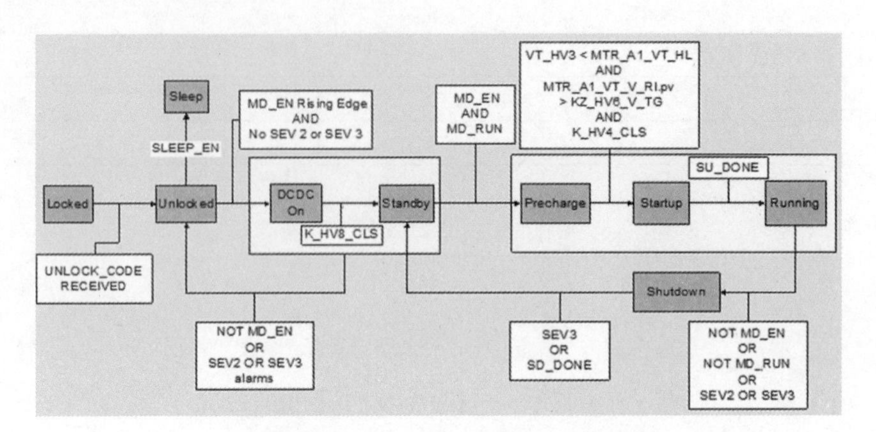

图 5-21 **HD－TRC 的主要工作状态**

液温度等多个参数在内部计算允许的抽取功率。系统将功耗限制在这个值来保护模块。在任何时间和任何节点，试图抽取更多功率会导致输出电压降到低于设定值。

图 5-22 为能量管理控制器主控程序界面。

表 5-8 改变运行状态所需的信号

<table>
<tr><th>信号</th><th>锁住
状态</th><th>解锁
状态</th><th>DC/DC
开机状态</th><th>待机
状态</th><th>预充
状态</th><th>起动
状态</th><th>运行
状态</th><th>关机
状态</th></tr>
<tr><td>客户密码</td><td></td><td colspan="7">有效的客户密码</td></tr>
<tr><td>MD_EN</td><td></td><td></td><td colspan="5">On</td><td></td></tr>
<tr><td>HV_START_REQ</td><td></td><td></td><td></td><td colspan="2">Set as required</td><td></td><td></td><td></td></tr>
<tr><td>MD_RUN</td><td></td><td></td><td></td><td></td><td colspan="3">On</td><td></td></tr>
<tr><td>DCDC_V_SP</td><td></td><td></td><td></td><td></td><td colspan="3">Set as required</td><td></td></tr>
</table>

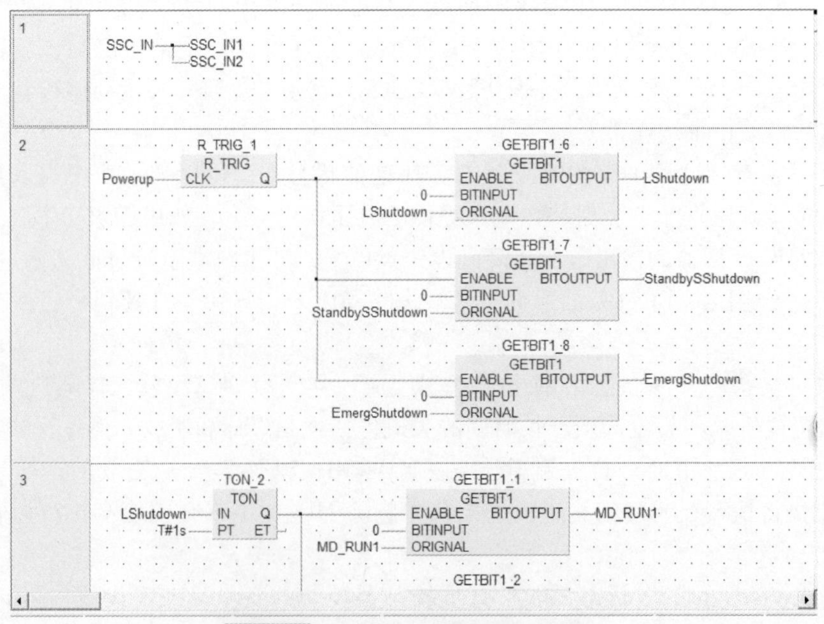

图 5-22 **能量管理控制器主控程序**

5.4.3　能量管理控制器验证

燃料电池测试系统由能量管理控制器、负载、燃料电池和氢气供应系统组成，如图5-23所示。能量管理控制器控制燃料电池和氢气供应系统。人工控制负载的加减，模拟司机的操作。能量管理控制器识别负载的投入量，分配燃料电池的输入功率。

a) 能量管理控制器

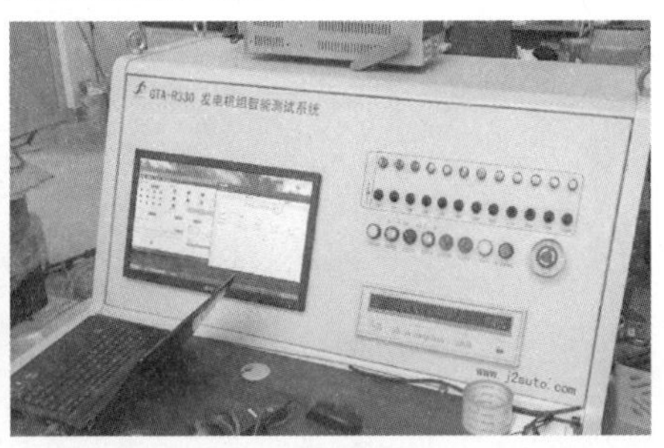

b) 负载

c) 燃料电池系统

d) 氢气供应系统

图 5-23　燃料电池测试系统

使用能量管理控制器控制 HD－TRC 系统以最大功率输出（大于 200kW）30min，以最小功率输出（20kW）20min，控制 HD－TRC 系统以有轨电车运营需求功率运行 60min，结果均显示为正常。

5.4.4　基于能耗、成本综合最低要求的供电策略

本节提出了一种以氢耗量为评判指标的基于综合成本、能耗最低理念，尽量利用燃料电池系统最高工作效率曲线、辅以超级电容大功率充放电的供电方法和评判准则。如图 5-24所示，燃料电池系统供电效率曲线为抛物线形状，较高效率区间对应的输出功率为 10～85kW，基本为额定功率的 50%～60%之间。本方法取动力性能相对较好的 50kW 为准则点，提出了最优供电策略，如图 5-25 所示。

1. 起动加速时

1）有轨电车功率需求≤50kW 时，燃料电池按有轨电车功率需求放电。

2）有轨电车功率需求 >50kW 时，燃料电池按最高效率点放电（50kW 左右），超级电容按有轨电车最大功率需求放电。

2. 持续运行时

1）有轨电车功率需求≤50kW 时，燃料电池按有轨电车功率需求放电。

2）有轨电车功率需求 >50kW 时，放电策略如下：

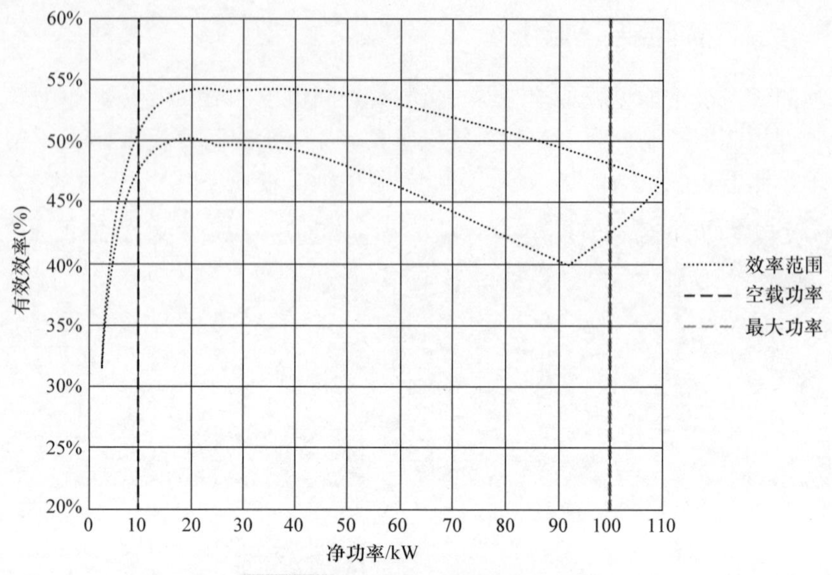

图5-24 燃料电池系统效率曲线

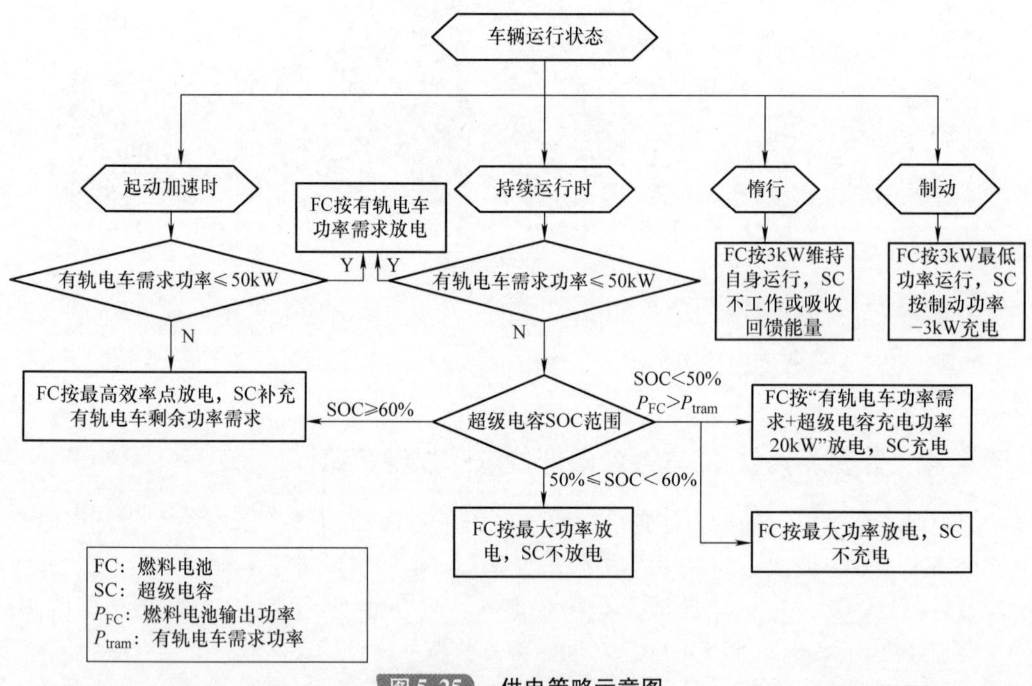

图5-25 供电策略示意图

① 超级电容SOC≥60%时，燃料电池按最高效率点放电（50kW左右），超级电容按有轨电车最大功率需求－燃料电池输出功率放电（优先采用）。

② 超级电容50%≤SOC<60%时，燃料电池按有轨电车最大功率需求放电，超级电容不放电。

③ 超级电容SOC<50%时，燃料电池按有轨电车最大功率＋超级电容充电功率20kW需求放电，超级电容充电。

④ 如果有轨电车功率需求>燃料电池输出功率，则超级电容停止充电，车辆仅按燃料

电池最大输出功率运行。

3. 惰行时

燃料电池按最低功耗 3kW 维持自身运行，超级电容不工作或吸收剩余母线回馈功率。

4. 制动时

燃料电池按最低功耗 3kW 运行，超级电容按制动回馈功率 -3kW 充电。

该能量控制策略下的混合动力系统工作效率最高，辅助能耗最低，整车能耗也最低。这样也使得燃料电池运行时段内平均效率最高，也可以避免燃料电池频繁起停引起的寿命损伤。

同时，利用温度传感器监测外界环境温度 T_o 和箱内温度 T_i，以此判断并决定燃料电池系统降功输出情况。燃料电池输出功率规则如图 5-26 所示。

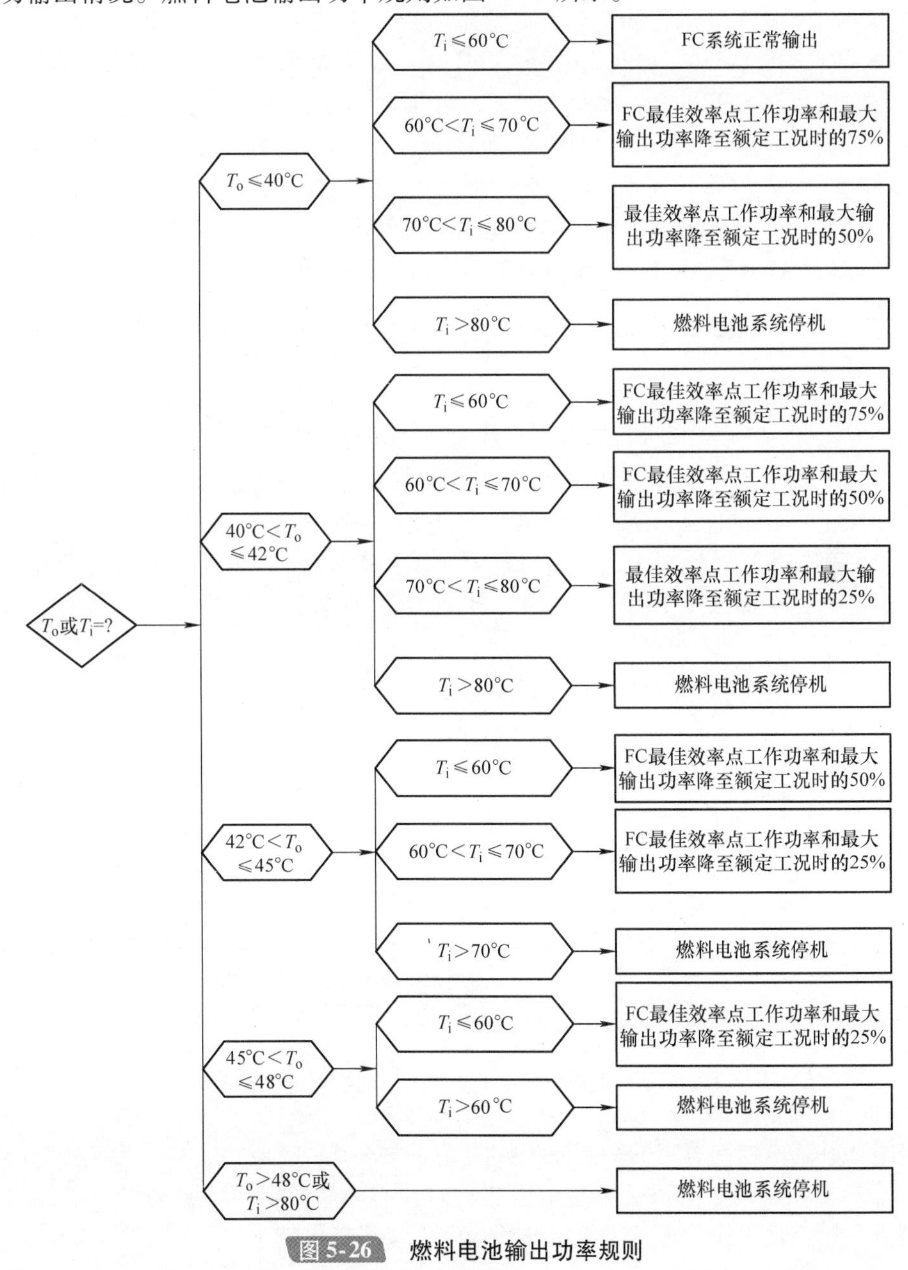

图 5-26　燃料电池输出功率规则

具体规则如下：

➢ T_o≤40℃且 T_i≤60℃时，不用降功；T_o≤40℃且 60℃ < T_i≤70℃时，最佳效率点工作功率和最大输出功率降至额定工况时的 75%；T_o≤40℃且 70℃ < T_i≤80℃时，最佳效率点工作功率和最大输出功率降至额定工况时的 50%；T_o≤40℃且 T_i > 80℃时，建议燃料电池系统停机。

➢ 40℃ < T_o≤42℃且 T_i≤60℃时，最佳效率点工作功率和最大输出功率降至额定工况时的 75%；40℃ < T_o≤42℃且 60℃ < T_i≤70℃时，最佳效率点工作功率和最大输出功率降至额定工况时的 50%；40℃ < T_o≤42℃且 70℃ < T_i≤80℃时，最佳效率点工作功率和最大输出功率降至额定工况时的 25%；40℃ < T_o≤42℃且 T_i > 80℃时，建议燃料电池系统停机。

➢ 42℃ < T_o≤45℃且 T_i≤60℃时，最佳效率点工作功率和最大输出功率降至额定工况时的 50%；42℃ < T_o≤45℃且 60℃ < T_i≤70℃时，最佳效率点工作功率和最大输出功率降至额定工况时的 25%；42℃ < T_o≤45℃且 T_i > 70℃时，建议燃料电池系统停机。

➢ 45℃ < T_o≤48℃且 T_i≤60℃时，最佳效率点工作功率和最大输出功率降至额定工况时的 25%；45℃ < T_o≤48℃且 T_i > 60℃时，建议燃料电池系统停机。

➢ T_o > 48℃或 T_i > 80℃时，建议燃料电池系统停机。

以上数据仅供参考，不同系统和不同工况会对应不同的数据设置。

5.4.5 基于燃料电池+超级电容/动力电池（无 DC/DC）模式的能量控制策略

前述方案均采用 DC/DC 进行超级电容或是动力电池的控制，这为系统增加了成本、体积等问题。这里提出了一种采用单向 DC/DC 变换器对燃料电池进行控制，利用模糊控制方法以调控超级电容的端电压，使二者匹配工作的能量控制策略。

牵引供电系统主要由燃料电池、超级电容、单向 DC/DC 变换器、能量管理控制器、模糊控制器、三相逆变器以及牵引电机组成，如图 5-27 所示。

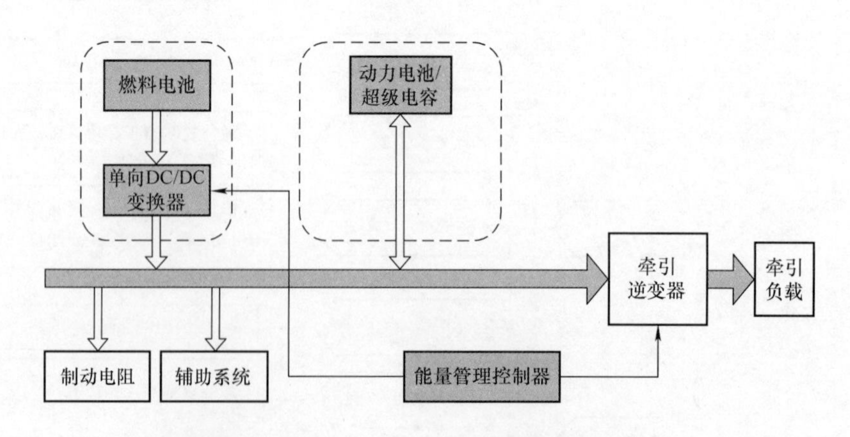

图 5-27 燃料电池+动力电池+超级电容模式拓扑

功率跟随其基本控制策略的基本流程如图 5-28 所示。

（1）燃料电池起动　当轨道交通车辆起动时，起动燃料电池。起动燃料电池后判定燃料电池是否开始正常工作，正常工作后开始为牵引母线提供功率。

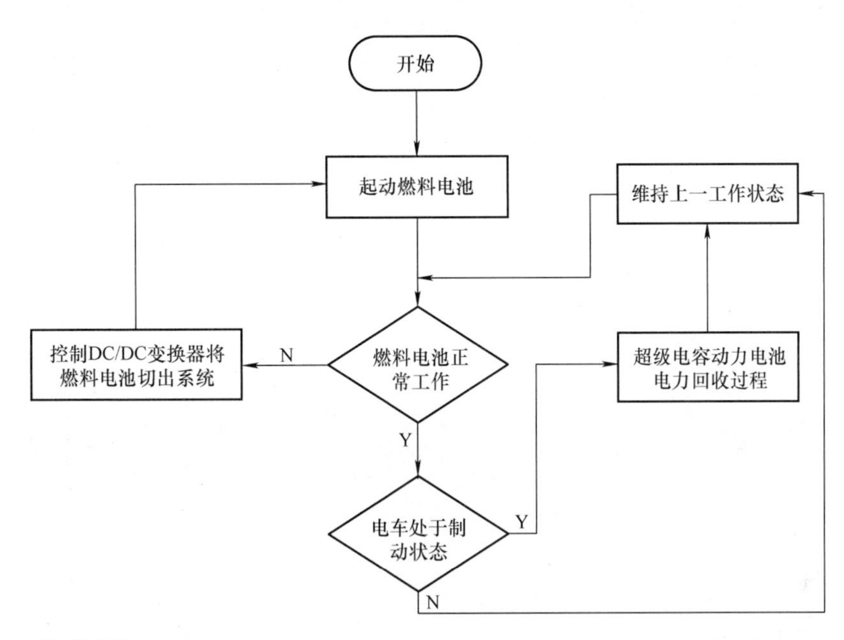

图 5-28　燃料电池/超级电容/动力电池混合动力系统能量管理策略流程图

（2）列车牵引运行　燃料电池切入系统后，由于燃料电池起动速度较慢，从起动到最大功率输出时间较长，同时起动燃料电池，将燃料电池投入系统，根据燃料电池响应要求，逐级提高燃料电池输出功率，需结合超级电容/动力电池，利用其起动迅速、充放电快的特点，对车辆进行加速。

当燃料电池的输出功率慢慢增大的时候，动力电池/超级电容的功率分配是一种自适应反应，此时系统通过超级电容/动力电池 SOC 值来进行功率分配。

（3）车辆制动　当车辆进行制动时，通过制动档位输入信号、超级电容/动力电池 SOC 值，选择是否切入制动电阻。

车辆开始制动后，燃料电池停止对牵引逆变器提供能量，转而只为整车辅助供电提供能量。同时，判断超级电容/动力电池 SOC 值是否小于期望最大值 SOC_{up}，若 $SOC < SOC_{up}$，超级电容/动力电池回收车辆制动能；当超级电容/动力电池切入系统时，若此时制动档位依然增加，则控制单向 DC/DC 变换器将制动电阻逐级切入系统，消耗制动能量。制动流程如图 5-29 所示。

若超级电容/动力电池切出系统后车辆仍未完全停下，起动机械制动系统辅助制动。

模糊控制的基本策略如下：

燃料电池/超级电容/动力电池混合动力系统：在有轨电车上安装车载混合动力系统，以及新的牵引控制系统，通过切换控制实现供电方式切换，其基本流程如图 5-30 所示。

在燃料电池起动以后判断燃料电池是否正常工作，若燃料电池正常工作，则将燃料电池切入母线。

在模糊控制策略下，功率分配是由动力电池/超级电容 SOC 值与牵引功率决定。当确定好控制规则之后，后面的功率分配由模糊控制算法完成，不用考虑究竟是加速、恒速还是制动状态。

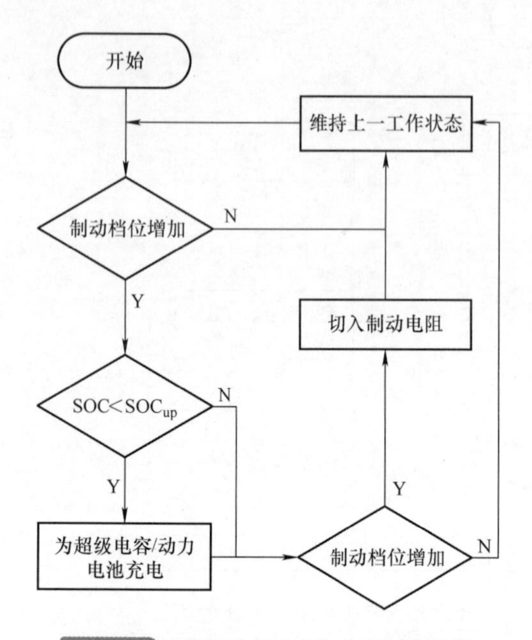

图 5-29 超级电容/动力电池回收流程

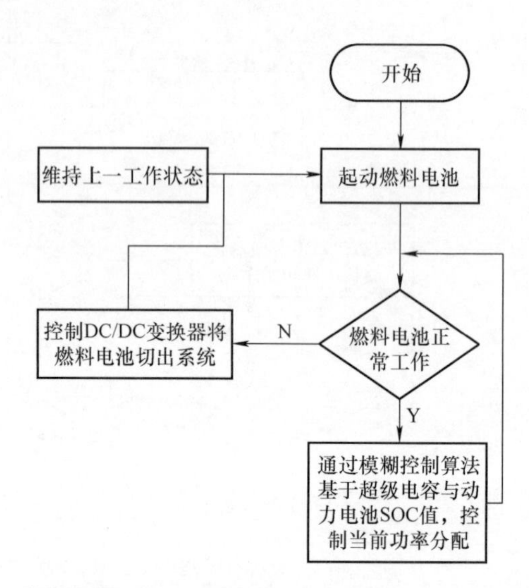

图 5-30 燃料电池/超级电容/动力电池混合动力系统能量管理策略流程图

5.5 70MPa 储氢供氢系统设计开发

70MPa 车载储氢供氢技术是目前国际上比较主流的乘用车储氢供氢方式。日本丰田的 Mirai 燃料电池轿车、日本本田的 Clarity 燃料电池轿车、韩国现代的 Ix35 燃料电池 SUV、德国宝马的 I8 燃料电池轿车等先进产品都采用了 70MPa 储氢供氢技术。以丰田 Mirai 燃料电池汽车车载氢系统为例，该系统采用 IV 型瓶结构，存储 5kg 氢气，存储压力为 70MPa，储氢质量密度为 5.7wt%。该系统由 70MPa 高压储罐、瓶口组合阀、氢气连接管路、氢气加注系统、气瓶固定支架、氢气泄漏报警装置、氢气控制器等组件构成。

国内车载氢系统主要技术还是集中在 35MPa 压力等级，上汽一直在做燃料电池乘用车研究，但是目前在车载储氢供氢技术方面主要还是针对 35MPa 系统进行试验研究，更高压储氢系统正在进行初步研究。

跟踪国际最新的高压储氢系统发展趋势，开展 70MPa 有轨电车用储氢系统的研制将使我国氢燃料电池有轨电车在氢能领域迈出超前的一步。因此，中车唐山公司与北京派瑞华氢能源科技有限公司合作开展“轨道车辆用 70MPa 车载氢系统可行性研究”，提出轨道车辆用 70MPa 车载储氢供氢系统设计方案，包括各零部件的设计理念、各项技术参数、产品说明，尤其是针对储氢部位、加注部位氢气集聚点排放措施给出解决方案。

氢的基本特性见表 5-9。

了解并掌握氢的基本特性是非常重要的，对氢的安全利用具有重要的意义。

表5-9　氢的基本特性

项　　目	参　　数
H_2的分子量	2.0016
低热值（LHV）	120020 kJ/kg
标准状态下的密度	0.080kg/m^3
标准状态下单位体积的低热值	9600kJ/m^3
1个大气压下的饱和温度	-253℃
临界温度	-240℃
临界压力	1.29MPa
在空气中的蒸发潜热	446kJ/kg
在空气中的火焰温度	2045℃
在空气中的燃烧当量比	29.5% Vol
在空气中的燃烧范围	4.1%～75% Vol
最小点火能量	2×10^{-5}J
标准状态下空气中的燃烧速率	2.7～3.3m/s
标准状态下空气中的扩散系数	0.61cm^2/s
相对密度	0.07
阳光下火焰的可见性	不可见
气味、颜色、味道	无

5.5.1　设计原则

在设计上要遵循以下原则：

1）安全至上原则。在进行氢系统设计时，凡是不能满足安全需要的设计方案均不能进行实施，坚决杜绝“成本至上”的理念。安全性须满足国家或国际相关安全标准的要求，所遵循的具体安全标准可以由设计方和用户协商确定。

2）失效安全原则。在进行氢系统设计时，必须保证即使在某一零部件失效时，也不会因之导致更加严重的后果。换言之，当系统单一零部件出现故障时，系统是安全的。

3）最简化原则。在进行氢系统设计时，在满足安全需求和使用需求的前提下，系统应尽可能简化，避免冗余。冗余不仅会导致成本的增加，而且会增加系统的故障率，因为每一个零部件都是一个可能的故障点。

4）区域布置原则。在进行氢系统安装时，应将系统零部件尽可能集中布置，并根据压力等级进行分区域布置。

5）氢电隔离原则。在进行氢系统安装时，应将氢系统与电气系统进行有效隔离。隔离措施可以是系统的物理隔离，也可以是可能产生火花的零部件自身的隔离，例如防爆电器。

5.5.2　系统的基本组成

根据车载氢系统各部分的功能，可以将其分为以下几个子系统：

1）加注子系统。包括加注接口、单向阀（或球阀）、过滤器、压力表以及必要的连接管路等零部件。其主要功用是完成与加氢站的加注对接，将洁净的高压氢气安全地注入车载高压氢气瓶中。

2）储存子系统。主要包括高压氢气瓶、组合瓶阀、PRD（Pressure Relief Device，即压力释放装置，属于安全保护装置，一旦动作不可恢复），以及必要的连接管路等。其主要功用是将加氢站注入的氢气安全地储存在高压氢气瓶中。

3）供给子系统。主要包括电磁阀、减压器、安全阀、过滤器、各种阀门、放散口及必要的连接管路等。其主要功用是安全地向燃料电池系统等用氢装置提供洁净的适用压力的氢气。

4）预警子系统。主要包括氢泄漏探头以及必需的控制、报警装置，也可以将预警信号输送给整车控制器，由整车控制器发出预警命令。其主要功用是监控氢的泄漏状况，当监测点浓度达到预设的报警值时发出预警信号。

5.5.3 主要安全保证措施

根据上述设计原则以及安全技术主要措施，可以对氢系统进行功能及安全性设计。在设计方案中，针对实际运行过程中可能遇到的各种情况要采取相应的技术测试，保障系统的安全性和合理布置。

科学合理的布置方案是系统安全性中重要的一环。为了提高系统的安全性，按照整车可能发生氢气泄漏的程度、整车电器件及氢供应相关零部件分布的密集程度、环境因素、人为因素，将整车划分为四级安全区，根据安全区的级别，可以采用更加具有针对性的安全措施，见表5-10。

表5-10 氢供应系统安全等级的划分

安全区级别	氢气泄漏点聚集程度	电器件密集程度	氢相关零部件密集程度	环境因素	因素
Ⅰ级	无	一般	无	不易到达此区且易扩散	无接触
Ⅱ级	一般	一般	一般	易扩散	接触
Ⅲ级	较高	一般	较高	易扩散	接触
Ⅳ级	高	高	高	极易堆积、扩散困难	接触

（1）Ⅰ级安全区　这是发生氢气泄漏后不易扩散到的区域，主要是车厢内乘客乘座区域。其特点包括：

1）基本没有氢气泄漏点。

2）发生氢气泄漏后不易扩散到此区域。

3）虽然有部分整车电气仪表在此区域，但没有氢供应的相关零部件。

（2）Ⅱ级安全区　此区域氢气泄漏点少，是发生泄漏后容易扩散到的区域，主要是加注舱。其特点包括：

1）零部件少，易于氢气扩散、通风效果好。

2）结构设计合理，系统结构不易变形。

3）虽然经常在此区域进行操作，但由于其设计结构合理，不易发生泄漏。

（3）Ⅲ级安全区　此区域氢气泄漏点聚集，为氢气发生泄漏后易扩散的区域，主要是车顶气瓶遮阳罩内。其特点包括：

1）虽然此区域气瓶、安装管路、功能零部件密集，属于氢气高度聚集的区域，可能出现泄漏点密集，但车顶易于氢气扩散、通风效果较好。

2）结构设计合理，系统结构不易变形。

3）此区域处于车顶，操作人员不会经常在此区域进行操作，出现人为危险因素的可能

性很小。

（4）Ⅳ级安全区　这是氢泄漏点密集程度高且氢气易于堆积、扩散困难的区域，主要是燃料电池舱内。其特点包括：

1）氢泄漏点密集程度高。

2）燃料电池舱内通风不好时，氢泄漏后极易堆积，扩散困难。

3）电子元器件较为密集，且可与氢气接触。

根据上述划分原则，对燃料电池有轨电车进行了安全区域划分；安全区域划分的结果，对系统的布置具有非常强的指导意义，对提高系统的安全性有着非常大的作用。

氢系统的关键零部件应选用国际、国内知名企业的产品，并在氢能领域有着良好的使用案例，以确保系统的安全性。关键零部件在装车之前，都必须在实验室进行检测，检测合格的零部件才可以用于装车。聘用具有专业资质的单位和技术人员负责氢系统的集成与安装调试，消除集成与安装环节因不规范操作导致的安全隐患。针对氢系统的设计、检测、使用等环节，参考并遵守相关行业标准及法规，依据这些规范对氢系统进行相关的设计、检测等工作。

5.5.4　设计方案

加氢机上 70MPa 的 TK17 加注枪与车辆加氢模块上 70MPa 的 TN1 标准加氢口对接，高压氢气流过单向阀进入车载氢系统管路内，通过管路上的过滤器把氢气中的杂质过滤后，进入储存模块中的高压氢气瓶内。

储存模块由 6 个高压氢气瓶并联组成。每个氢气瓶上安装有组合瓶阀和瓶尾 PRD。组合瓶阀上包含了手动关断阀、电磁阀、PRD（超温、超压释放装置）、温度传感器、选装压力传感器。在本系统中安装有一个压力传感器。组合瓶阀上的 PRD 采用并联的方式，并联管路的出口安装有标准的快插接口，在快插接口上设有防尘、防水的保护罩。正常情况下，保护罩不会与放空管脱开，一旦 PRD 开启，从气瓶内释放出的高压气体会将保护罩冲开，通过管路释放高压气体。快插接口设置在储存模块的后部，方向指向车辆的斜上方或上方。

组合瓶阀上的压力传感器实时监控高压氢气瓶内的压力，当高压氢气瓶内的压力升高或降低到一定值时，控制系统会根据控制逻辑发出相应的指令以确保氢系统安全地运行。

组合瓶阀内部安装有限流阀，当通过限流阀的氢气流量超出设定值时，限流阀自动关闭。在正常使用情况下，流经限流阀的氢气流量值不可能超出限流阀的设定值。因此，一旦超出，则可以确定是下游出现了大量泄漏，例如管路断裂等情况。限流阀设置于高压氢气瓶的出口，因此，几乎所有可能导致出现大量氢气外泄的部分均处于其下游，这就保证了几乎在任何极端条件下也不会发生氢气的大量外泄。

需要使用氢气时，只需将组合瓶阀上的电磁阀和主管路上的电磁阀打开，然后打开低压截止阀，即可实现氢气的供给。在氢气进入电磁阀之前先经过一个 0.5μm 的过滤器，确保进入电磁阀、减压阀及下游零部件的氢气具有足够的洁净度，从而保证了零部件使用的可靠性。在供给模块上还设有低压放空阀（针阀），通过一个标准快插接口排放。在氢系统维修或氢气置换时可以通过这个接口连接放空软管，使氢气通过放空软管实现定向排放。

供氢模块中的减压阀可以为系统提供稳定压力和流量的低压氢气。在减压阀后安装有安全阀，一旦减压阀失效导致下游压力升高，安全阀会在减压阀下游压力达到设定开启压力值

时开启，将压力释放掉；当减压阀下游压力低于安全阀开启压力值时安全阀会自动关闭。安全阀的排气管路连接到系统的组合瓶阀 PRD 排放管路中，使安全阀的排气也具有定向排放功能。在减压阀下游除了安装有安全阀之外，还安装有低压压力传感器，低压压力传感器实时监控减压阀下游的压力，如果发现压力异常，控制系统可以根据控制逻辑对车载氢系统实行必要的控制。图 5-31 所示为氢系统原理，图 5-32 所示为组合阀设计原理。

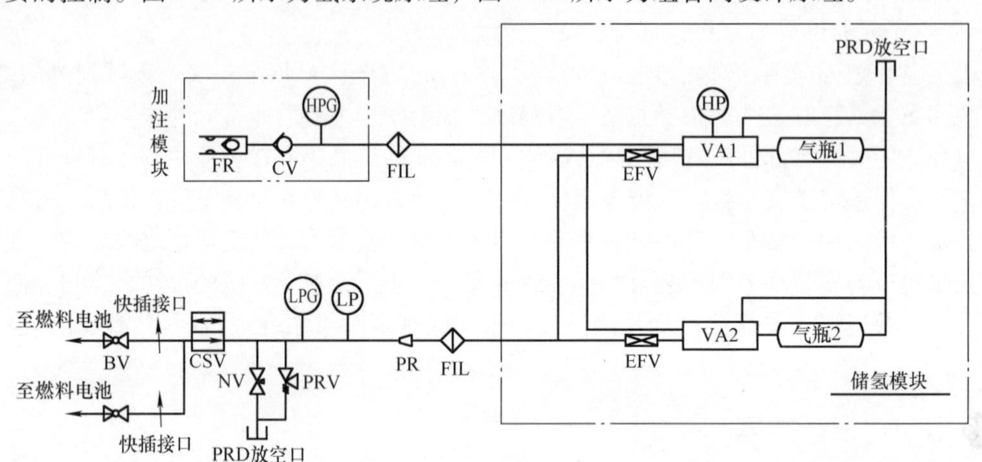

图 5-31 氢系统原理

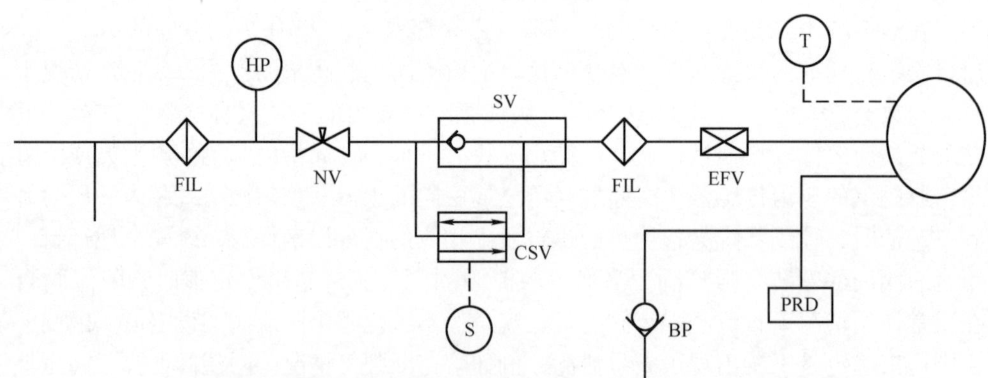

图 5-32 组合阀设计原理

5.5.5 加注子系统

加注子系统主要包括加注接口、单向阀、过滤器、压力表、连接管件、导除静电装置和加注面板。加注子系统主要完成与加氢站的加氢枪对接，将高压氢气过滤后安全地注入高压氢气瓶中。

其中加注接口和压力表通过连接管件安装到加注面板上，并组成加注模块。通过加注模块上的压力表可以显示出实际的氢气加注压力，如果需要知道加氢量，可以根据组合瓶阀上的温度、压力传感器测量的温度、压力值，并根据密度估算得出。在加注模块上安装有导除静电装置，在进行加注时需要把加氢站上的静电导线和车辆上的导除静电装置连接，把车辆上的静电通过加氢站消除后再进行加注；过滤器和单向阀安装到氢气供给模块上。图 5-33 所示为加注模块数字模型。

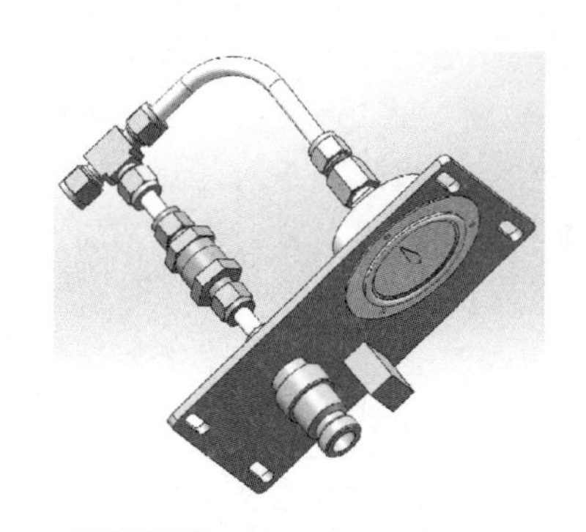

图 5-33　加注模块数字模型

加注模块安装在独立的舱体内。舱体内部不允许有容易产生电弧及火花的电气设备或影响安全的设施。舱体要与车辆内部密封，防止氢气泄漏到其他环境中；舱体还需要与外部环境通风，保证氢气泄漏后能够及时地扩散到外部环境中去而不聚集。

加注接口选用德国 WEH 公司生产 TN1 型加注接口，工作压力 70MPa，工作温度 -40 ~ 85℃，加注接口内部光滑的气动结构设计使加氢时不会产生高频噪声。加注接口内置了非接触型高流量单向阀，具有良好的密封性能。加注接口还配有 50μm 的过滤器，可以确保氢气的洁净度，以保证燃料电池系统的使用要求。

单向阀设置于加注管路当中，用以防止气体回流，从而避免气体从加注管路或加注口泄漏。

高压压力表选用北京布莱迪仪器仪表有限公司生产的全不锈钢无油压力表，压力表量程为 0 ~ 100MPa，精度 1.6 级。

过滤器采用双过滤元件型设计（图 5-34），颗粒较大的污染物在到达微米级过滤精度的下游元件之前就被上游元件捕获。过滤元件更换简便，压力等级为 15000PSI（即 lbf/in^2，$1lbf/in^2 = 6894.76Pa$）或 20000PSI，下游/上游过滤元件的标准精度为 35/65μm，可选精度为 5/10μm 或 10/35μm。

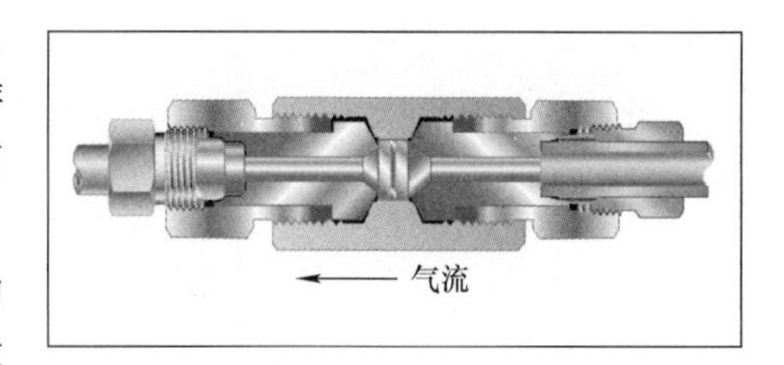

图 5-34　双过滤元件过滤器

5.5.6　储存子系统

储存子系统主要包括高压氢气瓶、组合瓶阀、瓶尾 PRD（压力释放装置，一旦动作则不可恢复）、连接管件及固定支架等。储存子系统的功能是将加氢站注入的高压氢气安全地储存在高压氢气瓶中。

高压氢气瓶上安装有组合瓶阀和 PRD，其通过气瓶固定卡带安装在固定支架上，组成储存模块。在储存模块上设有 4 个静电连接点，以方便将储存模块产生（携带）的静电通过导线连接到静电连接点上，然后通过整车将静电释放。

储存模块外部安装有遮阳罩，遮阳罩可以避免阳光直射到氢气瓶上，遮阳罩上设有通风孔或百叶窗。当氢气发生泄漏时，氢气可以通过通风孔或百叶窗及时扩散到大气环境中，避免氢气的聚集。为了方便系统检修，在遮阳罩上还设有检修门。

高压氢气瓶选用北京科泰克公司生产的铝合金内胆碳纤维缠绕Ⅲ类复合氢气瓶。

复合气瓶的最大特点是安全性，其失效形式是只泄不爆。另外，在相同的工作压力和容积下，其重量是钢瓶的三分之一。由于缠绕线型的可设计性，使复合气瓶很容易实现特定的性能指标。通过对复合气瓶施加预应力，能够有效地提高气瓶的抗疲劳性能。图 5-35 所示为高压氢气瓶的外形。

70MPa 氢气瓶的技术参数见表 5-11。

表 5-11 70MPa 氢气瓶的技术参数

项　目	参　数
气瓶容积	140L
工作压力	70MPa
水压试验压力	105MPa
气密试验压力	70MPa
最小爆破压力	168MPa
长度	约 1820mm
外径	395mm ± 2mm
重量	≤125kg
重量储氢率	约 5wt%
使用温度	-40 ~ 85℃
最大充装次数	>10000 次
使用寿命	15 年

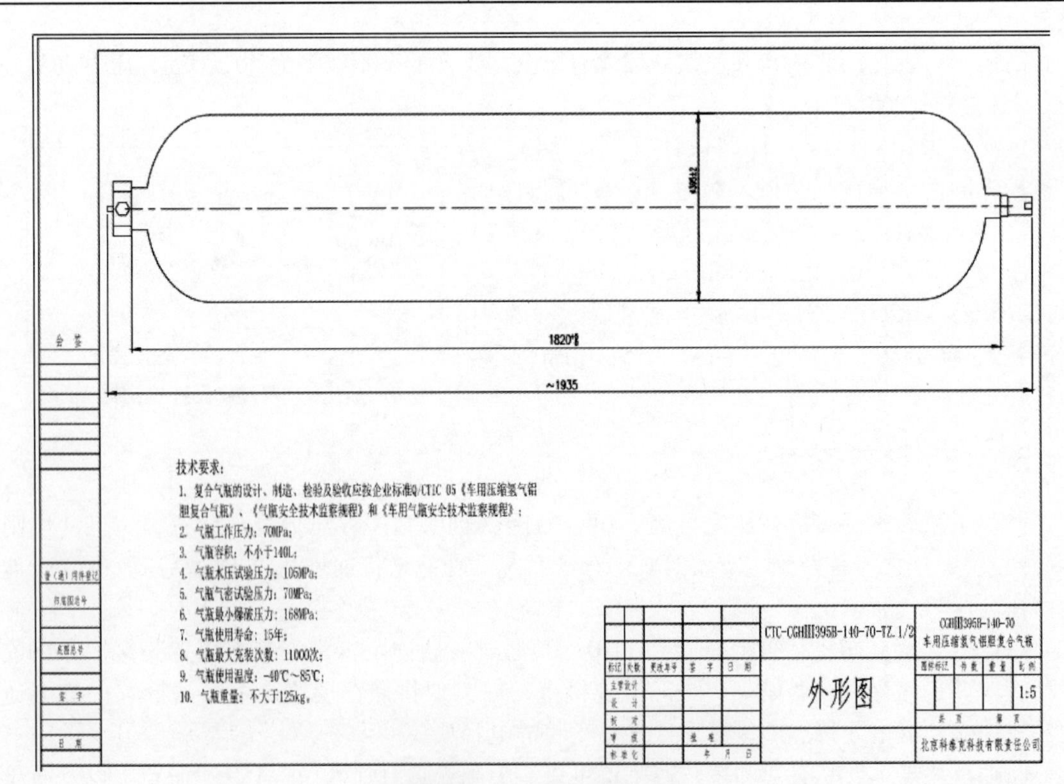

图 5-35 70MPa 氢气瓶外形

组合瓶阀选用Luxfer公司生产的BV－700－02－0气瓶组合阀。组合阀包含过滤器、限流阀、手动关断阀、紧急泄放阀、电磁阀、PRD（超温、超压释放装置）、温度传感器、选装压力传感器。该阀有两个10μm的内置不锈钢丝网过滤器，可防止颗粒污染物进入阀门的内部通道，还可以防止污染物进入或离开存储系统。过滤器不会过滤通过阀门入口/出口端的气体。当发生逆流时，附着在过滤器中的任何颗粒都可能被清除。过滤器的寿命取决于氢气、管路和气瓶的清洁度。图5-36所示为组合瓶阀原理，图5-37所示为组合阀数字模型。

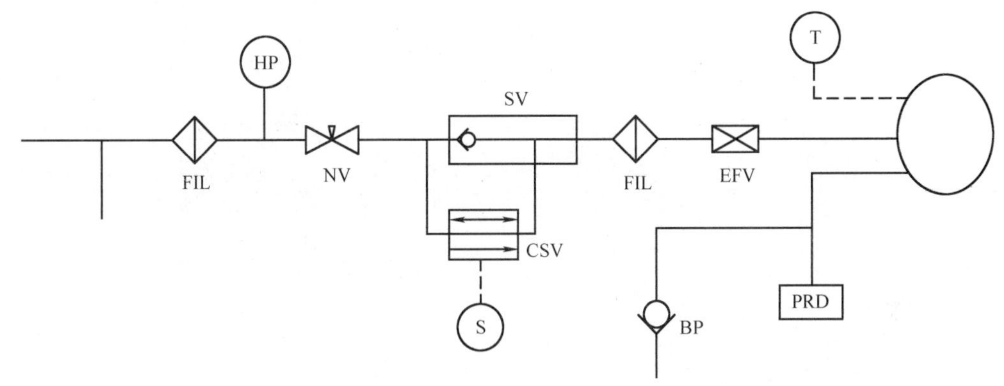

术语：
FIL：过滤器　HP：高压传感器　NV：针阀　SV：梭阀　S：电磁电气接口
CSV：瓶口内置电磁阀(断电状态相当于单向阀)　EFV：限流阀
BP：排气口　PRD：超温超压保护装置　T：温度传感器

图5-36　组合瓶阀原理

5.5.7　供给子系统

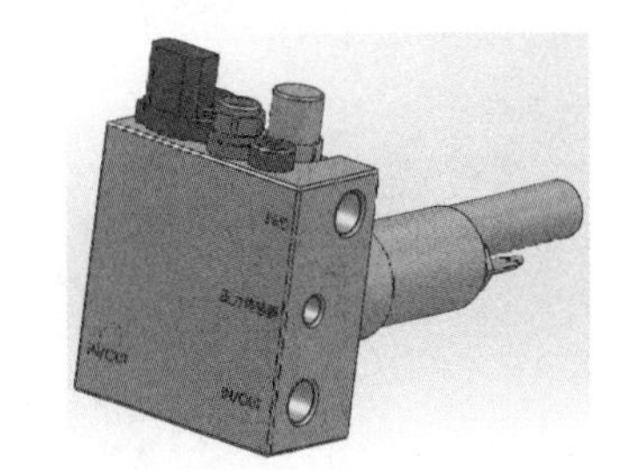

图5-37　组合阀数字模型

供给子系统主要包括限流阀电磁阀、减压阀、安全阀、过滤器、放空阀、放散口、连接管件及固定支架等。供给子系统的功能是安全地向用氢装置提供适用压力和流量的洁净氢气。供给子系统内的所有零部件均安装在固定支架上，组成供给模块，模块安装在储存模块上。

限流阀的主要作用是限制氢气的流量，保护下游压力表、传感器和减压阀等免受流量突然激增或在线路故障时损坏。图5-38所示为本系统采用的Parker公司生产的限流阀。

电磁阀采用美国Parker公司生产的产品，工作压力为1.6MPa，工作电压为DC24V，工作温度为－40～60℃。电磁线圈为防爆型，防爆型号II 2 G Eex dm IIC T4，并通过“国家级仪器仪表防爆安全监督检验站”和“ATEX”的认证。图5-39所示为系统采用的电磁阀的数字模型。

减压阀的主要作用是将气瓶内释放出的高压氢气减为中压或低压氢气，进而提供给燃料电池。减压阀的出口压力在一定范围之内是可调的，通常设置为用户所需的压力值。在本方案之中，减压阀采用美国Tescom公司专门为车辆使用所研发生产的4460系列氢气减压阀。该减压阀具有压降小、回程压力小、压力及流量稳定等特点。减压阀内部采用活塞式设计，这样可以大大提高产品的安全性并延长使用寿命。减压阀最大入口压力为87.5MPa，出口压力可调。图 5-40 所示为减压阀数字模型。

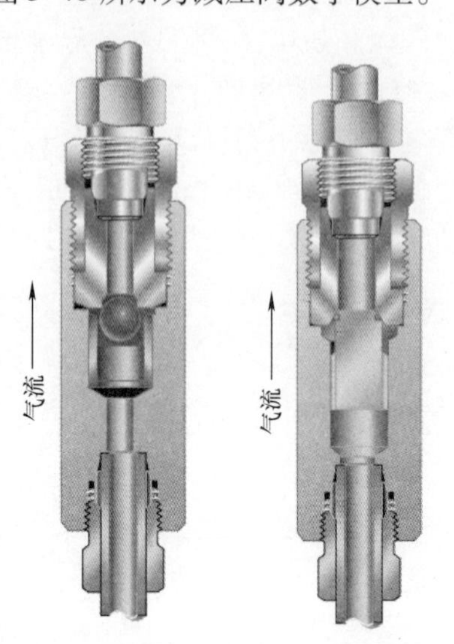

图 5-38 球形限流阀（左）和 O 形圈限流阀（右）

图 5-39 系统采用的电磁阀的数字模型

安全阀位于减压阀之后，其作用压力设置为减压阀出口压力的 1.3 倍，一旦减压阀下游的压力上升，超过安全阀的开启压力，这时即认为需要采取进一步的降压措施，安全阀开启，将气体从管路中排出，从而防止下游的压力进一步升高，达到保护下游零部件的目的。安全阀采用美国 Circle seal 公司生产的 50 系列安全阀，该安全阀具有体积小、密封性好、开启压力准确、回座压力准确的特点，能够确保系统的安全使用。图 5-41 所示为系统采用的安全阀。

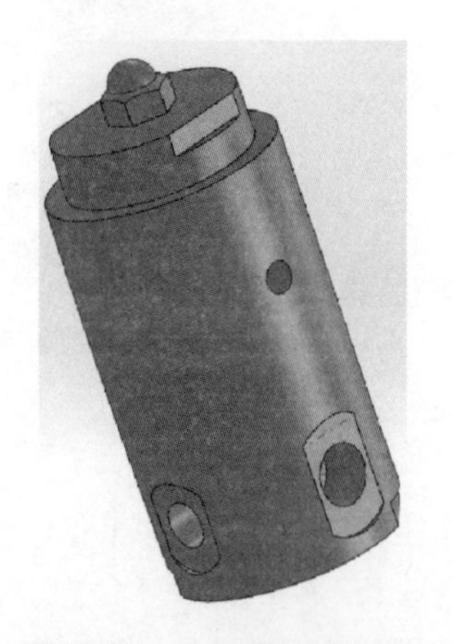

图 5-40 减压阀数字模型

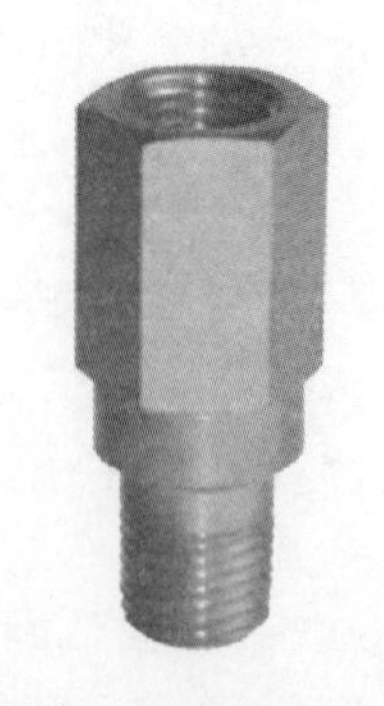

图 5-41 系统采用的安全阀

低压压力表选用北京布莱迪仪器仪表有限公司生产的全不锈钢无油压力表，该压力表的量程为 0 ~ 2.5MPa，精度 1.6 级。图 5-42 所示为系统采用的低压压力表的数字模型。

低压压力传感器可以实时监控减压阀下游的压力，如果发现压力异常，控制系统可以根据控制逻辑对车载氢系统实行必要的控制。本系统采用瑞士 HUBA 公司生产的 520 系列传感器，选用型号为 520.9H2S075321。

不锈钢管选用的生产厂家为山特维克。高压管路外径为3/8in（1in =25.4mm），弯曲半径36mm；低压管路外径为1/2in，弯曲半径为38mm。

5.5.8　预警子系统

预警子系统主要包含 2 个氢气泄漏监测探头和控制器。泄漏监测探头把检测到的气体浓度发送给控制器，由控制器根据控制逻辑做出相应的指令。氢气泄漏检测浓度可以分为 3 个报警级别，根据不同的级别设定不同的控制指令。最高级别的报警值设置不应超过氢气爆炸下限的 50%。氢气泄漏监测探头选用日本理研生产的 FSD－753 型传感器。

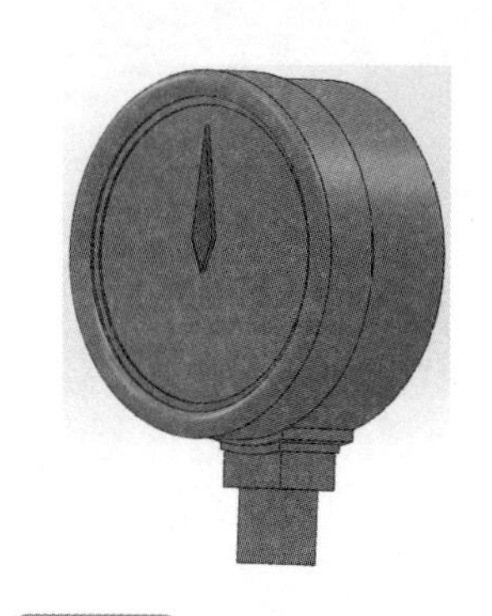

图 5-42　系统采用的低压压力表的数字模型

控制器采用上海重塑能源科技有限公司自行研制的产品，该产品做过电磁兼容试验，广泛应用于交通能源领域。其主要功能包括：

1）状态监测。实时监测多个氢瓶温度、压力、氢气泄漏等状态，故障发生时能够及时上报故障信息并做出相应的处理。

2）状态计算。实时计算当前可用氢气状态。

3）供氢系统管理。保证正常供氢过程中对所有瓶阀的控制。

4）加氢管理。支持加氢唤醒控制器功能，同时支持加氢置换功能，方便客户单独控制各瓶阀状态。

5）通信协议。支持 J1939 及 UDS 诊断协议栈，可根据客户指定的诊断服务开发诊断功能；支持 Bootloader 在线刷新程序；支持 CCP 在线标定监测。

第6章 轨道车辆新能源技术应用展望

6.1 新能源供电系统方案后续优化方向

1. 燃料电池系统优化设计

(1) 燃料电池系统　主要关注目标包括燃料电池电堆、高速无油空压机、氢气循环系统、水管理系统。

(2) 储氢系统　70MPa储氢瓶等核心技术是关键。

(3) 混合动力系统的小型化、轻量化　主要关注目标是新型燃料电池电堆、高效散热器、碳化硅变流器。

2. 整车集成设计与综合能效提升

(1) 车辆轻量化设计　优化方向是基于碳纤维、焊接铝蜂窝等轻量化材料，以及车体结构拓扑和尺寸优化。

(2) 能量综合利用　优化方向是余热利用和空调风利用。

(3) 整车能效提升　优化方向是基于互联网+的无人驾驶、节能驾驶、关键系统能效提升以及续驶里程提升。

3. 运行安全性提升

(1) 车辆安全设计　关注目标是高效碰撞吸能结构开发。

(2) 储氢供氢安全设计　关注目标是加氢舱优化设计和氢气泄漏防护。

4. 调试试验及运维技术体系建设

(1) 调试试验及故障诊断能力　提升目标是故障诊断及排除能力和燃料电池控制器的自主开发能力。

(2) 检修维护体系　关注目标是周期性维护维修和预防性维修。

5. 绿色环保设计

(1) 绿色制造及回收　关注目标是动力系统梯次利用和燃料电池低成本维护维修。

(2) 绿色氢源　关注目标是太阳能-燃料电池一体化制氢用氢体系以及风电制氢。

6. 燃料电池系统产业化

当务之急是搭建燃料电池系统产业化平台，形成新一代燃料电池系统及关键部件自主化

生产和集成设计能力，进行关键部件深化研究，实现能效大幅提升和综合成本降低。具体需要抓紧开展如下工作：

1）依据汽车厂家经验，开发适合有轨电车应用的燃料电池系统，保证燃料电池有轨电车稳定安全地运行，达到常规供电有轨电车的运行标准要求，为燃料电池有轨电车抢占市场提供可靠保障。

2）紧跟国家的相关政策，针对国家对绿色能源给予的补助，申请燃料电池有轨电车相关产品补助，大大降低产品的成本，为公司赢得效益。

3）通过加氢站与氢燃料电池有轨电车打包的形式进行产业布局，可通过为燃料电池有轨电车运营商提供加氢服务收取费用。

4）要降低燃料电池系统的成本费用，引进国外先进的燃料电池系统技术，消化吸收实现国产化。

5）大力推进新能源轨道车辆及加氢站相关技术标准研究，主要包括：新能源轨道车辆、加氢站及用氢标准等。

7. 轨道交通系统解决方案研究

要加快建立包括氢源、加氢站、用户的氢能综合利用体系，形成氢能社会蓝图；建立分布式燃料电池供电能源网络，实现区域电力、热能、冷能联合供应；搭建燃料电池产业园区平台，广泛采用氢燃料电池汽车、公交车、有轨电车、市域车等多维交通工具，扩大示范运营级别，促进产业升级。

6.2　非接触式供电轨道车辆

依托十三五先进轨道交通专项课题“无接触网供电城轨车辆关键技术及装备研制”，开展以下研究工作：

1）研制 1 列不少于 2 模块的无接触网供电城轨车辆，最高运行速度≥70km/h，列车动力传动能效 >86%，受流效率 >90%。

2）实现无接触网供电城轨车辆示范运营。

3）掌握无接触网供电城轨车辆电磁兼容及防护技术。

4）全局效能评估及整车能量综合利用技术。

5）提出车载储能系统多目标综合优化与设计方案。

6）完成列车综合安全状态监测预警与全生命周期运维支持系统的工程化应用匹配。

7）形成城轨车辆无接触网供电系统设计规范标准以及无接触网供电城轨车辆设计、试验规范标准。

针对非接触式供电有轨电车运行特性、非接触式供电系统及储能设备的工作特性（图 6-1），开发高能效、小型化、轻量化的车载储能系统，同时搭载大数据实时处理、轻量化设计、能量综合利用、高效整车能量管理等技术研究成果（图 6-2 和图 6-3），为整车能效提升提供技术支持。

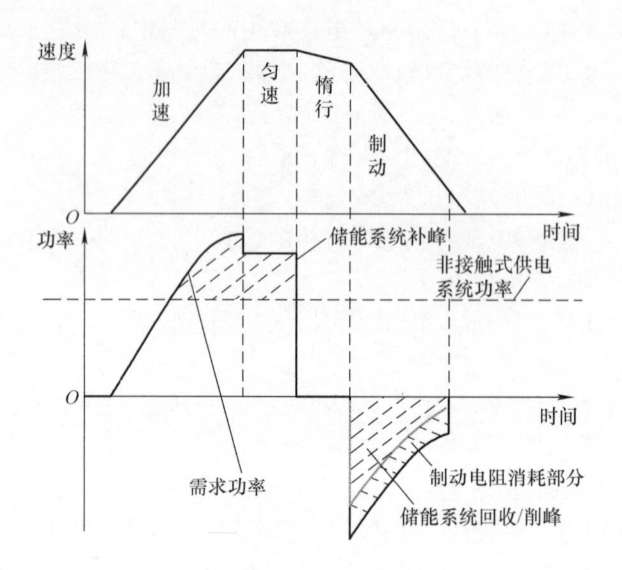

图 6-1　工作特性

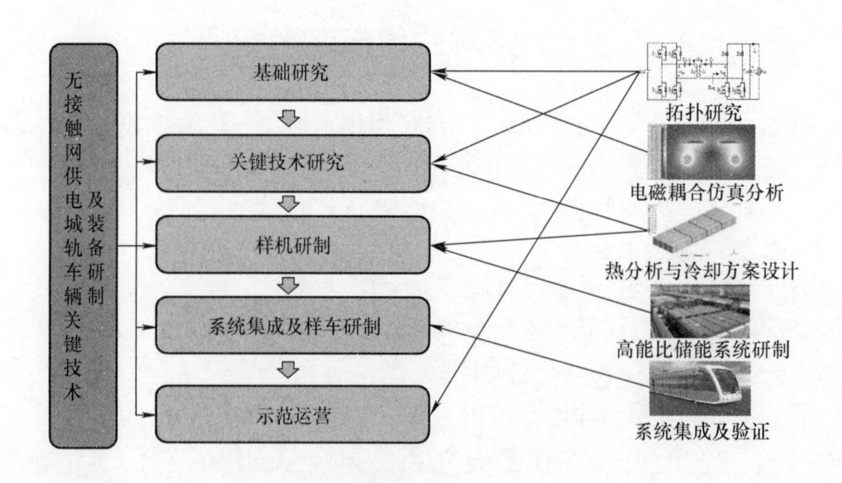

图 6-2　研究方法

该混合动力系统拓扑结构如图 6-4 所示。系统中感应式电源通过整流器连接到直流母线，超级电容直接挂载在母线上，无制动电阻。感应式电源作为主动力源供电，超级电容直接连接母线作为辅助动力源，加速工况下超级电容提供峰值功率，制动工况下超级电容完全回收制动能量。

编组方式如图 6-5 所示。

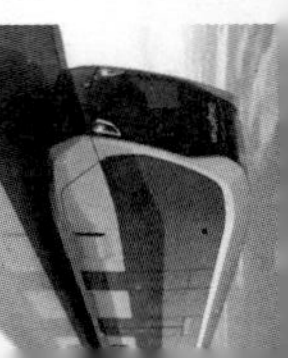

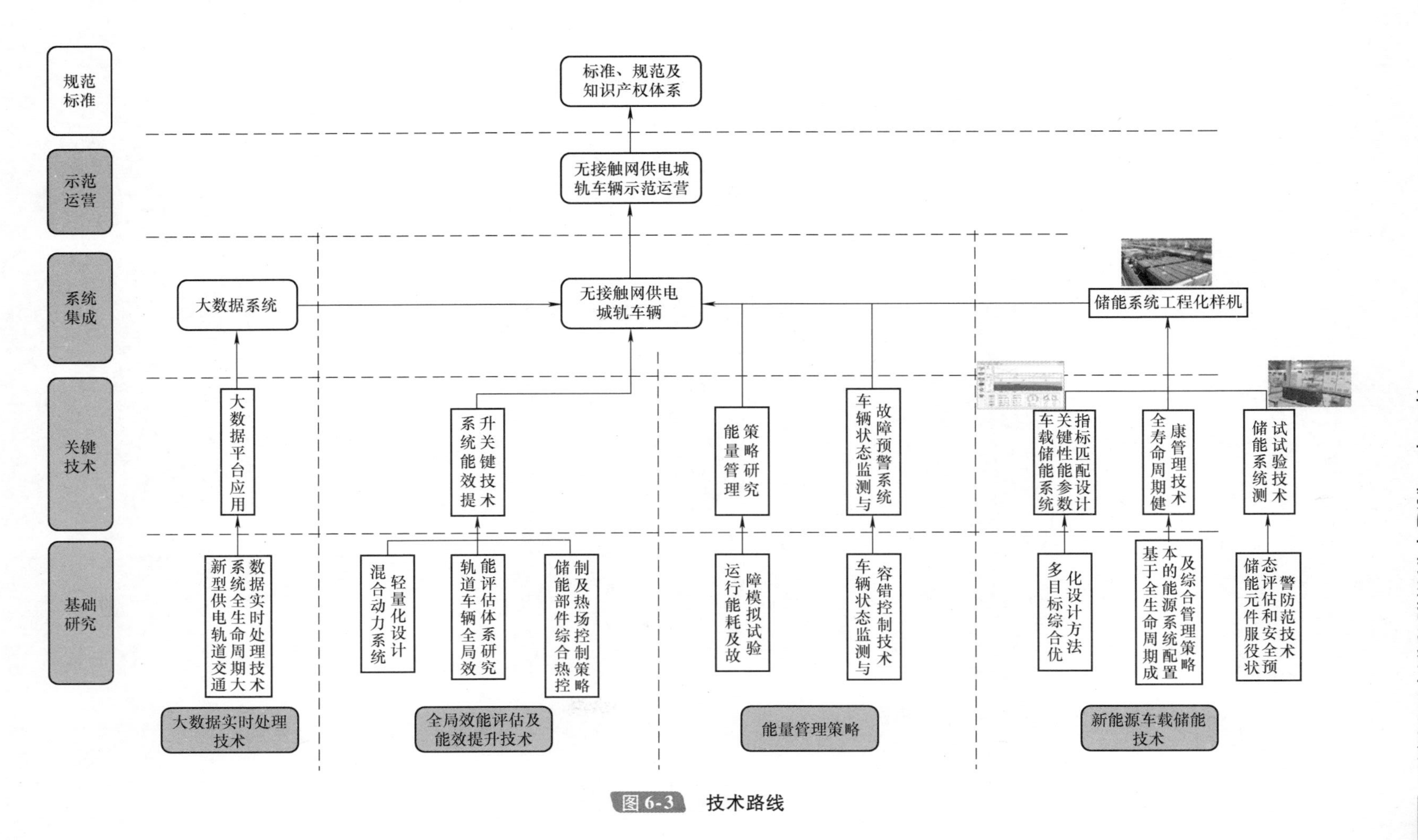
规范标准
示范运营
系统集成
关键技术
基础研究
标准、规范及知识产权体系
无接触网供电城轨车辆示范运营
大数据系统
无接触网供电城轨车辆
储能系统工程化样机
大数据平台应用
系统能效提升关键技术
能量管理策略研究
车辆状态监测与故障预警系统
车载储能系统关键性能参数指标匹配设计
全寿命周期健康管理技术
储能系统测试试验技术
新型供电轨道交通系统全生命周期大数据实时处理技术
混合动力系统轻量化设计
轨道车辆全局效能评估体系研究
储能部件综合热控制及热场控制策略
运行能耗及故障模拟试验
车辆状态监测与容错控制技术
多目标综合优化设计方法
基于全生命周期的能源系统配置及综合管理策略
储能元件服役状态评估和安全预警防范技术
大数据实时处理技术
全局效能评估及能效提升技术
能量管理策略
新能源车载储能技术

图 6-3　技术路线

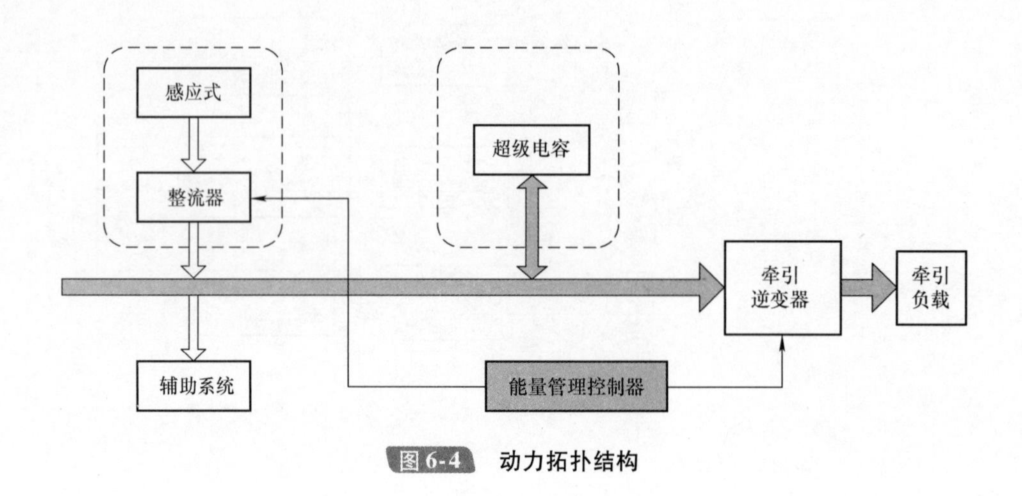

图 6-4　动力拓扑结构

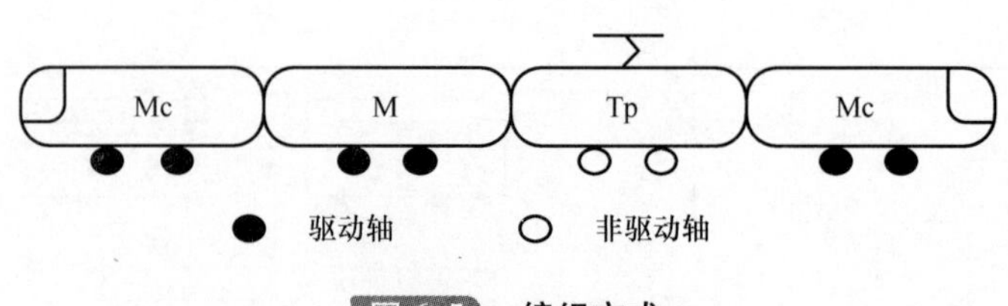

图 6-5　编组方式

编组方式：－Mc＋M＊Tp＋Mc－。其中：

Mc：安装动力转向架和司机室的动车模块；

M：安装动力转向架的动车模块；

Tp：安装受电弓和拖车转向架的拖车模块；

＋：单铰接结构；

＊：双铰接结构；

－：前端车钩。

高压回路拓扑如图 6-6 所示。

该系统主要由感应式电源通过整流器连接到直流母线，超级电容直接挂载在母线上，无制动电阻。

感应式电源作为主动力源供电，超级电容直接连接母线作为辅助动力源，加速工况下超级电容提供峰值功率，制动工况下超级电容回收制动能量。

关键系统基本配置见图 6-7 和表 6-1。

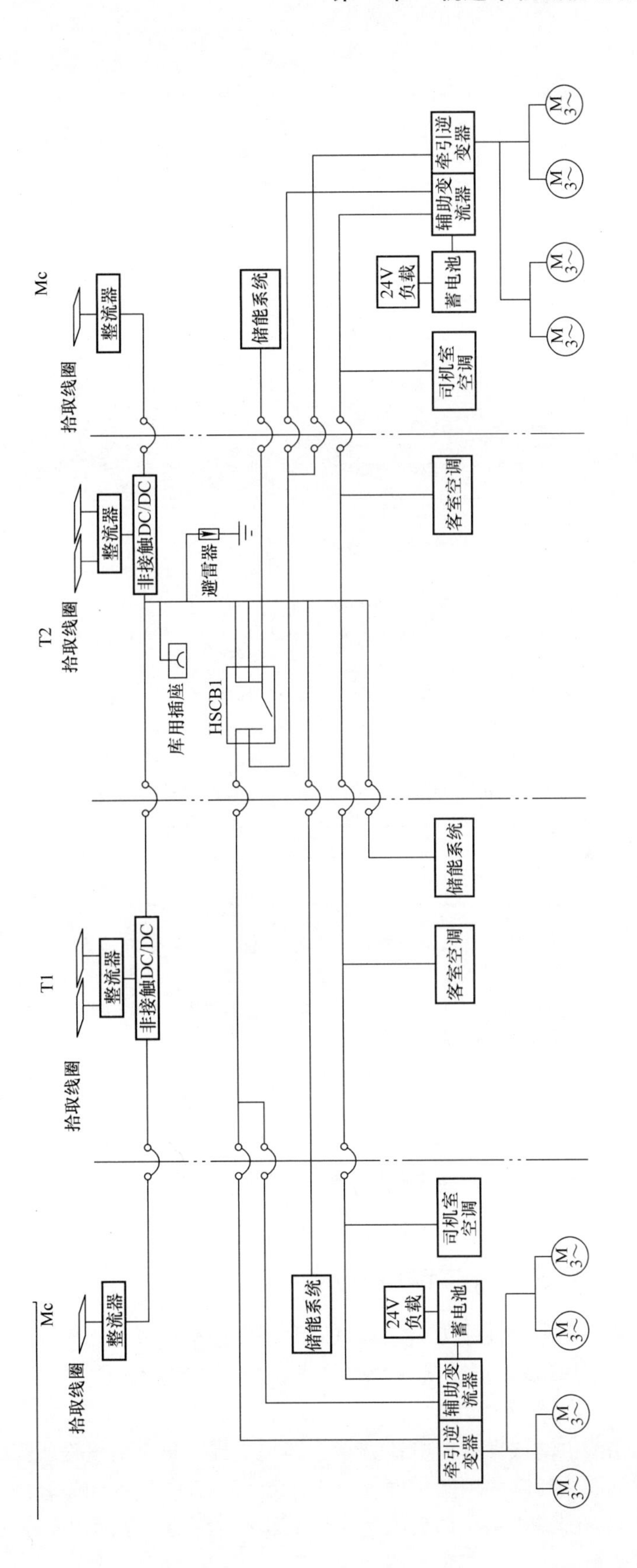
Mc
拾取线圈
整流器
T1
非接触DC/DC
T2
库用插座
HSCB1
避雷器
储能系统
客室空调
司机室空调
24V
负载
蓄电池
辅助变流器
牵引逆变器
M
3~

图 6-6　高压回路拓扑

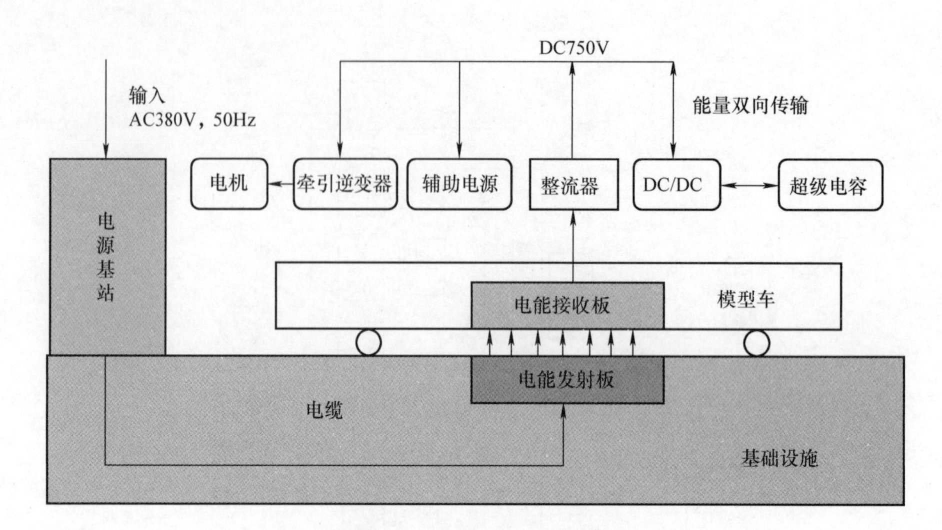

图 6-7 关键系统基本配置

表 6-1 关键系统基本配置

序号	系统名称	基本描述
1	车辆总体	研制 4 编组 100% 低地板列车，最大运营速度 70km/h，轴重≤12t，拟采用铝合金车体，无磁钢转向架
2	非接触供电系统	电能传输功率 >500kW、气隙 >15cm、静态效率 >90%、动态移动充电效率 >85%
3	牵引系统	采用 SiC 牵引逆变器、纵向耦合永磁电机，牵引传动效率≥86%，无制动电阻，电制动能量全部为储能系统吸收
4	储能系统	采用超级电容作为供电补充，同时完全吸收电制动反馈的能量
5	运行控制系统	列车数据采用实时以太网传输，配置列车综合安全状态监测预警与全生命周期运维支持平台，采用多能源能量管理
6	线路轨道	拟建设 1km 试验线，全线铺设非接触供电线圈

6.3 新能源应急供电方案

6.3.1 现有储能系统应急供电解决方案

现有轨道车辆多采用动力电池作为应急供电能源，即在车顶或设备舱设置一个或几个动力电池箱。电池通过 DC/DC 变换器转换为牵引系统供电。以动车组为例，其应急牵引供电系统如图 6-8 所示。

采用目前采用的铅酸电池或钛酸锂电池方案，满足常规应急牵引里程所需的箱体尺寸和重量都很大。随着我国高铁线路的不断扩展，对应急牵引的续驶里程和旅客舒适性提出更加严苛的要求，采用常规方案需进一步加大电池箱体的体积和重量，给车内设备布置带来很大

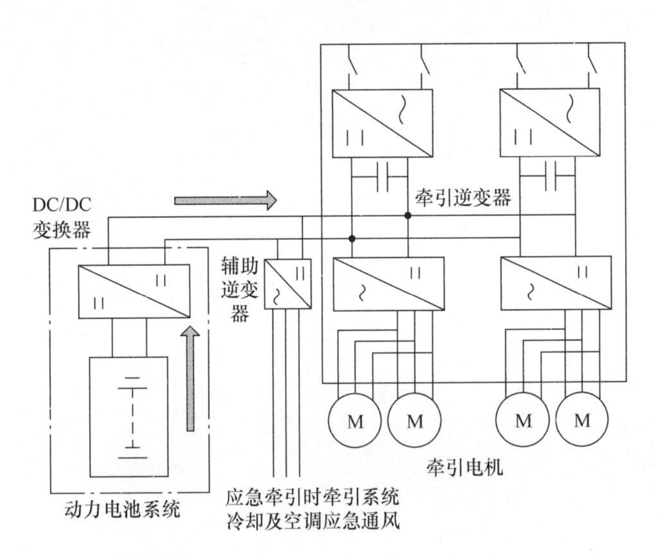

图6-8　动车组现有应急牵引供电系统

压力，也不利于车辆轻量化。

6.3.2　燃料电池应急供电解决方案

1. 供电方案

利用燃料电池或燃料电池/动力电池或燃料电池/超级电容混合动力供电技术，可为动车组/地铁车辆等轨道车辆提供多种更为小型化、轻量化的清洁能源应急牵引供电解决方案，如图6-9～图6-11所示。

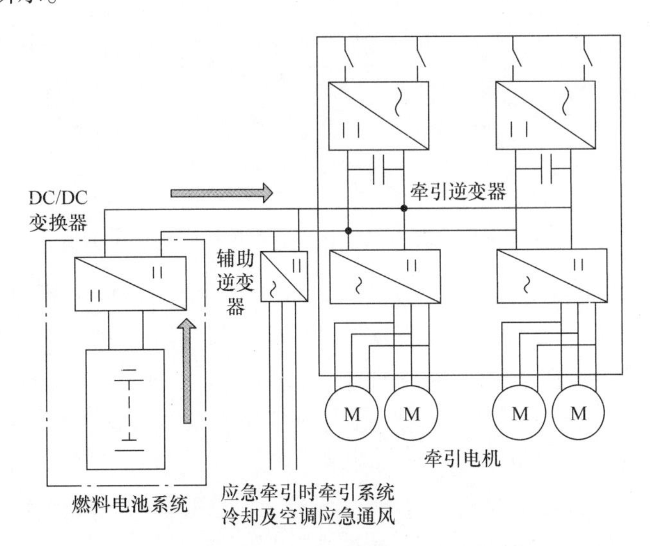

图6-9　燃料电池方案

三种方案都以燃料电池作为持续运行的主动力源，由于采用储氢罐提供氢气反应发电，可用电量相对于既有的动力电池供电方案要大很多，可大大缩减应急牵引系统占用的空间和重量。三种方案中，纯燃料电池方案需要较大容量的燃料电池系统才能满足起动加速所需功

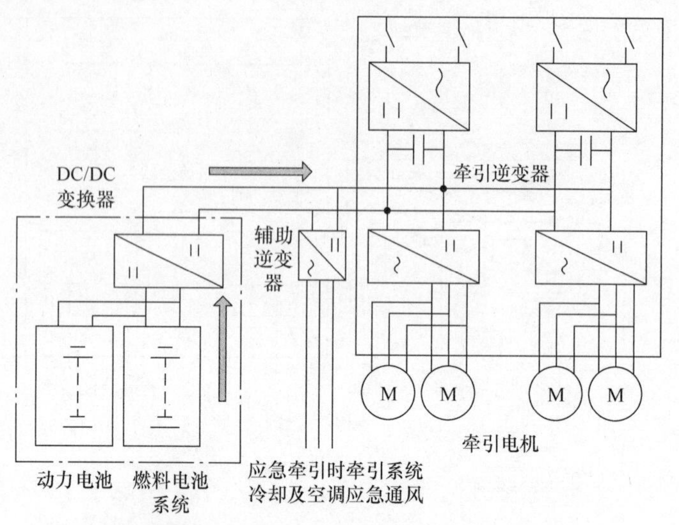

图 6-10 动力电池/燃料电池混合动力方案

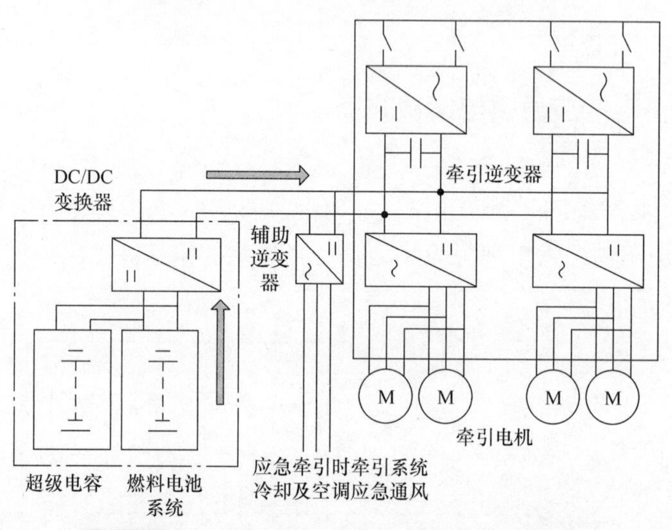

图 6-11 超级电容/燃料电池混合动力供电方案

率；动力电池/燃料电池混合动力供电方案则以兼具功率密度和能量密度的动力电池作为功率补充，可以减小整个系统的体积，同时可以提供一部分续驶里程，适用于长坡道起动和运行的情况；而超级电容/燃料电池混合动力供电方案以功率密度最高的超级电容作为功率补充，可以最大限度减小整个系统的体积，适用于短坡道起动和运行的情况，但由于超级电容能量密度较低，只能靠燃料电池提供续驶里程。

因此，需要结合实际线路情况和车辆应急需求，选取合适的应急供电系统方案。

2. 燃料电池系统的布局设计与集成方案

（1）燃料电池供电方案　以动车组为例，可以采用“设备舱布置”和“车顶 + 设备舱布置”两种方案。

可在 1、8 车采用 2 套燃料电池系统（单套输出功率 200kW），每套燃料电池系统主要包括燃料电池箱、冷却装置和储气罐（每车 2 个）等关键部件。

在车体侧需设置加氢口及供氢管路。

如果采用“设备舱布置”方案，则燃料电池箱、冷却装置和储气罐（每车2个）部件均布置在设备舱内。供氢管路则通过设备舱引至车体侧，在车体侧设置加氢舱，方便加注人员加注。布局方案如图6-12所示。

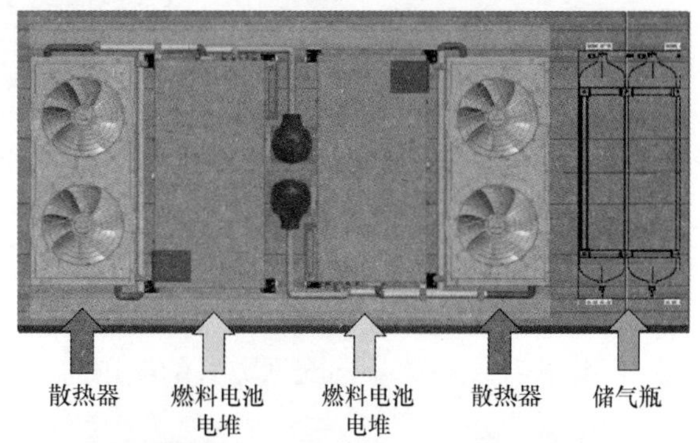

图6-12 燃料电池供电方案布局方案

如果采用“车顶+设备舱布置”方案，则燃料电池箱、冷却装置（每车2个）布置在设备舱内，储气罐布置在车顶。燃料电池系统的供氢管路则通过车体侧壁的间隙引至车顶；加氢舱及管路设置采用相同方法。

（2）燃料电池混合动力供电方案　动力电池/燃料电池和超级电容/燃料电池这两种供电方案中，燃料电池的布置方案均与图6-12所示方案一致。此外还需在设备舱或车顶布置动力电池/超级电容，借助动力电池/超级电容在能量密度和功率密度方面的优点，减少燃料电池排布量，实现轻量化和小型化设计。

（3）氢气供给和加注系统布置方案　在车体侧设置加氢舱，同时设置供氢管路引至车顶或设备舱，实现供氢和加氢一体化管控。

（4）燃料电池余热利用方案　单独设计一条管路将燃料电池系统发电产生的热量引入空调系统，实现车内供暖，提高能量利用率。

（5）混合动力方案的优势　本书提出的一种基于燃料电池混合动力供电技术的轨道车辆应急牵引供电方案，具有以下优势：

1）大幅缩减应急牵引系统的体积和重量。提出的燃料电池、动力电池/燃料电池混合动力、超级电容/燃料电池混合动力三种应急牵引供电方案，在小型化和轻量化方面大幅优于传统的应急牵引方案。如满足20km的应急走行距离，在同样的线路条件和列车运行条件（运行速度、空调开闭需求等）下，采用本书提出的技术方案可在现有方案的基础上减重30%，体积缩减30%。

2）布置方案更加灵活。应急供电系统的布置可以采用“设备舱布置”和“车顶+设备舱布置”两种方案。

3）氢气加注更为便捷。在车体侧设置加氢舱，同时设置供氢管路引至车顶或设备舱，实现供氢和加氢一体化管控，维护更为便捷。

4）充分利用余热，提高能量利用效率。利用单设的与空调系统相连的管路，可将燃料电池系统发电产生的热量与空调系统相连，实现车内供暖，这样在应急供电时可以更高效地利用燃料电池系统的输出功率。

5）续驶里程大幅延长。如采用原动力电池应急牵引方案所占空间，可将原有电池方案的续驶里程从20km增加至40km以上，具备更好的应急性能。

6）冗余特性更好，可靠性更高。超级电容箱、燃料电池箱、冷却装置、储氢系统等箱体分别在两个车上的布置方式，实现了对称式、模块化设计，具有较好的冗余特性。

6.4 氢能综合利用体系

氢能被誉为未来社会的终极能源，我们可以通过电解水等技术将氢置换出来，然后通过化学反应装置进行动力应用、非动力应用相关的电能输出，建立包括氢源、加氢站、用户的氢能综合利用体系。具体措施包括：建立分布式燃料电池供电能源网络，实现区域电力、热能、冷能联合供应；搭建燃料电池产业园区平台，广泛采用氢燃料电池汽车、公交车、有轨电车、市域车等多维交通工具，扩大示范运营级别，促进产业升级，以此满足来自不同工业领域、不同民用领域、不同交通方式的应用需求（图6-13、图6-14）。

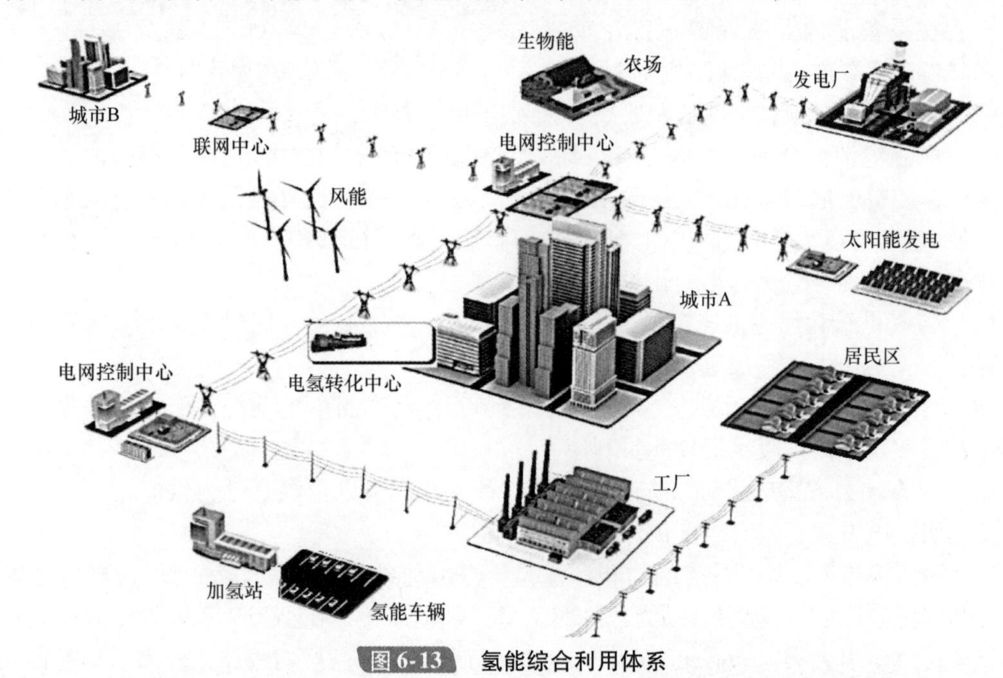

图6-13 氢能综合利用体系

（1）建立氢燃料产业链　建立广泛的氢燃料产业链资源，建设轨道交通用加氢站，形成相关技术标准，为燃料电池有轨电车运营提供保障，同时大幅降低用氢成本。

制氢方式包括：水电解、工业副产氢、甲醇裂解、煤制氢、太阳能制氢、风电制氢等，如图6-15所示。

（2）基础设施建设

1）推动加氢站建设。根据不同城市氢用量需求，规划建设综合效益最佳的加氢站，提供以下不同加氢站配置方案：

① 自制氢加氢站：依据当地氢能产量实现外供氢。

② 外供氢加氢站：如当地氢能产业匮乏，从邻近地区购置。

③ 集装箱式制供氢单元：自带制氢、压缩、供氢设备，用于低量氢气应用或应急应用。

2）充电桩+加氢站混合建设模式推广。

3）油气混合加注站模式推广。加氢站建设情况如图6-16～图6-18所示。

（3）氢能多元化产业　氢能多元化产业包括以下方面：

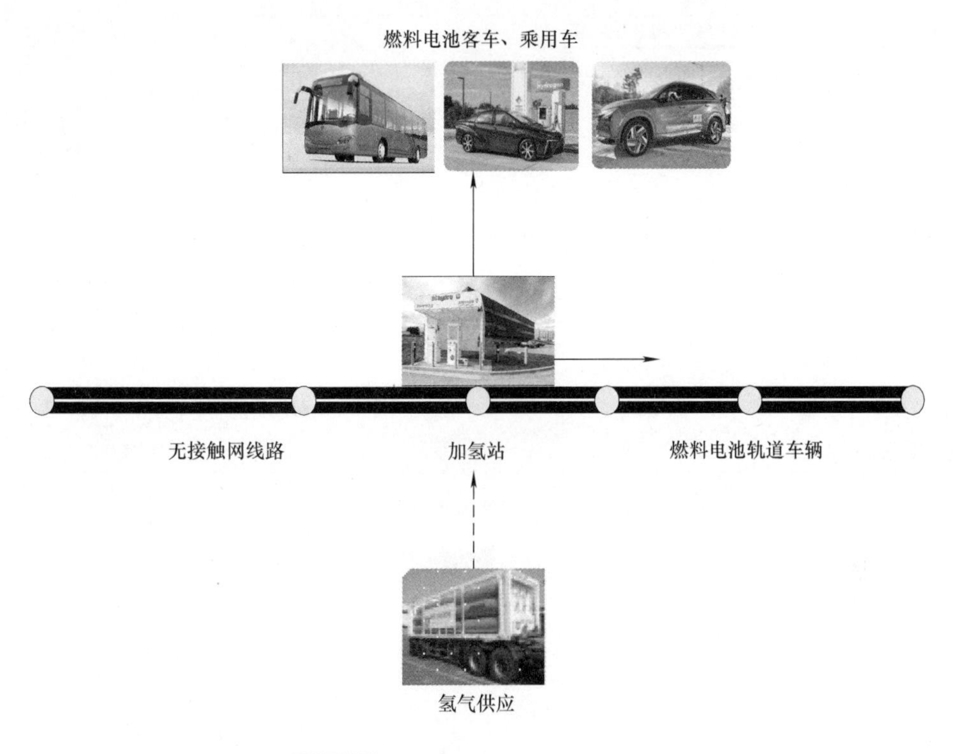

图 6-14　氢燃料电池公共交通体系

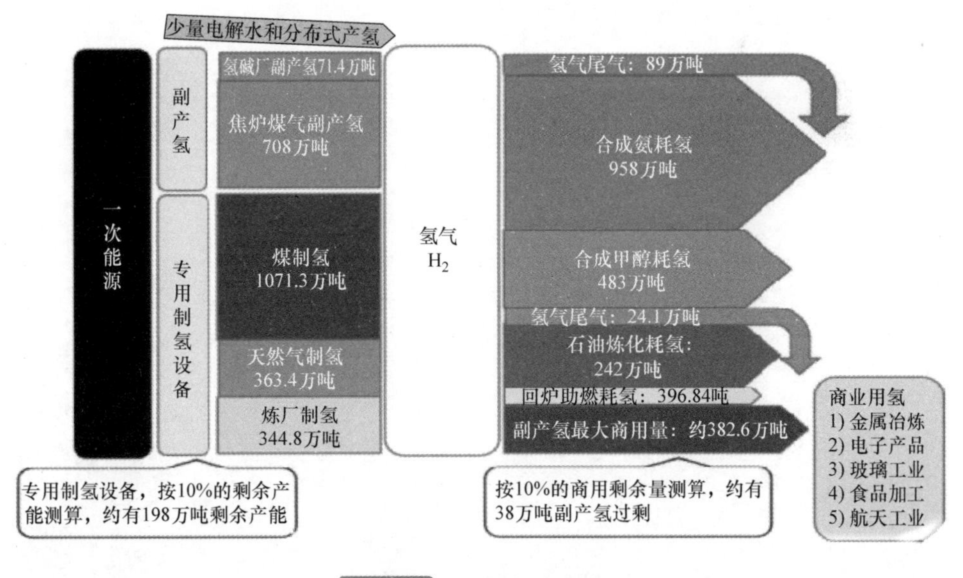

图 6-15　氢能解决方案

1）氢能燃料电池车辆推广。

2）分布式氢能系统推广。

3）燃料电池热电联供氢储能系统推广。

4）示范或商业化运营。

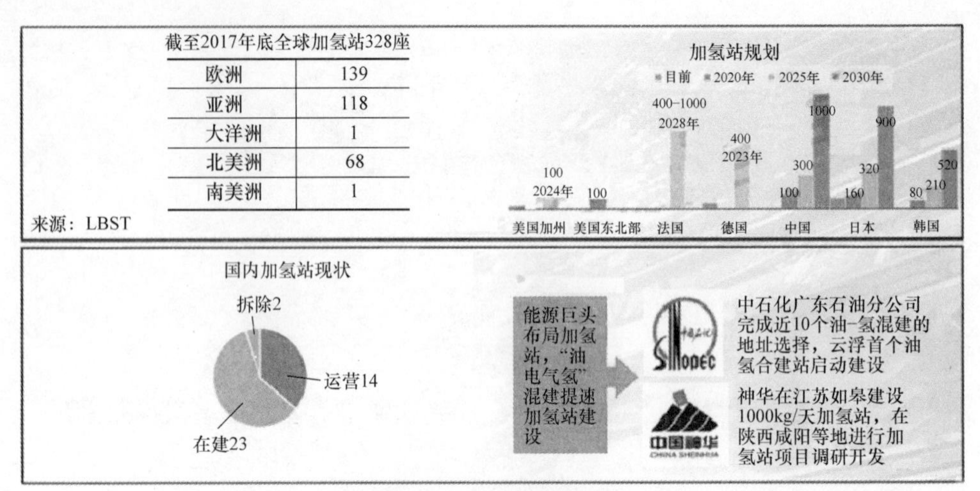

截至2017年底全球加氢站328座

欧洲	139
亚洲	118
大洋洲	1
北美洲	68
南美洲	1

来源：LBST

图 6-16 全球加氢站建设情况

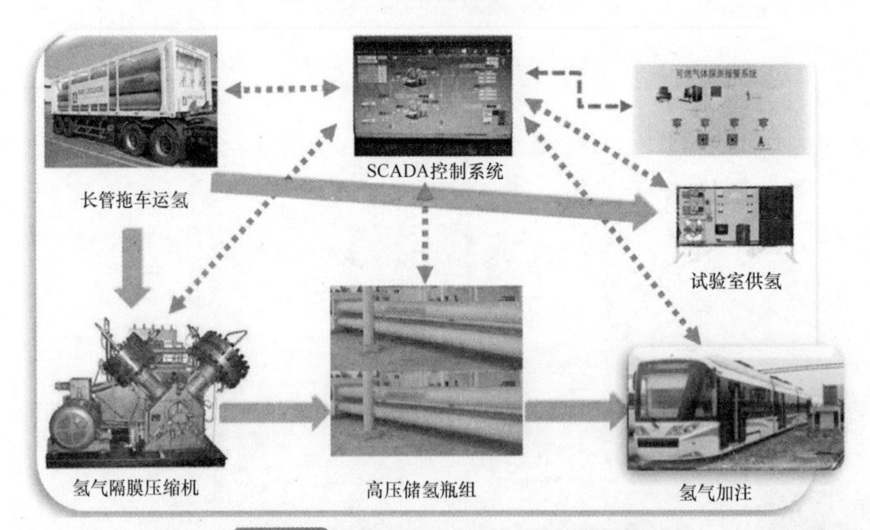

图 6-17 轨道交通用加氢站建设方案

图 6-18 油气混合加注站（温哥华）

参考文献

[1] 中国标准化研究院，全国氢能标准化技术委员会．中国氢能产业基础设施发展蓝皮书［M］．北京：中国质检出版社/中国标准出版社，2016.

[2] 王庆年，曾小华，等．新能源汽车关键技术［M］．北京：化学工业出版社，2017.

[3] 刘吉臻，等．新能源电力系统建模与控制［M］．北京：科学出版社，2017.

[4] 刘吉臻，等．新能源汽车发展战略研究［M］．北京：科学出版社，2016.

[5] 孟玉发，彭长福，王选民，等．CKD6E5000 型混合动力交流传动内燃调车机车的研制［J］．铁道机车车辆，2011，31（4）：1－4.

[6] 邹政要，王若平，等．新能源汽车技术［M］．北京：国防工业出版社，2012.

[7] 李晓华．新能源汽车技术发展的挑战、机遇和展望［M］．北京：机械工业出版社，2012.

[8] 王青．从技术跟随到战略布局［M］．上海：上海远东出版社，2012.

[9] 王震坡，孙逢春．电动车辆动力电池系统及应用技术［M］．北京：机械工业出版社，2012.

[10] 崔胜民，韩家军．新能源汽车概论［M］．北京：北京大学出版社，2011.

[11] 梅尔达德·爱塞尼，等．现代电动汽车、混合动力电动汽车和燃料电池车——基本原理、理论和设计（原书第 2 版）［M］．倪光正，倪培宏，熊素铭译．北京：机械工业出版社，2010.

[12] 钱伯章．新能源汽车与新型蓄能电池及热电转换技术［M］．北京：科学出版社，2010.

[13] 杜玉峰，刘伟．地铁电动工程车牵引蓄电池参数的确定［J］．电力机车与城轨车辆，2004，27（4）：36－38.

[14] 谭晓军．电动汽车动力电池管理系统设计［M］．广州：中山大学出版社，2011.